Francisco Verdejo, un *mathematico* olvidado

GONZALO DÍE FAGOAGA

© Bubok Publishing S.L., 2010
1ª Edición
ISBN: 978-84-9916-866-1
DL: M-29487-2010
Impreso en España / Printed in Spain
Impreso por Bubok

Índice

1 - Dos hornos de pan cozer propios del Señor de esta Villa 13

2 - Francisco Verdejo, cabo segundo y soldado distinguido 33

3 - Y substituto de la misma Facultad en dichos Reales Estudios 107

4 - Ha mandado el Consejo se saque a concurso en la forma acostumbrada 159

5 - Su conocido desafecto hacia el catedrático Francisco Verdejo 201

6 - Que está desempeñando interinamente don Jacinto de Lago 259

7 - Y en la propia habitación del Excmo. Sr. D. José Joaquín Durán 309

8 - Los cortos bienes y sueldos atrasados los recibí a beneficio de inventario 351

Apéndice 413

Adenda et corrigenda 437

A Marga, Almudena, Gonzalo, Camino y Fátima.
A mis alumnos, especialmente a los de mi última
época docente —Estadística, campus de
Colmenarejo, Universidad Carlos III—,
y más especialmente todavía,
a los documentalistas
de la promoción
Juan Vicens.

Siglas y abreviaturas utilizadas

A G A	Archivo General de la Administración. Alcalá de Henares.
A G S	Archivo General de Simancas.
A G U C	Archivo General de la Universidad Complutense. Madrid.
A H N	Archivo Histórico Nacional. Madrid.
A H P	Archivo Histórico de Protocolos. Madrid.
B N	Biblioteca Nacional. Madrid.
C S I C	Consejo Superior de Investigaciones Científicas. Madrid.
R A H	Biblioteca de la Real Academia de la Historia. Madrid.
U C	Universidad Complutense.
U N A V	Biblioteca de la Universidad de Navarra.
U N E D	Universidad Nacional de Educación a Distancia.

NOTA DEL AUTOR

Entre los libros que una persona lee a lo largo de su vida hay varios ante los que no puede permanecer indiferente y se siente empujado inexcusablemente a hacer cosas. En mi caso, hay uno titulado *Historia del Colegio Imperial de Madrid*, escrito por José Simón Díaz, cuya lectura en lo que tenía relación con la historia de la matemática española me llevó a consultar los legajos y libros de bibliotecas y archivos, tomando un sinfín de apuntes, sin al principio una idea clara del objetivo último. Pero enseguida, de entre las páginas del libro de Simón Díaz y de las anotaciones que acumulé, fue tomando cuerpo la figura de un catedrático de Matemáticas de los Reales Estudios de San Isidro, Francisco Verdejo González, con el que fui encariñándome. En mi opinión injustamente olvidado, este libro quiere ser un pequeño homenaje a su memoria. Deseo expresar mi más profundo agradecimiento a las personas de la Biblioteca Nacional, del Archivo Histórico Nacional, de la Real Academia de la Historia, del Archivo Histórico de Protocolos de Madrid y del Archivo General de la Administración de Alcalá de Henares, que con su trabajo facilitaron enormemente el mío. También a don Marcelino Angulo García, archivero diocesano de la diócesis de Cuenca; al cura párroco de Huete, de esa misma diócesis; a los curas párrocos de San Ildefonso y de San Cayetano y San Millán; a María Jesús Carrillo, archivera de San Ginés; y a Luis Carrascón de San Sebastián; todas ellas parroquias de la diócesis de Madrid. Y a Antonio Escamilla

Cid, cuyo entusiasmo por su Montalbo natal supera con creces el mío por Francisco Verdejo, lo que ya era difícil; a Marga Socías por su paciencia y por compartir conmigo tareas tan dispares como visitar Montalbo, sus calles, su iglesia, su cementerio, o buscar desesperadamente Verdejos por los archivos parroquiales. Mi agradecimiento también a Borja Martín-Andino, quien realizó un trabajo perfecto sobre el original, y, ¡cómo no!, a Charo Fuentes Caballero, cuyo interés por la familia Verdejo, al que añadió una buena dosis de paciencia y afecto, le llevó a la aventura de leer el libro. He atendido varios de sus requerimientos, pero los errores que puedan quedar son de mi exclusiva responsabilidad.

Madrid, en un valle de pinares llanos, a enero del 2010

1

Dos hornos de pan cozer propios del Señor de esta Villa

A veinte y seis días del mes de junio de mil y setecientos y cincuenta y dos, Francisco García, cura párroco de la iglesia parroquial de Santo Domingo de Silos de la villa de Montalbo, y Sebastián Ortega Jiménez, escribano de S. M., cruzan una mirada de preocupación. Se encuentran en la posada del primero de ellos, y a punto de dar las horas en el reloj de la iglesia, aparecer, lo que se dice aparecer, aquí no aparece nadie. Bueno, nadie no, porque el que sí ha llegado, y precisamente de ahí les viene la preocupación, es don Joaquín de Jaurrieta, vecino y regidor de la ciudad de Huete, que no es sino juez subdelegado para el expediente de Diligencias del Real Establecimiento de Única Contribución. Es decir, debe dirigir el interrogatorio a los vecinos de cuyas respuestas va a elaborarse el Catastro del marqués de la Ensenada. Se le había manifestado a don Joaquín, con la mayor cortesanía y atención, concurriese en este día y a esta hora a la posada de su merced, y así lo había hecho. Sin embargo, la preocupación del cura y el escribano resultó a todas luces innecesaria, porque el adusto semblante inicial del juez subdelegado a la vista del vacío y desvencijado salón parroquial se había dulcificado. Muy probablemente tienen la culpa tanto la copita de vino dulce como la harinosa, con la que han tenido a bien obsequiarle. La harinosa es una torta hecha a base de uva negra y gran cantidad de harina, la cual constituye, sin duda alguna, una de las joyas de la gastronomía montalbeña.[1] Y también porque con la primera campanada, como si lo hubieran acordado de antemano, y eso debió ser, han llegado a un tiempo todos los que tenían que llegar. Ni uno de menos ni uno de más. Que son, a saber y por su orden, don Sebastián Valdés, alcalde mayor; don Fernando de Priego y Valdés y Juan Martínez Honduvilla, alcaldes ordinarios; los regidores Joseph Hermenegildo Díaz, Joseph de Cuéllar y Diego de la Plaza, y el procurador síndico don Joseph de Priego. Con ellos, y como expertos nombrados por el señor cura párroco, don Juan Antonio de Priego y Miguel de Illescas, mientras que don Juan de Ruipérez y Manuel Escamilla, igualmente expertos, que lo son, pero por el Ayuntamiento de esta villa. Se ha de observar en este punto que el tratamiento de don no se da así como así. Es solo para quien le corresponde, como queda de manifiesto, pongamos por ejemplo, en el caso de los dos alcaldes ordinarios por ambos estados de la villa. Don Fernando de Priego y Valdés, alcalde por su estado noble. El otro alcalde, que lo es por el común de ella, Juan Martínez Honduvilla. Así son las cosas. Don Fernando el uno, Juan el otro.

Una vez que el escribano recibió juramento de todos los sobredichos, prácticos e inteligentes en el conocimiento de la villa, como vecinos que son todos de ella, y habiéndolo ejecutado conforme a derecho por Dios nuestro Señor y una señal de cruz según se requiere, prometieron decir verdad en todo lo que supieren y alcanzaren de cuanto fuesen preguntados, y siéndolo por el tenor de cada una de las

---

1 ESCAMILLA CID, Antonio: *Montalbo (Opúsculo para su Historia).*

40 preguntas del interrogatorio impreso se convinieron y uniformemente respondieron lo siguiente. Digamos antes que de esas 40 preguntas de las que consta el interrogatorio que han de satisfacer bajo juramento, los justicias, y demás personas que harán comparecer los intendentes en cada pueblo, hay cosas que resultan de especial interés. Así que no estará de más prestar atención a lo que tienen que decir. A la primera pregunta, cómo se llama la población, dijeron que esta dicha villa se intitula y es conocida por el nombre de Montalbo, y responden. Escueta respuesta, por lo que no estará de más añadir Montalbo, sí, del partido judicial de Huete, y de la diócesis de Cuenca, próxima al camino que va desde la corte a la ciudad de Valencia, unas leguas después de pasado Tarancón, viniéndose hacia el Mediterráneo.

Y es precisamente en esta villa de Montalbo donde cinco años más tarde, es decir, en el *mil y setecientos y cincuenta y siete*, y en el día *veinte y siete* de su mes de febrero, hay un gran bullicio en una de las habitaciones del pueblo. No es para menos, porque ese día precisamente va a cristianarse en la iglesia parroquial de Santo Domingo de Silos de la villa al protagonista principal de nuestra historia. «¿Han llegado los de Huete?». «Sí, don Nicolás, hace ya rato». «Venga, deprisa, no hagamos esperar al señor cura». «No hagamos esperar a Dios», corrige doña Teresa. «¡Micaela! ¿Dónde está Micaela? Que alguien se ocupe de la niña». «¿Habéis cogido los cuatro reales del capillo?». Capillo es la vestidura de tela blanca que se pone en la cabeza de los niños al bautizarlos, y por extensión, el derecho que cobra la fábrica cuando se usa el capillo de la iglesia, que por cierto, está preciosa, y a la que acceden los presentes en dirección a la capilla cuadrada situada a los pies de la nave de la epístola, donde se encuentra la pila bautismal. El muy pronto nuevo cristiano había nacido el día

15 del mismo mes de febrero, siendo hijo legítimo de legítimo matrimonio de don Nicolás Verdejo García, natural de Daimiel, y Teresa González Peña, natural de Jerez de los Caballeros en la Extremadura. Fue bautizado por don Francisco Palomino, teniente de cura de la mencionada parroquia, imponiéndosele los nombres de Francisco de Paula, Antonio, Joseph, Nicolás y Rafael. Y su padre de pila, Íñigo Verdejo, natural de la ciudad de Huete, quien como es de rigor, quedó advertido del parentesco espiritual y demás obligaciones. Así debe constar en el Libro Quinto de los Bautismos y Confirmaciones de la iglesia parroquial de Santo Domingo de Silos de la villa de Montalbo, donde Dios quiera que se encuentre.

Pero, ¿cómo es la villa de Montalbo donde nace Francisco? Es una villa de señorío perteneciente a don Diego de Vergara Vela Dávila, caballero Gran Cruz de la Religión de san Juan y marqués de Navamorcuende, y no son tierras de regadío y sí de primera de secano, como de segunda y tercera. Si volvemos a la casa del señor cura párroco, hace ya tiempo que los reunidos acordaron que el término y territorio de la villa tiene una circunferencia de hasta cuatro leguas: una legua desde Oriente a Poniente y desde Sur a Norte, legua y media. Y que confronta al Norte con el término de la villa de Palomares, al Sur con el de Villarejo de Fuentes, a Poniente con el de El Yto y a Oriente con el de Zafra. Por lo que contemplan que para andar dicha circunferencia son necesarias seis horas, de Oriente a Poniente hora y media, y de Sur a Norte dos horas y media. Con ello dieron cumplida respuesta a la pregunta número tres. Como hicieron con las que siguen hasta alcanzar la *diez y nueve*, que les llevó su tiempo hasta distribuir las *doscientas y cincuenta y cinco* colmenas entre los 14 montalbeños que son colmeneros. Más todavía les cuesta la *veinte y una*, en la que andan ahora echando números, tratando de cuadrar los vecinos que componen la población. Finalmente hay acuerdo, vecinos hay *doscientos y cuarenta*, incluyendo diferentes pobres, menores, viudas y otros inútiles para la contribución. Lo que ocurre es que en el Catastro de Ensenada, la población aparece censada con carácter vecinal, y para conocer el número de habitantes habría que multiplicar por un factor medio para el número de habitantes por casa. Un factor medio que vaya usted a saber cuál es, y que tampoco hace al caso. Habitaciones o casas que hay en el pueblo son un total de 200 y hay que contar 20 más en ruinas. Tabernas, mesones y tiendas no puede decirse que haya muchas en la villa. Un mesón, una taberna al cargo de Manuel de las Heras, una *carnezería* que es propia de la villa, la tienda de aceite y pescado arrendada a Juan de la Plaza Serrano, y dos hornos de pan *cozer*, propios del señor de esta villa, uno que le dicen de la Plaza, y el otro de la Puerta de Huete. De manera que solo con nombrarlos, ya sabe uno dónde están.

A excepción del plantío de olivos y viñas, no se hallan en el término y jurisdicción de la villa otros de árboles frutales, y los plantíos mencionados se hallan la mayor parte en tierra de tercera y solo algunos en segunda. En consecuencia de lo antedicho, en esta población se coge vino y aceite, y además trigo, cebada, centeno, avena, azafrán, corderos, lana, miel y cera. Como en esta villa y su término no hay casa destinada para el esquileo, cada vecino lo ejecuta en la propia, bien por sí mismo, bien por medio de sus pastores o personas de este ejercicio. La salud corporal de los montalbeños está al cuidado de un médico titular, don Joseph Rodríguez, y de un cirujano, Antonio de la Plaza. De la espiritual se ocupan un total de cuatro eclesiásticos, el ya citado cura párroco don Francisco García, los presbíteros don Francisco Palomino —el que bautizara a Francisco—, don Bernardo Valdés y don Esteban Escamilla. Y de la de los animales, el albéitar Antonio de Torres. Hay además dos zapateros de viejo, tres sastres, dos tejedores, un carretero, un cardador, un herrero, dos horneros y hasta cien labradores y *ciento y sesenta y cuatro* jornaleros. ¿Y qué gastos debe satisfacer el común? Gastos como salario de justicia y regidores, fiestas de Corpus u otras, empedrado de calles, fuentes y otros dispendios de ese porte. La villa de Montalbo y su Consejo tienen que satisfacer anualmente la muy exacta cantidad de *mil y seiscientos y cincuenta y tres* reales, siendo una de las partidas más elevadas los *doscientos y veinte* reales que se satisfacen en calidad de salario del escribano del Ayuntamiento. No le van a la zaga los 200 reales que se emplean en el regalo que se le hace por Pascua al señor de la villa, y de algo menor cuantía son los gastos de la función de santa Quiteria —*ciento y sesenta* reales—, y lo que se le paga al predicador de Cuaresma —*ciento y veinte* reales—. A la composición de pozos, caminos y abrevaderos no se le dedica la cantidad que se debiera, y así están ellos. 70 reales para ser exactos.

 En la posada del señor cura párroco, los hombres prácticos e inteligentes de Montalbo hace ya un rato que terminaron su trabajo. Todas y cada una de las 40 preguntas del interrogatorio del señor marqués de la Ensenada han sido respondidas bajo el juramento que tienen prestado, y añaden que cuanto llevan declarado y depuesto es la verdad, y después de ser leídas se ratificaron en su declaración, de modo y manera que solo resta, una vez firmado en presencia del escribano que da fe, despedir a don Joaquín de Jaurrieta, quien se vuelve a la ciudad de Huete. Habiéndole expresado antes de partir lo honrada que se había sentido con su visita la villa de Montalbo, y como buena prueba de ello, su alcalde mayor, don Sebastián Valdés, había tenido el gusto de obsequiarle en nombre de este pueblo y su común, un grande tarro de miel de las colmenas de Joseph Illescas, que este año había salido, nunca mejor expresado, de dulce. En caso de necesitarse de aquí en adelante, cualquier otro conocimiento acerca de la villa, las contestaciones dadas se hallan escritas en forma y modo, y a ellas podrá remitirse cualquier persona que lo juzgare conveniente.

¿Y los Verdejo? ¿Quiénes son los Verdejo, en cuyo seno nace Francisco? Hay que hacer constar que, entre los más de 50 vecinos que aparecen citados de forma explícita en las contestaciones al cuestionario, vecinos ahora interpretados como personas, no figura ninguno de apellido Verdejo. El hecho de que los Libros de Bautismos y Confirmaciones Quinto y Sexto se hayan perdido o destruido, como asimismo los de Matrimonios y Defunciones, no facilita precisamente la labor de determinar los orígenes de Francisco. Ya hemos visto que Nicolás, su padre, es natural de Daimiel y pudo suceder que su llegada a Montalbo se produjera entre *mil y setecientos y cincuenta y dos*, año de realización del Catastro, y *mil y setecientos y cincuenta y cinco*, año en que nace Francisco. Conocemos además que una hermana de Francisco, Micaela, nace en Madrid. La hipótesis de que fuera mayor que Francisco, solo una hipótesis en cuanto que no sabemos el año de su nacimiento, reforzaría la opción de que el legítimo matrimonio formado por Nicolás Verdejo García y Teresa González Peña, ya con una niña, cambia por alguna razón su residencia de Madrid a Montalbo. Esta hipótesis toma fuerza porque la contraria, Micaela menor que Francisco, no parece sostenible en cuanto que los padres no abandonaron Montalbo después del nacimiento del varón, como lo acredita el hecho probado que *diez y nueve* años después nacerá en esa villa otro hijo del matrimonio, al que pondrán por nombre Nicolás, quien llegará con el paso de los años a ser un prestigioso ingeniero militar y del que conocemos el año exacto y lugar de su nacimiento, por su brillante hoja de servicios.

Micaela, Francisco y Nicolás no serán los únicos hijos habidos del matrimonio Verdejo García-González Peña. Micaela, soltera, morirá en Madrid sin testar, y de una solicitud de declaración de herederos abintestato, conoceremos la existencia de tres hermanos más: Teresa, Isabel y Pedro Miguel, según puede verse en la figura 1. Empleando el Séptimo Libro de Bautismos y Confirmaciones, que empieza el año de *mil y setecientos y ochenta y cinco*, hemos podido obtener confirmación de la existencia de Pedro Miguel, a través de la partida del niño Paulino Verdejo Aparicio, bautizado *en diez días* del mes de julio de *mil y ochocientos y tres*, como hijo legítimo de Pedro Miguel Verdejo y María Aparicio, vecinos y naturales de Montalbo, siendo sus abuelos paternos Nicolás Verdejo, natural de Daimiel y Teresa González, natural de Jerez. La referida partida en el Libro de Bautismos omite el de los Caballeros, pero aun así es claro quién es el padre y quién es el abuelo paterno de Paulino. En el caso de Micaela, soltera, y de Teresa e Isabel, que se casarán pero cuyos hijos, en el caso de tenerlos, no nacerán en Montalbo, el Séptimo Libro de Bautismos y Confirmaciones de la iglesia parroquial de Santo Domingo de Silos, lógicamente no aportará nada. A tenor de lo expuesto, no da pues la sensación de que Nicolás Verdejo, el padre, y su mujer Teresa González Peña vivieran incidentalmente en Montalbo. Es probable que llegaran a la villa poco antes de nacer Francisco, pero una vez en ella Teresa y Nicolás debieron quedarse, seguramente hasta su muerte. Porque como hemos visto antes, sus dos hijos Pedro Miguel y Nicolás, probablemente los más pequeños, nacieron en Montalbo.

En el ejemplar del diario *El Día de Cuenca* correspondiente al día *treinta y uno de mil y novecientos y veinte y ocho*, en su primera página y a dos columnas, Álvarez M. del Peral firma una semblanza de Francisco Verdejo González bajo el epígrafe «Conquenses ilustres». Por su interés, reproducimos literalmente sus primeros párrafos: «Matemático, natural de Montalvo donde nació por los años 1756 a 1758, pues faltando los libros parroquiales correspondientes a estas fechas, solo aparece su nombre en 1759 entre los confirmados el 19 de Diciembre de este último año por el Ilmo. Sr. D. Andrés Cano, Obispo Auxiliar de Siguenza, con licencia del Obispo de Cuenca D. José Flores Osorio. Por este detalle, y por las partidas de bautismo de sus hermanos, llegamos al conocimiento de que sus padres se llamaban D. Nicolás Verdejo, natural de Daimiel, y Teresa González, de Jerez de los Caballeros, ambos de familias distinguidas, pero de escasa fortuna». Es decir, que Álvarez M. del Peral no había tenido acceso por perdido a un determinado libro de bautizados en el que debía figurar el nacimiento de Francisco, y por el contrario sí a otro, en el que solo unos pocos años más tarde ya figuraba su confirmación y los bautizos de varios de sus hermanos más pequeños. Si observamos la figura 2 llegamos a la conclusión de que lo que dice Álvarez M. del Peral es totalmente coherente. Sabemos, por información que desconocía el articulista, que Francisco nació exactamente en *mil y setecientos y cincuenta y siete*, es decir, su partida de bautismo debe figurar en los últimos folios del Libro Quinto, que termina en *mil y setecientos y cincuenta y ocho*, mientras que su confirmación y las partidas de bautismo de sus hermanos, unos años más tarde, estarían en los principios del Libro Sexto. Ambos libros, como ya hemos indicado, están hoy perdidos, mientras que en el año en el cual el articulista redacta su semblanza, según parece, solo está perdido el primero de ellos. Este hecho, a todas luces disminuye la ya menguada probabilidad de poder encontrar el quinto libro, pero aumenta ligerísimamente la probabilidad de poder encontrar el sexto.

No constituyen a estas alturas una novedad ni los nombres de sus padres, ni la existencia de hermanos de Francisco; conocemos incluso, como ha quedado expuesto, sus nombres. Lo que aporta de nuevo este escrito de Álvarez M. del Peral es la fecha de la confirmación del futuro matemático y el nombre del obispo oficiante. Una pequeña pieza más de ese puzle que es la vida de una persona que tratamos de reconstruir. Añade que tanto el padre como la madre son de familias distinguidas, pero de escasa fortuna. Como más adelante tendremos ocasión de comprobar, ambas cosas parecen ser ciertas. Pero lo que podría cuestionarse es que Álvarez M. del Peral obtenga esa información de las partidas de bautismo, en donde aparecen en exclusiva, fechas aparte, los nombres del oficiante, de los padres, de los abuelos paternos y maternos, y del padre o madre de pila del recién cristianado. En nota a pie de página, Álvarez M. del Peral menciona que los datos referentes al nacimiento de Francisco se los ha remitido el párroco de Montalbo, D. Julián Díaz Grueso.[2] Esa puede ser la fuente en la que se basa para determinar el nivel socio-económico de la familia. Y lo que sí resulta un poco sorprendente es que Álvarez M. del Peral no mencione, aunque sea de pasada, a uno de los hermanos pequeños, Nicolás, porque como tendremos ocasión de verificar, cumplía con los dos requisitos que dan título al epígrafe. Fue conquense y fue ilustre. Quizás era una sección fija en *El Día de Cuenca* y la semblanza de Nicolás apareció en otro número del diario.

---

2 El nombre del párroco es Julio. Por cortesía de Antonio Escamilla Cid.

Consideremos, a modo de resumen, los siguientes hechos probados. Nicolás padre nace en Daimiel. Micaela Verdejo, hermana de Francisco, nace en Madrid. Francisco nace en Montalbo en *mil y setecientos y cincuenta y siete*. Nicolás hijo también nace en Montalbo *diez y nueve* años más tarde. Gracias a ellos, no es muy aventurado suponer que Micaela es la mayor de los hermanos, que nace unos pocos años antes de *mil y setecientos y cincuenta y siete*, y que desde su nacimiento hasta antes del nacimiento de Francisco, la familia Verdejo-González se traslada desde Madrid a Montalbo. La pregunta es obvia. ¿Qué razones llevan a Nicolás Verdejo a abandonar la corte y trasladar su residencia a la villa conquense? Es más que probable que dificultades económicas le condujeran a tomar esa decisión, y también pudiera ser que, como por esas fechas se produce la muerte de Diego de Vergara sin descendencia, y toma posesión del mayorazgo como decimocuarto señor de Montalbo Agustín Domingo de Bracamonte, tuviera éste algún tipo de relación con Nicolás Verdejo, lo que llevaría a este último a la villa. También parece lógico preguntarse si por esas fechas había ya Verdejos en Montalbo. La ya comentada pérdida de los Libros Quinto y Sexto de Bautismos y Confirmaciones no favorece la investigación del hecho, pero empleando el Libro Séptimo, como hicimos en el caso de Pedro Miguel, es posible establecer saltos hacia atrás, considerando que en la mayoría de las partidas que en él aparecen, figuran padres y abuelos, tanto paternos como maternos, y que se especifica para todos sus lugares de origen. Y en efecto, sí había Verdejos en Montalbo. Mediante los Libros Séptimo y Octavo fue posible determinar dos bloques de personas con ese apellido, con relaciones familiares directas entre los miembros de cada uno de los bloques. Pueden verse en las figuras 3 y 4. Lo que no pudo establecerse fue algún tipo de relación familiar que permitiera conectar los dos bloques entre sí. Que los Verdejo de estos dos bloques son de la misma familia, resulta ser una verdad, más allá de toda duda razonable. En un pueblo de *doscientas y cuarenta* familias se hace difícil creer en esa coincidencia de apellidos al margen de vínculos familiares. Sobre todo considerando que la mayoría de ellos han nacido en Montalbo. Así que, aunque no se ha podido determinar cuál es exactamente la relación que conecta un bloque con el otro, asumimos que tal relación existe.

Tampoco se ha podido probar una relación familiar de los Verdejo González con los Verdejo de ninguno de los dos bloques, de manera que hay que entrar en el terreno de la especulación. Una primera opción a considerar sería suponer que no hay tal relación. Nicolás Verdejo García, nacido en Daimiel, y su mujer, Teresa González Peña, nacida en Jerez de los Caballeros, con la hija de ambos, Micaela, nacida en Madrid, llegan a Montalbo en *mil y setecientos y cincuenta y dos*, año antes, año después. ¿Razones para ese cambio de residencia? Seguramente menos dificultades para el mantenimiento del propio Nicolás y de las personas a su cargo, en un lugar pequeño. Seguramente también, una relación laboral o de protección con una persona de elevado rango, ligada a Montalbo. Y se trata de una villa en donde hay personas, ¡qué casualidad!, que se apellidan como él. No es Verdejo un apellido tan inusual como para pensar que eso no pudiera suceder. Hay un hecho, sin embargo, que no contribuye precisamente a validar esta opción. La madre de pila de uno de los Verdejo que aparece en uno de los bloques es, según consta en su partida de bautismo, Micaela Verdejo, y en una fecha compatible con que esa Micaela pueda ser la hija mayor de Nicolás Verdejo y Teresa González Peña.

De ser así, cuesta creer que se le otorgara ese parentesco espiritual sin haber una relación familiar. En el otro bloque figura asimismo un Íñigo Verdejo, que ni por el lugar donde nace, Montalbo, ni por su estimado año de nacimiento, *mil y setecientos y setenta y uno*, puede ser el Íñigo Verdejo padre de pila del protagonista de esta historia. Otra opción para que se produzca el cambio de residencia es que Nicolás Verdejo García llega a Montalbo, sí, pero precisamente a Montalbo porque es en esa villa del partido judicial de la ciudad de Huete donde, además de las consideraciones apuntadas, o bien al margen de ellas, cuenta con un considerable apoyo familiar. Esta posibilidad tiene en su contra Daimiel, el lugar de nacimiento de Nicolás. Consultadas las respuestas que da la villa del Campo de Calatrava al interrogatorio del señor marqués de la Ensenada, no apareció nada que pudiera relacionarse con el apellido Verdejo. Y consultados igualmente los Libros de Bautizados de las dos parroquias de la mencionada villa, que son por orden de antigüedad Santa María la Mayor y San Pedro, no fue posible encontrar en ellos la partida de nacimiento de Nicolás Verdejo García. De haberlo hecho, es posible que se hubieran clarificado algo los orígenes de nuestro matemático, como lo haría encontrar la partida de bautismo de su hermana Micaela, que debe figurar sin duda en el libro de bautizados de alguna de las 13 parroquias que por aquel entonces había en la corte del rey nuestro señor, *Carlos el III*.

Estudiados los Verdejos nacidos o ligados a la villa de Montalbo quedaba por analizar, pensando precisamente en la procedencia, Huete, del padre de pila de nuestro personaje central, la existencia de Verdejos en pueblos próximos. Si la información aparecida en la partida de nacimiento de Francisco Verdejo era correcta, y no había ninguna razón para pensar lo contrario, no cabía duda de que en la ciudad de Huete tenía que haber Verdejos. Consultado el interrogatorio del marqués de la Ensenada para la ciudad, en el folio *cien y veinte y nueve* vuelto, y como parte de la contestación a la pregunta vigésimo octava de si hay algún empleo, alcabalas, u otras rentas enajenadas y a quién, puede leerse textualmente «un oficio de Alguacil maior de millones de esta Ciud.^{d} y su thesoreria propio de Dn Gerónimo Bruno Verdejo que lo esta sirv.^{do}». Así pues, ahí estaba la confirmación; en Huete en el año *mil y setecientos y cincuenta y dos* había Verdejos. Millones era un servicio que los reinos tenían concedido al rey sobre el consumo de las seis especies, vino, vinagre, aceite, carne, jabón, y velas de sebo, que se renovaba cada seis años. En los folios *ciento y noventa y tres*, recto y vuelto, se define con precisión el salario de don Gerónimo. «Un Alguacil maior de millones, que es Dn Gerónimo Verdejo con el salario de doscientos ducados, se le consideran estos por su utilidad, y la de ciento y cinq.^{ta} rr.^{s} p.^{r} la Administr.^{n} de la memoria de Maria Garcia». No cabe duda de que don Gerónimo Verdejo tiene un pasar. Y menos duda aún plantea la veracidad de la información. Está pronunciada bajo juramento por el señor don Martín Alarte, cura propio de la iglesia parroquial de Santa María de Lara de la expresada ciudad, por los párrocos de las 10 feligresías de ella, por los regidores perpetuos de la misma, por los procuradores síndicos generales tanto por el estado noble como por el del común, por tres labradores, por un mercader, por un maestro de obra prima, y por el sursuncorda si hubiese sido menester.

Otro documento bien diferente, el expediente para la concesión del título de caballero de la Orden de Santiago a don Miguel de Oarrichena y Borda,[3] iba a aportar sustancial información. En el citado expediente se incorpora una partida de bautismo de la que va a ser su mujer, Micaela Ramírez de Orozco, para que quede clara la calidad y limpieza de sus orígenes, cursada el día siete de junio de *mil y setecientos y cincuenta y siete* a pedimento del mencionado don Miguel. A esa fecha, don Bartolomé Serrano Martínez, cura párroco de la iglesia parroquial de San Miguel de la ciudad de Huete, afirma que en el libro de bautizados de la referida parroquia, que da principio en el año de *mil y seiscientos y sesenta y tres* y en su folio *treinta y ocho*, entre otras partidas hay una del tenor siguiente: «Yo, Bartolomé Serrano, cura párroco de la Iglesia Parroquial de San Miguel a treinta y un días del mes de octubre de mil y setecientos y treinta y tres, crismé, ungí y bauticé solemnemente a una hija legítima de don Juan Javier Ramírez y Josepha Maria Verdejo, parroquianos de San Miguel. Púsele por nombre Micaela María de las Mercedes y fue su compadre de pila su primo don Juan Ramírez parroquiano de S.ta María de Lara, a quien advertí de las obligaciones del parentesco».

Así pues, dos Verdejo más en la villa de Huete Josefa María y su hija Micaela. ¿Habría relación con el alguacil mayor de millones? Afortunadamente, en la documentación relativa a Micaela que aporta al expediente Miguel de Oarrichena, además de completar el apellido paterno, añadiendo el de Orozco al Ramírez que figuraba en la partida de bautismo, incluye también los abuelos tanto paternos como maternos. Los maternos, que son los que para nosotros tienen interés, son precisamente don Gerónimo Bruno Verdejo, natural de Huete y doña Micaela Jaroso y Vera, natural de Alcalá. De

---

3 AHN (O.M., Caballeros Santiago); exp. 5810.

lo que resulta que tomando el nombre de su abuela, Micaela Ramírez de Orozco y Verdejo, hija de Josefa María Verdejo es nieta por línea materna de Gerónimo Bruno Verdejo. Ahora bien estos Verdejo de Huete, ¿qué relación tienen, si es que la tienen, con los de Montalbo? Si ya se hacía difícil encontrarla entre las diferentes ramas del propio Montalbo, tanto más en este caso. Recordemos que lo que nos llevó a Huete fue el lugar de origen del padre de pila de Francisco Verdejo González, de nombre Íñigo Verdejo y que por cierto no aparece en los dos documentos que hemos utilizado. Hablando de parentescos de pila, recordar igualmente que la hermana mayor de nuestro personaje es bautizada en Madrid, aproximadamente en las mismas fechas que Micaela Ramírez de Orozco y Verdejo va a casarse con un personaje influyente en la corte. Y esa hermana de Francisco precisamente se llama Micaela. ¿El nombre de su madre de pila? Porque de ser así, daría peso a la suposición de relación familiar entre Nicolás Verdejo padre y los Verdejo de Huete.

Hay que hacer constar que ninguno de los cinco primeros hijos del matrimonio Ramírez de Orozco-Verdejo tiene un padre de pila apellidado Verdejo. Lo que puede dar a entender que no hay hermanos de la madre, al menos vecinos de la ciudad de Huete. El sexto hijo sí tiene un padre de pila apellidado Verdejo, mas se trata de su abuelo materno, del que toma su nombre, Gerónimo. Y curiosamente, el cura que le bautiza, teniente de beneficiado de la parroquia de San Miguel, se llama Gaspar Manuel Verdejo, seguramente unido por familiares lazos al nuevo cristiano. Para el bautismo de Micaela vuelve el influjo de la familia paterna y su padrino es, como ya sabíamos, un Ramírez de Orozco primo suyo, de la parroquia de Santa María de Lara. La relación completa de los hermanos Ramírez de Orozco-Verdejo, puede verse en la figura 5.

Villalba del Rey es un pueblo hoy de la provincia de Cuenca. En el siglo xviii lo era de la ciudad de Huete. Es decir, próximo a ella y próximo a Montalbo. Un pueblo que en los años que nos ocupan, tiene por encima de los 300 vecinos y que, con una frecuencia mayor de lo que sería de desear, resulta que se queda sin médico. El motivo es claro. El médico recibe una dotación de *cuatro y mil y seiscientos y sesenta* reales de vellón que se cobran por igualas o cabezas. ¿Qué quiere decir esto? Que los pobres, que son los que tienen más familia, tendrían que pagar más, cuando realmente no pueden hacerlo. Y los ricos, los que menos contribuyen. De modo y manera que el médico, con bastante trabajo, y con un mal sueldo que incluso en ocasiones no cobra, termina por irse del pueblo. Habrá que creer que esto es así, porque es el argumento en que se basa el alcalde de Villalba del Rey, estando a *veinte y cinco* días del mes de julio de *mil y setecientos y noventa y nueve* años, para usar de su facultad de dotar al médico con 500 ducados repartiéndose por abonos y no por cabezas. Y con el fin de que le sea menos gravoso este arbitrio al vecindario, el dicho alcalde pretende se le conceda destinar a este fin el producto de un azumbre[4] del vino que se expida en la taberna.[5] Todo ello estando en la sala consistorial del Ayuntamiento de la villa, precedido de toque de campana y con la presencia de las personas que han seguido los empleos de justicia en los últimos cinco años. El dicho alcalde que se llama Juan Antonio Verdejo, y que lo es por el estado noble de la villa, como lo fue y por ese mismo estado, cinco años ha, Martín Verdejo. No se investigará la relación familiar entre los Verdejos de Villalba del Rey con los de Huete y Montalbo. Se

---

4 Azumbre es una medida de capacidad para líquidos, compuesta de cuatro cuartillos y equivalente a dos litros y 16 mililitros.
5 AHN (Consejos); leg. 31124, exp. 22.

da por hecha, como lógico parece en distancias tan próximas. Solo deseo poner de manifiesto su pertenencia al estado noble, porque eso ayuda a encuadrar en su exacto marco al protagonista de esta historia. Como apuntaba el columnista de *El Día de Cuenca*, de familia distinguida, pero de escasa fortuna.

2

Francisco Verdejo, cabo segundo y soldado distinguido

Aproximadamente hacia el año 1774, Francisco abandona su Montalbo natal y viene a la corte, donde entra a formar parte de los Reales Guardias de Infantería española. Son, como queda reflejado en su nombre, tropas de Casa Real y en las que no puede entrar cualquiera. El acceso a Verdejo le es permitido, en cuanto que es hijo de hidalgo y posiblemente cuente con los apoyos de familiares bien situados en los mecanismos del poder. Recuérdese a Micaela Ramírez de Orozco y Verdejo, casada con Miguel de Oarrichena, caballero de la Orden de Santiago. También sabemos que por esas fechas hay en Madrid un Íñigo Verdejo. Es oficial segundo de la Contaduría de Cuentas y está viudo. Desea contraer matrimonio nuevamente, y siendo funcionario público como es, necesita licencia de sus superiores para poder hacerlo. ¿Es el mismo Íñigo Verdejo natural de la ciudad de Huete y padre de pila de Francisco? Porque de serlo, está claro que habría echado una mano a Francisco en sus primeros días de estancia en la villa y corte. En la documentación que se ha manejado del funcionario, solicitud de la licencia matrimonial[1]

---

1   AHN (FC-Mº_Hacienda); leg. 505, exp. 486.

y años después, declaración de pobre de su viuda[2] hay, como es lógico, más información relativa a su mujer que a él mismo, por lo que no ha sido posible determinar si el padre de pila de Francisco y el oficial de la Contaduría de Cuentas es o no es la misma persona. Otro Verdejo presente en la villa es Antonio Verdejo. Maestro de filosofía en la Real Casa de Caballeros Pajes, se le nombra en el año 1770 examinador de la oposición a la cátedra de Lógica de los Reales Estudios de San Isidro.[3] Pide ser exonerado, lo que le será concedido, precisamente por su quehacer diario con los pajes. Nacido en la Villa de Brea (Zaragoza), no hay probada la más mínima conexión familiar con el Francisco Verdejo recién llegado de Montalbo.

Apoyado o no por familiares mejor o peor situados en la corte, Francisco Verdejo González ha dado un giro importante a su vida. Atrás quedan los años de su niñez y sus estudios de las primeras letras con el maestro de ellas, Agustín de la Serna, y los posteriores de gramática y latinidad con el preceptor Joseph de Heredia. Y atrás quedan también sus compañeros de estudios y juegos, Antonio Honduvillas,

---

2 AHP. Madrid. Pantaleón de Zabala. Protocolo 21595. Declaración de pobre de Margarita Cleere, viuda de Íñigo Verdejo. La declaración de pobre, al igual que un testamento, es un acto que se protocoliza ante un escribano de S. M. y en el que a diferencia de éste, el declarante no dispone de bienes ni efectos que poder testar. Lo que no es óbice para que el citado declarante pueda nombrar herederos por si acaso en algún tiempo le tocaren o pertenecieren algunos bienes, rentas, acciones o futuras subvenciones. Quizás el hecho más importante que puede reflejarse es el nombramiento de un tutor para los hijos del declarante que a la fecha fueran menores de edad. Este parece ser el fin que persigue la viuda de Íñigo Verdejo, nombrar un tutor para su hija Balbina Verdejo Cleere. El hecho de solicitar del señor cura de la parroquial donde sobrevenga su fallecimiento mande ser enterrada y se le digan los sufragios que le dicte su caridad, es asimismo un detalle relevante.

3 AHN (Consejos); leg. 5441.

Estanislao Palomino, Joseph Antonio Carralero, el del horno de la plaza, Antonio Escamilla, y tantos y tantos otros. Y los Mayos, y la danza de los palos, y los rosquillos de santa Quiteria, y el *empedrao*, guiso de judías mezcladas con arroz, que su madre doña Teresa cocinaba como los meros ángeles. A sus aproximadamente diecisiete años, Francisco es un buen mozo, de elevada estatura, y que luce a las mil maravillas el vistoso uniforme de guardia real de Infantería española. Casaca y calzón azul, con el collarín o cuello de la casaca y el paño sobrepuesto en la bocamanga de color rojo. Y la chupa, que es una especie de chaleco largo abotonado de arriba abajo que se usa debajo de la casaca, también de ese mismo color. Precisamente, como es sabido, los ojales de su chupa son los que diferencian a un guardia de Infantería española de un guardia de Infantería valona, tropa asimismo de Casa Real. Los ojales corridos en la chupa de los de la española, frente a los ojales salteados de los de la valona. Cinco años después, Verdejo inicia con su unidad el bloqueo de Gibraltar. Sabemos de la presencia de las tropas de Infantería española en la referida acción militar por ascensos que se otorgan a varios de sus jefes durante el desarrollo de las operaciones. Y allí permaneció Francisco Verdejo hasta el año 1783 en que se levanta dicho bloqueo, encuadrado en uno de los cuatro batallones de Reales Guardias. Él mismo nos lo hará saber en la súplica para que le sea concedida la cátedra de Matemáticas en la Real Fábrica de Cristales: «Y se ha hallado en el Bloqueo de Gibraltar todo el tiempo que duró».

Vuelve pues Francisco con su unidad a Madrid, a un Madrid que, desde el motín contra Esquilache y por cuestiones de policía, está ajedrezado en 64 barrios: ocho cuarteles y en cada cuartel,[4] ocho barrios. Las instalaciones de los Reales Guardias se encuentran en la manzana 341, en el final de la calle de Fuencarral dando ya al campo, y muy próximas a la puerta de los Pozos, lo que hoy es la glorieta de Bilbao, puerta así llamada por encontrarse en su proximidad los pozos donde se almacenaba la nieve traída de los ventisqueros serranos, que distribuida a las neverías de los diferentes barrios, permitía a los madrileños refrescarse en los meses de estío. No lejos queda también la puerta de Santa Bárbara, hoy glorieta de Alonso Martínez, y más allá de la cerca, extramuros, la Fábrica de los Tapices. Se trata del cuartel del Barquillo, y en él, el barrio de Guardias españolas, que toma su nombre precisamente de la presencia de las tropas de Casa Real. El barrio da principio en la puerta de Santa Bárbara y, a mano derecha, entra en las calles de la Florida y San Antón, vuelve a la de los Panaderos, atraviesa la de Hortaleza, y se mete por la de San Lorenzo a la de San Mateo hasta dar vista a la de Fuencarral, donde concluye siempre a dicha mano. Formado por 10 manzanas —aparecen sombreadas y numeradas en el plano superior de la figura 6—, obsérvese cómo con alguna pequeña diferencia, pueden identificarse en la ordenación actual del barrio —el plano inferior de la misma figura—. Para las instalaciones de los guardias de Infantería española y su plaza de armas, hoy estaríamos hablando del espacio limitado por las calles de Fuencarral y Apodaca, que en el plano antiguo es campo; calle de Mejía Lequerica, en el plano antiguo de la Florida; y calle de la Beneficencia, en el plano antiguo de San Benito. Y algún cambio más en el nombre de las calles. La de los Panaderos, hoy travesía de

---

[4] Debe ser entendido aquí no como edificio destinado para alojamiento de la tropa sino como distrito en que se suelen dividir las ciudades o villas grandes para el mejor gobierno económico y civil del pueblo.

San Mateo y la de San Opropio, hoy Serrano Anguita. Este último cambio, relativamente reciente. El autor recuerda de sus años de estudiante haber jugado al billar en los bajos de un inmueble de la calle San Opropio, muy próximo a un desvencijado surtidor de gasolina.

Alguien habla a Francisco de los Reales Estudios de San Isidro y de la posibilidad de estudiar en ellos las matemáticas. No habrá dificultades, al revés. El conocimiento de la mencionada facultad se prima en el Ejército desde hace tiempo. No está mal la idea. Soldados capaces de pegarle un arcabuzazo al lucero del alba o de resolver una ecuación diferencial, según se tercie. Buena prueba de ello es que el 21 de diciembre de 1750, se creó por Real Orden una Academia de Matemáticas en el acuartelamiento de los Guardias de Corps, dando la posibilidad a los oficiales y cadetes de este cuerpo de seguir voluntariamente los estudios en esa disciplina. La idea vino impulsada por la dificultad de estos oficiales, dado el tipo de servicio que realizan en la proximidad del rey, de desplazarse a las Academias Militares de Matemáticas de Barcelona, Ceuta y Orán. Y como reza en la Real Orden de 21 de diciembre de 1750 sobre el establecimiento de la Academia, podían seguir también el curso los miembros de Infantería española y valona acuartelados en la corte, y «que no quiere que otro ningun, que no sea individuo de los tres referidos Cuerpos, haya de entrar en este estudio; pues si algun Caballero de distinción de esta Corte hiciera presencia de ello, me lo hará V.M. presente, para que poniéndolo en noticia del Rey, proceda siempre su real beneplácito». Dice bastante del éxito del proyecto lo escrito en la Real Orden de 15 de enero del siguiente año sobre la figura del protector de la Academia de Guardias, «el Rey ha visto la lista que V.S. incluye en papel de 8. de este mes, de los 8. Cadetes, y 86. Guardias de las tres Compañías, con expresión de sus nombres, que han emprendido el estudio de las Matemáticas en la nueva Academia establecida». De las facilidades que se dan a los alumnos queda constancia en la Real Orden de 24 de abril, para que no sean incluidos en los destacamentos de La Granja de San Ildefonso los cadetes y guardias que están empleados en el estudio de las matemáticas.[5] Su maestro y director de la Academia, el ingeniero del rey, Pedro Padilla y Arcos sacó un tratado de matemáticas e incluso, como en toda institución docente que se precie, se celebraron al año de iniciarse los estudios conclusiones públicas. Se trata de un certamen literario en que los mejores alumnos del curso, previamente seleccionados, y sobre un programa preestablecido, se someten a las preguntas que los asistentes al acto tengan a bien realizarles. Un día del mes de marzo de 1752, dos cadetes, Ignacio Zinicelli y Silvio Panego, y seis guardias, Gerardo Henay, Joseph Aranda, Joachin Casaviella, Miguel Roncalli, Antonio Ofray y Carlos Calatayud, defienden «cada uno de los ocho académicos el punto que aquí se expresa en virtud de sorteo, que en pública Academia se tuvo sobre el todo de las materias de las Conclusiones».[6] Al menos eso es, a modo de resumen, lo que le ha estado contando a Francisco Verdejo un guardia de Corps de la Compañía flamenca, llamado Alfonso Fonds de Laval, que va a matricularse en San Isidro. «¿Un guardia de Corps va a estudiar matemáticas en San Isidro? Entonces, ¿es que no sigue funcionando esa Academia en el cuartel de los Guardias Reales?». «No, no sigue». Desde la expulsión de los jesuitas y restablecidos los Reales Estudios en el Colegio Imperial, dado su carácter público, no tenía sentido duplicar las enseñanzas y

---

5 AGS (GM); legajo 3011.
6 Biblioteca del Palacio Real de Madrid. PAS/2988.

los guardias de Corps aprenden las matemáticas en San Isidro, unidos a quien quiera hacer lo mismo, tanto soldados de otros regimientos, como futuros artesanos. De todas maneras estas enseñanzas, dice Fonds de Laval, no son sino la continuidad de las que se dieron en la Academia de Matemáticas que estableció en Madrid Felipe II por consejo de su arquitecto Herrera. «¿Una academia de matemáticas en el Madrid de Felipe II?». «Sí, una academia». El flamenco lo tiene muy estudiado. Si el rey no disponía de pilotos capaces de llevar a buen puerto sus barcos, si no disponía de artilleros hábiles en los asuntos de la guerra, ni de ingenieros maestros en el arte de la fortificación, tendría que traerlos del extranjero, con el peligro que eso conlleva. No hay que olvidar que Felipe II había sido formado matemáticamente por Juan Martínez Silíceo. Francisco Verdejo no sabe muy bien quién es el tal Silíceo, pero prudentemente permanece en silencio, y sigue con ávido interés las explicaciones del guardia de Corps.

A la conversación de Fonds con Verdejo se han incorporado dos guardias valones de una de las compañías que a la fecha están acuarteladas en Madrid. Uno de ellos había estudiado las matemáticas en la Academia que de esa misma facultad puso en los cuarteles de Infantería el general O'Reilly. El general había traído por recomendación de Francisco Subirás, primer profesor del Real Seminario de Nobles, un maestro de ese mismo seminario. No es fácil entenderse, el ruido de la hostería donde los cuatro reales guardias de S. M. debaten sobre lo útil o no de los conocimientos matemáticos es alto. Resulta sorprendente que en vez de tratarse esos asuntos en las aulas recoletas e impregnadas de saber de cualesquiera universidad, se haga entre las desvencijadas paredes de una ruidosa casa de comidas. Pero como si no hubiese trascurrido el tiempo, como sin querer aprender de errores pasados, en las universidades españolas se sigue enseñando básicamente humanidades, formando casi exclusivamente teólogos y hombres de leyes y considerando las matemáticas como cosa de enredos y adivinaciones. Y en las excepciones, como puedan ser las de Salamanca y Valencia, las clases se imparten, cuando se imparten, en latín, lengua solo conocida por cortesanos, humanistas y clérigos, y desconocida por los posibles aspirantes a ingenieros, cosmógrafos, artilleros o cualesquiera otros profesionales que demandaba el país.

No resulta ser precisamente latín lo que se habla en esa hostería de la calle San Joaquín esquina a la de Fuencarral, próxima a las instalaciones que en el barrio de las Mercenarias Descalzas albergan las Compañías de Reales Guardias valonas. Otro barrio más del cuartel del Barquillo, cuartel de calles de caserío bajo y humilde, calles de esquinazos oscuros y en soledad. Calles de San Antón,[7] Regueros, Válgame Dios, San Gregorio, calles de tugurios y prostíbulos. Y eso sí, ya lo hemos dicho, lo que se habla en la hostería, se habla alto. De la desvencijada mesa próxima a los reales guardias, donde dos chisperos comparten libra y media de carnero y una frasca de vino de Arganda, llega tal estruendo que se hace difícil hacerse entender. Durante unos segundos uno de los valones y uno de los chisperos se sostienen desafiantes la mirada. Los chisperos que viven y se mueven por el barrio, venidos de la manolería, son fabricantes y mercaderes de los utensilios del hierro. Con la proliferación de las herrerías en los desmontes de Santa Bárbara los hay en buen número. Y son aguerridos, ¡vaya si lo son! Hace unos pocos años ese cruce de miradas hubiera sido el preámbulo de una verdadera batalla campal, con botellas, sillas y hasta mesas volando

---

7 La calle de San Antón es hoy la calle Pelayo.

por el aire, cabezas abiertas, heridas sangrantes y el local destrozado. Batallas como las que se libraban en los bailes de candil por un quítame allá esas pajas. Porque ni su inferioridad numérica, dos a cuatro, ni el desmesurado tamaño de los guardias reales, del que el buen mozo Verdejo resultaba ser el menos corpulento, hubieran echado un centímetro atrás a los chisperos. Lo que ocurre es que las cosas ya no son como antes. Valones y chisperos, tanto los unos como los otros, están muy en el punto de mira de alguaciles y justicias. Desde lo de Esquilache hay mucha policía en cualquier esquina, las patrullas de blanquillos[8] que hacen la ronda, prestas a intervenir; así que sin decírselo, sin palabras, como se entienden los hombres, unos y otros llegan a un acuerdo para respiro del hostelero. Los chisperos bajarán un poco el vocerío y los reales se apiñarán más entorno a su mesa para oírse mejor. Y aquí la paz y después la gloria.

El que estudió en la Academia de los cuarteles de Infantería insiste en lo del lenguaje. Felipe II en su viaje a Portugal visita una academia de matemáticas en donde aprenden los hidalgos portugueses. ¿En qué idioma se les enseña? Pues se les enseña en el idioma que hablan. Seguramente de ahí trae su idea para la Academia de Matemáticas de Madrid. Y aquí, se queja amargamente el guardia, no sabe cuántos años después, siguen exigiendo en las oposiciones a las cátedras de Matemáticas el conocimiento del latín como requisito indispensable para poder optar a ellas. No puede imaginarse Francisco Verdejo ni por un momento cómo esa queja del guardia valon llegará con el tiempo a hacerse suya. Es ahora nuevamente Fonds de Laval quien pone encima de la mesa lo ambicioso del proyecto del rey Prudente, recordando con

---

8 Miembros del Cuerpo de Inválidos, así conocidos por el color del uniforme que vestían.

minucioso detalle el amplio espectro de profesionales que habrían de formarse en la Academia; desde los aritméticos hasta los artilleros, pasando por los geómetras o mensuradores, mecánicos, astrólogos, gnomónicos, cosmógrafos y pilotos, perspectivos, músicos, arquitectos, pintores, fortificadores y niveladores.[9] Proyecto puesto inicialmente bajo la dirección del matemático portugués Juan Bautista Labaña, y para lo que se alquiló una casa próxima a Palacio a las beatas de santa Catalina de Siena. Se va haciendo tarde y hay que volver a los acuartelamientos. Los valones se ofrecen a prestarle a Verdejo *Sphera del Universo*, impreso en 1599, y del que es autor el muy ilustre regidor de la ciudad de Murcia y procurador de cortes por ella y su reino, Ginés de Rocamora y Torrano. Después, uno de ellos se acerca presto al mostrador. Los chisperos ha tiempo ya que se fueron, pero antes de hacerlo, el que le sostuvo la mirada al real, dejó pagados los maravedíes que se habían bebido los guardias. «¡Cristo! —exclama el valon—, ¡si he estado en un tris de partirle en dos!»

Francisco enfila por la calle de Hortaleza dejando atrás el acuartelamiento de los valones hacia el suyo propio. Lleva en sus manos con cuidadoso esmero, casi con veneración, los dos libros que finalmente le han prestado. A la *Sphera del Universo* hay que añadir otro intitulado *Tratados de Matemática* que es el que se emplea en las escuelas establecidas en los regimientos de Infantería. Impreso por Ibarra en el año 1777, son sus autores el teniente coronel graduado don Gerónimo de Capmany, sargento mayor del Regimiento de la Corona, y don Benito Bails, director de matemáticas de la

---

[9] DE HERRERA, Juan: *Institución de la Academia Real Mathemática*, edición y estudios preliminares de José Simón Díaz y Luis Cervera Vera, Madrid: Instituto de Estudios Madrileños, 1995.

Real Academia de Nobles Artes de San Fernando.[10] «¡Pues sí que están proliferando los libros de matemáticas!», piensa Verdejo. El de Pedro Padilla, éste que le han prestado, otro tratado de Benito Bails que es el que ahora se sigue en San Isidro, y seguramente habrá más que Verdejo no conoce. Si hace un momento lo decía el guardia de la Compañía flamenca: ya han pasado los tiempos en que se dictaban las lecciones, porque como apuntaba el padre Tomás Cerdá en el prólogo de su texto *Lecciones de Matemática*, «que aun los más cuidadosos profesores de las quatro partes del tiempo, que están con sus discípulos, emplean las tres en escribir, y la otra en practicar, o explicar: luego supuestos ya impresos los tratados, esto que se emplea en dictar, se emplea en explicación, y hará en este caso en un año solo un maestro tanto, como en quatro escribiendo».[11] El razonamiento es irreprochable pero Francisco está agobiado. Porque con Cerdá le ocurre lo mismo que con Silíceo, ¡que tampoco sabe quién es! Bueno, todo se puede aprender. Hace todavía calor y las calles aparecen desiertas. ¡Qué bonito está Madrid! Verdejo lo siente como suyo, y el conquense de nacimiento, que nunca olvidará su Montalbo natal, que todavía no sabe que su vida quedará desde ese momento ligada hasta el final de sus días a la villa y corte, ya se siente, ya es un poco madrileño.

Verdejo no ha perdido el tiempo, ha leído con minuciosa atención el texto de Rocamora y ha consultado con igual minuciosidad escritos, realizando un sinfín de anotaciones. Con frecuencia coge sus papeles y, ronda de Recoletos abajo, hasta llegar al portillo del mismo nombre,[12] sale a su mano

---
10 BN. 2/29738.
11 CERDÁ, Thomas: *Liciones de matemática*, Madrid: Biblioteca Central Militar. V-66-9-2.
12 Hoy, calle Génova abajo hasta llegar a la plaza de Colón.

izquierda, por el camino que va hacia la fuente Castellana. Dejando a la otra mano, o sea a la diestra, el arroyo Abroñigal y bajo y al cobijo de un sombrajo estudia y estudia sus notas. Hacia 1510, la camarera de la reina Isabel la Católica, doña Catalina de Téllez, fundó un recogimiento frente a las Casas del Tesoro, sitas en el pasadizo de la Encarnación, así llamado porque unía dependencias del Real Palacio con el convento del mismo nombre. Mudadas las beatas a un nuevo edificio, en el antiguo se establece la Academia de Matemáticas según se deduce de una real cédula en la que se ordena a Diego Carranza, pagador del Real Alcázar, que se abone el alquiler del mismo. Se nombra al portugués Juan Bautista Labaña para que lea las matemáticas y a Onderiz para que ayude a Labaña y traduzca libros del latín al romance. El profesor de fortificación recibió 375 maravedíes por año, el doble de lo que recibía el profesor mejor pagado de la Universidad de Valladolid. Cristóbal de Rojas, asesor de las fortificaciones de Pamplona, y miembro de la fuerza expedicionaria en Bretaña, en el prólogo de su *Tratado de fortificación*, habla del éxito del curso.[13] Por el libro que le han prestado[14] Verdejo conoce de otros profesores y alumnos de la institución: Francisco de Bobadilla, el conde de Puñoenrostro, que asistió en lecciones de mañana y tarde oyendo al muy docto y versado en esas artes, el doctor Ferrufino, que leyó los cuatro primeros libros de Euclides, y el licenciado Juan Cedillo, antiguo maestro en la ciudad de Toledo, que disertó sobre las matemáticas de senos, lecciones que contaron con la presencia del marqués de Moya. O el alférez Pedro Rodríguez Muñiz, que trató la materia de escuadrones y la forma de hacerlos con los

---

13 Simón Díaz, José: Opus cit.
14 *Sphera del Universo. Por Don Ginés de Rocamora y Torrano, Regidor de la Ciudad de Murcia, y Procurador de Cortes por ella y su Reyno.* Edición de Juan Torres Fontes y Martin J. Lillo Carpio.

principios de aritmética y raíces cuadradas. O el ya citado capitán Cristóbal de Rojas que leyó de fortificación, siendo su alumno Bernardino de Mendoza, embajador que fue en Francia, por el rey nuestro señor. Verdejo termina sus anotaciones con el nombre de Juan Ángel, que explicó sobre un tratado de Arquímedes.

Y Verdejo ya sabe quién es Silíceo y ya sabe quién es Tomás Cerdá. Curiosamente, los dos maestros de matemáticas de príncipes. El primero de ellos y tal como aseguró el valon, profesor de matemáticas en la Universidad de París y más tarde maestro del que luego sería el segundo de los Felipes. Y el otro, un jesuita catalán, profesor en la Universidad de Cervera. En 1755 estudia en Francia con el también jesuita padre Pezenas y a su vuelta en 1756 enseñará matemáticas hasta 1765 en el Seminario de Nobles de Santiago de Cordelles. En 1758 se imprime en Barcelona su libro en dos tomos *Lecciones de Matemáticas o Elementos Generales de Aritmética y Álgebra*, dedicado al muy ilustre Ayuntamiento de la ciudad de Barcelona. Dos años más tarde se imprimirían los *Elementos Generales de Geometría*. Otras obras suyas son *Lecciones de Artillería*, dedicada al conde Gazzola y *De la Aplicación del Álgebra a la Geometría*, manuscrita. Trasladado a Madrid, es nombrado cosmógrafo real, maestro de matemáticas en la corte y profesor del Colegio Imperial.[15] En el número de la *Gaceta de Madrid* de fecha 29 de octubre de 1765 aparece una nota en la que se hace saber que los dos tomos de aritmética y álgebra, el tomo de geometría y el tomo de lecciones de artillería, que son explicados por el

---

15 Es realmente en esta institución docente de los jesuitas, donde como apuntaba el guardia de Corps Fonds de Laval, se dio continuidad a la Academia de Matemáticas de Felipe II, institución en la que, una vez expulsados los regulares, se producirá por expreso deseo de Carlos III el restablecimiento de los Reales Estudios de San Isidro.

autor en su clase del Colegio Imperial, pueden hallarse en la portería de dicho colegio. En él, le sorprenderá la orden de abandonar España.

Francisco no lo duda ni un momento, está cada vez más ilusionado con la idea de aprender, y tiene una especial aptitud para las matemáticas. Puede asistir como oyente pero no, no es eso lo que Francisco quiere. Francisco quiere someterse a la obligatoriedad de la asistencia, a los exámenes, y ganar curso de modo y manera que al año siguiente pueda cursar las de segundo. Y en un momento dado, poder solicitar un certificado de estudios en donde quede constancia de sus conocimientos adquiridos. Tiene la ventaja además de que al tratarse de estudios públicos, la enseñanza es gratuita. Sí que tendrá que costearse los libros... los libros y algunas otras cosas. Parece que se recomiendan los textos de Christiano Wolf, o los de Benito Bails, que no está claro. Pero ni uno ni otro, baratos, lo que se dice baratos, no son. Ya se las ingeniará de alguna manera. Quizás pueda encontrar un ejemplar en no mal estado en alguna librería de viejo. Habrá que acercarse a las gradas de San Felipe el Real y echar un vistazo a los puestos. Suele haber en ellos libros de ocasión, y si no, usar de la influencia de un conocido que es familiar de un conocido de Andrés de Sotos, a ver si consigue que le haga un precio arreglado en su librería de la calle Bordadores, la que está frente a San Ginés. En octubre comienza el curso, matemáticas de primer año, y él va a estar, ¡tiene que estar!, entre los matriculados. Una tarde de finales del mes de septiembre Francisco se llega impaciente hasta la calle de San Dámaso. En la villa y corte del rey nuestro señor *Carlos el III*, uno de sus reales guardias de Infantería española es un hombre inmensamente feliz. Su nombre completo, Verdejo González, Francisco, aparece en la lista de los admitidos. Y contrariamente a lo que pudiera esperarse, muy al principio de ella, porque como le sucederá otras veces, alguien en la secretaría de los Estudios ha mudado por su cuenta y riesgo la inicial de su apellido a la segunda letra del abecedario.

Octubre de 1783. Es el primer día de curso, y los corredores y patios del caserón de la calle de San Dámaso han recuperado la animación de los últimos días del junio *próximo pasado*. De la calle Toledo fluyen sin cesar alumnos y más alumnos. Los veteranos se mueven con soltura saludándose con visibles muestras de afecto, pero los nuevos andan un poco perdidos, de un lado a otro buscando sus aulas. Empujones, algarabía, «¿dónde está la clase de Retórica?». «No sé, yo voy a latín». Francisco no sabe con cuál de los dos catedráticos le toca, si con don Vicente Durán o con don Antonio Rosell. Como se turnan de manera que el que dio a primero el curso pasado va ahora a segundo, y viceversa... «Yo creo —dice alguien—, que el año *próximo pasado* don Vicente se ocupó de las matemáticas de segundo, así que seguro que este curso pasa a primero». «Sí, sí, seguro —asiste otro—, un primo mío, Aniceto Quijano, defendió conclusiones de primero y fueron presididas por Rosell. Así que Rosell tiene que pasar a segundo y a los de primero nos toca Durán». Se ha ido formado un pequeño grupo de alumnos entre los que se encuentra Verdejo y a los que les une un objetivo común, aprobar las matemáticas de primer año. Pero claro, para eso es requisito indispensable encontrar el aula donde estudiarlas. ¿Así que entonces resulta que en los Estudios de San Isidro hay dos cátedras de Matemáticas? Sí, señor, sí, lo mismo exactamente que en tiempos del Colegio Imperial, cuando aún estaban los jesuitas. Pero para ver cómo nacen, y para ver cómo son los primeros tiempos de los nuevos Reales Estudios, hagamos un paréntesis en el devenir de esta historia.

¿Cómo nació? ¿Cómo fueron los inicios de la institución donde ahora estudia Francisco Verdejo? Demos la vuelta atrás unos años en el tiempo, y sigamos una serie de acontecimientos que principian con el motín contra Esquilache, y que continúan un año más tarde con el extrañamiento de los regulares de la Compañía de Jesús, lo que da lugar a que dos establecimientos dedicados a la enseñanza en la corte, el Seminario de Nobles y el Colegio Imperial, queden paralizados. Enseguida, desde el poder cortesano, se toman las medidas necesarias para su restablecimiento, y en el Colegio Imperial, que pasará a nombrarse Reales Estudios de San Isidro, se convocarán oposiciones para cubrir las cátedras. Para la facultad de matemáticas salen dos a concurso, que ganarán Antonio Rosell y Joachin de León. Conoceremos la mecánica de la oposición, censores nombrados, lista de opositores, y posterior actividad de las cátedras. Lo mismo haremos para una nueva oposición, celebrada seis años después por fallecimiento de Joachin de León, para terminar este apunte retrospectivo con una semblanza de los mejores alumnos que pasaron por las aulas de matemáticas en ese periodo.

Año de 1767. Esto es, se cumple más o menos un año desde que lo más granado del Barquillo, Maravillas, El Avapiés y San Francisco, se fue calle de las Infantas adelante, hasta la casa de las Siete Chimeneas donde residía Esquilache, al tiempo que se las tenía tiesas con los guardias de Infantería valona. Los reales, mercenarios la mayoría de ellos reclutados en los Países Bajos, estaban en el punto de mira de la majeza madrileña, desde que para despejar el recinto del juego de la pelota del Retiro, con ocasión de unos fuegos artificiales que tuvieron lugar en los festejos de la boda de la infanta María Luisa, cargaron con una fuerza totalmente desproporcionada, causando un buen número de muertos y heridos.[16] Hasta el punto que una de las reivindicaciones planteadas por los madrileños a su rey en los días del motín fue la salida de la corte de los citados guardias, petición que, como las otras, fue aceptada según consta en el bando de la sala de alcaldes publicado el 25 de marzo de 1766, y en el que junto al permiso para el uso de capas largas y sombreros redondos a cualquier clase de personas, la aplicación de precios más bajos de los productos de primera necesidad, y el perdón de los excesos cometidos, se concedía igualmente la salida de la corte del odiado marqués de Esquilache y de los no menos odiados guardias valones, que en efecto salieron para Aranjuez acompañando a Carlos III y abandonando sus acuartelamientos en la capital. No sería por mucho tiempo. La normalización de la situación, que incluía el retorno a Madrid del propio rey, incluía también revocar todas y cada una de las concesiones hechas bajo la presión de los acontecimientos. El Batallón de Guardias valonas hizo su entrada en la ciudad, como describe muy gráficamente José Miguel López García, «en medio de un silencio sepulcral, tan solo interrumpido por el redoble de sus tambores». De ahí la posible presencia de los dos guardias en la hostería de la calle San Joaquín, compartiendo mesa con el de Corps, Alfonso Fonds de Laval y con el de la española, Francisco Verdejo. Y de ahí su prudencia a la hora de montar una batalla campal con los chisperos, porque la mala fama ya les acompañaría para siempre. Valga la presencia en el relato de estos dos guardias valones ilustrados como un pequeño recuerdo a los

---

16   Es evidente que la rebelión tenía raíces más profundas que las cuentas pendientes del pueblo madrileño con el primer ministro que dio nombre al motín y con los guardias valones, o el largo de una capa. Un magnífico y detallado estudio de las causas puede leerse en El *motín contra Esquilache* de José Miguel López García, Alianza Editorial.

miembros de este cuerpo que sirvieron con lealtad a España y a su rey, sin enfrentamientos personales con el pueblo.[17]

Es muy probable que, dados los días que corren, los últimos del mes de marzo del citado año 67, el jesuita padre Benavente ande dándole vueltas a la selección de los alumnos que han de defender conclusiones de matemáticas en el Colegio Imperial. O quizás ya lo tuviera prácticamente decidido y solamente a falta de hacer una breve consulta para acordar las fechas a celebrar, con los padres Vicente Tosca, Juan Wendlingen y Esteban Terreros, todos ellos, como él, profesores de la disciplina en las cátedras de los Reales Estudios del Colegio. Y, sin falta, tiene que hablar con el impresor Ibarra para el asunto de los cuadernos con los programas, evitando en lo posible las prisas de última hora en las impresiones. ¿Y los alumnos? Los alumnos este último mes andan distraídos, inquietos, bulliciosos, que no es sino reflejo fiel del ambiente

---

[17] Gaspar Lebrun, soldado de los Reales Guardias valones de la Compañía Genguin del Batallón que en 1689 guarnecía Madrid, en escrito al Consejo, expuso «ser maestro de las lenguas Italiana y Francesa, y profesor de Matemáticas, y que deseando educar a los jóvenes que quieran instruirse en dichas lenguas y ciencias, suplica se dignase permitirle abrir, en las inmediaciones del cuartel, escuela pública, dando por las mañanas las lecciones de las lenguas italiana y francesa, y por las tardes las de Arimética, Álgebra y Geometría, para lo que estaba pronto a sufrir el examen que se acordase». El informe del alcalde Andrés Insuza, al que el Consejo solicitó opinión, fue totalmente favorable, dado por probada la suficiencia y buenas costumbres, y considerando los emolumentos que debían satisfacerse, 12 reales mensuales para la clase de idiomas y 20 reales al mes para las de matemáticas; el Consejo se sirvió conceder la licencia solicitada, requiriendo se diera noticia de ello al alcalde de cuartel para que velase por el correcto funcionamiento de la Academia. En el caso de desplazarse Lebrun a la posada del alumno, la clase de lengua pasaba a costar 24 reales y 40 la de matemáticas. AHN (Consejos, Sala de alcaldes, año 1689); libro 1377, folios 420 a 423. Por otra parte, Ángel González Palencia en *Eruditos y Libreros del siglo XVIII*, Instituto Miguel de Cervantes, Consejo Superior de Investigaciones Científicas, pp. 423 y 424, narra el hecho, pero lo sitúa históricamente cien años más tarde.

que se vive en la villa. Cómo no va a ser así, si el conde de Aranda había conseguido del rey nuestro señor poner baile de máscaras público para el recién carnaval, primero en el Coliseo del Príncipe y después en los Caños del Peral. Pero la verdad es que no hay que preocuparse demasiado por los plazos. Es lo mismo lo retrasado o adelantado que pueda ir el padre Benavente en la preparación del acto público de final de curso, porque ese año en el caserón de la calle San Dámaso no van a defenderse conclusiones de la facultad de matemáticas. Ni de esa facultad, ni de ninguna.

Es la noche del 31 de marzo al 1 de abril, y está a punto de empezar el extrañamiento de los regulares de la Compañía de Jesús. Hace tan solo unos días, mientras los vecinos bailaban y se divertían, en la Imprenta Real de la calle de las Carretas se imprimía el real decreto, las órdenes e instrucciones a seguir, en el más riguroso de los secretos y bajo severas penas a quien osase revelar el más mínimo detalle. Dentro de una logística perfectamente organizada, los padres establecidos en la corte, que dependen de la provincia jesuítica de Toledo, han de abandonar España a través del puerto de Alicante. Los residentes en el Colegio Imperial han de ir a Getafe, donde está previsto que se concentren antes de partir hacia el puerto mediterráneo, con el resto de los residentes en las otras cinco casas que tiene la Compañía en la capital del reino. El Noviciado, la Casa Profesa y los Seminarios de Nobles, de San Jorge o de los Ingleses y de los Escoceses. Como se trata de llevar a cabo la operación dentro del mayor sigilo posible, además de hacer el traslado de noche, se planifica la salida de cada uno de los centros por las puertas o portillos de la villa que impliquen un menor recorrido urbano. Los procedentes del Noviciado, que está en la calle ancha de San

Bernardo, y en lo que hoy sería la esquina a la calle de ese mismo nombre, deben salir por la puerta de Fuencarral, hoy glorieta de San Bernardo, con lo que el recorrido urbano se reduce a recorrer un tramo de la ya citada calle ancha de San Bernardo. Los del Seminario de Nobles, y de acuerdo con las instrucciones servidas, deben salir por la puerta de San Bernardino, muy próxima a la plazuela donde está ubicado el Seminario y del que toma su nombre, hoy en el triángulo formado por las calles de la Princesa, Mártires de Alcalá y Seminario de Nobles, en el barrio de Argüelles, con lo que, en este caso, no hay recorrido urbano. La mayor parte del movimiento de coches y tropa va a realizarse más allá de la cerca. En el caso del Colegio Imperial, sito en la calle de San Dámaso, el tramo urbano se reduce a salir enseguida a la muy próxima calle de Toledo, y por ella hasta la puerta del mismo nombre, que es por donde deben abandonar la villa. El resto, es decir, los residentes en la casa profesa y en los seminarios de San Jorge y de los Escoceses deben abandonar la villa igualmente por la puerta de Toledo.

Para que esta primera fase de la operación pueda llevarse a cabo, el conde de Aranda ha montado una compleja operación. Por una parte ha requisado los coches necesarios para el traslado de los religiosos. Ha designado para cada una de las seis casas un alcalde de casa y corte que ha de ponerse al frente de la operación. Y ha preparado también la fuerza militar que asegure el cumplimiento de la real orden. Centinelas dobles en las puertas que dan a la calle, que deberán permanecer cerradas, y especial vigilancia a los accesos a la torres para impedir que se tocara a rebato. Y la caballería que escolte a los expulsos hasta Getafe, en donde hay preparado alojamiento, antes de partir al puerto de embarque. Los trasnochadores que aún deambulan por las calles de la Compañía, Juanelo o la del Duque de Alba, no muchos, la verdad, porque ya dieron las once hace rato, han podido observar un inusitado movimiento de tropa a caballo en las cercanías del Real Colegio. Y también de coches y calesas, puestos en hilera, como a la espera de no se sabe qué, frente a la manzana número 147 en la plazuela de la Cebada. A las doce en punto entran. Mientras que un somnoliento y desconcertado portero se presta a acudir a despertar al rector a requerimiento del alcalde de corte, la voz de un subteniente de bandera rompe, seca y cortante, el silencio de la noche. «Dos guardias a las escaleras del campanario ¡y que no suba ni Dios! ¡Es una orden!». El padre rector, al que el sobresalto ya había lanzado apresuradamente del lecho y que venía de camino, piensa para sí que Dios no tiene que subir al campanario. Ya está allí y si las campanas no tocan a rebato, será porque no lo considera menester. Las palabras del subteniente pronunciadas en ese momento, pero sobre todo en ese lugar y de esa manera, son cuando menos una incorrección, pero no es el caso. Han sido la excepción, la mayoría de los comisionados y de la fuerza puesta a sus órdenes se está comportando y se comportará a lo largo de la noche con toda corrección, y no se registrarán mayores incidentes. Hay que despertar a todos los religiosos y reunirlos en la sala capitular o en el refectorio, donde haya más capacidad para juntarse. Una vez allí se les hace notificación y antes de proceder al cierre de los aposentos pueden pasar a recoger lo que son sus pertenencias personales, eso sí, ni libros ni papeles. Y en el mismo instante en que se hallen en estado de partir, sin más dilación a los carruajes, cuatro por coche y dos por calesa. Y andando, que es gerundio.

El número de residentes en el Colegio puede ser del orden de una veintena,[18] de los que cuatro son profesores de matemáticas. Hay dos catedráticos de Filosofía moral, tres teólogos, un catedrático de Retórica, otro de Erudición, otro de Griego, y posiblemente uno de Historia. Es una proporción alta el número de enseñantes de la matemática, aún descontando a Esteban de Terreros porque creemos que, aunque residente en el Colegio Imperial, impartía clases en el Seminario de Nobles. Viene un poco a corroborar la importancia que los jesuitas conceden al estudio de las matemáticas. «Sí, el chocolate sí pueden llevárselo. No, libros no. Ni un libro, las órdenes están para cumplirlas». Y menos todavía si se trata del padre Benavente, al que con razón o sin ella, se le considera uno de los más implicados en la algarada contra Esquilache. Como es lógico, el jesuita se defendió en su momento, aduciendo que un embajador acreditado en la corte había informado a su gobierno con meses de antelación del motín que se preparaba en Madrid, prueba inequívoca para Benavente de que en el asunto estaban involucradas personas de más fuste que él mismo y sus compañeros de orden.[19]

En el Real Seminario de Nobles de la puerta de San Bernardino, la noche se vive de una manera similar. Pero dentro de la logística con la que el conde de Aranda diseña la operación, es un centro con una problemática un tanto diferente del resto de los existentes en la corte. Además de los religiosos, están los caballeros seminaristas que viven en el Seminario, y que no son precisamente unos cualquieras.

---

18 José Simón Díaz, en la lista de los nombres de jesuitas residentes en el Colegio Imperial, contabiliza viviendo en él 16, en el momento de producirse la expulsión. «Apéndice I», opus cit.
19 OLAECHEA, Rafael: *Contribución al estudio del Motín contra Esquilache.*

Esto le lleva al conde a hacer una advertencia en particular.[20] Va dirigida a Manuel Ramos, que es el alcalde de casa y corte que va a ser responsable de la operación en el Seminario. «Toca a vuestra merced la intimación del Real Decreto», y al tiempo que le previene que «el oficial general se irá enterando de las salas y habitación de los caballeros seminaristas, providenciando en lo respectivo a su asistencia y cuidado». Intimar es, según el *Diccionario* de la Real Academia de la Lengua en su edición del 2001, «exigir el cumplimiento de algo especialmente con autoridad o fuerza para obligar a hacerlo». Parece encajar con la misión que se le encarga al alcalde, sin embargo intimar en el contexto histórico que se emplea, no tiene un sentido tan autoritario. Es, según el *Diccionario* de una época más próxima a los hechos que se narran, simplemente notificar, declarar, hacer saber alguna cosa. Quizás la autoridad la busca el conde no a través del lenguaje, sino a través de las formas. «Prevenga vuestra merced que asista en toga». En ella se le hace saber que hasta nueva disposición, el director del Real Seminario pasa a ser el mariscal de campo don Eugenio Alvarado. «Dicho nuevo director, con la tropa destinada al auxilio de vuestra merced, se hallarán a las once y media junto a los Afligidos, adonde se dirigirá vuestra merced para incorporarse, de hacer de ella el uso que convenga, manejándose de acuerdo con él». En el Madrid de finales del xviii *junto a los Afligidos* es una referencia exacta que no plantearía ninguna duda a Manuel Ramos. Y curiosamente, los aledaños del Seminario en dirección hacia el palacio de Liria, el cuartel de Guardias de Corps, hoy cuartel del Conde Duque, y el convento de las Comendadoras, a principios del xxi, han sufrido modifica-

---

20 García Camarero, Ernesto: *Advertencia particularísima para el Real Seminario de Nobles de Madrid*, El granero común.

ciones mínimas en cuanto a la estructura de sus manzanas e incluso al nombre de la mayoría de las calles. Evidentemente, las hoy llamadas de la Princesa y de Santa Cruz de Marcenado no existían como tales, eran extramuros, campo, al que se accedía respectivamente por las puertas de San Bernardino y del Conde Duque. Los Afligidos o San Joaquín es un convento de religiosos fundado por la solicitud de fray Antonio de la Torre en 1710 y está en el número 1 de la manzana 544, sito en la plazuela del mismo nombre y que en este caso si varía, ya que hoy es la plaza de Cristino Martos.

La corte no puede quedarse sin instituciones dedicadas a la enseñanza, así que es preciso restablecerlas y pronto. Y hacerlo con el prestigio suficiente para que nadie pueda echar de menos, ni por un momento, situaciones pasadas. De hecho, en el Seminario de Nobles, donde el número de seminaristas ha descendido tanto que se teme por su desaparición, Manuel de Roda, secretario de Gracia y Justicia desde 1775, y que había sido uno de los más eficaces colaboradores de Campomanes en la implicación de los jesuitas en el motín contra Esquilache, manda a su director Alvarado a Orán como comandante general de la plaza, y nombra nuevo director a la persona que probablemente en ese momento tiene en España mayor prestigio científico, el marino Jorge Juan y Santacilia. Al mismo tiempo, empleando las instalaciones del desaparecido Colegio Imperial se restablecen los Reales Estudios,[21] que pasan a nombrarse de San Isidro. Muy buenos salarios y las cátedras ganadas por oposición, de manera que se garantice que están los mejores; establecidos para la instrucción común, de manera que sea libre la entrada y asistencia a las aulas a toda clase

---

21 Todo lo relativo al restablecimiento de los Reales Estudios puede verse en José Simón Díaz, opus cit.

de personas, se hace necesario para su buen funcionamiento la observancia de una serie de reglas. Por lo que hace referencia a la disciplina que nos ocupa, la regla número 10 dice que «en atención a los diferentes usos y aplicaciones de las Matemáticas se podrá asistir y ganar curso en el Aula de primer año sin más estudios preparatorios que los señalados para la Latinidad; pero no se admitirán en la de segundo año sino a los que conste estar bien instruidos en los puntos que se enseñan en el primero». Por otras reglas conocemos que para ser admitido en el aula de latinidad bastará saber leer y escribir como se usa comúnmente y que existen dos clases de concurrentes: los discípulos, que pueden ganar curso y para lo que es necesario matricularse al inicio del año escolar, y los oyentes, que asisten por afición. Para los del primer grupo, un número de faltas superior a 10 no permitirá recibir la certificación de haber ganado curso, certificación que, por otra parte, nunca podrá ser emitida por el catedrático antes del 30 de junio.

Para la disciplina de matemáticas, si bien no he podido localizar el edicto llamando a esta primera oposición que se celebra durante el año 1771, los edictos de oposiciones posteriores convocadas para cubrir vacantes que se irán produciendo han permitido determinar que el curso de matemáticas comprende los ramos de aritmética, álgebra, geometría, trigonometría, análisis, curvas, cálculo diferencial e integral, estática y dinámica. Con la extensión que permite el tiempo de dos años que dura el curso —dos años académicos— «y conforme al gusto de los autores modernos». Las dos cátedras deben dividirse y alternarse en la enseñanza, haciéndolo de manera que todos los años se empiece curso. De esta primera oposición[22] convocada para cubrir las plazas de los dos catedráticos de Matemáticas, cabe destacar dos cosas. Una, el elevado número de opositores, 11 exactamente, si bien es posible que no todos realizaran la totalidad de las pruebas. Y otra, el elevado nivel matemático de los censores designados, muy especialmente el de dos de ellos, Benito Bails, director de matemáticas en la Real Academia de Nobles Artes de San Fernando y Francisco Subirás, profesor de la misma facultad en el Real Seminario de Nobles de Madrid. Los dos censores restantes son Francisco de Aguilera y Luis Joseph Pereyra. Cuando años más tarde Rodrigo de Oviedo solicite que le sea concedida sin hacer oposición una cátedra de Matemáticas que queda vacante, aducirá como mérito que en la oposición que hizo en el 71 le dieron el primer lugar Bails y Subirás. Los otros dos, a los que califica de *meros aficionados*, un médico y un fraile secularizado, dieron el primer lugar a otro. Y se quejará de lo que apuntábamos, «siendo el voto de estos nulo en oposición con el de los facultativos, debió el Consejo proponer a V.M. al exponente en primer lugar».

Creemos que no tiene razón el opositor Oviedo al calificarlos de *meros aficionados* y valorar su voto como nulo en relación con el que emiten Bails y Subirás. Es cierto que matemáticamente hablando tienen que estar a otro nivel, pero una descalificación tan tajante más parece producida por el despecho ocasionado por el resultado de la oposición... eran un médico y un fraile secularizado que también habían formado parte del tribunal para la oposición de la cátedra de Física realizada unos meses antes. El médico es Luis Joseph Pereyra. Su compañero de profesión, Antonio Capdevila, en un

---

22 Cualquier referencia a la oposición y mientras no se cite lo contrario, procede de AHN (Consejos); leg. 5441, II n.º 2 bis y n.º 4.

tratado sobre el empleo de las aguas minerales,[23] y al referirse a los casos en los que puede emplearse el agua salada, cita en una nota a pie de página, «D. Luis Josef Pereira natural de Evora en la Extremadura portuguesa, estudió en Leiden, médico de Madrid, muy instruido en las Matemáticas, Física experimental, en casi todas las partes de la Medicina y otras ciencias, sin duda era uno de los mejores médicos de esta Corte. Murió de 54 años, a 24 de abril de 1774».

Muy instruido en matemáticas, y lo dice una persona a la que podemos suponer un cierto conocimiento de causa. Capdevila, según consta en la portada del texto que acabamos de mencionar, es además de médico en esta corte y entre otras cosas, catedrático de Matemáticas de la Universidad de Valencia. También es un autor muy prolífico. Al final de ese mismo texto encontramos un *Indice de algunas de las obras así manuscritas como impresas del Autor,* y en el que aparecen hasta 45 títulos. Algunos de ellos con un cierto interés, como unas correcciones que realiza al *Compendio Matemático* del Padre Tosca o una traducción al castellano del autor francés Rivard de las trigonometrías rectilínea y esférica. Más de curioso tienen los dos títulos que cito literalmente. *Matematica Legal para dar a cada uno lo que es suyo i a fin de que no se dexen engañar de los Practicos ignorantes como tiene observado el Autor* y *Matematica Sagrada, con la qual se comentan o explican mas versos de la Biblia, que con la que publico el muy Ilustre Señor Don Gregorio Mayans i Siscar, (amigo del Autor) del Doct. D. J. B. Corchan.* ¡Menos mal que Mayans es amigo suyo!

---

23 ORTEGA, Andrés: *Teoremas i problemas para examinar i saber usar cualesquiera aguas minerales*, Madrid, 1775. Nota p. 36. Puede verse en RAH 13/2197(2).

Otra obra de Capdevila es una carta al doctor Gaspar Pons en la que le demuestra lo útil que pueden ser las matemáticas, «para ser grande Medico, aunque no son menester para curar». Desafortunadamente, no me ha sido posible localizar ni esta ni las anteriores, quizás porque no llegara a imprimirlas. Por el contrario, sí se han conservado unas correcciones a los cuatro tomos de los *Elementos de Matematicas* del jesuita Juan Wendlingen, profesor de esa misma disciplina en el Colegio Imperial, y como el mismo Capdevila dice en el título «para la facil inteligencia de dichos elementos para mis discípulos y aficionados a tan nobles ciencias».[24] Y terminamos la relación con *Discurso en el qual se demuestra mathemáticamente ser falsas las proposiciones 3. i 4. de Trigonometría en la pagina 30. del exercicio de Matemáticas que se presidio por D. Antonio Rosell Viciano, Profesor Real de Matemáticas en el Real Colegio de San Isidro los dias 13 i 15 de Julio de 1775. impreso por Joaquin Ibarra impresor de Cámara de S.M. contiene este escrito 40. paginas.* Esta última obra de Capdevila pone de manifiesto el interés que despertaban, más allá del propio ámbito de los Estudios, la realización de las conclusiones públicas. Localizado el programa impreso del acto[25] a que se refiere Capdevila, se trata del que realiza el guardia de Corps Rosendo Rico, y las proposiciones se refieren a temas trigonométricos. Como resumen de toda esta actividad que desarrolla Capdevila, encontramos una prueba más de que los médicos estudian matemáticas y muchos se ejercitan en esta facultad, porque la relación entre

---

24 *Corrección de los elementos matemáticos del M.R.P. Juan Wendlingen..., hechos por el Doctor Antonio Capdevila.* Impreso en Córdoba por Antonio Serrano y Diego Rodríguez. Seminario Mayor o Conciliar de San Julián, Cuenca. A-5-01(1).
25 BN. VE 411 (3).

matemática y medicina, presente en las figuras de Pereyra y Capdevila, no será única.

Volviendo a nuestro denostado censor, el médico Pereyra es un hombre preocupado por la enseñanza, lo que justifica aún más su designación para formar parte de tribunales examinadores. Lo sabemos por una carta que él mismo dirige a Gregorio Mayans,[26] y de cuyo texto deducimos que le adjunta un plan para la formación de un médico «desde que empieza a hablar hasta hacerlo capaz de conservar las Vidas de Su Soberano y de Sus Conciudadanos», en la idea de conocer la opinión de quien se supone va a intervenir en la reforma que quiere llevarse a cabo en los estudios, «si en la eleccion de estudios, methodo y libros he promovido bien esta Idea, y si ella es digna del Publico, es todo cuanto pregunta a V.S.ª – para terminar identificándose –, aquel Medico Portugues que V. S.ª vio en Madrid con el Señor Duque de Medinasidonia». Del fraile secularizado Francisco de Aguilera y Narváez sabemos menos: que en la ya mencionada oposición a la cátedra de Física, se excusó de no censurar y no haber estado presente en el ejercicio del opositor Antonio Fernández Solano, que después ganaría la oposición, al existir una relación previa entre ellos; «habiendo sido en Cádiz uno de los Maestros de este individuo». Posiblemente se produjo esta situación en el Real Colegio de Cirugía de dicha ciudad.

El 27 de abril de 1771, Diego Raimundo de Seguí y Casanova, que ejerce las funciones de secretario de la oposición, envía a los censores una nota en la que les hace saber que los señores del Consejo, comisionados para los negocios concernientes al reestablecimiento de los Reales

---

26 *Correspondencia de D. Gregorio Mayans con otros médicos*. Carta nº 378. «Pereyra a Mayans, 20 de mayo de 1768».

Estudios fundados en el Colegio Imperial, y que no son sino Pedro de Ávila y Juan de Miranda, han decidido reunirse con ellos para tratar de los ejercicios que han de realizar los opositores. Y termina la nota así: «le participo a Vm para que el lunes veinte y nueve del corriente a las 8. de la noche concurra a la Posada de dcho Sr Miranda para el expresado fin». Posada es la vivienda de una persona con el conjunto de sus enseres como se deduce del contexto en que se emplea, y no en el sentido de casa donde a cambio de dinero se recibe y hospedan las personas. No menciona la nota dónde se encuentra la posada de Juan de Miranda, así que debía ser una información conocida para los citados. No puede decirse que su ubicación sea un dato relevante en la oposición, pero yo sentí curiosidad al leer la citación de saber, en ese Madrid que día a día se ensancha y se hace grande, en qué calle, de qué barrio y de qué cuartel estaría la posada del comisionado. ¿Cómo llegaría a ella Benito Bails desde la Academia de Nobles Artes? ¿O qué calles tendría que seguir Francisco Subirás, una vez finalizada la reunión, para a su vez devolverse a su posada? Preguntas sin respuesta. El día 28, Francisco Subirás responde a Seguí con una nota en la que confirma la recepción del aviso manifestando que asistirá al lugar, día y hora convenidos. Por el contrario, Benito Bails tiene dificultades para acudir a esa hora. Padece dice, hace más de dos años una flojedad en las piernas que le impide andar de noche, e incluso dentro de casa si es poca la luz. Pero estará presto a acudir a cualquier otra hora del día, siempre que no sea de diez a doce de la mañana.[27]

    Los 11 opositores son los siguientes: Gabriel Félix Cairol, Antonio Rosell, Enrique García San Martín, Lorenzo Gómez

---

27 AGUC. D-452.

Becerra, Francisco Guerra, Rodrigo de Oviedo, José de Mata Coscoll, Andrés García Vázquez, Joachin de León, Francisco del Moral y Juan Herranz. Si bien firmar la oposición debieron hacerlo más personas, porque aunque luego no vuelven a aparecer, está la convocatoria para elegir asunto entre los tres sorteados para Judas Tadeo Ortiz, que es profesor de matemáticas en Salamanca, y para Francisco Pauza, cadete del Regimiento de Infantería de León. Curiosamente, los dos son convocados para el mismo día, domingo 2 de junio, cuando el resto de estas convocatorias se realizan a opositor por día. Es como si ya se tuviese noticia de que no iban a presentarse. Por esas mismas notas de convocatoria conocemos detalles de otros opositores. Por ejemplo, Francisco Guerra es clérigo diácono y catedrático de Humanidades de la catedral de Astorga. Estaba convocado para tomar puntos el día 10 de mayo pero no se presentó por enfermedad y volvió a ser convocado el día 22, eligiendo de entre los tres sorteados *De las fuerzas infinitas y superinfinitas*. Mientras que, Lorenzo Gómez Becerra, profesor de matemáticas en Madrid, había sido convocado inicialmente para el miércoles 15. Pero le afectó la suspensión decretada por el tribunal y volvió a ser convocado el martes 21. Eligió *La elipse y sus propiedades*.

En esas notas emitidas por la secretaría de los Reales Estudios y a través de las cuales se controla el desarrollo de la oposición, nos encontramos en la emitida con fecha 12 de mayo que coinciden los opositores Antonio Rosell y Enrique García San Martín, quienes serán días más tarde firmes candidatos a una de las cátedras. Para el primero de ellos se menciona que ha elegido por asunto —entre los tres sorteados— de la disertación que debe formar y ejercitar al día siguiente, *De la dióptrica analítica*, disertación que se conserva y que está en latín, a diferencia de las disertaciones de otros opositores, que aparecen en castellano. Al segundo se le cita para el día siguiente a las ocho de la mañana «para el mismo fin y pasage señalado» y de quien por cierto se menciona que es de Utiel y residente en Madrid. Del aspirante Andrés García Vázquez sabemos que es natural de Madrid, por el documento de la secretaría de los Estudios en que se le cita a las ocho del domingo 26 de mayo para elegir el asunto de su disertación entre los tres sorteados. Se conserva también una enumeración de sus méritos, entre los que figura que sirvió cuatro años de cadete en el Regimiento de Lombardía y en cuyo tiempo estudió matemáticas en la Real Academia de Barcelona. Hace además un curioso ofrecimiento, que eso sí, no será suficiente para inclinar la balanza a su favor: «para contribuir al bien común ofrece dar graciosamente la traducción del Compendio de Matematicas de Wolf que hizo algunos años hace y teniendo abiertas ya todas las láminas (las que igualmente ofrece) se podra empezar a imprimir». No es la única vez que García Vázquez traduce. Ya en 1747 había iniciado su actividad como traductor llevando al castellano un texto en italiano de Bernardino Genga. Eso sí, el tema es sensiblemente diferente: *Anathomía chirurgica reformada: que contiene la historia anathomica de los huesos y musculos del cuerpo humano, con la descripción de los vasos, que corren en las partes interiores y exteriores..., y un breve tratado de la circulación de la sangre...* Es de suponer que Andrés García Vázquez, tras su paso por el Ejército, estudió medicina, y se pone aquí una vez más de manifiesto la estrecha relación de la matemática y la medicina.

«Conduzca usted al señor Rosell al lugar adecuado», palabras que bien pudieron ser pronunciadas por alguno de los censores a Pedro Martín Ortiz, que ejerce el oficio de conserje en los Reales Estudios de San Isidro, y el lugar adecuado es un cuarto cualquiera de los varios que hay inmediatos a la biblioteca, y en el que el opositor Rosell deberá permanecer encerrado por un plazo de veinticuatro horas preparando su disertación, sin más auxilio que un escribiente y de los libros que pidiere. Un día después, exactamente un 13 de mayo, el mismo bedel conducirá a Rosell desde la citada estancia hasta la capilla de los Estudios donde leerá en alta voz su disertación y entregará un original que, después de haber rubricado todas sus hojas, se adjuntará a su expediente. Sobre el contenido de la disertación será examinado por cada uno de los cuatro examinadores, siendo la totalidad del ejercicio realizado ejercicio público. Nos preguntamos cómo discurrirían esas veinticuatro horas, aparte de las tareas de preparación de la disertación que debía dar, en las que un opositor y el escribiente asignado permanecían encerrados. Por ejemplo, ¿cómo comían? ¿Eran ellos mismos los que llevaban su comida?, ¿o quizás una hostería próxima se ocupase de suministrar algunos tipos de viandas? Y si es así, ¿quién sufragaba los gastos? Sí sabemos que la biblioteca de la institución estaba abierta al público con un horario de nueve de la mañana a una de la tarde en todo tiempo, excepto los días de precepto y en las temporadas de estero y desestero. Es decir, se cerraba los días de fiesta y los días en que, próximo el invierno, se ponen y tienden las esteras en el suelo para reparo contra el frío y para ornato de las habitaciones, y los días, cercanos los primeros calores, en que se levantan y se quitan.

Afortunadamente, se conservan y con bastante detalle los gastos ocasionados por los opositores a una de las cátedras,[28] que aún no siendo de Matemáticas, permite dar respuesta a algunos de los interrogantes que nos planteábamos. No queda ninguna duda de que los gastos eran sufragados por los propios Estudios. Había, por una parte, una dieta por día de oposición de 15 reales para costear la cama del opositor, la luz, el carbón, la jofaina y el orinal. En el caso que nos ocupa, como la oposición duró 31 días, resultó una primera partida de 465 reales. Por otra parte había que añadir, entre otros, los gastos de la comida. El menú, con un coste que oscilaba entre los 10 y los 16 reales, podía llevar libra y media de carnero, un cuarto de gallina, verdura y ensalada, pan, vino y postre. En ocasiones se sustituía la carne por huevos frescos y escabeche, o sardinas, o abadejo, que es un pescado de carne muy delicada. También se detallaban otra serie de gastos, que aún siendo diarios no se contenían en las partidas anteriores. Había resmas de papel, mazos de plumas y azumbres de tinta, lógico si tenemos en cuenta que el escribiente sacaba hasta cinco copias de la disertación, para el director y para cada uno de los cuatro censores que solían componer el tribunal aparte de otros productos alimenticios, como libras de manteca y tocino, garbanzos, aceite, chocolate, azúcar y bizcochos. Todos estos gastos sumados, salvo yerro, dieron una segunda partida por un total de 1.143 reales y 14 maravedíes.

Lo curioso del caso es que estas cuentas están firmadas por Miguel de Hortiguela, portero de la biblioteca, y es al que el contador de los Estudios, Manuel de Salazar, una vez revisadas, pide a la Junta de Hacienda que se le abone. Pero

---

28 RAH. 9/7306.

antes, el contador tiene algo que decir acerca de las cuentas que le presentan. En los 1.143 reales y 14 maravedíes de la segunda partida, el portero ha metido 90 reales que corresponden al alquiler de la cama, 36 por la luz, 24 por el carbón y 12 por la jofaina y el orinal. Estando estos gastos ya incluidos en la primera partida, se estaría pagando la dieta por día, y según cálculos establecidos por el contador, por encima de los 20 reales. En efecto, este total de 162 reales doblemente contabilizado y sumado a los 465 reales de la primera partida, daría un total de 627 reales, que dividido por los 31 días de la oposición, resulta una asistencia por día, no de 15 reales, sino de 20,23. No se conoce la decisión final que tomó la junta, pero sí parece claro que el responsable de toda la logística de la oposición resulta ser el portero de la biblioteca.

A pesar de ya estar convocados para el miércoles 15 de mayo los opositores Rosell, Oviedo y Ortiz para el sorteo de puntos del primero, sabemos que los comisionados decidieron suspender tales actos desde dicha fecha hasta el 18 del mismo mes, por motivos que ellos mismos consideran justos tal y como hacen constar en la nota emitida a tal efecto, pero que no especifican. ¿Las fiestas patronales de la villa? Es más que probable que sea así porque en calendarios escolares de la época el día de San Isidro, entre otros, se considera festivo. El motivo de citar a Oviedo y Ortiz es que para Rosell es el segundo ejercicio, y en él deberá sufrir las réplicas y resolver los problemas que le propongan dos coopositores elegidos por sorteo. Y precisamente son esos tres, Rosell, Oviedo y Ortiz, los que configuran una de las ternas en que fueron agrupados los aspirantes a las cátedras. Por nota posterior y una vez reanudados los ejercicios sabemos que Rosell, al que se le trata de bachiller igual que a Oviedo, escogió como asunto *La Quadratiz*. De Judas Tadeo Ortiz menciona que es profesor de matemáticas en Salamanca. Igualmente, a través de varias notas, conocemos la indisposición que el día 23 de mayo sufren Aguilera, «las resultas de la repetición de un cólico que he sufrido la noche pasada me impiden el que pase al Colegio Imperial ha ejercer mi obligación», y Subirás «respecto hallarme algo desazonado no concurriré al examen de hoy», y el aviso al censor suplente, Juan Antonio Sarrio «concurrirá Vm como nombrado para dichos exámenes, desde oy».[29] Es curioso que Aguilera sigue nombrándole en el escrito que justifica su ausencia, Colegio Imperial, como si no se hubiese producido la expulsión de los jesuitas, lo que suponemos no sería muy del agrado de los comisionados para el restablecimiento de los Reales Estudios. Del nuevo censor, que ejerce de suplente, no ha sido posible localizar cuáles eran sus méritos para entrar a formar parte del tribunal examinador. Lo que sí conocemos es que no se trata de una improvisación, estaba nombrado como tal, desde el inicio de la oposición.

Dos nuevas notas, fechadas los días 4 y 22 de octubre, ya terminados los ejercicios, vuelven a requerir a los miembros del tribunal y en nombre de los señores del Consejo comisionados para los negocios concernientes al restablecimiento de los Reales Estudios, para que vuelvan a reunirse de nuevo en la posada de don Juan de Miranda para tratar de las censuras de los citados ejercicios. Se supone que para unificar criterios, lo que parece, como veremos enseguida, que no debió conseguirse. Eso sí, otra vez la posada de don Juan de

---

29 AGUC. D-452.

Miranda y otra vez la curiosidad.[30] Solo que esta vez hubo más suerte. Los señores del Consejo, Gómez Gutiérrez de Zardoya en ausencia de Pedro de Ávila y Soto y el susodicho Juan de Miranda, que como acabamos de citar habían sido nombrados comisionados para el restablecimiento de los Estudios, habían nombrado a su vez como secretario de la oposición que había de realizarse al también miembro del Consejo y que ya lo era de S. M. Diego Raimundo de Seguí y Casanova. Encontrar el documento[31] en donde él mismo certifica que había sido requerido por los señores comisionados para que concurriera al anochecer y poder llevar a cabo la notificación de su nombramiento, permitió resolver el enigma. Que el futuro secretario para los asuntos concernientes con el restablecimiento de los Reales Estudios de San Isidro concurriera al anochecer sí, pero ¿dónde? Pues

---

30 Descubrir que al escritor Ángel González Palencia se le plantease un interrogante similar fue en cierto modo tranquilizador. En un interesantísimo trabajo, *Noticias de cuando la Academia no tenía casa*, en el que describe las iniciales andaduras de la Academia Española, da cuenta de que en esos primeros años de vida las reuniones de la corporación tenían lugar en casa de su presidente, el marqués de Villena. Pero fallecido en 1746 el tercer director de la Real Academia, no siendo deseable el cese en sus tareas literarias, se hacía necesario encontrar un lugar donde poder llevarlas a cabo, por lo que se aceptó la proposición de don Juan Curiel en la que ofrecía la suya por el tiempo que fuera preciso. Diferentes ascensos fueron alejando a Curiel más de lo que él quisiera en relación con la Academia, pero durante años y por diversas circunstancias las juntas siguieron celebrándose en su posada. *¿Pero dónde estaba la casa del Sr. Curiel?* Ésta es exactamente la pregunta que se hace González Palencia y al que el análisis de los abundantes documentos que iba encontrando, escrituras notariales que otorgó, capitulaciones matrimoniales para sus dos matrimonios y otros, no aportaron ninguna luz en relación con el interrogante planteado. Finalmente, un testamento de 1769 puso a González Palencia en la dirección adecuada. En el citado testamento Curiel se manda enterrar en la parroquia de San Martín de la que es feligrés y a través del Libro de Defunciones de la parroquia encontró la solución al enigma. Vivía en la calle de la Sartén, hoy de las Navas de Tolosa.
31 AHN (Consejos); leg. 5441 II, nº 2 bis.

a la habitación del señor Juan de Miranda, que la tiene en la calle del Arenal. Así pues, enigma resuelto. Ya vimos cómo a Benito Bails, pese a la proximidad de la Real Academia de Nobles Artes, el hecho de tener que cruzar la puerta del Sol, y más con poca luz, le planteaba problemas.

Ambos comisionados firman el informe final para el Consejo con fecha 6 de noviembre de 1771. En él, de acuerdo con los ejercicios que han hecho los opositores y conforme «a las particulares circunstancias que en ellos ocurren y de las que los comisionados afirman hallarse plenamente informados, hacen la graduación siguiente:

1	2
1 D.ⁿ Joachin de León	1 D.ⁿ Enrique de San Martín
2 D.ⁿ Gabriel Cayrol	2 D.ⁿ Antonio Rosell
3 D.ⁿ Rodrigo de Oviedo	3 D.ⁿ Juan Herranz».

No hacen una clasificación única asignándoles las cátedras al primero y al segundo, sino que establecen una doble lista, lo que no parece muy lógico, habida cuenta de que no se realizaron ejercicios diferenciados para una y otra cátedra. Así pues, en una de las cátedras la primera posición es para Joachin de León y en la otra para Enrique García de San Martín. Mencionan a continuación que los censores están divididos en la graduación y ellos, los comisionados, han decidido adherirse al dictamen de Aguilera y Pereyra. Resulta cuando menos sorprendente, porque el peso, matemáticamente hablando, de estos dos últimos es, en comparación con Bails y Subirás, sensiblemente inferior. Argumentan su decisión basándose en la inteligencia y acreditada experiencia de García San Martín en varios encargos y ejercicios hechos en la corte, lo que no podemos constatar porque aunque en el expediente que se conserva de la oposición aparecen los méritos de algunos opositores, no está San Martín entre ellos. Sí se conoce que fue oficial de la Contaduría principal de Rentas Provinciales de Madrid y se conservan dos obras suyas. Una es *Refutación del célebre problema de la duplicación del cubo, que D. Juan de Gajano y el Rivero presumió haber resuelto por geometría inferior* en su papel intitulado *Apéndice de la Antorcha Matemática*, obra editada en Madrid por Joachin Ibarra en el año 1763.[32] El problema de la duplicación del cubo es uno de los tres problemas clásicos de la matemática griega, que fueron muy importantes para el desarrollo de la geometría. Históricamente hay dos versiones del origen del problema. En la primera de ellas, los habitantes de Atenas, atacada la ciudad por la peste en el año 42 a.C., deciden ir a la ciudad de Delfos para hacer consultas al oráculo de Apolo y saber cómo poder detener la epidemia. La respuesta es que deben elaborar un nuevo altar en forma de cubo cuyo volumen duplique el del altar que ya existe. En la segunda, un poeta trágico hace decir a Minos, al observar que la tumba de Glauco solo medía 100 pies por cada lado, que es un espacio muy pequeño para ser la tumba de un rey, y que conservando la forma cúbica, la duplique duplicando cada lado. Es, evidentemente, un error. Si se duplica el lado de un cuadrado, su superficie se cuadriplica ($S = l^2$ y $S' = [2l]^2 = 4l^2 = 4S$) y duplicando el lado de un cubo, su volumen se octuplica ($V = l^3$ y $V' = [2l]^3 = 8l^3 = 8V$). El problema que había que resolver era hallar con una regla y un compás el lado de un cubo cuyo volumen fuera exactamente el doble del

---

32 *Refutación del célebre problema de la duplicación del cubo, que Don Juan de Gajano y el Rivero presumió haber resuelto...* Madrid, 1763. RAH, 16/45(21).

volumen de un cubo dado.[33] Éste es el problema que decía haber resuelto Gajano y que unos años más tarde se demostró que realmente no tenía solución. Motivado por el premio que ofrece Gajano, sale en su defensa Riba Herrera, un capitán del Regimiento de Infantería de Toledo. San Martín vuelve a contestar publicando un suplemento en el que, como indica su título, desvanece la geométrica vindicación de Riba:[34] tan distante, dice San Martín, de ser vindicación como de ser geométrica.

Por otra parte y volviendo a los resultados de la oposición, a pesar del juicio de los censores a favor de Oviedo opinan que, dada su extrema juventud, en un futuro podrá adquirir todo el fondo de ciencia necesario para enseñar. Pero no se puede aguardar a que se perfeccionen los maestros. Los Reales Estudios deben disponer de un profesorado altamente experimentado para que en ningún caso puedan añorarse las enseñanzas jesuíticas. El fiscal, que teóricamente basa su informe en las censuras del tribunal y en el juicio de los comisionados, va todavía más lejos y coloca a San Martín como más acreditado, por encima incluso de Joachin de León, al que asigna la otra cátedra. Menciona a Oviedo señalando su aplicación y talento en esta y en otras facultades, pero no cita a nadie más.

No se conservan los dictámenes de los censores, pero a tenor de lo que se expone en el informe de los comisionados y de lo que el propio Oviedo expondrá años más tarde, sí parece claro que Bails y Subirás le dieron la primera posición.

---

33 Puede verse el problema con detalle en http://www.ciencia.astroseti.org.Traducción del artículo *Doubling the cube* por Covadonga Escandón.
34 *Suplemento a la refutación del célebre problema de la duplicación del cubo en el que se desvanece la geométrica vindicación que ha publicado contra ella D. Juan Francisco de la Riba Herrera*. Madrid, 1763. RAH, 16/45(6).

Es posible que además apuntaran algo acerca de su extrema juventud, lo que dio pie a Ávila y a Miranda para llevarle a esa tercera posición. Y puede también que en esas censuras individuales se apuntara alguna otra cosa porque el 7 de enero de 1772 Antonio Martínez Salazar, del Consejo de S. M., y su escribano de Cámara más antiguo, certifica que por real resolución y a propuesta del Consejo, el rey se ha dignado nombrar para una de las dos maestrías de matemáticas a Joachin de León y a Antonio Rosell para la otra. En el nombramiento de León sí hay acuerdo con el informe de los comisionados. No así en el de Rosell, que aparecía detrás de García San Martín. Puede que en las censuras de Subirás y Bails y a las que los comisionados no han hecho caso, Rosell figurase mejor posicionado que García San Martín y sea en eso en lo que se basa el nombramiento real. De Rosell sí conocemos sus méritos. Es maestro en artes en la Universidad de Valencia e hizo oposición a la cátedra de Matemáticas de dicha universidad. En la relación de méritos se citan incluso detalles de la oposición pero no se explicita el resultado, de lo que deduzco que no debió ser favorable al ahora catedrático de San Isidro. Ha enseñado privadamente a muchos jóvenes las matemáticas, no solo en especulativa, ha fabricado varios instrumentos necesarios para dicha ciencia, ha inventado diferentes máquinas, ha explicado muchos fenómenos y encontrado una causa de las auroras boreales.

Éste es pues Antonio Gregorio Rosell Viciano, uno de los dos primeros catedráticos de Matemáticas de los recién restablecidos Estudios Reales y del que conocemos bastante a través de diferentes biógrafos. Respecto a su segundo apellido, hay que decir que aparece en algunos documentos como

Urciano. Es citado en Sempere y Guarinos,[35] quien menciona tres obras de las que es autor. El tomo I de las *Instituciones Matemáticas conteniendo la Aritmética común y principios del Álgebra,*[36] como resultado de la experiencia docente que va adquiriendo y *La Geometría de los Niños,*[37] no verán la luz hasta mediados de los ochenta. De esta época, impreso en 1775, es la *Demostración de las causas que concurrieron a los daños y ruinas de las obras del Prado nuevo de Madrid, en la tarde del 23 de septiembre de 1775 y modo de precaverlas en adelante.*[38] Incluye un plano del paseo con indicación de los sitios que han sufrido daños por las lluvias y aconseja métodos preventivos basados en la experiencia, el cálculo y la dinámica. Del otro catedrático, Joachin de León, conocemos menos. Al igual que en el caso de García de San Martín no se conservan sus méritos. Se presentó a la oposición de la cátedra de Física en esa misma institución y celebrada solo unos meses antes que la de Matemáticas, cátedra que obtuvo el médico Antonio Fernández Solano y por la que de León pasó con más pena que gloria sin prácticamente ser nombrado en los informes de los censores.

Una vez nombrados los catedráticos se inicia la docencia de las matemáticas en San Isidro. La *Gaceta de Madrid* lo menciona en su número del 11 de febrero de 1772. Se inician las enseñanzas siguientes: física experimental, disciplina eclesiástica, liturgia y ritos sagrados, y las dos de matemáticas,

---

35 *Ensayo de una Biblioteca Española de los mejores escritores del reinado de Carlos III.* Juan Sempere y Guarinos. Edición fascsímil del ejemplar conservado en la Biblioteca de Santa Cruz de la Universidad de Valladolid. Junta de Castilla y León. Consejería de Educación y Cultura, 1997.
36 BN. 5-5013.
37 BN. 2-50973.
38 Lo cita José Simón Díaz en *Historia del Colegio Imperial*, pero da una referencia equivocada.

con sus catedráticos citados hace unas líneas. Y las horas de concurrir para estas últimas, de diez a doce de la mañana y de tres a cinco de la tarde, respectivamente. Esta doble sesión para las matemáticas no obedece a una decisión personal de los catedráticos. Viene impuesta en el decreto de restablecimiento de los Estudios, «y debiéndose leer de esta Facultad mañana y tarde para que puedan los discípulos concurrir a entrambas aulas, si les conviniere y aprender la Aritmética y la Geometría». Pero la doble asistencia no podía producirse en la práctica, porque se estructuró la enseñanza de modo que aritmética y geometría se estudiaban en el primer curso, y para poder seguir con aprovechamiento las materias que se daban en el segundo, era necesario un conocimiento básico, que exigía haber completado el primero. De hecho, así se hará constar en unas reglas establecidas con posterioridad. Y ya a finales del curso siguiente, es decir en julio de 1773, se celebran conclusiones públicas, posiblemente las primeras en esta nueva etapa de los Estudios, y como es de rigor en una institución dedicada a la enseñanza. Se conserva el programa del acto, impreso por Ibarra, y por el que conocemos que el alumno de primer curso que las defiende es Joseph María de Mendoza y el catedrático que las preside, Antonio Rosell.[39] Precisamente, unas conclusiones realizadas en el curso siguiente en San Isidro, constituyen la prueba de que para no duplicar enseñanzas públicas, la Academia de Matemáticas del cuartel de Guardias de Corps se ha clausurado. Los alumnos que las defienden, bajo la presidencia de su catedrático, Joachin de León, son los alumnos de primer año de matemáticas, los reales guardias Luis Álvarez, Joseph Moreno e Ignacio Soto, de la Compañía española, y Diego Belda de la italiana.[40]

---

39 RAH. 9/3602 (8).
40 Biblioteca Pública del Estado. Toledo. Caj. fol. 4-23088 (25).

Ese mismo año de 1774 también se defienden conclusiones en la cátedra de Rosell, que ha dado las matemáticas de segundo año. Se conserva el programa del acto pero manuscrito[41] y no puede determinarse el nombre del alumno o alumnos que las defendieron, puesto que aparece en blanco. En un breve preámbulo del catedrático se menciona que, en efecto, el ejercicio corresponde al segundo año del curso de matemáticas y el manuscrito lleva incorporado un requisito previo para poder obtener la licencia de impresión: el visto bueno de Manuel de Villafañe, director de los Estudios. «Soy de sentir q.ᵉ estas Thesis de Matemática no contienen cosa alguna opuesta a los principios de Ntra. Sta. Fee y buenas costumbres, ni a las Regalías de S.M. y q.ᵉ por tanto pueden defenderse en la Capilla de estos R.ˢ Estudios de mi cargo». Existe ejemplar impreso[42] de un programa, que al ser de ese mismo año y presidido por el mismo catedrático, debe corresponderse con el ejemplar manuscrito del que hablábamos. En el ejemplar impreso por Joachin Ibarra, el alumno que defiende las conclusiones se llama Vicente Ferrer. El curso siguiente, esto es, en julio de 1775, vuelven a defenderse conclusiones en la cátedra de Rosell, que lógicamente ha rotado a las de primer año. Del mismo modo se conserva un ejemplar manuscrito,[43] en el que no figura el nombre del alumno, y también un ejemplar impreso,[44] en donde sí aparece que el alumno que las defiende es un guardia de Corps de la Compañía española, Rosendo Rico y Negrón. Nuevo curso, nueva rotación para Rosell y nuevo manuscrito[45] de las conclusiones defendidas en el mes de

---

41 AHN (Consejos); leg. 50704, F-189.
42 Biblioteca Universitaria. Santiago de Compostela.
43 AHN (Consejos); leg. 50704, F-191.
44 BN. VE 411(3).
45 AHN (Consejos); leg. 50704, F-193.

julio de 1776 por el alumno de segundo año, en el que esta vez sí aparece el nombre en un ejemplar no impreso, Joseph Antonio de Igaregui. Este ejercicio tiene un especial interés, porque pocos años después Igaregui aparecerá como primer profesor de matemáticas del Real Seminario de Nobles, sustituyendo a Francisco Subirás.

Rosell prosigue su actividad docente y prueba de ello son los dos ejercicios de conclusiones públicas que preside en julio de 1777. El día 10, el del cadete del Regimiento de Reales Guardias de Infantería española, Francisco Mayorga y Valcárcel,[46] y el día 19 el del cadete del Regimiento de Caballería de Alcántara, Antonio Vaillant Berties.[47] A resaltar son dos hechos de interés. Siendo los dos alumnos de primer año, realizan un ejercicio similar en días diferentes. Es probable que sea la elevada posición social de los conclusionantes la que haga recomendable el ejercicio por separado. El otro hecho es la constante presencia de militares entre los mejores del curso. Nos vamos al curso siguiente, y en julio de 1778 tiene lugar un ejercicio de conclusiones públicas cuyo programa se conserva manuscrito[48] e impreso.[49] En el manuscrito aparece el espacio en blanco para dos alumnos y en el impreso, una vez más por Joachin Ibarra, aparecen los nombres de Juan Senén de Contreras y Rafael Bachiller y Rosillo. Se trata de dos alumnos de primer año.

De la personalidad de Rosell y de su relación con la jerarquía de la institución, sabemos que debió ser complicada. El 9 de junio de 1772, recordemos que su actividad docente había

---

46 Biblioteca Pública del Estado. Toledo. Caj. fol. 4-23099 (13).
47 Universidad de La Laguna. P.V. 57 (21).
48 AHN (Consejos); leg. 50704, F-190.
49 Biblioteca Real del Monasterio de San Lorenzo de El Escorial. 44-V-3(6).

empezado solamente hacía cuatro meses, hay un escrito de Manuel de Villafañe, director de San Isidro, a Pedro de Ávila y Soto,[50] uno de los comisionados para el restablecimiento de los Reales Estudios, pidiéndole que se sirva mandar que se le retenga por ahora y a su disposición la tercera parte del sueldo que le corresponde a Rosell por la mesada de mayo. Le ha multado, según consta en documento aparte, en 305 reales y 18 maravedíes por cierta desobediencia en que ha incurrido. Por la discreción del director nos quedamos sin conocer cuál fue tal desobediencia, pero habida cuenta del importe de la multa, debió ser realmente importante. En esas fechas, un catedrático de los Estudios gana 11.000 reales al año, que dividido por 12 da un salario mensual de 916 reales y 22 maravedíes. Como la cifra de reales no es divisible por tres, sacamos de ella un real, 34 maravedíes, y podemos expresar la ganancia mensual como 915 reales, que sí es divisible por tres, y 56 (22+34) maravedíes. Despreciamos 2 de ellos para quedarnos 54, sí divisible por tres, y resultando que la tercera parte de 915 es 305 y la de 54 es 18, lo que concuerda totalmente con el importe documentado de la sanción.

Es la primera multa que se le impone a Rosell, pero no será la última. En el mes de noviembre de ese mismo año, hay otro escrito de Villafañe a Pedro de Ávila en el que le solicita una nueva retención de haberes por una falta cometida. En la lista figuran hasta seis nombres y el de Rosell es uno de ellos. En este caso, la cuantía de la sanción es bastante menor, pero sin dejar de ser importante. A cada uno de los multados se le retienen seis ducados, es decir 66 reales, lo que equivale a poco más del 7 % de su sueldo mensual. Y habrá todavía

---

50 RAH. 9/7306.

otra más en mayo del año 1773. Vuelve Rosell a incurrir en una desobediencia y tampoco es pequeño el correctivo ya que se le retiene la cuarta parte de su sueldo. En este caso, los 916 reales del salario mensual sí son divisibles por 4, y despreciando 2 de los maravedíes, 20 también lo es, nos encontramos con que ese mes Rosell cobró 229 reales y 5 maravedíes de menos. O la documentación de otras multas se ha perdido, o Rosell pensó que las desobediencias le salían demasiado caras y no volvió a cometer ninguna, o el director admitió que multarle no hacía variar las cosas, y decidió dejar de hacerlo. El caso es que ésta de mayo de 1773 es la última de la que se tiene constancia. Lo anteriormente expuesto, no parece encajar muy bien con lo que apunta Simón Díaz de que sus biógrafos coincidían en destacar su carácter pacífico y resignado.[51] Pero no se piense ni por un momento que el director se excede en sus funciones. En el real decreto donde se restablecen los Estudios, entre las varias atribuciones que se le otorgan al director, está la de «que pueda multar a los Maestros descuidados e inobedientes». ¿Y por qué las multas? Según varios expedientes que se conservan en las impuestas a otros catedráticos, vienen ocasionadas por ausencias a las clases más o menos justificadas, y por motivos de desobediencia, como por ejemplo, negarse a celebrar conclusiones. Aunque esto último, no parece ser el caso de Rosell.

Resulta sorprendente que desde 1774, es decir los tres últimos cursos, Joachin de León no haya presidido conclusiones públicas. Bien pudiera ser que los programas se hayan perdido, pero no parece lógico que se pierdan todos los de León y ninguno de Rosell. Desafortunadamente, solo

---

51 Simón Díaz, José: Opus cit. Véase nota 1 en p. 308.

unos seis años después de haber ganado la oposición, en diciembre de 1777, Joachin de León fallece. Y ahí, en una salud deficiente, pudiera estar la causa de la ausencia de ejercicios presididos por León. No debe ser así sin embargo porque sabemos que la muerte le sobrevino de manera repentina, y lo sabemos por un escrito que, el 23 de diciembre, dirige el director Villafañe al comisionado Acedo, con una acuciante súplica. «Con motivo de haber fallecido ayer mañana repentinamente y abintestato D. Joachin León, Maestro de Matemáticas de los Reales Estudios sin dejar bienes suficientes ni para su entierro ni para pagar a sus acreedores, es indispensable que el sueldo de 22 días del corriente mes que ha dejado devengado se ponga en poder de D. Pedro Ortiz, conserje de los mismos, para que con la debida cuenta y razón se distribuya hasta donde alcance en los fines expresados».[52] Debió pues trabajar hasta el mismo día 22. No son conocidas las circunstancias que configuran la vida del catedrático en el momento de morir, pero no deja de resultar difícil de entender, dado el buen salario que estaba percibiendo, la situación tan dramática que se produce. Ni su entierro podía pagar. Se podría incluso pensar en la ausencia de familiares directos, dado que es el conserje de los Estudios quien tiene que gestionar el pago de sus deudas. Pero nada más lejos de la realidad. En el acta de la junta económica de la institución, celebrada el día 4 de diciembre de 1795, casi veinte años más tarde, queda constancia de que se ha visto el memorial de Dª. Dorotea Delgado, mujer que fue de D. Joachin de León, y a la vista de su pobreza se acuerda darle por ahora 400 reales, al tiempo «que el Adm.ᵒʳ D.ⁿ Fran.ᶜᵒ Irusta se informe del modo de vivir de esta viuda para

---

52 RAH. 9/7306.

determinar lo conveniente».[53] En junta celebrada el 10 de mayo del año siguiente se decide, teniendo presente la fe de casados de Dorotea Delgado con el difunto Agustín de León[54] y dado su miserable estado, concederle por vía de limosna, 100 ducados de vellón.

Un mes más tarde del fallecimiento de León, hay un nuevo escrito de Villafañe a Acedo[55] para hacer constar que Rosell, compañero del catedrático fallecido, se ha hecho cargo de la cátedra que éste regentaba, y que en consecuencia y de conformidad con las repetidas providencias del Consejo y práctica ya establecida, se sirva ordenar que la pagaduría de los Estudios haga llegar al susodicho Rosell la mitad del salario perteneciente a la cátedra que está sustituyendo. Hay una nota al margen en la que se refleja que, en efecto, desde el 22 de diciembre se le está abonando a Rosell la sustitución de la cátedra, y así se seguirá haciendo mensualmente mientras proceda. Un dato de interés que aporta el escrito es que parece estar establecido que un sustituto cobre la mitad del sueldo que percibiría el titular.

Manuel Villafañe, además de pedirle a Rosell que se ocupe temporalmente de la cátedra de su compañero fallecido, y de solicitar el devengo correspondiente, lo pone en conocimiento del Consejo, pidiendo que se convoque la oposición pertinente que cubra la vacante que se ha producido. El 31 de julio de 1778 se firma el edicto llamando a nueva oposición,[56] estableciendo que «se fixará en los sitios y parages públicos acostumbrados, asi en esta Corte como en las Universidades,

---

53 RAH. 9/7295.
54 Es, evidentemente, un error del secretario de la junta. El nombre de pila es Joachin.
55 RAH. 9/7306.
56 AHN (Consejos); leg. 5442, n°. 12.

Ciudades y Villas, Capitales de Provincia y de Partido de estos Reynos y Señoríos, remitiéndose para ello los exemplares necesarios, autorizados en bastante forma, a los Rectores de las Universidades, Corregidores, Alcaldes mayores y Justicias ordinarias». Nos permite conocer además que el salario de la cátedra es de 1.000 ducados de vellón. Puesto que un ducado tiene 11 reales, el sueldo sigue siendo el que conocíamos de 11.000 reales anuales, y que es realmente un magnífico sueldo si lo comparamos con otros salarios de docentes incluso al nivel de universidades. Villafañe, a la vista de que está pronto a cumplirse el plazo de dos meses señalado en el edicto para dar principio a los exámenes, dirige un escrito al Consejo con fecha 30 de septiembre, pidiéndole que se sirva nombrar como examinadores a Francisco Subirás y a Joseph Irareguí, maestros de matemáticas en el Real Seminario de Nobles, a Antonio Rosell que es como ya hemos apuntado el titular de la otra cátedra de Matemáticas en los Estudios y a Antonio Solano, que lo es de física en estos mismos Estudios. Recibido el informe, el Consejo nombra censores a los que propone Villafañe, dándole aviso de su aceptación y dando igualmente aviso de sus nombramientos a los referidos examinadores.

Unos días más tarde, el 6 de octubre, Subirás dirige un escrito al Consejo en el que manifiesta que apreciando el honor que por segunda vez haya sido nombrado examinador —recuérdese que lo fue en la oposición que ganaron León y Rosell—, pide ser exonerado debido a que está aquejado de fuertes dolores de estómago, que incluso le han imposibilitado a dar cumplimiento a dos órdenes anteriores del propio Consejo. También menciona la proximidad de los certámenes que deben tener para navidades, una proximidad muy relativa, los caballeros seminaristas, sus alumnos. En el Seminario de Nobles, y a diferencia de otras instituciones, también en las navidades se celebran actos literarios entre los que tienen cabida lo que se ha dado en llamar conclusiones matemáticas. El Consejo da por buenos los argumentos de Subirás, acepta su renuncia y decide que la oposición siga adelante solamente con el concurso de los tres censores restantes. Es decir, no nombra en esta ocasión un sustituto. Porque los otros tres censores, apreciando el honor que se les confiere, ponen en superior noticia que cumplirán con lo que se les ha ordenado. No ha sido posible encontrar ni para esta oposición, ni para ninguna otra, referencia de las dietas que se pagaban a los seleccionados por censurar las oposiciones, si es que las había. Eso sí, deducimos que no debieron ser muy elevadas, porque la petición de ser exonerado como reacción al nombramiento, era bastante frecuente, bien aduciendo razones de salud, bien aduciendo exceso de trabajo, bien reconociendo falta de capacidad para realizar correctamente la censura. En ocasiones el Consejo aceptaba la renuncia, en ocasiones no. En el primero de los casos, lo normal era buscar sustitutos.

Los pretendientes a ocupar la plaza vacante son seis y sus nombres son Vicente Durán, Joseph Moreno, Rodrigo de Oviedo, Pedro Henry, Antonio Martínez y Andrés García Vargas. Aparte del citado Rodrigo de Oviedo, del resto de opositores no conocemos demasiado a través del informe que emite Villafañe ya que prácticamente se reduce a hablar de Joseph Moreno y algo de Vicente Durán, sin mencionar para nada a Pedro Henry y menos todavía a Martínez y a García Vargas. Joseph Moreno, después de haber estudiado filosofía y matemáticas, aprendió dibujo y arquitectura civil con Ventura Rodríguez. Es académico de mérito de la Real de Nobles Artes de San Fernando, desde 1770 ha substituido la cátedra pública de Dibujo de Benito Bails y en 1776 a consulta de dicha Academia el rey le nombra director de Matemáticas de la misma en propiedad. De Vicente Durán sabemos que no le falta la correspondiente instrucción en las letras humanas, filosofía y jurisprudencia, habiendo hecho oposición en los últimos años a las cátedras de la Universidad de Valencia, no teniendo experiencia como profesor público. Pedro Henry es ciudadano francés y años más tarde, concretamente a partir de 1780, aparecerá en Sevilla como primer profesor de la cátedra de Matemáticas, que a sus expensas mantiene la Sociedad Patriótica.[57]

Celebrada la oposición, Villafañe envía al Consejo en el mes de noviembre, junto a su propio informe, el de cada uno de los tres examinadores. Rosell, Igaregui y Fernández Solano coinciden en afirmar que los opositores Antonio Martínez y Andrés García Vargas no merecen graduación alguna, de lo que deducimos que su nivel debía estar bastantes enteros por debajo de sus competidores. Igualmente, los tres coinciden al referir un incidente que sufrió Oviedo en la realización de uno de sus ejercicios. Habiendo leído su disertación, no pudo contestar como preceptivo era a las diferentes cuestiones que se le plantearon. Y lo atribuyen no a la falta de conocimientos, sino a cortedad de genio y a turbación nacida de su natural timidez. En lo que respecta a la graduación, Rosell e Igaregui colocan netamente destacado a Durán, compartiendo la segunda posición Moreno y Oviedo, para cerrar con Henry. La de Fernández Solano varía exclusivamente en que sube a Moreno a compartir la primera posición con Durán, y respecto a Henry menciona que para merecer otro lugar en la censura,

---

57 Durán Guardeño, Antonio y Cubera Costello, Guillermo: *Quinientos años de Matemáticas en Sevilla y algunos menos en la Universidad*, Universidad de Sevilla.

a su soltura y manejo en el cálculo, deberían acompañarle prontitud y precisión en los principios teóricos. En su informe, Igaregui cita como valor añadido la juventud de Durán al tener entre 24 y 28 años. Con ello se está ensalzando a sí mismo. El censor aparece como profesor del Seminario de Nobles solo tres años después de figurar como alumno en San Isidro, por lo que tiene que ser también muy joven.

Villafañe en su informe no distorsiona los de los censores. No hay motivo para suponer que quisiera hacerlo, pero no podría puesto que los adjunta. Simplemente da su parecer, por supuesto totalmente válido, en el que afirma compartir el criterio de Fernández Solano de igualar a Moreno con Durán. Lo que resulta curioso es que lo hace «sin entrar en la maior o menor pericia en las Matemáticas». No cita explícitamente el por qué de su decisión, y ya resulta algo más que curioso la encendida defensa que hace de Moreno frente a las escasas dos líneas que dedica a Durán. Y es aquí donde Villafañe encuentra el argumento de una mayor experiencia de Moreno, incluso como profesor público, frente a la ninguna de Vicente Durán. Moreno, dice, ha estudiado filosofía y matemáticas y aprendió dibujo y arquitectura civil con Ventura Rodríguez, hasta el punto que la Real Academia de Bellas Artes de San Fernando le nombrara académico de mérito de aquella profesión. Y en el año 1768 se le agregó a Benito Bails para la formación del curso de matemáticas que pronto saldrá a la luz y del compendio que ya está publicado. Desde el año 1770 ha sustituido la cátedra pública de Dibujo de Benito Bails y hace un año, el rey, y a propuesta de la Academia, le nombra director de Matemáticas de la misma en propiedad. Es evidente, si aceptamos la equidad en la información que da de los dos candidatos, y que no tenemos por qué negar, que Moreno tiene mejor currículo. Si a esto añadimos la relación con los Estudios del arquitecto Ventura Rodríguez, al que se le supone interesado por la suerte del opositor Moreno, encontramos motivos suficientes para que el director de San Isidro emita un informe en clara discrepancia con dos de los censores. Lo que quiero poner aquí de manifiesto, y no será la única vez que lo haga, es el enorme prestigio de las cátedras de Matemáticas de los Reales Estudios, que llevan al director de esa misma facultad en San Fernando a opositar a una de ellas.

Pero donde sí se produce una auténtica distorsión del juicio emitido por los censores es en el informe del fiscal. En él se afirma que es digno del primer lugar Joseph Moreno por lo que expone en su censura el catedrático de Física Fernández Solano y en su informe el director Villafañe. No es que diga algo que sea falso, pero omite que Solano dio también el primer lugar a Durán y omite asimismo que los otros dos censores dieron el primer lugar, y en solitario, a Durán. Y todavía más sorprendente, coloca a Oviedo en segundo lugar puesto que le consideran los tres censores digno de esa posición, incluso dos de ellos igualándole con Joseph Moreno. En la idea de que Moreno debería ocupar la cátedra esa igualdad dice mucho a favor de Oviedo, pero la realidad es otra. Esa igualdad es para la segunda posición mientras que la primera es para Durán. No hay que olvidar que, pese a la benevolencia de los censores al atribuirlo a su timidez, Oviedo se quedó en uno de los ejercicios literalmente en blanco. El fiscal, que en su informe repite punto por punto el ensalzamiento de Moreno que aparecía en el informe de Villafañe, termina con la sorprendente afirmación de que es justo asignarle el tercer lugar a Durán por lo bien que ha desempeñado los ejercicios. Sibilina afirmación. Habló bien de Durán para que nadie puediera pensar que otorgarle esta retrasada posición obedecía a otros criterios que no eran sus méritos.

A pesar de las tergiversaciones que se producen en los informes, la decisión real se va a ajustar a lo que creemos, de acuerdo con los informes de los censores, al verdadero desarrollo de la oposición. Lo que dice mucho a favor de la persona que toma la última decisión y de su cuidado análisis de toda la documentación inherente a la oposición, de la que, a fecha de hoy, es posible que no se conserve en su totalidad. También pudiera ocurrir que Vicente Durán tuviera más influencia de lo que parece. El 11 de enero de 1779, Antonio Martínez Salazar, del Consejo de S. M., su secretario contador de multas, escribano de Cámara más antiguo, y de Gobierno del Consejo, certifica que a consulta del mismo, el rey ha nombrado a Vicente Durán para la cátedra de Matemáticas vacante en los Reales Estudios por la muerte de Joachin de León. Los Reales Estudios tienen pues, nuevo catedrático de Matemáticas, que unido al que ya lo era, lleva a las aulas de San Isidro a dos valencianos como máximos responsables de las matemáticas que se imparten en sus aulas. El nivel de la disciplina en la Universidad de Valencia, alto a diferencia de lo que ocurría en otras universidades, tuvo a buen seguro algo que ver en ello. Pero las oposiciones a cátedra, como cualquier otra actividad con un cierto peso, van a estar influenciadas por el poder político. En el caso que nos ocupa tiene, al menos en teoría, especial relevancia la figura del director de los Estudios, que junto con un miembro designado por el Consejo y los censores, igualmente designados por el Consejo, va a formar parte del tribunal examinador. Y son precisamente los dos primeros los que van a redactar un escrito en donde resumen la opinión de los censores y la suya propia, escrito que servirá de base al fiscal para elaborar el informe que se hará llegar a

S. M., que es quien tomará la decisión final. Antonio Mestre Sanchís ha estudiado y definido con precisión un grupo de presión que él mismo nombra, atendiendo a la procedencia de la mayoría de sus miembros, como el grupo valenciano en la corte.[58] De hecho, la elección de Manuel de Villafañe como director frente a otros candidatos aun no siendo valenciano, fue una imposición del preceptor de los reales infantes Pérez Bayer, que supo unir a su proyecto personas que no habían nacido en la ciudad del Turia.

Una vez ganada la oposición, Vicente Duran Sacristán se incorpora de inmediato a la docencia y al finalizar el curso 1778-79 ya preside un ejercicio de conclusiones públicas. Se conserva manuscrito el programa,[59] en el que no aparecen los nombres de los alumnos, pero sí debía estar pensado para dos de ellos, porque delante del espacio en blanco reservado para los nombres aparece por dos veces el «D.n». El expediente lleva incorporado el visto bueno del director con fecha del 22 de junio y en la misma línea del que ya mencionamos antes, y ahora se añade una nota en la que se afirma que se concedió la licencia para poder imprimir con fecha del 24 de junio. En Ruiz Lasala,[60] aparece citado el programa de unos ejercicios presididos ese mismo año por Vicente Durán y en el que sí figuran los nombres de dos alumnos, por lo que debe corresponder al ejemplar manuscrito. Se trata de las matemáticas de primer curso y los alumnos son Carlos Viola y Benavente y Agustín de Bethencourt y Molina. Ese mismo curso, Rosell en la otra cátedra preside el ejercicio de matemáticas[61] de segundo año de Juan Senén Contreras, que,

---

58 Mestre Sanchís, Antonio: *Apología y crítica de España en el siglo XVIII*, pp. 187 y ss.
59 AHN (Consejos); leg. 50704, F-203.
60 Ruiz Lasala, I.: *Joaquín Ibarra y Marín (1725-1785)*.
61 AHN (Consejos); leg. 50704, F-183.

recordémoslo, había realizado el curso anterior el de primero con el mismo Rosell. Y llegamos al curso siguiente, curso 1779-80, en donde va a producirse una situación atípica. Durán, al que por la consabida rotación le correspondía dar las de segundo preside, según consta en el programa del ejercicio[62] realizado el 18 de julio, conclusiones de primer año. Las defienden los alumnos Francisco Cifuentes, Andrés del Río y Melchor Reboles. Y en consecuencia, Rosell vuelve a presidir conclusiones de segundo año en el ejercicio[63] realizado el 9 del mismo mes. Los alumnos son los ya citados Carlos Viola y Agustín de Bethencourt, así que tanto ellos como sus compañeros de promoción fueron seguramente los únicos alumnos de los Reales Estudios que recibieron enseñanza de los dos catedráticos. No se conoce el por que de no rotación en ese curso, quizás esté en que Durán, relativamente reciente su acceso a la cátedra, prefiera dar un primer curso desde el inicio.

En el curso siguiente, 1780-81, se retoma la práctica de la rotación. Así lo acredita el programa manuscrito[64] del ejercicio realizado en el mes de julio, al hacer constar que las cuestiones son de matemáticas de primer año y que los preside Rosell. Los alumnos que intervienen son Antonio Schwager, Juan Rodríguez de Mendoza y Marcelo Sánchez Rebozo. No se ha conseguido encontrar el programa con los ejercicios para los alumnos de segundo año, presididos por Durán, si es que llegaron a realizarse. Por el contrario, para el curso siguiente solo se ha localizado el programa de los ejercicios presididos por Durán y no el de los presididos por Rosell. Con el programa del presidido por Durán, ocurre un

---

62 Biblioteca Histórica Municipal. Madrid. MA/309 (14).
63 Biblioteca Pública del Estado. Toledo. 4-23188 (7).
64 AHN (Consejos); leg. 50704, F-188.

hecho curioso. En un ejemplar manuscrito[65] aparecen como alumnos Thomas Veri, Juan Gabriel Jabart y Antonio Durante, mientras que en el ejemplar impreso[66] aparece exclusivamente Thomas Joseph de Veri y Togores. Y para el curso 1782-83 no se han localizado los programas ni del ejercicio de Durán, a quien le correspondería segundo año, ni del ejercicio de Rosell, a quien le correspondería primero. Pero sí sabemos que llegaron a celebrarse, porque la *Gaceta de Madrid* en su número del 29 de julio informa de que de los días 9 al 12 del corriente se celebraron «exámenes públicos de los Alumnos de los Reales Estudios de esta Villa». Por lo que respecta a las matemáticas de primer año, aritmética, álgebra, geometría y trigonometría, presidiendo Rosell, lo celebran Aniceto Quijano Arce y Rafael Saenz Navarro. Para las de segundo año, dinámica y estática, presidiendo Durán, lo realiza Thomas Joseph Veri y Togores. Por cierto, aproximadamente dos meses antes, este mismo periódico hacía saber que «deseando el Rey promover el adelantamiento de las Ciencias en los Reales estudios de S. Isidro de esta Villa, y excitar a la concurrencia y aprovechamiento de los discípulos, especialmente en los conocimientos útiles o necesarios a que no hay la aplicación que S.M. quisiera, ha resuelto conceder una pensión eclesiástica de 300 ducados vellon al discípulo que habiendo freqüentando dichos Reales estudios, y precedido examen publico» de determinadas materias, y lo hacía extensivo a las matemáticas al añadir «otros 300 ducados al discipulo que con igual examen publico acreditare ser el más aprovechado en las matemáticas».

Como una prueba de la elite que representaron los mejores alumnos que cursaron las matemáticas en San Isidro, sigamos

---
65 AHN (Consejos); leg. 50704, F-186.
66 Biblioteca Abadía de Monserrat. F. Oct. 109.5.

el devenir de algunos de ellos. Juan Senén de Contreras, quien defiende conclusiones los años 1778 y 1779 siendo subteniente de milicias provinciales, aproximadamente diez años después de realizar el ejercicio acompaña en una misión por Europa durante más de cuatro años al ingeniero militar Urrutia. La misión, de carácter político, diplomático y militar, consiste en visitar diferentes ejércitos de Europa para ampliar los conocimientos. Forman también parte de esa misión los coroneles Pedro Rodríguez de la Boria y Rafael Valdés, el teniente coronel de Artillería Tomás de Morla, que fue alumno aventajado en el Real Colegio de Artillería de Segovia, y el ingeniero ordinario Simón Paulet. Es autor de *Compendio de los veinte libros de Reflexiones militares, que en diez tomos en quarto escribió el teniente general Don Alvaro de Navia Osorio*.[67] Lo imprime en la Imprenta Real ese mismo año de 1787, y tiene en ese momento la graduación de capitán. En la guerra de la Independencia se tienen dos referencias del militar Senén de Contreras. En diciembre de 1808 las tropas francesas saquearon Sigüenza, que estaba defendida por poco más de 100 hombres; ante la clara superioridad numérica del enemigo, el militar que está al mando, que no es otro que Juan Senén, tiene que dar la orden de batirse en retirada.[68] Gobernador después de la ciudad de Tarragona, resistirá el cerco francés, con una guarnición de escasamente 7.000 hombres.[69] Pero si hacemos caso del título de un escrito suyo impreso en Londres en 1813, la ciudad fue tomada finalmente en junio de 1811 y él conducido prisionero a Chateau Fort, de donde consiguió evadirse. El general del Ejército español había nacido en el año 1760,[70] lo que nos permite establecer

---

67 RAH. 2/625 y 2/626.
68 http://www.1808-1814.org/efm
69 Biblioteca Central Militar. SM-1813-1.
70 htpp://www.wikipedia.org/wiki

que cursa las matemáticas de primero a la edad de 17 ó 18 años.

Agustín de Bethencourt, que en el momento de cursar los estudios de matemáticas en San Isidro es teniente del Regimiento de la Orotava en la isla de Tenerife, es uno de los alumnos más brillantes que pasan por los Estudios. Nace en el año 1758 en El Puerto de la Cruz, Tenerife y en 1777 ingresa como cadete en el Regimiento de Milicias Provinciales. Un año más tarde, y ya con el grado de teniente, es alumno durante dos cursos de los Reales Estudios. Ello nos proporciona otro dato más sobre la edad con que se cursan las matemáticas en San Isidro. Bethencourt lo hace con 21 años. En 1784 viaja a París y permanece allí hasta 1791. Esta prolongada estancia y su enorme interés por el desarrollo de las máquinas, le permite entrar en contacto con ingenieros y matemáticos de la época. En 1791 es convocado a Madrid para dirigir el recién creado Real Gabinete de Máquinas que se ubica en el Buen Retiro, vecino a la Real Escuela de Astronomía. Una dirección más teórica que práctica porque una prolongada estancia en Londres dará la dirección interina del gabinete a Juan de Peñalver, al que veremos actuar como censor en posterior oposición a una de las cátedras de los Estudios y galardonado por José Bonaparte. En 1802 Bethencourt funda en Madrid la Escuela de Ingenieros de Caminos y en 1807 abandona España con destino a París. Desde 1808 a 1824, año en que muere, Agustín de Bethencourt trabajó en la Rusia de Alejandro I.

Melchor Reboles, nacido en Madrid y defensor de conclusiones en 1780, siete años más tarde ya es graduado licenciado por la Universidad de Salamanca y solicita licencia para ejercer la abogacía. A Tomás Verí y Togores, natural de Palma de Mallorca, que realiza los ejercicios públicos correspondientes a los años 1787 y 1788, se le confiere por la junta suprema gubernativa del reino en plena guerra de la Independencia el grado de coronel de Infantería. Formando parte de esa misma junta realizará diferentes comisiones, como por ejemplo el envío de representantes a las provincias a promover el alistamiento y cualquier otra medida necesaria para la defensa del reino, recibiendo él mismo el nombramiento para este cometido en el principado de Cataluña. Es caballero de la Orden de Calatrava y de la Orden de San Juan, solicitando en esta última en el año 1807 la gracia de poder continuar en el uso de la Cruz después de casado.[71] Francisco Mayorga Valcárcel, nacido en Barcelona, cursa las matemáticas en 1777, siendo seleccionado para defender conclusiones. Es, en ese momento, cadete de Reales Guardias de Infantería española. En 1789 se le concede el título de caballero de la Orden de Alcántara habiendo alcanzado a esa fecha el grado de teniente coronel, teniente del Regimiento de Guardias de Infantería española.[72] Se conserva un manuscrito[73] fechado en 1792 en el que se da consentimiento para que un cabo segundo, natural de Consuegra, pueda contraer matrimonio. Viene firmado por el ya comandante de la Compañía del IV Regimiento de Guardias españolas de Infantería, que no es otro que Francisco Mayorga.

Rosendo Rico Negrón es un guardia de Corps, eso ya dice bastante, que realiza el ejercicio público de matemáticas en 1775. Con su buena base matemática, debió posteriormente cursar estudios en alguna de las escuelas de Guardias Marinas, Cádiz, Cartagena o El Ferrol, porque aparece, diez

---

[71] En AHN hay documentación de Tomás Verí en Estado y Órdenes Militares.
[72] AHN (OM-Caballeros Alcántara); Exp. 910 y (OM-Expedientillos); N.14648.
[73] http://www.todocoleccion.net

años más tarde, como oficial de Marina, al frente de una de las partidas de demarcación encargada de, conjuntamente con la delegación portuguesa, establecer los linderos y marcar los hitos de las posesiones que tenían ambos países en América. Había llegado a Santa Cruz, departamento situado en la parte oriental de Bolivia, a finales de 1785. Hernando Sanabria Pérez le mata literariamente hablando: «Rico Negrón falleció a poco de su arribo»,[74] pero debió ser un muerto que gozó de una espléndida salud, porque entre los años 1825-1826 y 1828-1830, se conservan sus hojas de servicio con solicitud de destino.[75] Y en 1835 hay un expediente de clasificación de su jubilación, siendo interventor de los derechos de puertas de Cádiz.[76] Derecho de puertas es un tributo a pagar en razón de los géneros que se transportan del campo a las ciudades, si bien en determinados casos se producían exenciones. Hay una Real Orden del año 1825, por ejemplo, en la que se declara que los efectos que se introducen en los pueblos para uso de las reales fábricas no estén sujetos a derechos de puertas. Otro alumno más, Antonio Vaillant Bertier, siendo cadete del Regimiento de Caballería de Alcántara es seleccionado para realizar el examen público en 1777. Es uno de los varios estudiantes de San Isidro que desarrolló su vida profesional en la América española,[77] influenciado probablemente porque su tío, Juan Bautista Vaillant, fue gobernador de la isla de Cuba. El 5 de octubre de 1787, desde San Lorenzo de El Escorial, donde en ese momento está la corte, se envía despacho al

---

74 SANABRIA FERNÁNDEZ, Hernando: *Crónica Sumaria de los Gobernadores de Santa Cruz, (1560-1810)*.
75 AHN (FC-Mº_Hacienda); leg. 3113, exp. 370 y leg. 3150, exp. 797.
76 AHN (FC-Mº_Hacienda); leg.549, exp. 1835.
77 En AGS, legajos de SGU, hay documentación de Antonio Vaillant Bertier.

gobernador de La Habana ascendiendo al grado de capitán a Antonio Vaillant, teniente del Regimiento de Voluntarios de Caballería de aquella plaza. El 4 de diciembre de 1793, con el grado de capitán de Ejército, el teniente veterano del Regimiento de Milicias Disciplinadas de Caballería de La Habana solicita licencia para contraer matrimonio con Juana María de las Cuevas. Lo que sí parece que se le negó en reiteradas ocasiones fue el ascenso a teniente coronel, a pesar de que sí lo ostentó su antecesor en el cargo de subinspector del Batallón de Pardos en Bayamo. Desde el siglo xvi, negros y mulatos libres entraron a formar parte de las fuerzas encargadas de defender los territorios de la corona de España, agrupados en unidades militares bajo el descriptivo nombre de pardos y morenos. Cuando en 1764, Alejandro O´Reilly fue comisionado para reorganizar la defensa de la isla de Cuba, formó en La Habana un batallón de pardos y otro de morenos con un total de 800 efectivos cada uno; y un tercer batallón de pardos, con el mismo número de efectivos para Santiago de Cuba y Bayamo.[78] Es seguramente esta última unidad donde fue destinado Vaillant como subinspector.

Aunque desde la expulsión de los jesuitas, la nueva institución ubicada en el antiguo Colegio Imperial es, como ya sabemos, pública, resulta evidente a la vista de las biografías de algunos de sus alumnos que el estudio de las matemáticas a finales del siglo xviii, está reservado a clases de un nivel social alto o muy alto, y que en las aulas de San Isidro, al menos en esta primera época, hay una fuerte presencia de uniformes militares. Y aunque repetiremos este análisis para periodos posteriores, de momento, en el intervalo de 11 años

---

78 BARCIA ZEQUEIRA, María del Carmen: *Los batallones de Pardos y Morenos en Cuba, (1600-1868)*, Casa de Altos Estudios D. Fernando Ortiz, Universidad de La Habana: Cuba.

que va de 1773 a 1783 se han localizado un total de 25 alumnos que defienden conclusiones públicas, y de ellos, 10 pertenecen al Ejército, con una amplia representación de tropas de Casa Real, más elite si cabe, como son los guardias de Corps o los guardias de Infantería española.

Finalizado el paréntesis, volvamos al curso 1783-84. Habíamos dejado a un ilusionado Francisco en el mes de octubre, matriculado en primer año de matemáticas en San Isidro. En el mes de abril, su compañero de curso Joseph del Barranco le cuenta que ha aparecido una nota en el tablón de anuncios, con algo que puede interesarles. Se trata de que estando ya ordenada la biblioteca que S. M. mandó establecer en los Estudios, han resultado sobrantes varios libros de todas las facultades y se venden de orden superior en la propia real casa. Aunque Francisco no anda lo que se dice sobrado de dineros, su pasión por los libros es grande, y decide acompañar a Joseph al finalizar la clase, por si encuentra algo de interés. Y así lo hace, aunque después de husmear un buen rato entre los ejemplares puestos a la venta, terminará por no comprar nada, porque la gran mayoría son de Sagrada Escritura, filosofía y humanidades. Por lo demás, el curso se le pasa en un vuelo. Ha dedicado mucho de su tiempo al estudio, y va a tener la enorme satisfacción de ser elegido entre los mejores para defender conclusiones públicas.

Finalmente queda señalado el día. Será el miércoles 7 de julio y en sesiones de mañana y tarde. Francisco interviene en la de la mañana, que comienza a las nueve, en unión de sus compañeros Agustín Pérez de Castro, Luis Pereyra y Juan Antonio Ruiz. Por la tarde a las cinco lo harán Vicente Mondragón, Vicente García Zazo, León Antonio de Alonso López, Antonio Pereyra y Joseph del Barranco. Se ha localizado el cuaderno[79] con el programa del acto, y en su portada aparece la lista de alumnos que intervienen, siendo lógicamente Vicente Durán y Sacristán el catedrático que los asiste. Se añade después una breve introducción, suponemos que de Durán, en la que se menciona cómo la aritmética, el álgebra, especialmente las ecuaciones de segundo grado y sus aplicaciones «exercitan el ingenio de los jóvenes», de igual modo que lo hacen la geometría elemental y la trigonometría rectilínea, y que le han servido para seleccionar un cuerpo de proposiciones fundamentales sobre las que desarrollar el ejercicio. Un total de 52 para la aritmética y álgebra, y 64 para la geometría elemental y trigonometría rectilínea, sobre las que los alumnos conclusionantes pueden ser interpelados. Sin lugar a dudas, el temario de las matemáticas de primer año. Se ha localizado un segundo cuaderno[80] para ese mismo año de 1784 con el programa de un ejercicio de matemáticas que también asiste Durán y con los tratados de primer curso. Este segundo ejercicio, se realiza siete días después, es decir el día 14 de julio. En esta ocasión empieza una hora más tarde en cuanto que lo realiza un único alumno, y a la vista de ello se plantean dos interrogantes. ¿Por qué en el que realizan nueve alumnos el día 7 no interviene un alumno más y así se evita doblar el ejercicio? O bien, ¿por qué no se realiza un reparto más equilibrado de alumnos entre los dos días? Hay en principio dos posibles contestaciones. Una, que el nivel alcanzado por el alumno que realizase el ejercicio en solitario fuera tan superior al resto que justificara esa decisión, incluso como premio. Otra, que una muy alta categoría social del alumno justificara un trato de favor, brindándole

---

[79] Biblioteca del Real Monasterio de San Lorenzo de El Escorial. 44-V-3(2).
[80] Palacio Real de Madrid. Biblioteca. XIV/1417.

la oportunidad de lucimiento al margen de sus compañeros. Es difícil determinar cuáles fueron las causas. El alumno es un guardia de Corps, el mismo con el que Francisco y los valones trataron en la hostería de la calle San Joaquín sobre lo útil o lo inútil de la matemática. Recordemos que su nombre es Alfonso Fonds de Laval, y el hecho de pertenecer a ese cuerpo de elite ya da por sentado que se trata de una persona de elevado rango. Lo que en el Seminario de Nobles no sería una situación muy diferenciadora, en los públicos Estudios de San Isidro sí que lo es. Así que posiblemente de las dos opciones apuntadas, fuera la segunda la causante del ejercicio en solitario. La impresión de los dos cuadernos, tanto el de Fonds como el del grupo de nueve alumnos, la realiza el impresor de Cámara de S. M., Joachin Ibarra, y como no podía ser de otra manera, con las licencias necesarias.

El martes 3 de agosto Francisco compra hasta tres ejemplares de la *Gaceta de Madrid*. Uno para sí, el segundo lo envía a Montalbo, a sus padres, y el que resta se lo regala a María de los Ángeles. María de los Ángeles es María de los Ángeles Páez, una bellísima mujer nacida en Illescas (Toledo), de la que Francisco se ha enamorado como un colegial. En el número del periódico, se inserta la noticia de las conclusiones o exámenes públicos de varias enseñanzas asistidos de sus respectivos catedráticos y celebrados en los 20 primeros días del mes *próximo pasado* en los Reales Estudios de San Isidro. En matemáticas, la lista de alumnos que aparece coincide exactamente con la que figura en los programas, y también aquí se apunta el hecho de que el guardia de Corps, Alfonso Fonds de Laval, realiza el ejercicio separadamente, y ambos asistidos por su maestro Vicente Durán y Sacristán. Puede también deducirse de lo publicado en la *Gaceta*, mejor dicho de lo no publicado, que ese julio de 1784 no se realizaron conclusiones en la otra cátedra, en la de Antonio Rosell, a la que corresponderían las matemáticas de segundo año; desconocemos si por falta de alumnos capacitados para defenderlas o por algún motivo, quizás de salud, el catedrático no estaba en condiciones de asistirlas.

El curso siguiente Francisco se matricula en las matemáticas de segundo y su catedrático sigue siendo Vicente Durán, porque como es habitual se ha producido la rotación. Queda corroborada por la localización de un cuaderno[81] con el programa del ejercicio del 15 de julio de 1785, con los mismos dos protagonistas del realizado justo hacía un año. Es decir, Fonds de Laval como alumno y Durán como maestro. Por el cuaderno, conocemos que Fonds dedica el ejercicio al excelentísimo señor don Carlos Canuto Sebastián Pedro de Alcántara Ferrero, príncipe de Masserano, quien entre otras cosas es grande de España de primera clase, gentilhombre de Cámara de S. M. con ejercicio y brigadier de sus Ejércitos. Y además, se veía venir, el capitán de la Compañía flamenca de Reales Guardias. Los tratados sobre los que sufre público examen el guardia de Corps son de la geometría sublime con seis proposiciones, el cálculo diferencial con 13, el cálculo integral con 22, la dinámica con 13, artillería con seis, trigonometría esférica con seis también, astronomía con 13 y, para terminar, pilotaje o náutica con 11 cuestiones. Tratados de segundo curso, sin lugar a dudas. Para ese mismo curso, y para esa misma cátedra de Durán, se tienen referencias de un ejercicio que se realiza el primer día de julio, a través de una polémica que se suscitará unos años más tarde sobre la posibilidad de que los alumnos puedan o no realizar el ejercicio en solitario. Polémica en la que, sin comerlo ni beberlo, se

---

81 Palacio Real de Madrid. Biblioteca. III/6539 (6).

verá envuelto nuestro personaje, Francisco Verdejo. Como tendremos ocasión de ver, los defensores de la postura del ejercicio individual, al verse negado el derecho a realizarlo, aportarán como prueba y según aparece en el expediente varios precedentes de tal situación. Entre otros, los cuadernos de los ejercicios realizados el día primero de julio de 1785 por cuatro alumnos sin identificar, y el cuaderno del ejercicio realizado el día 15 del mismo año en solitario por el guardia de Corps, condiscípulo de los anteriores, de nombre Antonio y de apellido Fonds. Por cierto, una situación no nueva, porque acabamos de ver que también se produjo un año antes.

En el expediente aportado no figuran los nombres de los cuatro alumnos, pero lo más probable es que fueran algunos de los nueve que el año anterior también realizaron ejercicio público con las matemáticas de primer curso. Y entre los que seguramente estaría Francisco Verdejo, porque para hacerse como ya sabemos con el puesto de sustituto años después, debería presentar un expediente lo bastante brillante. Afortunadamente, terminó por aparecer un cuaderno[82] que, por la información que aparece en su portada, no deja ninguna duda de que se trata de una de las pruebas que se aportó en la polémica. Es el programa de un ejercicio que preside Vicente Durán, que se realiza el primero de julio de 1785, y en el que intervienen los cuatro alumnos siguientes: Francisco Verdejo, Andrés Joseph Rodríguez, Joseph del Barranco y Vicente García Zazo. Andrés Joseph Rodríguez, cadete del Regimiento de la Corona de Nueva España, es el único que no había intervenido en el curso anterior. En la portada, también se menciona que Francisco Verdejo es cabo segundo y soldado distinguido de la IV Compañía de Granaderos de

---

82 BN. V. E. Caja 411 (4).

Reales Guardias españolas. La Compañía de Granaderos está formada por soldados de elevada estatura que en las paradas desfilan al principio del batallón. Lo que sí conviene precisar, es que pese a que el guardia de Corps, y los otros cuatro alumnos, lo son de segundo curso, el programa del ejercicio que defiende uno y el programa del ejercicio que defienden los otros, son sustancialmente diferentes. El ejercicio que se realiza en grupo, es un ejercicio basado exclusivamente en el tratado de dinámica, similar al que realizaron Viola y Bethencourt en 1780, incluso con un menor número de proposiciones a defender. Mientras que el programa que defiende Fonds de Laval es bastante más amplio. Deberá hacer frente a cuestiones de geometría sublime, cálculo integral y diferencial, dinámica, artillería, trigonometría esférica, astronomía y navegación. Nobleza aparte, debía de ser un alumno especialmente aventajado, lo que parece reafirmar la tesis contraria a la que habíamos mantenido, o sea, que su realización en solitario viene motivada por un nivel superior de conocimientos y no por motivos de cuna, o bien por ambas cosas a un tiempo. La impresión del cuaderno se debe una vez más a Joachin Ibarra.

Al igual que el año anterior y con idéntico destino, Francisco compra tres ejemplares de la *Gaceta*. E igual que el año anterior, nadie en Montalbo se libra de contemplar el nombre de su paisano en los papeles que vienen de Madrid. Ya se ocupan de eso sus padres, Nicolás y Teresa. «¿Os habéis fijado? Ha vuelto a defender las conclusiones de la facultad de matemáticas. Y además está de cabo segundo y soldado distinguido de la IV Compañía de Granaderos de Reales Guardias españolas». Un hermano pequeño de Francisco que acaba de cumplir los nueve años, y que asiste emocionado a las muestras de admiración que su hermano mayor despierta entre sus vecinos, se promete a sí mismo que él también ira a la corte a estudiar matemáticas, aunque la verdad no termina de comprender, hoy por hoy, qué significa eso. También será un valiente y aguerrido militar, y esto sí lo tiene más claro de sus juegos por los prados próximos a Montalbo, espada de madera en la diestra, presto a pelear con los chavales de El Hito si fuera necesario hasta con la última gota de su sangre. Y Nicolás, el niño que ha heredado el nombre del padre, con el paso de los años cumplirá con creces sus promesas. ¡Vaya si las cumplirá!

A diferencia del curso anterior, en este también se defienden conclusiones en la otra cátedra. Lo hace el alumno de primer curso Manuel Aguilera y Galarza, conde de Fuen-Rubia, asistido de su catedrático Antonio Rosell. Se ha localizado el cuaderno[83] con el programa del ejercicio que se realiza el día 13 de julio. Impreso en la Imprenta Real, las proposiciones que en él aparecen, de aritmética y álgebra, de geometría elemental y trigonometría rectilínea, no dejan lugar a ninguna duda. Se trata de un alumno de primer año. La *Gaceta de Madrid*, en su número del viernes 29 de julio, que es el que compra Francisco, da cumplida información de los exámenes sostenidos por los alumnos de la real institución, añadiendo información de interés a la que conocíamos por los programas de los ejercicios. En el de primer curso, además del conde de Fuen-Rubia intervinieron Francisco Priego Carrasco, Pedro Lezcano Carmona, Juan de Mata Molero, Juan Joseph de Goyri, Jacinto Cifuentes y Fermín Joseph del Rivero. No conocíamos inicialmente sus nombres, porque no fueron invitados o rehusaron hacerlo por cuestiones de índole económica a aparecer en el programa impreso del acto.

---

83 Biblioteca Histórica Municipal. Madrid. M/765 (5).

Cursar estudios en la institución, al ser pública, no cuesta dineros. Únicamente, la impresión de los programas de las conclusiones es por cuenta y riesgo de los alumnos. Por lo que respecta a otras facultades, hay que citar que entre los alumnos que defendieron conclusiones de lógica figura Joseph Radón, que años más tarde, siendo profesor de astronomía del Real Observatorio, será censor en la oposición del hoy su compañero de estudios Francisco Verdejo a la cátedra de Matemáticas en la misma institución de la que ahora son alumnos. Y un último apunte para citar: en la facultad de física experimental el único conclusionante es Antonio Varas Portilla, que años más tarde, siendo director de matemáticas de la Real Academia de Nobles Artes de San Fernando, compartirá con Francisco Verdejo la sustitución de las dos cátedras de Matemáticas. A Francisco Verdejo, Joseph Radón y Antonio Varas Portilla, compañeros de estudios hoy, año de 1785, el destino años más tarde volverá a unirlos en estos mismos pasillos y en estas mismas aulas.

3

Y substituto de la misma Facultad en dichos Reales Estudios

En el mes de abril de 1786 Francisco dirige una instancia a S. M. Va para un año que terminó brillantemente sus estudios de dos cursos de matemáticas en los Reales Estudios de San Isidro, y está claro que hay una cierta discrepancia entre su formación académica y su graduación militar. Pocas personas pueden presumir de haber defendido conclusiones de matemáticas hasta en dos ocasiones, en una institución tan prestigiosa como la citada. En esa instancia suplica al rey que se dignase a nombrarle oficial de alguno de los cuerpos del Ejército que fuese de su mayor agrado. La instancia debió ser recogida al menos con eso, con agrado. Volvemos a insistir en el prestigio de los Estudios, porque el rey mandará a los comandantes de Ingenieros que le examinen. No cabe duda de que los conocimientos de Francisco Verdejo, en donde más y mejor pueden aplicarse, es en el cuerpo de ingenieros militares. Y en efecto, en el mes de diciembre de ese mismo año, el cabo segundo de Reales Guardias de Infantería española, Francisco Verdejo González, pasa el examen con el mayor lucimiento, siendo declarado apto para ser nombrado ayudante de dicho cuerpo de Ingenieros. Pero en la práctica no pudo llevarse a efecto, por ser orden expresa de las reglas del cuerpo que tal grado era peculiar a los oficiales y cadetes del Ejército —no es el caso de Francisco—, y con el agravante de las pocas plazas disponibles que había en el momento. Al menos tuvo la satisfacción personal de que los brillantes resultados de su examen fueron comunicados a S. M.

Pero entre los dos acontecimientos relatados —súplica al rey y realización del examen— ocurrirá un hecho que marcará la vida de nuestro personaje. Llega el mes de octubre y con él, el inicio de un nuevo curso en los Estudios de San Isidro. El catedrático Vicente Durán, al que este año le tocan los adelantados, está enfermo en Valencia y no puede hacerse cargo. Probablemente a petición del propio Durán y con el visto bueno de Manuel de Villafañe, director de los Reales Estudios, Francisco Verdejo se hace cargo de la enseñanza en calidad de sustituto. Debe tener problemas de compatibilidad, porque enseguida, el 20 de octubre, dirige una instancia al Excmo. Sr. conde de Asalto en donde suplica le sea concedida la licencia absoluta. ¿Por qué al conde de Asalto? Raymundo Sotto de Clonard es miembro de una familia de españoles-irlandeses que después de servir doce años como cadete, es promocionado por Real Orden de 19 de febrero de 1784 a alférez de Fusileros.[1] Recibe en Cádiz un despacho en el que se le comunica que ha sido destinado al Regimiento de Guardias Reales que en Barcelona manda el conde de Asalto. Por otra parte, el padre Crisóstomo Abadía y Lobera[2] fue consultor del Excmo. Sr. conde de Asalto y con él viajó por muchas partes de Italia y Francia en el año de 1784, además de que pasó con su excelencia a Madrid en el año de 1800. Es decir que, al menos hasta ese año, el conde de Asalto está en Barcelona como jefe de los Reales Guardias de Infantería

---

1 Sotto y Laugton, Raymundo de: *1784. De Cádiz a Barcelona.*
2 Lattasa y Ortín, Félix de: *Biblioteca nueva de los escritores aragoneses que florecieron desde el año 1795 hasta el de 1802.*

española y a él, lógicamente, dirige Verdejo su instancia. Quizás la posibilidad del traslado de su unidad a Barcelona podría complicar la docencia de Verdejo en los Estudios. «Bien el suplicante hubiera deseado —dice Francisco—, seguir la carrera militar», pero debido a su frustrado ascenso, solo la sustitución de la cátedra le permite su sustento diario y el de sus padres. ¿Está exagerando al incluir el sustento de sus padres para conseguir esa licencia? La verdad es que Francisco era el mayor de los hermanos varones y en ese momento Pedro Miguel y Nicolás son todavía pequeños, pero no hay constancia de que Nicolás Verdejo padre necesitara hasta ese nivel de su hijo Francisco. La licencia no le fue concedida porque se le exigía poner a alguien en su lugar, lo que no debía ser fácil. Pero aun sin ella, el recién nombrado sustituto de Durán siguió adelante con sus clases, quizás empleando permisos temporales.

En la otra cátedra de Matemáticas, la de Antonio Rosell, no puede decirse que las cosas funcionen de una manera diferente. También por indisposición y por algunas graves ocupaciones de su catedrático, en determinados periodos entre los años 1783 y 1785 ha tenido al frente a un sustituto. Se trata de Joseph Miguel de Sarasa, del que se conoce que estudia gramática latina en los Reales Estudios, y lógica, metafísica, aritmética, geometría y trigonometría en el Seminario de San Fulgencio en Murcia. Vuelto a la corte, continúa por disposición del infante don Antonio el estudio del álgebra, teoría de las líneas curvas y cálculo diferencial e integral. Alumno de Rosell, debe cursar en San Isidro directamente las matemáticas de segundo, al convalidar probablemente las de primero con sus estudios de San Fulgencio. Defendió conclusiones según sus propias aseveraciones pero no hay prueba documental de ello. Así pues, la configuración para el curso 1786-87 debió ser la de Sarasa dando matemáticas de primero como sustituto de Rosell y Verdejo dando matemáticas a los adelantados como sustituto de Durán. Pero llegado el final de curso, ni uno ni otro sustituto asistieron en la defensa de conclusiones a sus alumnos porque *El Mercurio de España*, en su número de octubre, incluye la noticia de los exámenes públicos de varias enseñanzas que tuvieron lugar durante los meses de julio y septiembre en San Isidro, y entre ellas no figuran las matemáticas.

Por otra parte, lo que vino a acontecer en dos reales instituciones va también a ser un factor decisivo en el devenir de Sarasa y Verdejo. La primera de ellas es la Real Fábrica de Cristales, ubicada en la madrileña carrera[3] de San Francisco. Se trata de un gran almacén de los productos y artículos que se elaboran en la Real Fábrica de Cristales de La Granja de San Ildefonso y en la de la localidad de Coca, ambas en la provincia de Segovia. Pero su definición precisa la encontramos hojeando la *Gaceta de Madrid*. En el número correspondiente al 2 de febrero de 1781, en su página 92, nos encontramos con que en el establecimiento «se hacen y componen microscopios simples y compuestos, telescopios comunes y astronómicos y se halla surtido de toda clase de anteojos. También se venden máquinas eléctricas de globo y disco, caxones dioptricos, cámaras oscuras y otras piezas pertenecientes á los ramos de óptica, como espejos convexos

---

[3] En el callejero madrileño había tres carreras; la de San Jerónimo, la de San Francisco y la de San Isidro, si bien esta última cambió su nombre a paseo de la Ermita del Santo. ¿Por qué carrera y no calle? Carrera es calle que antes fue camino. Y debería respetarse esta riqueza en la denominación, como en corredera, postigo, pretil, costanilla, pasadizo y tantas y tantas otras. Lo que no debería hacerse en ningún caso, según el ilustre madrileñista Pedro de Répide, es caer en el pleonasmo y colocar en una placa rotuladora, como se ha hecho en ocasiones, «calle de la Corredera Alta de San Pablo» o «calle de la Cava Baja».

y cóncabos, prismas &c: e igualmente máquinas de cristal para impregnar el agua natural de aire fixo, y otros vasos para este efecto». Y añade que los jueves de diez a doce o bien de cuatro en adelante, es posible ver la circulación de la sangre en una rana, e incluso cualquier otro día avisando el día antes al director de la sala de óptica, eso sí, cuando se trate de «alguna persona (de particular distinción)».

Se conoce entonces que S. M. ha resuelto crear una escuela en el nuevo almacén de la Real Fábrica de Cristales.[4] Nuevo porque ha mudado su situación desde la carrera de San Francisco a la calle del Turco, hoy marqués de Cubas, en el número 5 de la manzana 273. Residencia del conde de Atares, enterado éste de que la Real Hacienda estaba buscando un lugar en el que instalar un almacén de cristales, realiza una propuesta que es aceptada por el rey y la venta tiene lugar en julio de 1787.[5] Se sabe también que hace falta un maestro de matemáticas para la mencionada escuela. Joseph Miguel de Sarasa anda listo y con fecha del 16 de mayo de 1787 solicita que le sea concedida la plaza aportando su currículo y dos certificados, uno con fecha del 26 de octubre del año *próximo pasado* del catedrático de los Estudios Antonio Rosell, en donde constan las varias sustituciones que le ha hecho e incluso que le está haciendo en el curso actual; el otro, de fecha próxima, está firmado por los maestros de matemáticas del Real Seminario de Nobles Joseph Antonio de Igaregui y Martín Rosell Viciano, y en el que se hace constar que con el permiso del director de la institución, el brigadier Antonio de Angosto, Sarasa ha actuado como sustituto de ellos en

---

4 Toda la documentación relativa al establecimiento de la Academia en la Real Fábrica de Cristales puede verse en: Palacio Real. Archivo, (Reinados Carlos III); legajo 271.
5 Lopezosa Aparicio, Concepción: *La Iglesia de San Fermín de los Navarros, antigua residencia del Conde de Atares*.

varias ocasiones. Ante tales credenciales, Juan Aguirre, que es el superintendente de la Real Fábrica de Cristales, no lo duda y solicita para Sarasa la concesión de la maestría de matemáticas. Tanto es así que el mismo Aguirre informa que con *monsieur* Megnié, instrumentista francés nombrado director de la recién creada escuela, y acompañado de los profesores de química Proust y Fernández y de Joseph Miguel de Sarasa, que lo es de matemáticas, han pasado a la Real Casa de Desamparados a seleccionar a los 16 muchachos que compondrán el alumnado. Casa de Desamparados, segunda de las reales instituciones a que nos referíamos hace unas líneas. Sita en la calle de Atocha, su nombre no deja lugar a dudas sobre la función que realiza y en la que hay maestros que atienden la clase de primeras letras y dibujo.

Da la sensación de estar todo muy hecho. Pero no es así. Bien porque el propio Sarasa renuncie por alguna razón, bien porque a pesar de la visita de la que informó Aguirre el nombramiento no llegó a hacerse efectivo, el caso es que con fecha del 27 de octubre de ese mismo año de 1787 Juan de Mata Molero presenta una instancia con la súplica de que le sea concedida la plaza de matemáticas de la Fábrica de Cristales. Por las matemáticas que dice conocer, parece un antiguo alumno de los Estudios de San Isidro y menciona que realizó conclusiones públicas. En efecto, veíamos en el capítulo anterior que según nota de la *Gaceta*, defendió conclusiones de primer año con Rosell, durante el curso 1784-85. Pero no es la única instancia que se presenta. Hay una segunda con iguales pretensiones. ¿De quién? De Francisco Verdejo González, que por segundo curso consecutivo, y estamos ya en noviembre de 1787, está sustituyendo en los Estudios a un Durán que continúa enfermo, como, evidentemente, hace constar en la misma, a la par que añade sus años de servicio al rey como guardia de Infantería española, sus conclusiones defendidas en San Isidro, su brillante examen ante los comandantes de los Ingenieros Militares y, para que no falte de nada, incluye consideraciones de tipo económico. «Su situación en el día es más penosa que en sus principios sufriendo las consecuencias de los muchos gastos pero indispensables que ha tenido que hacer en la compra de libros para su estudio, instrumentos para los exámenes y en los que ha necesitado para su residencia en esta Corte y para cierta maior decencia en su porte». Este último capítulo de los gastos inclina a pensar que Francisco es una persona a la que le preocupa su aspecto físico, es decir, una persona presumida. Al menos esta vez no menciona la necesidad de ayudar a sus padres, aunque entra dentro de lo posible que todos los meses enviara a Montalbo una determinada cantidad de dinero.

Verdejo, en dicho curso de 1787-1788 tiene entre sus alumnos de San Isidro al duque de Aliaga, que es el primogénito del duque de Híjar. ¡Una recomendación nunca viene mal! Así que a petición del propio maestro, hay una carta a Pedro López de Lerena, secretario de Estado y del Despacho Universal de Hacienda, del de Híjar en donde le pide que se le conceda la plaza al profesor de su hijo. Hay todavía una última instancia el 11 de diciembre de Pedro García, académico en el ramo de arquitectura en la Real Academia de San Fernando que se ha sujetado, como él mismo dice, por espacio de tres años al estudio de las matemáticas bajo la dirección de Vicente Durán. No ha lugar. El 16 de ese mismo mes, Pedro López de Lerena comunica a Blas de Hinojosa, protector de la Real Fábrica de Cristales, la piadosa resolución de S. M., según la cual el curso debe empezar el primero de enero próximo, y para el que Francisco Verdejo ha sido nombrado en la cátedra de Matemáticas, lo que representa un buen respiro económico para él, porque los sustitutos de los Estudios solo reciben, cuando la reciben, una pequeña parte del salario del titular. Desde luego, si no fue por renuncia de Sarasa, la situación en las dependencias de San Isidro en el curso 1787-1788, uno sustituyendo a Rosell y el otro a Durán, con el asunto de la Fábrica de Cristales de por medio, debió ser cualquier cosa menos cómoda. El día 3 de enero se realiza la solemne inauguración en la Real Casa de Desamparados, celebrándose en su iglesia la santa misa, tedeum, letanía y salve. Previamente, el 22 de diciembre, Francisco Verdejo, en pleno uso de su recién estrenado cargo, había entregado a Juan Moreno Sánchez 384 reales de vellón, importe de 16 tomos primeros del *Curso de Mathematicas* escritos por Benito Bails. Bails es, como ya sabemos, director de matemáticas de la Academia de Nobles Artes de San Fernando, y sus textos se emplean prácticamente en la totalidad de los centros de enseñanza de un cierto nivel, a 24 reales de vellón el tomo. Pero, ¿quién es Juan Moreno Sánchez? Lo suyo era suponer que Juan Moreno Sánchez es un mercader de libros. Solo que entre los libreros que el autor tenía por esas fechas acreditados en la villa y corte, el único apellidado Moreno —con librería en la calle Relatores—, no respondía al nombre de Juan. Había que apuntar en otra dirección. Cuando en 1758, seis años después de su fundación, la Academia de Bellas Artes de San Fernando hace un primer inventario de los bienes y obras de arte que posee, lo firma, eso sí, bajo la supervisión del director, el conserje de la institución,[6] un conserje que se llama Juan Moreno Sánchez. Y considerando quién es el autor de los libros que compra Verdejo, y el empleo que tiene Moreno, el encaje es perfecto. Es posible además

---

6 FERNÁNDEZ GRUESO, Manuel: *Artistas de Montalbo. Joseph Murguía.*

que entre Verdejo y Moreno Sánchez existiese una relación mayor. Entre las cartas de Francisco Hervás y Panduro retornado a España (1798-1802) figura una fechada en Puebla de Almenara a 15 de diciembre de 1799 firmada por Juan Moreno Sánchez y en la que da a Hervás noticias de Cuenca.[7] Si es el mismo Juan Moreno Sánchez parece normal que después de al menos treinta años de profesión vuelva a su lugar de origen. Y aunque no hay constancia de que naciera en Puebla de Almenara, entre los vecinos del pueblo que contestan al interrogatorio del marqués de la Ensenada en 1752 hay uno llamado Francisco Moreno Sánchez, que probablemente es hermano de nuestro conserje. En resumen, Montalbo (Verdejo), Puebla de Almenara (Moreno Sánchez), y Horcajo de Santiago (Hervás y Panduro), son tres vértices de un triángulo inscrito en la provincia de Cuenca cuyos lados miden en kilómetros respectivamente 20, 21,5 y 38,2. En febrero, ya iniciadas las clases en la Fábrica de Cristales, Verdejo recibe del superintendente Aguirre el importe de utensilios comprados por él para el aula de matemáticas: cuatro tinteros de loza con sus salvadores correspondientes, yesos para demostrar, esponjas para borrar, una resma de papel de escribir y dos mazos de cañones de lo mismo.

Francisco acaricia con mimo todos y cada uno de los 16 tomos de Bails adquiridos para los alumnos de la Fábrica de Cristales. Es el mismo texto con que él cursó los dos años en San Isidro, y aún recuerda sus idas y venidas por los puestos en las gradas de San Felipe el Real buscando los dos tomos a un precio arreglado. Francisco, que ama los libros, va desde hace un tiempo con bastante frecuencia a la librería de Sancha en la Aduana vieja, en la plazuela de la Leña. El edificio,

---

[7] ASTORGANO ABAJO, Antonio: *Cronología general de la correspondencia esencial conocida de Lorenzo Hervás y Pandero.*

antigua sede de la Aduana madrileña, ahora trasladada a la calle de Alcalá, permite, dado su tamaño, que el mercader de libros pueda agrupar en él todas las dependencias, incluso su vivienda. Claro está que Francisco no acude a las tertulias en las que se reúne lo más ilustrado de la sociedad de entonces, pero hace ya más de un año que es profesor de los Reales Estudios y ya es maestro de matemáticas de la Real Fábrica de Cristales, de manera que empieza a ser conocido en los ambientes literarios.

Llega el final del curso 1787-88 en San Isidro, y con él las conclusiones públicas defendidas por los mejores. Por el cuaderno[8] con el programa del acto ha sido posible determinar el único alumno que interviene. Es Agustín de Silva y Palafox, conde duque de Aliaga, grande de España y, como decíamos antes, primogénito del duque de Híjar. Nace el 14 de abril de 1773 en la parroquia de San Martín, sita en la plazuela del mismo nombre, próxima a las Descalzas y entre las calles del Arenal y de los Preciados. No es evidentemente Agustín un alumno típico de los Reales Estudios, más parecería un alumno del Seminario de Nobles. Pero su padre, quizás influenciado por el enorme prestigio de la institución, se decidió por San Isidro. «El talento que manifestó desde las primeras luces de su niñez, determinaron a su padre, cuyo gusto en toda especie de letras es notorio, a darle una educación literaria, no común a los jóvenes de su esfera. Para este efecto prefirió, siguiendo a Quintiliano, los estudios públicos a los domésticos, y le envió, ya suficientemente imbuido de la Latinidad a los Reales de San Isidro de esta Corte».[9] De hecho, ya en el año 1787 Agustín de Silva realiza un ejercicio público de

---
8   Instituto Valencia de Don Juan, 18-3-6. 1.
9   ÁLVAREZ DE BAENA, J. A.: *Hijos de Madrid*.

lógica, ontología, psicología y teología[10] en la capilla de los Reales Estudios un día sin determinar del mes de julio, en doble sesión de mañana y tarde, y asistido por el catedrático don Manuel Trabeso y Castro. Este hecho pone de manifiesto que es normal no abordar los estudios de matemáticas en los primeros años de asistencia a San Isidro, y sí cuando se alcanza un cierto grado de madurez. El ejercicio de matemáticas lo realiza como decíamos un año después, el día 2 de julio, a las cuatro y media de la tarde, y dado el estatus del conclusionante, que por cierto tiene 15 años, cabe pensar que asistiría lo más granado de la sociedad madrileña.

Apuntábamos en el capítulo anterior una breve descripción de lo que eran las conclusiones, y considerando lo que en su momento representaron, creo que es de justicia dedicarles unas líneas. Si tenemos en cuenta que la actividad científica que tiene lugar en la España del siglo XVIII está lejos de lo que hubiera sido deseable, hay que valorar en su justa medida el esfuerzo por realzar el estudio de la matemática, por sacarlo a la calle al hacerlo un acto público y en consecuencia contribuir a su popularización; que por unas causas o por otras solo se consiguiera en una pequeña medida, no resta méritos a las personas que desde una u otra posición hicieron posible con su esfuerzo su realización; desde los alumnos que las defendieron, los maestros que las asistieron, los directores de las instituciones que las presidieron, las personas que con su asistencia, activa o pasiva, dieron realce al acto, hasta los impresores que publicaron sus programas. Conclusiones que también pudieron conocerse con el nombre de certamen, acto, ejercicio e incluso examen, muy diferentes nombres para un mismo acontecimiento literario solo con pequeñas

---

10 Biblioteca del Palacio Real de Madrid. XIX/6079.

diferencias, bien motivadas por el paso del tiempo, bien por distintos criterios a aplicar dentro de las distintas instituciones en donde se realizan. Como apunta nuestro protagonista en el ejercicio de su alumno Agustín de Silva, «nos consideramos por una parte deudores al público de nuestro aprovechamiento, y por otra echamos de ver que lo que más influye en la aplicación de los Jóvenes la mira de los ejercicios públicos». Es decir, al mismo tiempo que el profesor demuestra de cara a la sociedad su rendimiento, se persigue la motivación del alumno. ¿Y cómo demuestran los alumnos seleccionados sus conocimientos?

El catedrático o maestro encargado de la enseñanza, de acuerdo con el temario desarrollado a lo largo del curso, elabora una lista de cuestiones sobre las que el alumno podrá ser interpelado por cualquiera de los presentes en el acto. En otros casos, la mecánica del acto varía y las cuestiones que debe defender el alumno se sortean. El acto es, ya lo hemos mencionado, público; ejercicio público, certamen público, examen público; de acceso libre para cualquier persona, quizás con la excepción de algunas instituciones de carácter más elitista, como el Colegio Imperial en el XVII y después los Seminarios de Nobles, en donde pudiera ser que en determinadas ocasiones, en especial al ubicado en Madrid, asistieran los reyes y que fuera necesaria invitación. Por ejemplo, las realizadas en el Seminario en 1751[11] cuentan con la asistencia de Fernando VI. Dada la presencia de Sus Majestades es claro que no podía interpelar a los seminaristas cualquier persona, así que se suplicó al rey que designase a las que tendrían el honor de poder preguntar a los alumnos en su real presencia. Para las matemáticas se designaron

---

11 RAH, 9/3610 (7).

al excelentísimo señor marqués de Casasola, conde de Puñoenrostro, gentilhombre de Cámara de S. M., antiguo alumno del Seminario. No es, como sabemos, el primer Puñoenrostro ligado a las matemáticas. Un antepasado suyo fue alumno de la Academia de Matemáticas de Felipe II.

La otra persona seleccionada por el rey para interpelar al seminarista Juan de Pesenti, marqués de Montecorto, es el científico Jorge Juan y Santacilia, de quien se dice textualmente que es «Cavallero del Hábito de San Juan, Capitán de Navío de Altobordo, Comandante del Cuerpo de Guardias Marinas, sugeto muy conocido por su obra de Observaciones Astronomicas y Phisicas». Los reyes llegaron al Seminario sobre las cuatro de la tarde, acompañados de su corte y de los primeros ministros de su Despacho Universal, y antes de iniciarse el acto se interesaron por ver algunos experimentos físicos con los pocos instrumentos y máquinas que se habían podido adquirir, dada la nada boyante situación económica de la real institución. Acto seguido, Sus Majestades pasaron al teatro, en donde por espacio de dos horas tuvo lugar la función literaria, en la que no solamente se defendieron conclusiones matemáticas. Después se representó el drama titulado *La ciencia Triumphante,* que había compuesto para la ocasión el maestro de poesía y retórica del Seminario, para terminar con el mandato del rey de que se presentasen los seminaristas admitidos a besar sus reales manos. La real visita tendría para el Seminario provechosas consecuencias. Esa misma noche, el rey, enterado de la situación económica de la institución, de lo que queda por hacer en cuanto a las instalaciones, de los pocos ejemplares de que se dispone en su biblioteca, de la falta de un picadero para el ejercicio de la equitación y de la escasez de instrumentos matemáticos, le concede una considerable subvención. No se hizo esperar la buena noticia.

Al día siguiente por la mañana el padre rector del Seminario recibía aviso de ella por vía del marqués de la Ensenada, secretario que era del Despacho Universal de Indias, Marina y Hacienda. En la impresión de las Constituciones realizadas en el año 1755, y que vienen a sustituir a las fundacionales de 1730, aparece previamente a la redacción de las mismas, y bajo el título *MEMORIA HISTORICA de la fundación del Real Seminario de Madrid*, una descripción de los hechos más importantes acaecidos desde su fundación.[12]

Tratando de establecer dónde se produce el origen de la realización de tales actos literarios,[13] no hay constancia que en la Academia de Matemáticas de Madrid fundada por Felipe II a instancias de su arquitecto mayor, Juan de Herrera, se produjeran actividades de este tipo. Probablemente empiezan a realizarse en los colegios de la Compañía de Jesús, en los que después de unos diferentes planes iniciales de estudio, en el año 1599 se promulga uno general para todos los colegios de la Compañía. Veamos lo que dice José Simón Díaz al referirse al plan: «Entre los métodos pedagógicos más originales y efectivos, pese a su apariencia de meros esparcimientos, han de contarse los actos públicos destinados a mostrar a los familiares y al público en general los progresos de los jóvenes

---

12 Incluye las razones que llevan a Felipe V a fundar la Real Institución, su establecimiento inicial, dada la premura real, en unas casas alquiladas frente al Colegio Imperial, las posteriores gestiones con el duque de Monteleón primero, y después con la duquesa de Alba para la compra de una casa y jardín en un «lugar apartado del comercio de Madrid —y muy sano—, cercano a la ribera del río, libre de los vapores de las calles de Madrid». Asimismo, el traslado en 1730 a su ubicación definitiva en la puerta de San Bernardino y las visitas reales de Felipe V, año 1736, y las de Fernando VI, año 1747 y la ya citada de 1751. Puede verse en la Biblioteca Municipal de Toledo, 1-4230.
13 Han sido estudiados por Horacio Capel en *La Geografía en los Exámenes Públicos y el proceso de diferenciación entre Geografía y Matemáticas en la enseñanza durante el siglo XVIII*.

cuya educación y enseñanza se les había encomendado».[14] A renglón seguido pasa a describir las conclusiones que tuvo el alumno de 11 años de edad Íñigo de Aguirre y Santa Cruz celebradas en el año 1612 en unión de otros dos compañeros, Rodrigo Lope y Martín de Arce. Después de una obertura musical, Íñigo Aguirre intervino recitando una oración latina. Parece que esta práctica se generaliza cuando las enseñanzas de la Academia de Matemáticas pasan a desarrollarse, tras un paréntesis en el tiempo y unidas a la enseñanza de otras disciplinas, en los Estudios Reales establecidos en el Colegio Imperial de los Jesuitas. La más antigua de la que yo tengo referencia son unas conclusiones matemáticas de arquitectura militar y cosmografía, defendidas en 1704 y en este Colegio Imperial por Nicolás de Benavente y Laredo y presididas por el jesuita padre José Cassani.[15]

Esta demostración pública puede tener carácter competitivo, lo que suele ser más normal en instituciones de carácter militar, incluso, con el establecimiento de premios acorde a una clasificación. En la ordenanza e instrucción para la enseñanza de las matemáticas en la Real y Militar Academia que se ha establecido en Barcelona, dada en San Ildefonso con fecha del 22 de julio de 1739, y en su artículo xx, se describen con todo detalle las tres monedas de oro por un valor de 10 doblones cada una que van a otorgarse, en este caso a los tres conclusionantes, y de acuerdo a los méritos contraídos en la defensa de dichas conclusiones. Las tres medallas presentan por un lado el retrato de Felipe V, pero

---

14 SIMÓN DÍAZ, José: Opus cit.
15 Aparece en Patrimonio Bibliográfico Español, buscador de la página web del Ministerio de Cultura como pertenecientes a una biblioteca privada y sin permiso de difusión. También la cita Aurora Rabanal Yus en *El concepto de ciudad en los tratados de arquitectura militar y fortificación del siglo XVIII en España*.

aparte de las diferentes inscripciones por la otra cara, la del primer premio está colgada de una doble cadena de oro de un valor de cuatro ducados, mientras que la del segundo premio pende de una cadena sencilla del valor de dos doblones y la del tercer y último premio pende de una cinta de color de fuego. Y define, con toda precisión, las personas que van a determinar los méritos de los actuantes. Doce años más tarde, concretamente el 29 de diciembre de 1751, en el Buen Retiro de Madrid, Fernando VI establece una nueva Real Orden para la subsistencia, régimen y enseñanza de la Real Academia Militar de Matemáticas establecida en Barcelona y las particulares de Ceuta y Orán. En los artículos 83 y siguientes de la misma trata el tema de las conclusiones. Con pocas variaciones a lo ya establecido, hay ahora una única medalla para el primer premio, pero en caso de haber vacantes, los tres actuantes —el número no varía con respecto a la antigua ordenanza— tienen prioridad para el tema de los ascensos. También en otras instituciones se produce la entrega de premios. Como se adelantaba en el capítulo 2, hay un escrito de Pedro Escolano de Arrieta, fiscal del Consejo, quien en el mes de junio de 1783 le hace saber a Manuel de Villafañe, director de los Estudios, que ha llegado al Consejo un comunicado del señor conde de Floridablanca con una Real Orden en la que se establece un premio de 300 ducados para el alumno que, con igual examen público, acreditase ser el más aprovechado en las matemáticas.

Las conclusiones no siempre tienen carácter competitivo, entre otras razones porque al lado de ocasiones en donde el número de conclusionantes es muy alto, hay otras en las que el conclusionante que las defiende es un único alumno. El hecho de que en un determinado programa figure un único actuante no garantiza la individualidad en el acto, porque se han detectado programas impresos en cuadernos diferentes para un mismo acto. Por alguna razón los alumnos no aceptaron la reducción de costes que les hubiera supuesto una única y conjunta impresión. Ahora bien, en las ocasiones en donde realmente el alumno las defiende en solitario, ¿por qué técnicamente hay solo uno en condiciones de hacerlo?, o bien, ¿por qué la categoría social del alumno conduce a esa individualidad? Más adelante tendremos ocasión de comprobar cómo el hecho de que el alumno defienda las conclusiones en solitario o en compañía de condiscípulos, provocará duras y largas polémicas que envolverán a alumnos, ayos, catedráticos, al director de la institución y hasta a personas de ciencia ajenas a la misma, con resultados tan negativos como la supresión durante ese año, y posiblemente años posteriores, de la realización de los ejercicios.

¿Cuándo se realizan las conclusiones? Los cuadernos en donde se imprimen los programas han dejado en su portada constancia de la fecha de celebración. En los que se conservan impresos aparece un espacio en blanco para el mes en que tendrán lugar, así como para el día y la hora. Dichos espacios en blanco muestran la información cumplimentada a mano en la mayor parte de los casos, y en muchos de los centros se dan al finalizar el curso académico. Pero para ello habría que suponer que el curso académico tiene un final. Centrándonos en los Reales Estudios de San Isidro, reestablecidos en el antiguo Colegio Imperial una vez expulsados los jesuitas —es decir, en 1772—, los catedráticos de matemáticas Joachin de León y Antonio Rosell —recién ganada su oposición—, dirigen en unión de otros catedráticos de la institución un memorial al rey pidiendo que se interrumpa el curso durante el mes de agosto, cosa que ya se hace regularmente en otros estudios y en las universidades del reino. Y argumentan el descenso en la asistencia del número de alumnos, concretamente después de la realización de los ejercicios públicos. Es decir, que se realizaban en lo que sin haber sido oficialmente designado, se consideraba fin de curso. Y es a partir de esa fecha cuando se estructura en los Estudios de San Isidro, como hemos tenido ocasión de comprobar, el estudio de la matemática en dos cursos académicos con su principio, su final y sus reglas para asistir a uno y a otro. En las cátedras de Matemáticas sostenidas por las sociedades patrióticas las fechas de realización coincidían generalmente con la celebración de las juntas generales.

Antes del año citado, las conclusiones podían realizarse en cualquier fecha. También dependía de la institución de que se tratase. Por ejemplo, en el Real Seminario de Nobles de la corte era frecuente que se celebrasen también en las fiestas navideñas. Como veíamos en el capítulo anterior, cuando Francisco Subirás, maestro de matemáticas del Seminario, es nombrado censor para la oposición que ha de cubrir en los Estudios de San Isidro la vacante por fallecimiento del recientemente citado Joachin de León, pide al Consejo con un escrito fechado el 6 de octubre de 1778 ser exonerado. ¿Motivos? Recordémoslos siguiendo sus propias palabras. «Como me hallo mucho tiempo ha, molestado de fuertes dolores de estomago que me impiden atender algunas veces asuntos de importancia; de manera que me tienen aun imposibilitado de poder dar cumplimiento a dos ordenes anteriores del Consejo; y a mas la proximidad de los Certamenes que deben tener por Navidades los Caballeros Seminaristas, mis discípulos». No ha lugar dudar aquí de la veracidad del mal de Subirás, pero el hecho de aducir problemas de salud para intentar evitar formar parte de un tribunal examinador se producía con bastante frecuencia. Sí que debieron ser fuertes los dolores de estómago que le hacían tener incumplidas dos ordenes del Consejo. Pero a nosotros el que nos interesa en este momento es su segundo argumento, es decir la preparación de los certámenes que van a tener lugar en navidades. En la mayoría de las instituciones se celebraban todos los años, pero por ejemplo en el Seminario de Nobles, de acuerdo con sus constituciones, debían de celebrarse cada dos. Aunque esto no deja de ser teoría, porque en ocasiones se celebraron en años seguidos o dejaron de celebrarse aunque tocase, si especiales circunstancias así lo aconsejaban.

La obligatoriedad de realizar conclusiones es clara en algunas instituciones. Ya hemos visto cómo aparecía en las ordenanzas relativas a la creación y funcionamiento de la Real Academia de Matemáticas de Barcelona, al tratar los premios establecidos para la competencia que se crea. «Concluida la quarta clase, se les señalará a los Académicos que acabaron el Curso, dos meses de tiempo, para que renovando en ellos las especies de sus estudios, tengan disputas sobre todo lo aprendido entre sí, en presencia del Inspector y Director General, en una pieza separada de la Academia, a fin de que conociendo los talentos de cada uno elijan tres de los mejores, para que en público mantengan conclusiones». Incluso, se mencionaba con gran detalle cómo deberían realizarse. En otras instituciones no parece estar tan clara su obligatoriedad, o al menos su ejecución produjo enfrentamientos. En los Estudios de San Isidro, en una polémica mantenida por el entonces director del centro, Villafañe, y el catedrático no de matemáticas, José Ferrer y Bardaxi, este segundo es acusado por el primero entre otras cosas de no presentar conclusiones. Aquel se defiende aduciendo que hay catedráticos que las consideran poco útiles y que todos piensan, incluido el director, que son voluntarias. Villafañe le responde que desde que se reabrieron los Reales Estudios ha sido uno de los principales cuidados que las haya, y que todos los años las hubo de matemáticas. Otra cosa es que de todas ellas se haya podido encontrar documentación para demostrar de manera fehaciente la afirmación del director. Sea como fuere, el incidente le costó al catedrático Ferrer una multa, medida, como ya sabemos, que Villafañe no tenía el menor inconveniente en aplicar.

La documentación generada directamente por el acto y previo a su acontecimiento —la que pudiéramos nombrar como el programa—, presenta una estructura bastante generalizada. En la portada, después de especificar el nombre de la institución en donde va a tener lugar, aparece el nombre del alumno o alumnos que van a intervenir, seguido de su título nobiliario o graduación militar si es que lo tienen, lo que es muy frecuente si la institución es el Seminario de Nobles. A continuación aparece el nombre del catedrático, maestro o profesor que los dirige, seguido en ocasiones de una relación de sus cargos más importantes. Para terminar, a pie de página se menciona la fecha en que va a tener lugar el acto y el nombre del impresor. En ocasiones aparece la marca del mismo, como es el caso de la que se reproduce en la figura 7, en donde puede verse con claridad, coronadas y entrelazadas, las letras necesarias para formar el apellido Ibarra, marca que con más frecuencia utilizó esta casa. Si el impresor lo fuera de Cámara de S. M. o de alguna otra relevante institución, como el Supremo Consejo de la Inquisición o el Real convento de la Encarnación, lo haría figurar. No podemos decir que siempre hubiera sido así, pero a partir de la expulsión de los jesuitas, y reestablecidos los Reales Estudios de San Isidro en lo que fue Colegio Imperial, para poder imprimir los cuadernos de los ejercicios o exámenes públicos que se realizaban en el centro era preciso solicitar el permiso para hacerlo, avalado por un informe del director de los Estudios. Así lo hacía Manuel de Villafañe con fecha del 21 de junio de 1779 escribiendo «soy de sentir que estas proposiciones de Matemáticas q.^{e} se han de defender en estos R.^{es} Estud.^{os} de mi cargo no contienen cosa alguna opuesta a Ntrâ Stâ Fe e buenas costumbres, ni regalías de S.M.». Unos días después de solicitado el permiso, se recibía un escrito autorizando la impresión. Un ejemplo lo tenemos en un escrito del conde de Floridablanca con fecha del 9 de junio de 1785 al director de San Isidro, en donde le hace saber que tiene real permiso para imprimir los cuadernos de conclusiones que le había enviado y habían preparado los catedráticos de matemáticas.

No es lo normal, pero en ocasiones las conclusiones se dedican a personas de elevado rango que de alguna manera favorecen con su protección o mecenazgo los progresos de las ciencias, y si el alumno tiene la suficiente posición social, la dedicatoria puede incluso ser al propio rey, a la reina o al príncipe. En el caso particular del Seminario de Nobles, la dedicatoria es siempre al rey, pero no a título personal de los caballeros seminaristas que intervienen en el acto, sino por la propia institución. Cuando estas dedicatorias se producen, se hace así constar en la página que sigue a la portada, y en la que en unas breves líneas se hace un florido elogio del personaje. Lo que sí es más frecuente son unas páginas en las que el maestro que preside o asiste los ejercicios hace una breve explicación acerca de las partes que van a ser objeto del ejercicio, lo que ha permitido, fijada una institución, establecer los programas de cada uno de los cursos que componían el estudio en ella de la matemática. También pueden aparecer explicaciones acerca del desarrollo del acto; una idea general de lo que será la función se define en el cuaderno de las conclusiones matemáticas celebradas en el Seminario de Nobles de esta corte el 7 de marzo de 1748, y en el que inicialmente anuncia que previa a la disputa de los tres caballeros conclusionantes habrá un concierto de música. Y hace saber de la existencia de descansos. «Para evitar el tedio de la disputa continuada, se harán a tiempo algunos intermedios, en que procurarán los Cavalleros Seminaristas divertir a los presentes con algunas habilidades de danza Francesa y Española, seria y jocosa». Era una forma, qué duda cabe, de hacer más atractivo el acontecimiento.

Una vez concluida una descripción más completa de lo que son las conclusiones volvamos al programa del ejercicio que realiza el conde duque de Aliaga en julio de 1787. En él aparece la dedicatoria en la que Agustín ofrece al príncipe el fruto de su trabajo. Carlos III muere ese año pero en diciembre, así que el príncipe es el futuro, eso sí, un futuro muy inmediato, Carlos IV. Precisamente de su exaltación al trono y jura del nuevo príncipe de Asturias se conserva un documento[16] en el que se describe el arco del triunfo colocado en la carrera de San Jerónimo delante de la casa del duque de Híjar, padre de Agustín, y a sus expensas con motivo de la exaltación y jura citadas. Se describen las fachadas, tanto la orientada a la carrera de San Jerónimo como la orientada al Prado. Por ello, parece que el duque debió cambiar de casa porque esa ubicación de su palacio no depende de la parroquia de San Martín, cosa que si sucedía cuando nació Agustín. Sigue una página en el cuaderno que se supone redactada por Francisco Verdejo —como sabemos, el maestro que asiste a Agustín en el ejercicio—, y en la que se justifica el método seguido. Método, dice, que ha merecido los elogios de los matemáticos más

---

16 *Arco de Triunfo colocado en la Carrera de San Jerónimo...* Instituto Valencia de Don Juan, 18-3-58.

ilustres y que permite en un periodo de nueve meses imponer a los jóvenes en aritmética, álgebra, geometría, trigonometría rectilínea y la aplicación de éstas a la práctica. Y continúa, como apuntaba hace unas líneas, con una doble justificación para la celebración de las conclusiones. Por un lado, como deudor del público que se considera, una justificación del aprovechamiento de su trabajo. Por otro, la influencia positiva en la aplicación de los jóvenes que produce la posibilidad de realizar ejercicios públicos. Termina enunciando que ha seleccionado un conjunto de proposiciones (véase la figura 8) relativas a los tratados citados. Es decir, el temario clásico de las matemáticas de primer año.

En la portada del cuaderno puede verse en la ya citada figura 7 que aparece la confirmación de lo que ya conocemos. Francisco Verdejo es catedrático de Matemáticas de la Real Casa de Desamparados y sustituto de la misma facultad en los Reales Estudios. Para ese mismo año, 1788, se ha localizado un segundo cuaderno[17] de ejercicios públicos realizado por el alumno Ramón Escolá, estando ambos cuadernos impresos por la Viuda de Ibarra, Hijos y Compañía. También es asistido por Francisco Verdejo, y aunque no aparece dedicatoria alguna, no puede dedicar cualquiera y menos al príncipe. Sí aparece la página redactada por el maestro en la que se justifica el método de enseñanza y la celebración de conclusiones, que es exactamente la misma que incluía en el cuaderno del conde duque de Aliaga, como son exactamente las mismas 111 conclusiones que ha seleccionado Verdejo sobre los tratados de aritmética, álgebra, geometría y trigonometría rectilínea. Pero Ramón Escolá no defiende las conclusiones en solitario. Por información aparecida en el *Diario de Madrid*

---

17 Biblioteca Histórica Marqués de Valdecilla. UCM, MED. Fol. 861(2).

de fecha 5 de julio conocemos que a las nueve de la mañana intervienen los alumnos padre Fr. Pedro Pérez del Carmen de la Orden de San Juan de Dios, Antonio Sangenís, Juan Mezquía, Diego Lacaba y Domingo Álvarez. Y a las cinco de la tarde y junto a Ramón Escolá lo hacen Modesto Gutiérrez, Félix Zurbano y Quiñones (subteniente de Milicias de Toledo), Sebastián Aso y Travieso y Joseph Abades. Es decir, tanto los alumnos que ejercitan el día 5 como Agustín de Silva son alumnos de primer curso, pero éste último desarrolla el ejercicio el día 2 de julio a las cuatro de la tarde, tres días antes que sus compañeros. Resumiendo, siendo alumnos de la misma clase uno de ellos defiende conclusiones a nivel individual. No es la primera vez que ocurre ni será la última, y en su momento estas situaciones serán citadas como un precedente para apoyar una de las posiciones defendidas en una larga polémica que enfrentará al director de la institución con el ayo de uno de sus alumnos.

En octubre empieza el nuevo curso 1788-89 y Francisco Verdejo sigue enseñando en las dos instituciones. Respecto a su situación militar debía contar con una licencia temporal que le permitiera el desempeño de sus tareas docentes pero nuevamente vuelve a intentar la concesión de la definitiva. El día 4 de noviembre presenta un escrito a Pedro López de Lerena, su valedor en la concesión de la cátedra de la Real Fábrica de Cristales, en el que suplica a S. M. que le sea concedida la licencia absoluta, la que no pudo verificar por ser sumamente dificultoso el requerimiento de poner a alguien en su lugar. Y por supuesto que se «le satisfagan sus pagas devengadas y demás haveres que le corresponden hasta el día que el Comisario de Guerra se lo abone». Esta vez debió tener éxito, porque en la documentación aparece un papel suelto sin fecha ni firma en el que viene a decirse que con menor motivo se han concedido licencias absolutas y que soldados podrán encontrarse, pero buenos maestros ya es más difícil. Anónimas sí, pero palabras escritas con mucho criterio. Y no volverá a aparecer ninguna relación de Francisco con el Ejército; si cobró sus haberes eso ya es otra cuestión.

Llegan las navidades de 1788 y va a cumplirse un año desde que los 16 alumnos de la Casa de Desamparados iniciaron sus estudios. Es el momento de efectuar conclusiones públicas como cualquier otro centro de enseñanza que se precie. Hay un escrito del 13 de diciembre del superintendente de la Fábrica de Cristales, Juan de Aguirre, dirigido a Pedro López de Lerena, en el que, como es perceptible, se pide permiso para la realización del ejercicio, y para la impresión de la documentación correspondiente. Se adjunta un papel dispuesto por Francisco Verdejo relativo a las conclusiones matemáticas que van a llevarse a cabo entre cuatro o cinco alumnos seleccionados, y otros papeles con los discursos a pronunciar, pidiéndole que se los devuelva para poderlos imprimir al tiempo que le avise el día que se destina para dicho acto. El superintendente recibe cumplida respuesta en la que se le comunica que imprima exclusivamente las conclusiones, y que ya se le avisará del día que se fije. A pesar de que debió imprimirse, no ha sido posible localizar el cuaderno con el programa.

Seis meses más tarde llega el final del curso 1788-89 en San Isidro. De acuerdo con la rotación de las cátedras, a Verdejo le han correspondido las matemáticas de segundo año. Y así es en efecto porque se han encontrado los cuadernos con los programas de dos ejercicios asistidos por él, y las proposiciones lo son de los tratados de cálculo infinitesimal, dinámica, estática, óptica, astronomía y fortificación (véase la figura 9), tratados que corresponden a las matemáticas de segundo. El primer ejercicio[18] lo tiene Antonio Sangenís quien es, según consta en el programa impreso del acto, teniente de Infantería del Príncipe. Este regimiento es uno de los varios que componen la infantería española, con su característico uniforme blanco y con vueltas, collarín y solapas de diferente color, según la divisa del regimiento, morado en este caso —pues se trata del Regimiento del Príncipe— y con el nombre del regimiento en la botonadura. El ejercicio tiene lugar en el mes de julio y el día aparece en blanco. Normalmente se envía así a la imprenta y después aparece el día manuscrito. Cabe suponer que tuviera lugar el día 8 porque aparece este dígito, eso sí, desplazado de su posición lógica. Lo que sí que parece es que no debió defenderlas al tiempo que lo hacía Agustín de Silva, que como veremos enseguida lo había hecho el día 2 de ese mismo mes. El cuaderno está impreso en exclusiva por la Viuda de Ibarra, desecha ya la sociedad con sus dos hijos mayores.

Antonio Sangenís nace en Albelda, pueblo de la provincia de Huesca, el 12 de julio de 1767. De familia noble, sigue la carrera de las armas. Según J. P. Goñi,[19] Sangenís es teniente de Infantería y termina en julio de 1789 sus estudios en la Real Academia Militar de Matemáticas de Barcelona, siendo nombrado en 1790 ayudante de ingeniero. Teniente de Infantería ya hemos visto que sí, pero no parece probable que en julio de 1789 terminara sus estudios en Barcelona, porque ese mismo mes de ese mismo año defiende conclusiones en los Reales Estudios. Y sería extremadamente raro que lo hiciera sin ser alumno de la institución durante el curso. Por el

---

18 Biblioteca Central Militar, SM-1789-6.
19 htpp://www.usuarios.lycos.es/asociacionlossitios/sangenis.htm

contrario, Horacio Capel y otros[20] dan como año de finalización de los estudios de Sangenís en Barcelona 1783. Aquí no se produce solapamiento de fechas, pero hay dos puntos difíciles de encajar. Si termina los estudios en la Academia Militar de Matemáticas de Barcelona en 1783 pasa demasiado tiempo hasta que se le nombra ayudante de ingeniero. El otro punto es que parece más lógico el orden de Reales Estudios seguido de Academia de Matemáticas, que Academia de Matemáticas seguido de Reales Estudios. Lo que sí puede ser es que terminado el segundo curso de Matemáticas con Verdejo en San Isidro, fuese a la Academia de Matemáticas de Barcelona durante el curso 1789-90 y nombrado al finalizar ayudante de ingeniero. De hecho, Verdejo, cuando tiene que hacer constar sus méritos como profesor, menciona que tiene una multitud de alumnos colocados en los cuerpos de Ingenieros, Marinos, Artilleros, Arquitectos y Maestros. Antonio Sangenís forma parte evidentemente de esa multitud.

En un retrato que se conserva en la Sala de Banderas de la Academia de Ingenieros, Sangenís aparece con el uniforme del Cuerpo facultativo de Ingenieros, cuerpo creado en el año 1711. Sujeto evidentemente a la evolución de las modas, el uniforme se mantendrá hasta la llegada del caqui en tiempos de Alfonso XIII. Casaca y pantalón azul, con forro, chupa, collarín y vueltas grana, similar al de Artillería, pero con galones y botones de plata. Sobre la mesa, se incorporan al retrato libros, probablemente la principal arma del ingeniero, y planos, a buen seguro de fortificaciones. Por lo que hace relación a las matemáticas, fue profesor de ellas en la Escuela Militar de Zamora en el año 1794 y en la Real Academia de Ingenieros en Alcalá de Henares en

---

20 CAPEL, Horacio Y OTROS: *Los Ingenieros Militares en España. Siglo XVIII. Repertorio biográfico e inventario de su labor científico y espacial.*

1804. Escribe *Tratado analítico de las secciones cónicas* y *Cantidades radicales y otras teorías del Álgebra,* dentro del plan de elaboración conjunta con otros profesores de textos para los alumnos de la Academia. En mayo de 1808, y a la vista de los acontecimientos en Madrid, junto con otros profesores de la Academia va a Zaragoza donde a las órdenes del general Palafox será pieza clave en la fortificación de la ciudad primero, y en la posterior defensa de la misma en los dos sitios que sufrirá la plaza, después. Un trágico día tal como el 12 de enero de 1809, una bala de cañón se lleva por delante a este ilustre militar y no menos brillante alumno de matemáticas de los Estudios Reales de San Isidro.

El otro ejercicio[21] lo realiza Agustín de Silva, que había defendido conclusiones el curso anterior como alumno de las matemáticas de primer curso. Asistido igualmente por Francisco Verdejo, vuelve a defenderlas en solitario, concretamente, el día 2 de julio a las cuatro y media de la tarde. Su elevado estatus social le permite dedicar el ejercicio a Carlos IV, ya lo había hecho el curso anterior al que entonces era solo príncipe de Asturias, al empezar, como el mismo Agustín de Silva menciona en su dedicatoria, su glorioso reinado. En efecto, Carlos IV había accedido al trono a finales del año anterior. El programa que figura en el cuaderno es prácticamente el mismo que el de Sangenís, Algo lógico en cuanto que los dos son alumnos del mismo curso de segundo de matemáticas. Y también lo imprime la Viuda de Ibarra desde la calle de la Gorguera. Pero la información relativa a las conclusiones de ese curso puede ser completada por la que suministra la *Gaceta de Madrid*, que en su número del viernes 14 de agosto de 1789 dedica prácticamente una

---

21   Biblioteca Pública del Estado. Toledo. Caj. Fol. 4-22909.

página a los actos celebrados durante el mes de julio en los Estudios Reales. No especifica los nombres de los catedráticos que presiden, asistidos de sus respectivos maestros se limita a decir, pero por lo que respecta a las matemáticas y al referirse a las de segundo año, menciona que ejercitó solo el Excmo. Sr. conde duque de Aliaga, lo que no es ninguna novedad. Sí lo es en cambio que en contra de lo que parece a la vista del cuaderno antes citado, Antonio Sangenís no ejercitó solo. Era de esperar habida cuenta del numeroso grupo que había defendido conclusiones de primero el curso pasado. Lo hicieron también los ya experimentados padre Fr. Pedro Pérez del Carmen, Modesto Gutiérrez, Sebastián Aso y Travieso, y los nuevos Luis Bertrán, capitán de Infantería de Lisboa, Joseph Ybarra, primer cabo del Real Cuerpo de Artillería de la Armada, y Francisco Poza y Muñoz. Estos no pudieron o no quisieron, quizás por razones de índole económica, que sus nombres aparecieran en el programa impreso del acto.

Aparte de Antonio Sangenís, en la lista hay dos nombres más a tener en consideración. Son el artillero de Marina Joseph Ybarra, del que trataremos con detalle más adelante debido a su futura vinculación con los Estudios, y Sebastián Aso y Travieso. Sebastián Aso será años más tarde catedrático del Real Colegio de San Carlos de Madrid, y volveremos a encontrar su nombre en la *Gaceta*. En el ejercicio de su profesión, médico, y en el número extraordinario del 29 de septiembre de 1833, aparece como uno de los firmantes del oficio dirigido al Excmo. Sr. sumiller de Corps en el que se le comunica que el rey, Fernando VII, sufrió un ataque de apoplejía tan violento y fulminante que en cinco minutos terminó su preciosa existencia. En lo que hace relación a las matemáticas de primero, la *Gaceta* enumera la siguiente lista de conclusionantes: Manuel de Zamora Díez, Vicente Fita,

Pedro Bergaz Delgado, Rafael Garrido Rodríguez, Joseph Pizarro, Agustín Dessi, Bernardo Francés Caballero, Francisco de la Quintana y Joseph Rico, cadete del Regimiento Provincial de Écija. Ya hemos mencionado que el periódico no especifica los nombres de los maestros, y como de momento no se ha encontrado el cuaderno del programa, es imposible determinar con exactitud quién se ocupó de ese curso. No parece probable que fuera su catedrático, Rosell, que a esas fechas debía seguir enfermo. De ser así, bien Sarasa, bien Verdejo dobló el curso sustituyendo ambas cátedras, bien otro sustituto del que no podemos precisar su identidad.

Sin embargo, empleando información de un periódico de la época, es posible dar mayor peso a una de las tres hipótesis anteriores. Una reseña bajo el epígrafe de «ACTOS LITERARIOS» del *Memorial Literario Instructivo y Curioso de la Corte de Madrid*,[22] en su tomo XVIII, impreso en la Imprenta Real en 1789, aporta un poco de luz. Hace mención de los ejercicios públicos que en diferentes disciplinas sostuvieron en el mes de julio los alumnos de los Estudios Reales, siendo la relación prácticamente la que conocemos de la *Gaceta* de Madrid repitiendo los nombres de todos y cada uno de los intervinientes en todas y cada una de las disciplinas. Hay sin embargo una diferencia en las notas de ambos periódicos de enorme interés, porque en la del *Memorial* sí se detallan los nombres de los maestros. Por lo que hace relación a las matemáticas, cierra la lista de los nombres de los alumnos tanto de segundo como de primer curso, citando que fueron «asistidos del Catedrático y Substituto de esta Ciencia D.

---

22 Fundado en 1784 por Joaquín Ezquerra, catedrático de Rudimentos, sintaxis y propiedad latina de los Reales Estudios. Contiene, entre otras cosas, noticias acerca de la actividad desarrollada en las instituciones culturales de Madrid.

Francisco Berdejo González». Con independencia del error en la inicial de su primer apellido, esta información viene a dar fuerza a uno de los supuestos establecidos hace unas líneas. En el curso 1788-89, y probablemente en algún otro, Verdejo dobló la enseñanza, siendo el único sustituto de los catedráticos Antonio Rosell y Vicente Durán.

Se cuentan sus alumnos de un curso a otro que Verdejo gusta de narrar invariablemente las dos mismas anécdotas. La primera de ellas hace referencia a un viaje del maestro a Cuenca, en el que, un poco por la inexperiencia del ordinario del lugar y un mucho por el mal tiempo que se desató, terminaron perdidos. En la oscuridad de la noche y aparecido un hombre, fue requerido ansiosamente por los viajeros para saber dónde estaban. Después de tomarse su tiempo para contestar, su respuesta fue que estaban en un coche, a lo que Verdejo le inquirió a su vez si era persona de gusto por las matemáticas, y ante la sorpresa del hombre de haberse visto descubierto en sus inclinaciones, Verdejo le explicó que lo había deducido del tiempo que se había tomado para responder y de que su contestación había resultado ser tan exacta como inútil. Las malas lenguas decían que la anécdota no era suya, que Verdejo se la había apropiado, eso sí, no se sabía de quién. Lo que sí parecía es que el conocimiento de las matemáticas no salía muy bien parado, por lo que el sustituto días más tarde explicaba la diferencia entre un químico y un matemático ante la necesidad de tener que calentar agua en un recipiente. Primero lo hacía el químico de manera que si el agua estaba ya en el recipiente lo colocaba en el quemador, prendía la mecha, esperaba unos minutos, retiraba el recipiente y apagaba la llama. Si el agua no estaba en el recipiente, echaba el agua en el recipiente, lo colocaba en el quemador, prendía la mecha, esperaba unos minutos, retiraba el recipiente y apagaba la llama. Después venía el matemático y su proceder era que si el agua estaba en el recipiente lo colocaba en el quemador, prendía la mecha, esperaba unos minutos, retiraba el recipiente y apagaba la llama. Si el agua no estaba en el recipiente, echaba el agua en el recipiente y ya estábamos en el caso anterior. El final de la anécdota era celebrada con grandes risas y los alumnos se sentían más reconfortados en el estudio de las matemáticas. O al menos eso es lo que creía don Francisco, lo que le compensaba de algún pequeño disgustillo que le había costado la comparación químico-matemática. A Joseph Garriga, bachiller en leyes por Alcalá, estudioso de la matemática y que había defendido conclusiones en la Nueva Escuela de Química en 1778, no le resultó en un principio tan divertida. Pero todo hay que decirlo, no pasó a mayores, las cosas se hablan. Años más tarde, cuando Joseph Garriga, como profesor de astronomía del Real Observatorio que es sea nombrado censor de la oposición a la cátedra de Matemáticas de los Reales Estudios, no tendrá el menor reparo en dar en su censura el primer lugar a Francisco Verdejo González.

Días antes de iniciarse el curso 1789-90, Antonio Rosell hace saber al director de los Reales Estudios que en el mes de octubre asistiría personalmente al aula, y los días en que no pudiera hacerlo, le supliría su discípulo Juan Gutiérrez de Santa Clara.[23] Viene esto a confirmar en alguna medida las ausencias por enfermedad de los cursos anteriores, en cuanto que da la sensación de que lo que va a producirse es una reincorporación. Rosell le pide asimismo que no ponga sujeto alguno a sustituirle, y como no debía tenerlas todas consigo, le pide que en caso de hacerlo, se lo comunique

---

23 AGUC. D-452.

por escrito. Y de hecho, así sucede. Con fecha primero de octubre de 1788, el director, Manuel de Villafañe, le envía una notificación en la que en consideración a la enfermedad que Rosell ha padecido, y al no hallarse todavía en estado de regentar la cátedra, ha encargado por ahora la sustitución de la misma a Antonio Varas y Portilla. Es decir, que el director debe conocer la situación real de Rosell, y al margen de sus buenas intenciones de volver a la enseñanza, no debe verlo factible. Queda pues claro que en ese curso, los maestros de matemáticas de los Reales Estudios de San Isidro son Francisco Verdejo como sustituto de Vicente Durán y el recién nombrado Antonio Varas como sustituto de Antonio Rosell.

Hay nueva rotación para la cátedra de Verdejo, al que le corresponden otra vez las matemáticas de primero. Corroborada por la localización del cuaderno[24] del ejercicio público que tiene Joseph de Silva y Palafox, segundogénito del duque de Híjar, por tanto hermano de Agustín, caballero del Hábito de Santiago y guardia de Corps de la Compañía española. Realiza el ejercicio en solitario, asistido de su maestro Francisco Verdejo, el día 31 de julio a las nueve de la mañana. Según consta en una de las páginas del cuaderno se lo dedica a la reina, María Luisa de Parma, y las conclusiones a defender lo son de aritmética, álgebra, geometría, trigonometría teórica y práctica y fortificación, tratado este último que no figura en los edictos como parte de las matemáticas de primero, pero que Verdejo, acorde con su pasado militar, suele incluir. El cuaderno con el programa del acto está impreso por la Viuda de Ibarra. No se han encontrado para ese curso más cuadernos de ejercicios asistidos por Verdejo, pero dado el alto nivel social de Joseph de Silva, entraba dentro de lo

---

24 Instituto Valencia de Don Juan, 18-3-61.

posible que un grupo de alumnos defendiera las conclusiones por separado. Una vez más la prensa escrita vino en ayuda de la investigación. El ejemplar del *Diario de Madrid* con fecha 6 de julio de 1790 publicaba la noticia de que al día siguiente tendrían ejercicio público de matemáticas en los Reales Estudios de San Isidro a las nueve de la mañana Juan Francisco de Mezquía y Garaycoeche, Joseph Ruiz de Aguirre, Juan Enrique de Ibarrola, Antonio Piernas, Luis Marco y Agustín María de Olavarrieta. Esa misma tarde lo harían Timoteo O'Scanlan y Lacy, Joseph Pita, Juan Gómez, Eusebio Bueno Martínez y Félix María Enciso. Y todos ellos lo harían asistidos por su maestro, el sustituto de esa misma facultad en los Estudios, Francisco Verdejo González.

Sí se han localizado en cambio para este mismo curso escolar dos cuadernos de ejercicios públicos de matemáticas y, en ambos, el maestro que los asiste es, como era de esperar, Antonio Varas y Portilla. Antonio Varas es un antiguo alumno de los Estudios. Así lo acredita el ejercicio público de física que realizó en 1785 asistido por Joaquín González de la Vega, según figura en el cuaderno[25] impreso en la Imprenta Real. Como una forma de poder cursar la física es, como se dijo previamente, haber ganado curso en las matemáticas de primero, es muy probable que éste sea el segundo año de Varas en los Estudios y que esté a su vez cursando las matemáticas de segundo. Y al igual que en física, sería un alumno destacado en matemáticas, por lo que es posible que existan cuadernos de ejercicios públicos de esta disciplina realizados por Varas como alumno en los años 1784 y 1785. Solo falta encontrarlos.

---

25 Biblioteca Pública del Estado, Toledo, 2777.

Volviendo a los cuadernos del año 1790 de los ejercicios que asiste Varas, digamos que las conclusiones a defender que deben aparecer en ellos deben ser de segundo curso, de acuerdo con lo que vimos para la otra cátedra ese mismo año, conclusiones de primer curso. En lo que respecta a la impresión, los dos cuadernos se separan un poco de lo normal en cuanto que escapan al control del apellido Ibarra, pues se imprimieron en la imprenta de Pantaleón Aznar. Pantaleón Aznar es un impresor del que se tienen referencias desde el año 1775 hasta el año 1795 cuya imprenta estaba en la carrera de San Jerónimo. Es muy posible que existiera algún tipo de relación entre el impresor y el profesor Varas que llevara al último a romper la relación impresión-cuaderno de ejercicio público de matemáticas con la familia Ibarra. Más adelante, la viuda de Aznar se hará cargo del negocio, se instalará con su hijo en la calle de las Huertas e imprimirá en 1817 una de las varias ediciones de *Tratado de Agrimensura* de Verdejo Páez, hijo de Verdejo González. En el primero de los cuadernos[26] localizados, el ejercicio público se realiza el día 8 de julio a las nueve de la mañana. El 8, el 9 y la mañana aparecen manuscritos en los huecos dejados a tal efecto al imprimir. A la vista de la portada hay un único conclusionante, Joseph Veguer y Martiller, pero como veremos más adelante, esto no es así. El conclusionante figura en el *Repertorio Biográfico de Ingenieros Militares* (1803-1823) como Joseph Veguer. Ingresó en el cuerpo como ayudante en 1792. Un año más tarde aparece junto a su hermano Manuel como profesores supernumerarios de matemáticas en el Real Seminario de Nobles,[27] complementando la función de los profesores titulares Igaregui, Martín Rosell y Tadeo Lope.

---

26 BN. VC-112-28.
27 *Kalendario manual y Guía de Forasteros para el año 1793.*

«Sargento mayor del primer batallón en 1808 dirigió a los zapadores cuando abandonaban su acuartelamiento en Alcalá de Henares para dirigirse a Valencia durante la Guerra de la Independencia».[28] El programa está dividido en matemáticas puras y matemáticas mixtas. En lo que respecta a las puras, hay una breve descripción de ocho líneas atribuible a Varas en la que da cuenta que ha examinado en este curso los tratados más sublimes de las matemáticas, eso confirma que ha dado las de segundo curso, y que ha seleccionado para la realización del ejercicio las proposiciones que detalla a continuación, que son 24 para las secciones cónicas, nueve para las series y 17 para el cálculo infinitesimal (véase la figura 10). Para las mixtas, después de citar que de todos los diferentes ramos que abrigan esas ciencias ha escogido, y de ellas se obliga a dar razón, el movimiento de los cuerpos sólidos en cuanto que se mueven o estén dispuestos para moverse, detalla las cuestiones. Por último, son 43 de dinámica y 15 de la estática.

El segundo cuaderno[29] contiene el programa de un ejercicio que realiza Francisco Xavier Barra, que es nada más y nada menos oficial supernumerario de la Contaduría principal de Rentas Generales del Reino. Y lo inesperado es que realiza el ejercicio según consta manuscrito en los huecos

---

28 Diego Pareja, Luis Miguel de: *La Academia de Ingenieros y el Regimiento de Zapadores de Alcalá de Henares (1803-1823)*. «Apéndice XIV», *Repertorio Bibliográfico de Ingenieros Militares*. Capel, Horacio y otros: *Los Ingenieros militares en España. Siglo xviii. Repertorio biográfico e inventario de su labor científica y especial*, Barcelona: Universidad de Barcelona, 1983, p. 472. *Estudio Histórico del Cuerpo de Ingenieros del Ejército iniciado al celebrar en 1903 el primer centenario de la creación de la Academia y de sus tropas...*, Sucesores de Rivadeneyra: Madrid, 1911. 2 vols. Tomo II, pp. 141 y 144.
29 CSIC. Biblioteca General de Humanidades, Colección F/8 FA/250 (3).

dejados al efecto el día 8 de julio de 1790 a las nueve de la mañana. Es decir, el mismo día y a la misma hora en que lo realiza Joseph Veguer. Se trata pues del mismo ejercicio y, por alguna razón, en vez de figurar ambos conclusionantes en un mismo cuaderno, que es lo que ocurre normalmente, decidieron imprimir cada uno el suyo por separado, por razones que desconocemos, y con el consiguiente doble coste. El programa con las cuestiones a defender, incluida la división en matemáticas puras y matemáticas mixtas que aparece en el cuaderno de Barra, es exactamente el mismo que aparece en el cuaderno de Veguer. Tratando en alguna medida de seguir la evolución de estos —se supone que los mejores alumnos—, se sabe que en 1832 Francisco Xavier Barra es comisario de Caminos y Canales según consta en la portada del libro impreso en la Imprenta Real, que es el proyecto y la memoria sobre la conducción de aguas a Madrid. Cuatro años antes había escrito *Observaciones sobre el abastecimiento de aguas a Madrid y el modo de aumentarlas*. En 1820 publicó un ensayo en el que da a conocer un nuevo método geodésico para hacer en el terreno y representar en el papel los proyectos de canales. Ambos trabajos fueron impresos por Miguel de Burgos.

Para el curso siguiente, 1790-91, no me ha sido posible localizar cuadernos de ejercicios, pero apoyándonos en la documentación aportada por la misma polémica que permitió conocer los de Durán del curso 1778-79, se puede asegurar que Verdejo asiste a alumnos suyos —no identificados— el día 7 de julio en sesiones de mañana y tarde. E igualmente asiste el día 22 del mismo mes al ejercicio en solitario de Joseph de Silva y Palafox. Hijo también del duque de Híjar, su elevada posición social parece justificar, como en el caso de su hermano, esa realización individual del ejercicio. Cabe suponer, como corresponde a la rotación de la cátedra, que las conclusiones de ambos exámenes, el colectivo y el individual, lo son sobre matemáticas de segundo curso. De hecho, Joseph de Silva ya realizó las de primero el curso pasado. ¿Y qué ocurre en la otra cátedra? ¿Se ha reincorporado Rosell o continúa sustituyéndole Varas? Es, en efecto el sustituto el que ha continuado al frente de la cátedra, porque en junio de 1791 Rosell dirige un escrito al rey en donde expresa su disconformidad con la actitud del director Villafañe. De hecho ya se había dirigido en diciembre de 1789 a tan alta instancia para que le reintegrasen la cuarta parte de su sueldo, la cual le estaban descontando desde hacía tres meses para dársela al sustituto. Así que a pesar de no tener la prueba concluyente de los cuadernos con los programas de ejercicios presididos por Verdejo y Varas, podemos asegurar que por segundo año consecutivo son ellos dos los que regentan las cátedras.

Lo hacemos gracias a nuevas informaciones aparecidas en el *Diario de Madrid*. En el número del sábado 2 de julio de 1791 se informa sobre el ejercicio público de Joseph de Silva, y en el del jueves 7 de ese mismo mes del que sostienen los también ya experimentados Juan Francisco de Mezquía y Garaycoeche, Timoteo O'Scanlan y Lacy, Eusebio Bueno Martínez, Juan Enrique de Ibarrola y Agustín de Olavarrieta, a los que se incorporan los nuevos, Joseph Sessé y Beltrán y Francisco de la Quintana y Delgado. Los certámenes literarios están basados en las matemáticas de segundo año, y como era de esperar y acorde con la rotación, son asistidos por Verdejo. Finalmente, en el número del 23 de julio se anuncia para el día de la fecha la realización del ejercicio que tendrá Joseph Pío de Molina, alumno de primer curso, asistido de su catedrático Antonio Varas, citado expresamente como director de matemáticas de la Real Academia de Bellas Artes de San Fernando.

Dentro de este grupo de alumnos hay dos futuros médicos. Eusebio Bueno Martínez nace el 23 de julio de 1774 en la calle de la Luna a la ancha de San Bernardo y recibe el bautismo en la parroquia de San Martín. Es hijo de Inocente Bueno, profesor de cirugía de esta corte y de María Josefa Martínez. Cursa las matemáticas con una edad de 16 y 17 años, y obtenida la licenciatura en medicina en el Real Colegio de Cirugía de San Carlos de Madrid[30] se doctora en el Colegio de Cirugía de Barcelona. Ejerció su profesión como profesor del Colegio de Cirugía de Santiago y cirujano titular del hospital. Félix María Enciso Rodríguez es también madrileño, también bautizado en San Martín; nace el 12 de octubre de 1772 en la calle de Leganitos y es hijo de Joseph Enciso, boticario de Cámara más antiguo que fue de S. M. y decano del tribunal de farmacia. Solo cursa en San Isidro las matemáticas de primero, pero al igual que Bueno estudiará en San Carlos.[31] También relacionado con la medicina está Timoteo O'Scanlan Lacy, cuyo padre es un irlandés médico del Regimiento de Infantería de Hibernia, si bien él seguirá la carrera militar. Cuando defiende conclusiones de segundo año de matemáticas ya lo hace como subteniente del citado regimiento, y posteriormente pasará a la Armada, siendo autor de un diccionario marítimo y de una cartilla práctica de construcción naval. Joseph Sessé y Beltrán es hijo del organista segundo de la Real Capilla de S. M. y Joseph Pío de Molina será alcalde de Madrid durante los periodos 1820-21 y 1823.

Tampoco aparecen los cuadernos con los programas impresos para los ejercicios de los meses de julio de los años 1792 y 1793, con lo que cabe preguntarse si por alguna

---

30 AHN (Universidades); leg. 1187, exp. 30.
31 AHN (Universidades); leg. 1197, exp. 44.

causa no llegaron a realizarse. Concretamente, para el año 1792 sí parece que fue así, porque en la *Gaceta* del viernes 20 de julio se inserta la noticia de los exámenes sostenidos por los alumnos de los Reales Estudios los días 10, 11 y 12 del mes en curso. Y entre las varias facultades para las que enumera a los alumnos que intervienen, no figuran las matemáticas, ni de primer ni de segundo curso. Sin la prueba documental de los programas de ejercicios realizados al final del curso 1791-92 no se puede determinar con certeza que los maestros sigan siendo Verdejo y Varas. Del primero de ellos sí podemos afirmarlo porque sabemos el número de años que actuó como sustituto antes de opositar a la cátedra, pero de Varas no podemos estar tan seguros. Bien es verdad que poco antes de acabarse el curso, concretamente en el mes de abril, hay una nueva súplica de Rosell al rey. Insiste en que se le reintegre lo desfalcado desde el 1 de octubre de 1789 —recuérdese que es el momento en que Varas le empieza a sustituir—, y que el director de los Reales Estudios no le impida la asistencia a los mismos. Así de tirante debió de llegar a ser la situación. Y se queja de que en los dos años escolares en que Varas le ha sustituido «de orden del Director todavía no le conoce, ni le consta que lo haya procurado ni por visita de atención». Se plantea la duda de si Rosell, al estar en el mes de abril, no está contabilizando todavía este curso, porque realmente son tres, y no dos, los que Varas ya lleva como sustituto.

Por lo que respecta a la finalización de Varas como profesor de San Isidro, sí estamos seguros de que en el curso que empieza en 1794 ya no está. En octubre, Varas es requerido por el Consejo como censor de la oposición que va a cubrir la vacante que se ha producido precisamente en la cátedra de Rosell. Pero lo que el Consejo no sabe es que Varas está enfermo, sumamente achacoso de la vista, como acredita con un certificado médico emitido por el cirujano Ysidoro Fonseca que acompaña al escrito en que solicita ser exonerado de la tarea como censor. Es decir, que en esa situación «hasta haver llegado caso de estar casi enteram.^{te} ciego y últimamente de tanto repetir las fluxiones ha perdido totalmente el ojo siniestro y la maior parte de la dentadura, y el ojo derecho lo tiene al presente con un derame de sangre e impedim.^{to} en la pupila», no está en condiciones de dar clase ni de censurar una oposición porque según añade Fonseca «le he prohibido q.^{e} de parte de tarde y noche, no havra ni siquiera un libro, y se abstenga en lo demás del día q.^{to} le sea posible».

Dado el estado en que hemos visto que se encuentra Varas en 1794, está claro que no puede ejercer la labor docente, por lo que deducimos que el sustituto debió tener a su vez sustituto. Más adelante, cuando la otra cátedra, la de Durán, salga también a oposición, aparecerá como opositor la figura de Joseph Ramón de Ybarra,[32] un antiguo alumno de los Estudios que defendió conclusiones en julio de 1789 y entre cuyos méritos figurará el de haber sido sustituto de la cátedra, de manera que yendo hacia atrás en el número de años que se cita, Ybarra lo sería desde el curso 1792-93, lo que da probablemente como último curso para Varas el de 1791-92, si bien no hay cuadernos de ejercicios públicos que lo corroboren de una manera fehaciente. Independientemente de que el cambio de Varas por Ybarra se produzca en un

---

32 Como la ortografía de los escribanos deja mucho que desear, es frecuente que el apellido Verdejo aparezca unas veces con v y otras con b, incluso en el mismo documento. He adoptado la v porque en los documentos en que aparece su firma, y por tanto con la total seguridad de que es él mismo quien en ese momento escribe, aparece así. Por esa misma razón es por lo que empleo la i griega para escribir el apellido del que con el tiempo también será catedrático de los Reales Estudios, José Ramón Ybarra.

curso u otro, lo que está claro es que desde finales de los ochenta hasta mediados de los noventa, como decíamos al principio del capítulo, las dos cátedras de Matemáticas están dirigidas por sustitutos. A los ya citados Verdejo, Ybarra y Varas, podría añadirse también Joseph Miguel de Sarasa, más adelante coopositor con Verdejo, y en el que en su relación de méritos aparecerá el haber actuado como sustituto de las cátedras de Matemáticas durante los años 1783 a 1789. No es una novedad, porque conocíamos de las sustituciones de Sarasa por los certificados que aportó a su solicitud en la Real Fábrica de Cristales. Eso sí, sustituciones puntuales, y desde luego no aparece como maestro asistente en ninguno de los ejercicios de los que se conservan los programas. Pero la situación de interinidad en las dos cátedras de Matemáticas es tal, que de hecho hay un escrito fechado el 29 de diciembre de 1792 de un nuevo director de los Estudios, el arzobispo de Selymbría, al Excmo. Sr. duque de la Alcudia, Manuel Godoy, en el que aparece claramente expuesta la situación mencionada y en el que se refleja una cierta preocupación del director por recuperar la normalidad «y los estudios de San Isidro renovaban las útiles clases de Matemáticas q.ᵉ ace años se sirven por substitutos, por tener sus dos Profesores enfermos, y aun imposibilitados, con perjuicio de la enseñanza pública».[33]

Hay en efecto un nuevo director, porque Manuel de Villafañe ha fallecido antes del 4 de agosto de 1792. Lo sabemos porque en los escritos que dirige Rosell al rey tratando de recuperar su cátedra, hay una nueva súplica con esa fecha en la que menciona que sin haber elaborado el informe que se le pide sobre la situación de su cátedra, Dios se ha llevado a Villafañe

---

33 AHN (Clero, Jesuitas); leg. 750.

a mejor vida. Pero queda clara la imposibilidad real de Rosell para servir con un mínimo de garantías su cátedra, porque también el nuevo director, como acabamos de ver, es de la misma opinión que su antecesor. En el escrito citado a Godoy, el director va más allá y permite conocer con más detalle por qué se produce la sustitución inicial de Rosell y por qué más tarde se da la vacante definitiva. La sustitución inicial se produce porque Rosell está quebrantado de salud y, aunque Carlos III le nombró en su momento comisario de guerra,[34] no cobra sueldo, de ahí el calificativo de honorario que le otorga Simón Díaz, con lo que no va a renunciar a la cátedra. Por eso la solución del sustituto, que al tiempo que permite a Rosell seguir cobrando la totalidad, o al menos la mayor parte de su sueldo, permite que la enseñanza en la cátedra no se paralice. Pero el director, consciente suponemos de la irreversibilidad de la enfermedad del catedrático, quiere una solución definitiva y por eso intenta conseguir que le sea concedido el sueldo de comisario de guerra, «si S.M. le concediese el sueldo que ya le ofreció el Sr D^n Carlos 3º», un sueldo que permita a Rosell renunciar a la cátedra y que haga posible eliminar esa situación de interinidad, bien convocando la oposición, bien por cualquier otro procedimiento. De hecho, Rosell pide que se le pague el sueldo en Madrid para poder continuar su obra *Instituciones Matemáticas*, pero el director no lo ve factible, entendemos que por su salud tremendamente deteriorada. Parece deducirse pues que Rosell no llegó a elaborar esa segunda parte de su obra matemática.

Una nueva confirmación del fallecimiento de Manuel de Villafañe la tenemos en que con fecha del 2 de julio de 1792 hay una súplica al rey del onubense Joseph Isidoro Morales

---

[34] Ministro destinado para pasar revista a la tropa y reconocer si están completos los regimientos y evitar fraudes.

en la que le pide se le confiera la dirección de los Reales Estudios de San Isidro, que se halla vacante. De hecho, existía un escrito de los catedráticos de la institución pidiendo que se nombrase director, dada la grave enfermedad de Villafañe, la que le imposibilitaba actuar como tal. Morales adjunta relación de títulos, méritos, grados y ejercicios literarios al tiempo que hace mención de que «asimismo ha estudiado con particular aplicación y aprovechamiento de todas las partes de las Matematicas puras, y la Mecánica e Hidrodinámica en las mixtas».[35] No serán suficientes los méritos aportados y no obtendrá el puesto pero su relación con los Estudios, como tendremos ocasión de comprobar, no terminará aquí. El día 24 de agosto de ese mismo año Manuel Abbad y Lasierra es nombrado director. Abbad y Lasierra nace en el año 1729 en Estadilla, villa perteneciente a la comarca del Somontano de la provincia de Huesca. Después de cursar estudios en Calatayud y Huesca, ingresó en el monasterio benedictino de San Juan de la Peña.[36] Obispo de Ibiza y de Astorga, es nombrado director de los Estudios por Real Decreto de 24 de agosto de 1792. Solamente seis meses más tarde es sustituido en el cargo por Estanislao de Lugo y Molina, sin que se conozcan realmente cuáles fueron las causas de lo breve de su presencia al frente de los Estudios. A juzgar de lo que conocemos de su gestión, al menos en lo relativo a las matemáticas, no pudo ser más acertada en ese su interés en normalizar la situación de las cátedras. Académico de la Historia, inquisidor general, renunció al puesto para retirarse a un monasterio de su Estadilla natal. A él se debe la construcción en la mencionada villa de uno de los pocos palacios neoclásicos que hay en la provincia de Huesca, villa

---

35 AHN (Clero, Jesuitas); leg. 750.
36 GEA *online*. Gran Enciclopedia Aragonesa.

que cuenta entre sus casas solariegas con la de Sangenís,[37] cuyo miembro Antonio fue, como se recordará, alumno de los Estudios y héroe de la guerra de la Independencia.

El 18 de abril de 1792 Molinillo, gerente de la Real Fábrica de Cristales, envía un escrito a Diego de Gardoqui, ministro de Hacienda, en el que seguramente a instancias de Verdejo le pide que los 16 jóvenes que se educan en ella sean reemplazados por otros. Después de más de cuatro años que se han ocupado, se les ha instruido en varias ramas de la matemática y han sustentado hasta en cinco ocasiones conclusiones públicas. Con edades comprendidas entre los 16 y 18 años, se supone que se coloquen en los Reales Almacenes de Cristales, con la asignación de destinos que se expresa. Seis de ellos a la química, cuatro a la astronomía y los seis restantes a la cuchillería. La solicitud del superintendente no debió ser atendida, lo que va a repercutir, como veremos más adelante, en que después de dos años la enseñanza se deterioró hasta el punto de ser necesario tomar medidas drásticas. Las cosas le van bien a Francisco. Conseguida la licencia definitiva del Ejército, los 600 ducados que recibe como maestro de matemáticas del Real Colegio de Desamparados, y a lo que hay que añadir posiblemente una compensación como sustituto de la cátedra en San Isidro, le da para vivir con holgura. Así que entonces, hallándose ya en el caso de sostenerse por sí, solicitó y obtuvo de Manuel Páez la mano de su hija María de los Ángeles, que no puede negarlo, está muy enamorada del hasta hace muy poco apuesto granadero de los Reales Guardias de Infantería española. No ha sido posible determinar la fecha exacta de la boda, pero debió ser muy a finales de los ochenta. ¡Mayor felicidad no cabe!

---

37 http://www.es.wikipedia.org/wiki/Estadilla

¿Qué más podría pedirse? Se podría pedir la llegada de un hijo. Y así ocurre. El día 3 de febrero de 1791, María de los Ángeles da a Francisco un hijo varón. Al día siguiente, Joseph León, presbítero, con licencia del cura de la parroquia de San Sebastián de la calle de Atocha, le bautiza solemnemente, imponiéndole los nombres de Francisco Nicolás Blas María. Los dos primeros hacen clara referencia a sus más directos antepasados y el de Blas, lo recibe por ser el santo del día. Además, la partida de nacimiento permite determinar dónde está el hogar de la familia Verdejo Páez. Aunque de difícil legibilidad, parece tratarse de la calle de la Rosa,[38] en el mismo barrio del Ave María donde se encuentra la parroquia. La calle de la Rosa, paralela a la de la Magdalena, va desde la del Ave María hasta la de Torrecilla del Leal. Corta como es la calle, no deja opción a muchas alternativas; las casas 4 y 5 de la manzana nº 7 y las casas 1 y 9 de la manzana nº 27. Entre ellas se encuentra la morada del nuevo cristiano Francisco Verdejo Páez.

La criatura es apadrinada por Francisco Antonio de Bringas, mercader de paños que en ese momento está soltero y tiene tienda en la plazuela del duque de Arcos, esquina a la calle del Arenal. No conocemos exactamente cuál es la relación de la familia Verdejo Páez con Bringas, se supone que de amistad,

---

38 En el *Plano de la Villa y Corte de Madrid*, de Fausto Martínez de la Torre y Joseph Asensio, la calle de la Rosa figura en la lámina 52, pero curiosamente no aparece en el previo índice de calles, en el que por cierto sí figura otra calle con ese nombre, que va a San Nicolás, sita en el barrio de ese mismo nombre. Esa duplicidad de nombres en el callejero madrileño parece ser el origen del error que comete Pedro de Répide al describir en *Las calles de Madrid* la calle de la Rosa. Situándola en efecto en el barrio del Ave María, la asigna equivocadamente a la parroquia de San Salvador y San Nicolás. La calle que Répide describe, a escasos metros de la parroquia de San Sebastián, no puede nunca pertenecer a la feligresía de San Nicolás.

pero lo que no puede dudarse es que no es un mal padrino. Un año más tarde trasladará su negocio a la casa número 22 de la Red de San Luis, se casará con la viuda María de los Ángeles Iruegas, también con tiendas de paños llamadas de la Cruz, y siendo proveedor de la Real Guardia de Corps entregará 100 onzas de oro para que con ellas se recluten 50 hombres con destino a cualquiera de los regimientos que se hallan en las fronteras. Pero las cosas van a complicarse. La vida, como celosa de los éxitos del profesor de matemáticas, va a golpearle con dureza extrema. María de los Ángeles, su adorada María de los Ángeles cae enferma, muy enferma. No se sabe si como consecuencia directa del alumbramiento o porque hay una dolencia detrás que éste agrava más todavía. El caso es que ante la impotencia y desesperación de Francisco, pese a todos los esfuerzos médicos, que no pueden hacer nada para impedirlo, María de los Ángeles se va de su lado, día a día, hora a hora, minuto a minuto.

Dado el reducido número de personas que se han ocupado de la figura de Francisco Verdejo, toman especial relevancia las pocas que han podido encontrarse. Así que en la idea de conocer un poco mejor la personalidad del que será catedrático de Matemáticas de los Reales Estudios de San Isidro, reproduzco aquí, tomado de la *Revue Hispanique*, parte del *Diálogo entre Perico y Antonio*,[39] dedicado a los dos catedráticos de matemáticas de los Reales Estudios. Las líneas de Perico no reproducidas aquí, y sí más adelante, se

---

39 «Los vicios de Madrid, (1807). Diálogo entre Perico y Antonio, por el Subteniente del Real Cuerpo de Ingenieros J. M. S.». Edición de F. Foulché-Delbosc, en *Revue Hispanique*, XIII, 1905. *Full text of* «Revue hispanique; recueil consacré á l'étude des langues, des littératures et de l'histoire des pays castillans, catalans, et portugais».
http://www.archive.org/stream/revuehispaniquer13hispnoft/revuehispaniquer13hispnoft_djvu.txt

refieren al que pocos años después que Francisco llegará a ocupar la otra cátedra de los Estudios: el cabo de Artillería de Marina Joseph Ramón Ybarra, al que acabamos de conocer como uno de los alumnos que defienden las conclusiones de segundo año de matemáticas en el curso 1789-90.

«ANTONIO. — Pues yo creo que mi padre me va a poner también en San Isidro. ¿Qué tal son los catedráticos?

PERICO. — … Don Francisco Verdejo González es excelente matemático, y un año fue maestro de Ybarra, aunque jamás ha alcanzado a su discípulo, en particular en el cálculo; pero le excede en la maquinaria. Era cabo de Gastadores de Guardias españolas; le dieron la cátedra, se casó con una joven hermosa, que al poco tiempo enfermó, y gastó todo su caudal con ella. Mas después de una porción de años de enfermedad se le murió, y él quedó alelado de la pesadumbre; así siempre está distraído, y haciendo en la mesa con yeso el juego de tres en raya. Ha compuesto el *Compendio de Matemáticas*, sacado la mayor parte de Bails y Bezout, y sus manuscritos, sin embargo de estar perfectamente, aun él los tenía luego que estudiar, pues no los entendía».

Esta descripción de Verdejo viene a refrendar en su mayor parte cosas que ya conocíamos de él. Normalmente estas descripciones, un poco rocambolescas, se construyen a partir de rumores que con una relativa base inicial de verdad se exageran y deforman al pasar por comunicación oral entre los alumnos de curso a curso. Los enseñantes se ven con frecuencia sometidos a ellas. Sin embargo, en este caso el autor —del que conocemos sus iniciales y también su profesión, subteniente del Real Cuerpo de Ingenieros— es muy probable que cursara las matemáticas en los Estudios. Sabemos que constituían una buena base para incorporarse al referido cuerpo. Y de ser así, la información manejada, con mejor o peor intención, es evidentemente de primera mano. Parece probarlo la veracidad en la mayor parte de los hechos que narra. En efecto, acabamos de comprobar que Verdejo ha sido maestro de Ybarra un año. No se conserva, si es que llegó a editarse, el programa del acto literario, pero tanto la *Gaceta de Madrid* como el *Memorial Literario* lo confirman. También está Perico en lo cierto cuando afirma que Verdejo era cabo de Gastadores de Guardias españolas. El mismo Verdejo en sus escritos de súplica al rey lo menciona, entendiendo que la elevada estatura de los miembros de una compañía de granaderos, a la que Verdejo afirma haber pertenecido, es equivalente al hecho de ser cabo gastador. Así pues, Francisco Verdejo González, catedrático de Matemáticas de los Reales Estudios de San Isidro fue una persona de altura, cuando menos de altura física. Lo más confuso es que le dieron la cátedra, se casó con una joven hermosa que al poco tiempo enfermó y después de años enferma, murió. Cuando Verdejo oposita y gana la cátedra ya está casado y su mujer, María Páez, está enferma según él mismo hace constar en la súplica para que se le conceda la cátedra. Y en efecto, María Páez, que puede ser la joven hermosa a que se refiere Perico, muere. No puedo precisar el año, pero sí antes de 1802, porque el día 16 de agosto de ese año Francisco Verdejo volverá a casarse. Si por el contrario es su segunda mujer a la que se refiere Perico, Francisco Verdejo volvería a enviudar. Y no es que salga muy beneficiada del comentario la figura de Verdejo, le acusa de plagiar a Bezout y a Bails e incluso de no entender sus propios manuscritos. Y eso que había empezado diciendo que era excelente matemático. Como tendremos ocasión de comprobar más adelante, Ybarra saldrá todavía peor parado.

4

Ha mandado el Consejo se saque a concurso en la forma acostumbrada

Aparte de los ya citados ejercicios de 1791, ni en la cátedra en la que Verdejo actúa como sustituto ni en la otra se han localizado programas de ejercicios de matemáticas en los Estudios para los primeros años de la década. Pero movimiento en las cátedras va a haber, y bastante. Y documentación[1] donde poder seguirlo, también. Con fecha del 6 de febrero de 1794, Verdejo dirige un escrito al rey en el que suplica le sea concedida sin oposición una de las cátedras de Matemáticas de los Estudios que está vacante por renuncia de su propietario, Rosell. No ha sido posible ver la documentación donde esa renuncia aparece de forma explícita, pero en esa fecha debe haberse producido la concesión a Rosell del sueldo de comisario de guerra, el empleo ya lo tenía concedido hacía tiempo, y ese sueldo es el que permite la renuncia a la cátedra, renuncia que tanto perseguía el director de los Estudios, Manuel Abbad y Lasierra, para poder sustituir definitivamente a un Rosell enfermo y eliminar la interinidad.

---

[1] Expediente de la oposición y otros documentos en AHN (Consejos); leg. 5443, n° 21. Algunos documentos sueltos en AHN (Clero, Jesuitas); leg. 750, agrupados como: Francisco Verdejo. Catedrático, 1795.

Verdejo argumenta la solicitud en base a los siete años que lleva sustituyendo la otra cátedra, y en cuyo tiempo ha manifestado su conducta y eficacia, así como los seis años que lleva de maestro de matemáticas en la Real Casa de Desamparados. Menciona que sus discípulos han defendido anualmente conclusiones y muchos de ellos están colocados en los cuerpos de Ingenieros, Marinos, Artilleros, Arquitectos y Maestros. Para terminar, añade «y en atención a lo expuesto de hallarse el suplicante cargado de familia y con mujer enferma más de dos años hace y muy cortos medios para subsistir». Estas situaciones tienden a exagerarse un poco para conseguir lo solicitado, pero sí sabemos que Verdejo enviudará pronto. Lo que no está claro es que tenga una familia muy numerosa. Sabemos que tiene al menos un hijo, pero sus hermanos deben permanecer en Montalbo, y aún cuando la situación económica de los padres no debe ser holgada, no hay razón para suponer que él es el sostén de la familia. Y si alguna de sus hermanas vive en Madrid es porque se ha casado. Exagerada o no, esta súplica de Verdejo va a desencadenar una serie de acontecimientos desde mayo de 1794 a marzo de 1795 que vale la pena seguir: casi un año de intrigas, trabas, súplicas, recomendaciones y descalificaciones rodean a la realización de los ejercicios de la oposición.

Desde Aranjuez llega al Consejo, con fecha del 23 de febrero de 1794, un escrito que da cuenta de lo recurrido al rey por Verdejo y pide que a la provisión de una cátedra se tenga presente el mérito del recurrente. Automáticamente, el Consejo reacciona pidiendo al director de los Estudios que informe de la situación en que se encuentra la cátedra a la que hace referencia la solicitud de Verdejo. En principio, es difícil de entender cómo, si el director presionaba para conseguir la renuncia de Rosell en la idea de eliminar la interinidad y hacer desaparecer la figura del sustituto, resulta que ahora la cátedra lleva tiempo vacante sin que ese mismo director haya dado los pasos necesarios para solicitar que se cubra. La explicación sin embargo no es difícil. ¡El director no es el mismo! Ha cambiado. El nuevo, Estanislao de Lugo, nombrado el 22 de febrero de 1793, informa al Consejo que la referida cátedra está vacante desde principios del año pasado, es decir, enero o febrero de 1793. Y no le informa del todo bien, porque dice que la vacante se produce por la promoción de Rosell al empleo de comisario de guerra. Rosell ya lo era pero sin percibir sueldo por ello. Así que la percepción del sueldo de comisario de guerra por parte de un enfermo Rosell es lo que facilita su renuncia que tanto, insistimos, había perseguido el director arzobispo y que se produce más o menos al mismo tiempo que su cese en el citado cargo. Y el recién nombrado Lugo probablemente no es informado a tiempo, él tampoco se preocupa de informarse de una disciplina que le es ajena, con lo que no toma ninguna decisión con relación a la cátedra. Y Verdejo continúa como estaba desde hacía siete años: como sustituto de Durán. Pero la diferencia es que ahora, en la otra cátedra, Ybarra es un sustituto que no sustituye a nadie. Aún cuando en este primer informe al Consejo, fechado el 11 de marzo de 1794, Estanislao de Lugo califica a Verdejo como sujeto laborioso y capaz, este momento va a ser el inicio de unas tensas relaciones entre los dos que no tardarán en hacerse patentes. La súplica de Verdejo al rey ha sacado a la luz una situación irregular y una posible negligencia de Lugo. La cátedra lleva vacante poco más de un año, que coincide con el tiempo que lleva él en el cargo. ¡Y pregunta al Consejo si se saca a concurso! No parece una gestión adecuada al director de un centro de prestigio, y más si la comparamos con la eficacia del que fue el director anterior, Manuel Villafañe, que como vimos en su momento, al fallecimiento del catedrático Joachin de León informa con celeridad al Consejo de la acción tomada. El titular de la otra cátedra se hace cargo temporalmente y solicita la inmediata celebración de oposición.

A la recepción del informe de Lugo, el Consejo decide que sin más dilación se saque la cátedra a concurso, que se pase el expediente al señor gobernador para que nombre al señor ministro que sea de su agrado, y que en unión del director disponga la impresión y publicación del edicto llamando a oposición, y que presida los ejercicios en la forma acostumbrada. Pero aunque la decisión de convocar la oposición está tomada por parte del Consejo desde mediados de marzo, el nombramiento del ministro de la misma, que recae en la persona de Gutierre Vaca de Guzmán —y es que las cosas de palacio van despacio—, no se producirá hasta el día 20 de junio, y el edicto llamando a oposición tiene fecha del 28 de julio. Gutierre Vaca de Guzmán, oidor que fue de la Real Chancillería de Granada, es en la actualidad miembro del Consejo y alcalde de corte del cuartel de la Plaza, uno de los ocho en que está dividido el Madrid de la época. Vive en la calle de la Reina, número 4, manzana 296, que está en el barrio de Las Niñas de Leganés y que pertenece no al cuartel del que es alcalde, sino al cuartel del Barquillo.[2] De esto se deduce que un alcalde de corte de un determinado cuartel no está obligado a vivir en él, como sí ocurre con los alcaldes de barrio.

---

2 VALERO Y CHICARRO, Ángel: *Noticias varias y curiosas de Madrid para el año 1794*. Imprenta de Benito Cano. El barrio de Las Niñas de Leganés estaba limitado por las calles Hortaleza, de las Infantas, Real del Barquillo y Caballero de Gracia, de lo que se deduce que varias de sus manzanas se las llevó por delante la posterior construcción de la Gran Vía. Toma su nombre del colegio para niñas ubicado en la misma calle de la Reina número 3, manzana 297.

Desde mediados de marzo hasta que se conoce oficialmente la convocatoria, siguen pasando cosas. El día 12 de ese mismo mes, Rodrigo de Oviedo, maestro de latinidad de los Estudios y doble opositor en su día a las cátedras de Matemáticas que obtuvieron León y Rosell y más adelante Durán, envía un escrito suplicando le sea concedida sin oposición la misma cátedra que solicitó Verdejo. Lo que resulta más sorprendente es la fecha, solo un día después de que el director envíe su informe al Consejo. Es difícil determinar si es una decisión propia de Oviedo o está auspiciada por Lugo, quien pensando que al haber un segundo solicitante se complica la concesión directa a Verdejo. De todas formas no es la última petición. Con fecha de 21 de mayo, Tadeo Lope y Aguilar, catedrático de Matemáticas del Real Seminario de Nobles hace lo propio. Como la relación de Verdejo con los profesores de matemáticas del Seminario es buena, aquí se plantea una duda similar. ¿Es una decisión propia de Lope y Aguilar o es una contramaniobra de apoyo a Verdejo? Cuando meses después, haciendo caso omiso a todas las solicitudes de adjudicación directa se convoque la oposición, ni Rodrigo de Oviedo ni Tadeo Lope van a presentarse, lo que da a mi entender mayor peso a la hipótesis de maniobra estratégica en ambos casos. Mientras, Verdejo no ha permanecido inactivo. Entre las solicitudes de sus teóricos competidores él presenta una segunda con fecha de 29 de abril. Asimismo, se le han complicado las cosas porque ha recibido un oficio de parte del superintendente de la Real Fábrica de Cristales, Francisco Molinillo, en el que se le hace saber que S. M. había tenido a bien suprimir el establecimiento de las matemáticas en la Real Casa de Desamparados. Esa decisión deja a Verdejo sin el sueldo de 400 ducados anuales que como maestro de esa facultad en dicha institución le eran asignados. ¿Qué es lo que ha ocurrido que justifique esta medida? Curiosamente, van a ser precisamente las conclusiones, que en otras ocasiones dieron y darán renombre a Verdejo, la causa de su cese. Mejor dicho, las no conclusiones. Porque con fecha de 22 de enero de 1794 llega desde Aranjuez, posiblemente del ministro Diego de Gardoqui, un escrito[3] dirigido a Francisco Dionisio Molinillo en el que se le pide, habida cuenta que «no habiéndose verificado, ni el año anterior ni en el presente los Examenes y conclusiones que acostumbraban a hacer los 16 jóvenes que de cuenta del Rey se mantienen e instruyen en la Real Casa de Desamparados» pase a informar del estado en que se halla dicha escuela.

El superintendente emite el informe el 10 de abril. Recordemos que los alumnos habían sido asignados a diferentes ramos, por lo que no disponían del tiempo necesario para imponerse en las materias de que habían de versar los exámenes y conclusiones anuales. A eso se añade, según el informe de Molinillo, la expulsión del director de la escuela, Pedro Megnié, en su calidad de ciudadano francés y como consecuencia de la guerra declarada a la República, y que con las edades de 16 a 18 años era difícil reducir a los alumnos a la subordinación debida. Es hasta probable que las clases de matemáticas se hubiesen suprimido, porque como dice Molinillo, solo seis de los 16 alumnos asisten con regularidad desde la Casa de Desamparados a su formación en la Real Fábrica de Cristales de la calle del Turco. La situación es variopinta, los hay que han huido de la Casa y no se ha vuelto a saber de ellos, y los hay que están trabajando como aprendices de zapatero. Los seis que prosiguen su formación son los de Cuchillería, y Molinillo propone que se les siga ayudando hasta que

---

3 Archivo del Palacio Real de Madrid (Reinados, Carlos III); legajo 271.

alcancen la categoría de oficiales y puedan encontrar empleo. Es el propio superintendente el que recomienda, al no ser ya necesarios los maestros de matemáticas y lengua francesa, que se dé la orden a Tesorería para que se les suspendan sus respectivos sueldos desde el primero de año próximo.

Y así será. Sólo diez días después, Molinillo recibe un escrito que no es sino una minuta para el tesorero, y en la que se hace constar que «no habiendo correspondido a las Reales intenciones el fruto que S.M. esperaba de este establecimiento ha tenido a bien resolver y mandar que desde 1º de mayo próximo cese en la enseñanza y se suspendan en tesorería mayor desde dicho día en adelante los respectivos sueldos de maestro de Matemáticas y maestro de Lengua Francesa». Verdejo deja de percibir su salario. Si su situación era mala, ahora es todavía peor. Y hace constar en su nueva súplica los servicios prestados al rey «que después de haber gastado la flor de su juventud en trece años que ha tenido el honor de servir a S.M. de soldado distinguido en las Compañías 6ª y 4ª de Granaderos de Reales Guardias Españolas». Precisemos que soldado distinguido es el soldado que siendo noble —Verdejo es hijo de un hidalgo— y careciendo de asistencias para subsistir como cadete, goza de ciertas distinciones en su unidad, las cuales son el uso de la espada, exención de la mecánica del cuartel, etc. Y las Reales Guardias de Infantería española, son, como ya conocemos, tropa de Casa Real, creada para la guarda exterior y cuya composición puede tener ligeras variaciones de un Borbón a otro, pero en las que un batallón está formado por seis o siete compañías, de las cuales una es de granaderos y el resto de fusileros. En una compañía de granaderos, a la que dice Verdejo haber pertenecido, se agrupan, como veíamos en el capítulo 3, los soldados de elevada estatura que forman en las paradas al principio del batallón.

Francisco lleva tiempo dándole vueltas a una idea. Tanto en los Estudios como en la Fábrica de Cristales se siguen los textos de Bails, y su amplia experiencia en la enseñanza de las matemáticas vivida en las dos instituciones le dice que no son adecuados para el aprendizaje de los artesanos. Además no se ajustan bien a los programas de los cursos, con lo que los alumnos se ven obligados a comprar varios tomos. ¿Sustituirlos por otros? La experiencia de Antonio Rosell con sus *Instituciones Matemáticas* no fue lo que se dice muy acertada y se terminó volviendo a Bails. Pero Verdejo cree que no era un libro escrito pensando en la instrucción de la juventud. ¿Qué otras opciones hay? La verdad es que no hay mucho donde escoger. De sus años de estudiante conserva el *Cours de Mathématiques, a l'usage des Gardes du Pavillon et de la Marine de Etienne Bézout*. Pero estamos en las mismas. Son tres tomos, el primero de la aritmética, el segundo contiene los elementos de geometría, la trigonometría rectilínea y la trigonometría esférica, y el tercero contiene el álgebra y la aplicación de esta ciencia a la aritmética y a la geometría. Aún faltaría un cuarto libro correspondiente al cálculo integral y diferencial, y claro, los textos están en francés, con lo cual se crea una dificultad añadida. El mismo problema de un elevado número de tomos presenta el *Compendio Mathemático* del presbítero valenciano Tomás Vicente Tosca, y las *Lecciones de Matemática* del jesuita padre Tomás Cerdá no estarían lo que se dice bien vistas. El *Curso Matemático* del comisario de guerra de los Reales Ejércitos Pedro Giannini, o el *Compendio de Matemáticas* del capitán de navío Francisco Xavier Rovira, son obras dispuestas respectivamente para la enseñanza de los caballeros cadetes del Real Colegio Militar de Artillería y para las Escuelas del Real Cuerpo de Artillería de Marina, con lo que sería problemático, piensa Verdejo, emplear los como texto en los Reales Estudios. ¿Por qué no escribir él mismo en el tiempo que le dejan libre sus actividades literarias una obrita que se ajustase exactamente al programa de los dos cursos que se siguen en San Isidro? Un tomo para cada curso y con un claro planteamiento didáctico. De hecho tiene ya más de una resma de papel[4] escrita con reglas, casos y cuestiones. Su situación económica es en esos momentos realmente difícil, pero Francisco Verdejo decide jugarse una carta arriesgada, que como veremos más adelante, va a salirle muy bien. Dedica un buen número de horas a terminar su trabajo y da al impresor el primer tomo de un texto de matemáticas que dedica al excelentísimo señor D. Manuel de Godoy y Álvarez de Faría, duque de la Alcudia. La posibilidad de esa dedicatoria es debida a que en ese momento, Verdejo es una persona bien relacionada, como maestro que es de los hijos de personas influyentes. Puede que lo común de su origen extremeño —la madre de Verdejo es de Jerez de los Caballeros— tuviese también algo que ver.

Y para fortuna del sustituto de la cátedra, y coincidiendo con la reciente impresión de su libro, resulta que el regidor de esta coronada villa, con el superior permiso del rey nuestro señor, y en ocasión de los festejos que se han de celebrar en honor de su patrón e hijo Isidro, ha dado su merced a impresores, encuadernadores, libreros y mercaderes de libros en general, para que hagan de hoy desde esa fecha en adelante una feria en el prado nuevo que dicen de Recoletos, una feria que se celebra en los aproximadamente *mil y quinientos* pies que van desde el portillo de Recoletos,

---
[4] Mazo o paquete de hojas compuesto de veinte manos de *veinte y cuatro* pliegos cada una.

próximo a la huerta de San Felipe Neri, hasta el pilón de la fuente de la diosa Cibeles. O por decirlo de otra manera, eso era el prado de Recoletos, el prado nuevo que le dicen algunos para diferenciarlo del viejo, que era como bien se sabe el de San Jerónimo. Al decir de los cronistas, se trata de una grande y hermosísima alameda, puestos los álamos en tres órdenes. Se podría describir el prado de mil y una maneras, pero hacerlo mejor era imposible. Francisco ha oído de la feria, y que desde temprana hora acudían a ella, no solo de los cuarteles del Barquillo y del de San Jerónimo, que por próximos al prado estaría harto justificado, sino que lo hacían desde los más diferentes lugares de la villa. Y es que para sorpresa de muchos, la feria estaba siendo de grande aceptación. Sorpresa relativa, porque el madrileño es de natural verbenero y una feria es una feria aunque sea de libros. Gastarse los maravedíes en letra impresa es una cosa, sobre todo pudiéndola pedir prestada, pero bajar al prado y echar una visual, saludar a fulano, parlotear con mengano, ¡y cómo no!, admirarse porque hay que ver cómo se ha puesto de guapa la hija de zutano, todo ello bajo un radiante sol de primavera, eso, eso ya es otra. Venían, según decían, de los pueblos cercanos, apareciendo con los coches, carros y carruajes por el estrecho camino que corre en paralelo al arroyo Abroñigal alto. ¡Algún día habrá que hacer más ancho ese camino de Dios! Venían también por los de Hortaleza y Fuencarral, por el camino nuevo de Chamartín, por la carrera de Atocha. No parecía, no, pensó Francisco, un día domingo como los otros.

Francisco, ya lo sabemos, no era madrileño de origen, pero Madrid, los Madriles, se le habían metido en la sangre de las venas. En ocasiones parecía molestarle dividir la ciudad con los demás, y por eso le complacía recorrerla cuando sus calles aparecían desiertas, como si cada uno de los adoquines que pisaba fuera suyo y solo suyo, cosa que no era fácil porque adoquines, lo que se dice haber, había pocos. Eso sí, los que había, fueron puestos por real orden del augusto padre de S. M., al que Dios tenga en su gloria. Francisco paseaba como si cada uno de los portales que dejaba atrás, como si cada uno de los árboles que serpenteaba, también fueran suyos. Y ese maravilloso silencio que le envolvía y que hacía más placentero el disfrute de esos instantes... Se dejaba llevar especialmente en los meses del estío y en las horas en las que el calor mantenía a los demás en el cobijo de sus casas, al auxilio del agua del botijo o de la fresquera. Eso le permitía a Francisco recorrer calles y plazas sin apenas cruzarse con ser viviente alguno. Incluso en ocasiones salía por el portillo de Santa Bárbara y paseaba al otro lado de la cerca. Por la ronda de Recoletos descendía pegado a las tapias de las huertas de los conventos y terminaba girando a su izquierda para tomar el camino que va hacia la fuente Castellana, recordando sus años de alumno de los Estudios, cuando siguiendo esos mismos caminos leía con afán los libros de matemáticas que le prestaban. A un lado desmontes y al otro el arroyo y también desmontes. Madrid se hará más grande, esto será un gran paseo, paseo de la fuente Castellana y los nobles construirán sus palacios y aquí habrá calles a derecha y a izquierda. «Y yo —se decía para sí Francisco—, cuando pasen centenar y medio de veranos, pasearé por ellas en la sangre de los hijos de los hijos de mis hijos.» No es que en la primavera fuera lo mismo que en el verano, pero los domingos muy de mañana sí que había la misma quietud y soledad en las calles. Por esa razón a Francisco, al cruzar la calle real del Barquillo, a espaldas del palacio de Buenavista, camino de la feria y ya en la calle de los Reyes alta, que con el tiempo llegará a llamarse Conde de Xiquena, le estaba resultando extraña la algarabía impropia de esas primeras horas festivas.

Es que, por lo visto, la feria ofrecía en sus puestos no solo las muy recientes impresiones, sino una gran provisión de libros antiguos, raros *exemplares* e incluso libros de lance. No daréis crédito, pero dando las once en el frontero convento de religiosas de San Pascual no cabe un alfiler en el paseo. Es tan grande el número de coches que bullen en las proximidades de la alameda que resulta arriesgada y casi imposible empresa andar sin darse de bruces con ellos. «¿Las casetas en el Prado nuevo? ¿Y los coches? ¿Qué han hecho con las hileras de coches? ¡No creo que se muevan entre ellas!» Las dos hileras de coches que se permiten pueden moverse la una desde la puerta de Recoletos aguas abajo hasta la puerta de Atocha por el lado del Retiro, y la otra, la que desanda el camino, hacerlo inmediata a las casas de Madrid. Eso sí, ambas hileras caminando siempre próximas a la línea de postas. Pues bien, han cortado la carrera entre la diosa Cibeles y los Recoletos de manera que no podrá dilatarse por él, volviendo hacia Atocha cerca de la fuente, en lugar de hacerlo frente al convento. Y no es posible incorporarse a la carrera ni desde la calle San Joseph, ni desde la calle del Almirante. La calle de San Joseph tomará más adelante el nombre de costanilla de la Veterinaria, porque conducirá a la citada escuela cuya fábrica estará en lo que fue huerta de la Solana. Y no estaría de más que cuando la institución de enseñanza mude de lugar, y deje de tener sentido que la costanilla se llame como se llama, a quien corresponda, tenga a bien nombrarla de Bárbara de Braganza en emocionado recuerdo a la muy amada esposa de N. S. Fernando VI. Todos estos impedimentos para los carruajes, los siete días que dura la feria. Y como ya se sabe que no siempre llueve a gusto de todos, y que cada uno habla de la feria según le va en ella, cuentan que el sábado *próximo pasado* el cochero de no sé qué marqués provocó un altercado una vez que la ronda de alguaciles le cortó el paso. Pero volvamos a lo nuestro.

Francisco alcanza en un visto y no visto la plazuela de Santa Bárbara frente a las Salesas Reales y San Joseph abajo llega al Prado nuevo. ¡Sí que hay animación en el Prado! Justo antes de alcanzar las primeras casetas le ha adelantado un grupo de aproximadamente un par de docenas de adolescentes en rigurosa columna de a dos, flanqueados por dos hombres de edad. No hay la menor duda. Su estricto uniforme, chupa, casaca y calzón de paño negro y del mismo color las medias, pero sobre todo la banda carmesí del hombro izquierdo hasta rematar con un lazo debajo del brazo derecho con el pequeño escudo en que sobre campo blanco está un Jesús bordado en oro, los define. Son dos cámaras de caballeros seminaristas del Real Seminario de Nobles de la puerta de San Bernardino. Como cuentan las crónicas, cuando el primero de los Borbones, ya rey de las Españas, extendió la vista por su reino, echó en falta no Estudios Generales, que los había, echó en falta no universidades, que también, sino que echó en falta un seminario dedicado a la educación de la nobleza, así que lo constituyó por Real Decreto dado en La Granja de San Ildefonso a 21 septiembre de 1725. No hay duda, los caballeros seminaristas van hacia la feria de libros, no está de más fomentar la lectura entre los adolescentes, acompañados de sus directores de sala. Se mueven con madurez y gravedad, no mirando a todas partes y menos a las ventanas, con los ojos inclinados algo a la tierra, como mandan las constituciones de la real institución. No, no son directores de sala. Al menos uno de ellos no lo es, porque

Francisco ha reconocido a Martín Rosell, segundo profesor de matemáticas del Seminario. No lo conoce en persona. Lo vio hace cuatro años asistir a sus alumnos en conclusiones públicas. Dada la igualdad de apellidos, Rosell Viciano, Martín debe ser hermano de Antonio, el también catedrático de Matemáticas en los Estudios Reales de San Isidro, y que ahora anda sustituido por hallarse no bien de salud.

Por fin está frente a las primeras casetas. No ha sido fácil porque hay bastantes personas en su derredor, pero delante de uno de los tenderetes Francisco ha conseguido alcanzar la privilegiada fila que está pegada a la bandeja donde se exponen los libros. Y desde esa situación, sin más que echar un vistazo a varios de los libros que se ofrecen, el maestro de matemáticas puede situar el puesto sin ninguna duda. ¡Cómo no va a haber personas intentando curiosear los bellísimos *exemplares*! Es la caseta del impresor, encuadernador y librero nacido en Guadalajara, Sancha. O eso es lo que cree Francisco, porque al mirar hacia arriba, en la parte superior de la caseta ha descubierto una vistosa banderola en la que aparecen entrelazadas como parte central de un florido dibujo una ge y una ese, que es el mismo dibujo que aparece en la portadas de los libros que ha estado hojeando y que es a todas luces la marca que utiliza el impresor. Y ahí está la duda. La ese de Sancha sí, pero Sancha es de nombre Antonio y la ge no termina de cuadrarle. Francisco, por unas cosas o por otras, como por ejemplo la enfermedad de María de los Ángeles, lleva un tiempo sin aparecer por la librería de la Aduana vieja. De un grupo de personas próximo, donde a alguien le asalta la misma duda, llega la solución. En estos acontecimientos multitudinarios no está de más andar listo de oído, porque siempre hay alguien que sabe y que gusta de hacerlo saber. Sí, se trata de la caseta de Sancha, y la ge es de Gabriel, el hijo que continúa el negocio del padre, fallecido hace ya unos años. El enterado no se detiene ahí, crecido porque ha encontrado mayor audiencia de la que esperaba, cuenta que don Antonio tuvo que mandar a su hijo al extranjero después de descubrir que una de las sirvientas enamora e interesa a su hijo. Y la cosa por lo visto se complicó, en cuanto que había una promesa de matrimonio que Genara Mate, ése era su nombre, había hecho valer ante el Tribunal Eclesiástico de la Vicaría de Madrid. La cosa no pasó a mayores pero Sancha, dicen, tuvo que usar todas sus influencias con Floridablanca y hasta con el propio rey. Al final todo se arregló y Gabriel pudo desposarse en San Ginés con Manuela Moreno, hija de un grabador de la casa, de nombre Juan Moreno Tejada.

No se hace necesario acercarse a las gradas de San Felipe. Cualquier lugar es bueno para ocuparse de la vida de los demás. Modas pasajeras que a buen seguro pasarán. ¿A quién va a interesarle la vida de otros por muy famosos que sean? Francisco ha departido unos segundos con Gabriel. Está interesado en la impresión de un texto sobre el arte de aforar líquidos, y ha quedado en pasarse por la oficina de Sancha en la plazuela de la Aduana vieja. Sabe perfectamente, de sus paseos en soledad, dónde está la plazuela. Según se sube desde la puerta del Sol por la calle de las Carretas, enseguida a la mano diestra. Próxima a la plazuela de la Provincia y separada de ella por la plazuela de la Leña. ¡Plazuela de la Leña! Curioso nombre. Sí que resulta curioso el nombre, pero a la villa, o lo que viene a ser lo mismo, a los que su madre les ha parido en ella, les sobra, amén de otras cosas, gracejo con el que nombrar sus calles. Múltiples ejemplos de ello hay, pero si para muestra basta un barrio, ahí está el del Rosario, que principia en la plazuela de Santo Domingo, y con las calles de Sal si puedes, de Enhoramala vayas y de Aunque os pese, todas ellas pegaditas a la ancha de San Bernardo. ¡Casi nada! Pero de vuelta a la circunstancia que nos ocupa, o sea, a la plazuela de la Leña, y al decir de los que saben y entienden, el nombre le viene de los maderos que en tiempos de las Comunidades hacinó allí el pueblo de Madrid para frenar el avance de los reales. Venían de Alcalá en ayuda del Alcázar, que mire usted por dónde, y en oposición a la villa, se mantenía leal a Carlos y a su tudesco cardenal. Menos mal que años después el hijo, o sea Felipe, no les echó cuentas a los madrileños. Y si se las echó, le salieron más cuadradas que en Toledo, que en Ávila, que en Valladolid, y no digamos que en Segovia. Así que se trajo a Madrid, para bien o para mal, la cosa esa de la capitalidad. Y lo que solo era villa pasó también a ser corte. Eso sí, sin dejarlo escrito, que se sepa. Con lo que gustaba al rey Prudente eso de usar papel y pluma.

Fijándose un poco, puede verse perfectamente que en la caseta de la Viuda de Ibarra han borrado el «e hijos» del cartel. Para la mayoría de los visitantes de la feria el hecho pasa desapercibido. Los hijos han desaparecido del cartel, pero hay huellas difíciles de borrar incluso con el tiempo y es claro que estuvieron. Va ya para tres años que los hijos de Ibarra, antes de salirse del cartel, se salieron del negocio familiar para incorporarse al del impresor Gerónimo Ortega en su oficina en la calle angosta de Majaderitos frente al Corral de la Cruz. Y lo que son las cosas, ¿quién demonios habrá hecho las asignaciones de puestos para la feria? Los ha colocado, a la viuda y a los hijos con solo dos o tres casetas de por medio. ¡Pues anda que no había opciones y que no es larga la feria! Además, que ese trasiego de cartel a cartel, no es del todo exacto numéricamente. Hijos de Ibarra había tres y solo los dos mayores se fueron con Gerónimo. La pequeña,

Manuela, no. De hecho, cuando muera la madre, tomará las riendas e imprimirá como la hija de Ibarra. ¡Y cómo son los mentideros! Decían que los que se van del negocio, se llevan mal con la hermana que era hija del primer matrimonio. Hablar por hablar y enredar por enredar. Los tres eran hijos del segundo matrimonio. La angosta de Majaderitos que también está cerca de la plaza de la Aduana vieja y del corral de la Cruz donde la representación de comedias. Y también se alcanza subiendo por la calle de las Carretas como la Aduana vieja, pero a la mano contraria. Hace un ángulo recto para unir dicha calle con la calle de la Cruz y salir justo frente al Corral. Majaderito es un instrumento para majar o machacar y también como una especie de palillo para hacer encajes, parece ser que el nombre de la calle se debe al majadero, que es eso, un mazo que empleaban en su trabajo los tiradores de oro y que tenían sus talleres en estos parajes. Arrancando de la angosta de Majaderitos y hasta la calle de la Cruz, también está la ancha de Majaderitos. Eso es frecuente en el callejero madrileño. Si se le da un nombre a una calle es porque es bonito, es porque tiene tradición. Si no lo es, no se le da. Y si es bonito, si tiene tradición, ¿por qué no aprovecharlo para dos calles? Además, si una es ancha y la otra angosta no está de más hacerlo saber. O grande y chica, o si una está en alto y la otra no.

Un reducido grupo de personas ha reconocido a Francisco y se agolpa en derredor de la caseta de la Viuda de Ibarra. Los libros, como prueba de que su impresión está autentificada, vienen firmados normalmente por el autor, pero los más osados del grupo le han requerido para que les añada unas líneas dedicadas. Se acaba de inventar la firma de ejemplares en las casetas de la feria de los libros. En su gran mayoría son, o han sido, alumnos de matemáticas de los Estudios. Uno de ellos, de especial relieve, es Joseph Igaregui, quien desde hace bastantes años es el primer maestro de matemáticas del Real Seminario de Nobles. No lo tuvo fácil porque vino a sustituir a Francisco Subirás, que había sido recomendado por el sabio Jorge Juan, pero salió airoso presidiendo con éxito gran número de conclusiones públicas de sus alumnos. Tras un tiempo dedicando los ejemplares, Francisco reanuda su recorrido por la feria. Atrás queda en el recorrido la familia del impresor Ibarra. La lástima es que no ha aparecido Manuel Godoy, el duque de la Alcudia, al que Francisco le había dedicado el trabajo incluyendo en él unas páginas de floridos elogios, por otra parte una práctica común. Alguien le había dicho que seguramente el ministro visitaría la feria. Nuevas casetas se suceden. Ahora aparece la del impresor Benito Cano, del que se comenta en los mentideros un divertido sucedido, que a buen seguro al impresor no le resultaría tan divertido. Se dice que hay una carta de Leandro Fernández de Moratín a su amigo el abate Juan Antonio Melón[5] en la que le menciona una comedia que se imprimió en casa de Ibarra y de la que expone que es una bonita edición para añadir «si puede mejorarse no repares en algún gasto más, sin que sea este o aquel el que la imprima, con tal que no sea el devotísimo Benito Cano». Sin llegar a la categoría de un Sancha o de un Ibarra, es un buen impresor con más de 15 años de oficio y un buen número de títulos. Hay por encima de 1.100 referencias de libros impresos por él en las bibliotecas públicas españolas.[6] Es impresor de libros religiosos, pero no en mayor proporción que cualquier otro, así que no parece ser esa la causa para endosarle el calificativo de devotísimo.

---

5 GONZÁLEZ PALENCIA, Ángel: *Eruditos y libreros del siglo XVIII*.
6 Web del Ministerio de Cultura. Bibliotecas. Catálogo colectivo del Patrimonio Bibliográfico Español.

Lo que sí parece es que Moratín habla por experiencia propia, porque cuando escribe la carta desde Roma en 1793, Cano ha impreso al menos tres obras suyas: *La derrota de los pedantes* en 1789, *El viejo y la niña* en 1790 y *La comedia nueva* en 1792. No debió quedar muy satisfecho de ellas para pedir a su amigo que imprima con cualquiera menos con Cano.

Ahí esta la caseta de la Imprenta Real y justo la siguiente la de la Viuda de Pedro Marín e Hijo. Pedro Marín, primo de Joachin Ibarra, impresor que fue del Despacho Universal de Marina, había muerto en 1790 y primero su viuda y enseguida también su hijo, se hicieron cargo del negocio. Es la caseta que Francisco iba buscando porque un conocido, un antiguo miembro del cuerpo de Ingenieros Reales que le ha hecho un encargo. Tiene especial interés en hacerse con la ordenanza de S. M. para el gobierno militar y económico de sus Reales Arsenales de Marina, impresa precisamente por Pedro Marín. La razón es simple. El titulo XVII trata del establecimiento de la Academia en la que se instruirán los ingenieros de Marina en las ciencias matemáticas y reglas con que se ha de gobernar. Alguien le ha dicho al ingeniero que las tres plazas de maestro de la citada facultad, una por departamento, y según se explica en uno de los artículos, se proveerán por orden del rey. Y tiene posible acceso a través de un alto oficial de la Compañía italiana de Reales Guardias de Corps, primo suyo, lejano pero primo al fin y al cabo. Lo que ocurre es que además de acceso al oficial de Corps, lo que también tiene el ingeniero real son muchos años.

Francisco no lo encuentra. Es una impresión de 1776, o sea de hace casi 20 años y no lo tienen. No tienen el libro y no tiene pues ningún sentido el encargo que le han hecho. Eso sí, como no está en su ánimo desilusionar a nadie, y menos a un anciano ingeniero de S. M., lo mejor será intentar llevárselo. Le han dicho que puede tenerlo el librero Juan de Llera, que normalmente vende las impresiones de la familia Marín. Su librería está en la plazuela del Ángel, junto la Nevería, pero también ha venido a la feria. Tiene caseta un poco más adelante. Una vez más se cita una librería por su situación en el callejero dando además una referencia que facilite su localización.[7] Nevería es, como puede suponerse fácilmente, la tienda donde se vende la nieve, así que el que de paso baja a por hielos, va y se compra un libro. Enseguida aparece la caseta de Llera, y aunque no disponen en ese momento del libro, un atildado mancebo de bigote recortadito que le atiende ha prometido encontrarle un *exemplar*. Después de dos horas largas de recorrido, de pararse aquí y allá, de mirar y remirar libros, la Feria parece terminar. Solo quedan ya un reducido número de tenderetes, y aunque la mayoría de los mercaderes de libros que han expuesto son de la villa, hay un reducido número que viene de fuera. Ese es el caso de la caseta que cierra el recorrido, en la que en un alto y a modo de banderola de extremo a extremo, un cartel a grandes trazos reza «Librería de Espinosa». Y todavía a mayor tamaño puede leerse «Segovia». Espinosa es mucho más que un impresor, mucho más que un librero, y está en parte ligado desde un punto de vista técnico al Colegio Militar de Artillería que hay en la ciudad. Francisco conoce bien del elevado nivel matemático de la institución militar, en la que desde

---

7 Imprenta librería de Pedro Joseph Alonso Padilla, en la calle de Santo Tomás, junto al Contraste. Librería de Tomás de Araujo Sebastián, en la puerta del Sol, frente a los *peyneros*. Imprenta de Antonio Marín, en la calle Jesús y María, frente a la portería de la Merced Calzada. Librería de Francisco Martínez Abad, en la calle del Olivo *baxa*, encima de la *aloxería*. Imprenta oficina de Antonio Pérez de Soto, en la calle de la Abada, enfrente del sombrerero junto al Carmen Calzado. Librería de Simond, en la puerta del Sol, frente a una peinería.

hace años se tiende a dejar de dictar las lecciones y que los alumnos dispongan de libros en donde puedan seguirlas.

Es el momento de hacer un alto. Este mayo viene caluroso y no estaría de más saciar la sed con un refresco. Esa es la invitación que le hacen a Francisco dos visitantes de la feria, vecinos suyos y en cumplida respuesta a la deferencia de haberles dedicado el libro. A la altura de la calle del Almirante han instalado una tienda de campaña que sirve de botillería y aunque hay bastantes personas, no ha sido difícil hacerse con un hueco. Unos vasos de aloja no estarán mal. Sobre la aloja, su receta dice que, para general conocimiento, se hace con agua de río, treinta libras; levadura antigua, cuatro onzas; miel muy buena, tres libras; polvos de jengibre, media onza; pimienta larga, media onza; canela, tres dracmas; clavo, dracma y medio y finalmente nuez de especia, un dracma, todo lo cual se mezcla. Gracias a ella, mientras se apaga la sed a la acogedora sombra de un toldo, no es mal momento para el parloteo. Los visitantes se han enzarzado con el tema de las Comunidades. Uno de ellos ensalza apasionadamente a los comuneros, «¡qué grandes hombres!». El otro asiente pero ensalza por igual a los imperiales, lo que provoca la inmediata réplica de su interlocutor, argumentando que no se puede a un mismo tiempo estar en la procesión y repicar. «A tiempo pasado, sí. Grandes eran Padilla, y Juan Bravo y Maldonado, y el obispo Acuña. Y grandes eran el almirante de Castilla y el condestable. Hombres de la misma tierra, que la hicieron ancha. Unos y otros son historia, la historia de España, y yo no quiero prescindir de unos para quedarme con los otros, ni quiero vanagloriar en exceso a otros para vilipendiar a los unos. No creo en los cronicones que dicen solo lo que quiere decir el que los escribe, no creo en los pliegos de cordel que escriben vencedores llenos de arrogancia, no creo en los pliegos de cordel que escriben vencidos llenos de resentimiento. Propongo un juego a su imaginación». Consiste en retroceder con el pensamiento hasta el año de 1521. «Imagínense un comunero corriendo por las eras, cerca ya de Villalar, presto a montar la artillería porque los imperiales ya se dibujan en el horizonte. En realidad no es nada más, nada más y nada menos que un cerrajero venido desde Toledo con los de Juan de Padilla, pero la bala que le va a partir el corazón en dos no hace preguntas. Ahora imaginen un soldado de los que van por la realeza, defendiendo el Alcázar madrileño del asedio comunero. Nacido en la calle del Espejo, hijo y nieto de soldado, hubiera sido un infante de la infantería que asombraría años después al mundo, pero el arcabuzazo que le va a volar la cabeza ya está disparado. ¿Cual de los dos?». Francisco, que apenas ha terciado en la disputa, ahora sí toma resuelto la palabra. «Estamos a punto de entrar en un nuevo siglo. ¿Pensáis que en el siglo XIX los tercios del duque son como para anhelarlos? No, claro que no. Las cosas son ahora diferentes. Evolucionan, mudan. ¿Sabían que ya para veinte años y por deseo expreso de Fernando el VI se puso academia de *mathematicas* en el *quartel* de Reales Guardias de Corps?». Por supuesto que lo desconocían, y en ese terreno el maestro de los Estudios, mitad soldado, mitad matemático, lleva ventaja. «Al día de hoy, esos son los soldados que yo quiero. Soldados igual de hábiles en el manejo de las armas que en la resolución de los problemas del cálculo sublime. Y si tengo que elegir entre el cerrajero de Zocodover y el infante de la calle del Espejo, no puedo. Me quedo con los dos». Al final, resulta que las diferencias no eran tan grandes, y de común acuerdan, como no podía ser menos, que la ley de Tordesillas, el encuentro con la reina Juana, la batalla de Villalar, la muerte de Padilla, Bravo y Maldonado y otros episodios de parecido fuste eran merecedores de inspirar romances a poetas y juglares.[8] Antes de despedirse, los obsequiantes se interesan muy educadamente por la salud de María de los Ángeles, que desafortunadamente no es todo lo buena que sería de desear. Lo que no pueden imaginarse ni por un momento los discutidores vecinos de Verdejo es que dentro de una decena larga de mayos y en el día que hace el número dos, como tantos otros madrileños, van a tener que tomar una decisión. Les va a tocar en tiempo muy presente, así que no hay otra. A repicar o a estar en la procesión. Y probablemente, los discutidores vecinos de Verdejo, mire usted por dónde, no van a caer del mismo lado.

Ha sido un día para recordar el vivido en la feria, pero el final del curso está próximo y hay que preparar las conclusiones. Se conserva el cuaderno[9] con el programa para el ejercicio público realizado por alumnos de Verdejo al final del curso 1793-94 y que tendrá lugar los días 7 y 8 de julio a las nueve de la mañana. El motivo de doblar el ejercicio no es esta vez el de dar opción a un alumno a que lo realice solo. Viene ocasionado por el elevado número de conclusionantes; un total de 23 estudiantes son los que, por decisión de su maestro Verdejo, van a someterse a examen público. 12 de ellos lo harán el día 7 y los 11 restantes, el día 8. Hay entre ellos dos hermanos, Joseph María y Antonio María García Tahona; y tres miembros de tropas de Casa Real, dos guardias de Corps de las Compañías flamenca y americana respectivamente

---

8 Hubo que esperar al último tercio del siglo xx para que apareciera el poeta. Larga la espera, pero mereció la pena. El juglar Luis López Álvarez hizo el verso precioso de un trozo de nuestra historia. Poco después, otro grupo de poetas, el Nuevo Mester de Juglaría, musicó el poema haciendo redondo el éxito.

9 Biblioteca del Real Monasterio de San Lorenzo de El Escorial. 37-II-22 (1).

y un cadete guardia de Infantería española. De todas las conclusiones para las que se ha encontrado documentación, ésta es sin duda en la que aparecen un mayor número de alumnos. Puede verse la lista completa en la figura 11. No dudamos que fuera una promoción especialmente brillante, recordemos que a examen público van los mejores, pero como ya conocemos, Francisco Verdejo, que sigue figurando en la portada del cuaderno como sustituto de la Facultad de Matemáticas en los Reales Estudios, ha solicitado unos meses antes de la celebración del certamen que se le conceda la cátedra que está vacante, sin realizar la oposición. Y uno de los varios argumentos que aduce es que ha presentado a realizar ejercicios públicos a un elevado número de alumnos, así que entra dentro de lo probable que en ese curso se forzara un poco al alza el número de conclusionantes.

De acuerdo con las rotaciones que deben haberse producido en el curso que nos ocupa, a la cátedra de Francisco Verdejo le correspondería impartir matemáticas de primer año, y el programa con las proposiciones que aparecen en el cuaderno así lo corrobora. De aritmética y álgebra hay en la parte teórica 27 proposiciones y en la práctica 33. Para la geometría y trigonometría, 61 en la parte teórica y 20 en la práctica. Y hay que resaltar que el ejercicio está dedicado por parte de los alumnos, guiados por la mano de su maestro, al excelentísimo señor don Manuel de Godoy. Exactamente la misma dedicatoria del libro de texto del que es autor y ambas, suponemos, con una muy clara intención: que llegado el caso, medie a su favor en la concesión de la cátedra vacante que ha solicitado.

El cuaderno con el programa de las conclusiones está impreso un año más por la Viuda de Ibarra, pero en esta ocasión hay una pequeña diferencia. En la portada del cuaderno y por encima de donde se especifica el nombre del impresor es donde se suele colocar la marca del mismo. Y en este caso la marca que emplea es muy raramente utilizada, bien porque corresponde a los inicios de la actividad impresora, bien porque la viuda quiere marcar diferencias. Se trata de las letras a, i, be y erre con las que es posible formar el apellido, pero bastante menos caligráficas de lo que aparecen en la marca más frecuente de la empresa y sin coronar ni aparecer soportadas por laurel. Y en la marca más historiada, la i latina muda a i griega. Las marcas son adornos tipográficos que los impresores colocan en las portadas de los libros para dejar su impronta. Hay un extraordinario estudio de Francisco Vindel, *Escudos y Marcas de Impresores y Libreros en España durante los siglos xv al xix*.[10] Los impresores Ibarra y Marín son familia, utilizan dos tipos de marcas muy similares. La primera de ellas es un ángel trompetero profusamente engalanado de guirnaldas y gallardetes. Hay una banderita que pende de la trompeta que sopla el ángel y en la que se colocan entrelazadas las letras necesarias para formar el apellido. En el caso de Ibarra, solo se observa prácticamente el entrelazado que después empleará, sin más adornos, su viuda. La segunda y posiblemente más evolucionada marca son las letras caligráficas coronadas y rodeadas de laurel. Lo que no se entiende muy bien es el empleo de la i griega, porque el apellido siempre aparece escrito con i latina.

En lo que hace relación a los conclusionantes, y sin ser una regla general, no es menos cierto que por el mero hecho de ser alumnos de San Isidro el Real ya representan una elite, no digamos los que defienden conclusiones en cuanto que son los mejores alumnos. Domingo Rives y Mayor, puede que

---

10 Puede verse en BN. IB 655.53 (46).

con el primer apellido incorrectamente escrito —debe ser Ribes—, aparece como docente en el Real Colegio de Cirugía Médica de Santiago.[11] «Domingo Ribes probablemente hijo del catedratico de San Carlos, José Ribes y Mayor está documentado entre 1808 y 1813». Debe ser el mismo. Como hijo de catedrático encaja en el perfil de alumno de los Reales Estudios y las fechas también encajan. Una vez cursadas las matemáticas de segundo en 1794, pudo estudiar medicina los años siguientes en San Carlos para terminar en Santiago. Respecto a la coincidencia del doble apellido con el padre, bien pudiera ser que, debido a la popularidad en el mundo docente de los apellidos de un catedrático, el hijo fuera nombrado por esos mismos dos apellidos. Otra opción es que fueran hermanos, pero parece que la relación familiar es clara. Curiosamente hay otro docente en Santiago, que es un caso paralelo. «Eusebio Bueno y Martínez, hijo de un cirujano, nació en Madrid el 21 de junio de 1774. Estudió matemáticas y mecánica en San Isidro el Real y en la Academia de Arquitectura de San Fernando».[12] Le veíamos en el capítulo anterior como defensor de conclusiones en los ejercicios literarios de 1790 y 1791.

Otro alumno destacado de 1794 es Narciso Mallol, que aparecerá en 1817 como alcalde mayor de Tegucigalpa.[13] El licenciado don Narciso Mallol, originario de Valencia, regalará a la comunidad una imagen de la Virgen de los Desamparados y propondrá la construcción de un puente que una Tegucigalpa

---

11 «Medicina e Historia». *Revista de Estudios Históricos de las Ciencias Médicas*. Nº 46, 1993 (Tercera época). El Real Colegio de Cirugía Médica de Santiago.
12 Ibíd.
13 Honduras Universal. Dpto: F. Morazán. Municipio de Tegucigalpa. Puente Mallol en http://www.angelfire.com/ca5/mas/dpmapas/fmo/teg/t100.html

con Comayaguela, el puente Mallol, que se terminará en 1821, el mismo año en que se produce la independencia de Honduras y el fallecimiento de Mallol a la edad de 42 años. Es decir, que en 1794 tiene aproximadamente 15 años, una edad muy adecuada para cursar en los Estudios el segundo curso de matemáticas. Juan Bautista de la Bodega es probablemente hijo de Juan Francisco de la Bodega, un oficial naval español nacido en Perú.[14] Este peruano, descendiente de españoles, estudia en el Real Colegio de San Martín de la Universidad de San Marcos de su Lima natal y a los 19 años ingresa en la Academia Naval de Cádiz. Navegando desde el puerto de San Blas, en el actual México, exploró la costa del noroeste del Pacífico de América, llegando hasta Alaska. En 1793, Carlos IV añade a los Guardias de Corps la Compañía americana, cuadretes de la bandolera de color morado, para hijos de nobles del otro lado del océano. Juan Bautista, como hijo que suponemos es de un oficial de alta graduación de la Marina española nacido en Perú, tendría la posibilidad de formar parte de la citada compañía. Joaquín de Acedo Rico y Olazábal, cadete de Reales Guardias de Infantería española, es seguramente hijo de Juan Acedo Rico, ministro del Consejo y Cámara de S. M. con el que Gregorio Mayans mantiene correspondencia durante los años 1779 y 1780.[15] Edmundo O'Ryan, vinculado al Colegio de San Patricio de los Irlandeses, ocupó a mediados del XIX cargos de relevancia en la Hacienda pública, tal como director general de rentas.[16]

---

14 http://www.es.wikipedia.org/wiki/Juan_Francisco_de_la_Bodega_y_Quadra
15 Correspondencia de Mayans con altos cuadros de la admón. borbónica.
16 *Colección legislativa de la deuda pública en España*. Parte Segunda. Tomo VIII. Madrid: Imprenta Nacional, 1862. Biblioteca del Ministerio de Hacienda.

Con el apellido Mezquia y Garaicoeche —Prudencio es uno de los conclusionantes del ejercicio del que estamos tratando— volverá a aparecer en los ejercicios de 1807 cuando Hermenegildo, al que suponemos hermano de Prudencio, defienda conclusiones asistido igualmente por Verdejo. Y un Mezquia Garaicoeche más, exactamente Juan Pío López de Mezquía y Garaicoeche —la relación familiar parece indiscutible—, recibe en 1797 licencia para casarse con Isidora de Cobo Rodríguez.[17] La necesita como funcionario público que es. Exactamente, guarda de almacén de las Fábricas de Salitre de Madrid. En Madrid hay dos fábricas del mencionado producto que aportan la materia prima para la fabricación de la pólvora, dan trabajo a 400 obreros en verano y a 1.300 en invierno. Están ubicadas la una en el barranco de Embajadores y la otra próxima a la puerta de los Pozos de la Nieve. El embajador inglés Joseph Townsend[18] las describe detalladamente, criticando de manera análoga a como lo hace con otros productos fabricados bajo monopolio real: localización equivocada, salarios elevados y alto coste para el combustible de los hornos, hecho que obliga a vender el salitre por debajo de su coste. Se encuentra una justificación del proceso evidentemente social y no económica. En lo que respecta a la terminología del puesto que ocupa Juan Pío López de Mezquia, guarda de almacén, hay que situarla en el contexto del año en que nos movemos.

Finalizadas las conclusiones, la oposición a la cátedra le va a ocasionar a nuestro matemático más de un dolor de cabeza. El rosario de súplicas, Verdejo, Oviedo, otra vez

---

17 AHN (FC-Mº_Hacienda); leg. 511, exp. 2312.
18 TOWNSEND, Joseph: *A journey through Spain in the years 1786 and 1787... to the agriculture, manufactures, commerce, population...* Vol I. Puede verse en RAH, 16/6871.

Verdejo y Lope, que le llegan al Consejo desde Aranjuez, es seguramente lo que reaviva el que parecía un tanto olvidado expediente del nombramiento de ministro de la oposición. Aparecido el edicto, comienzan los problemas para Verdejo. Estanislao de Lugo, director de los Estudios, se niega a admitirle como opositor por su desconocimiento de la lengua latina. Francisco se pone en contacto con su lugar de origen y su padre, Nicolás Verdejo, «vezino y de el estado de Hijosdalgo de esta V.ª de Montalbo en la Prob.ª de Cuenca», ante Juan Simón Palomino, «Alc.ᵉ Ordinar.º de ella y familiar del S.ᵗᵒ Oficio de la Inquisición», presenta cinco testigos de que su hijo Francisco «en los menores años de su hedad, estudió en esta V.ª Gramatica y Latinidad con Joseph de Heredia preceptor que entonces era». Tiene que hacerlo así porque el preceptor ya ha fallecido y los testigos son Joseph Martínez Escamilla, Joseph Antonio Carralero, Estanislao Palomino Peña, Joseph Pérez y Manuel Guijarro, y cada uno de ellos «ofreció decir verdad en lo que supiese y fuese preg.ᵈᵒ», confirmando los estudios de Francisco Verdejo. Joseph Antonio Carralero es probablemente hijo de Julián Carralero, quien en el Catastro de Ensenada realizado para la villa de Montalbo en 1752 figura como hornero a cargo «del horno de pan cozer propio del Sr. de esta villa y que llaman de la Plaza». Escamilla, Palomino y Guijarro son apellidos que aparecen en la relación de respuestas al cuestionario citado. Juan Clemente, el escribano por su majestad que da fe del examen y juramento de los testigos, es el mismo que ocho años después certificará la partida de bautismo que Verdejo incorpora a su solicitud de licencia para contraer segundas nupcias con Francisca Herraiz, una vez viudo de María de los Ángeles Páez.

El testimonio de los paisanos —y en su momento condiscípulos— de Verdejo no es suficiente para el director de los Estudios, que es como decíamos quien le pone las trabas para opositar. Cómo recuerda Verdejo ahora las quejas del guardia valon en la hostería de la calle San Joaquín referentes a la imposición de la lengua latina en las cátedras de Matemáticas. Ante esta situación, Verdejo dirige un escrito al Consejo con fecha de 10 de agosto en el que hace constar que al director no le bastan los documentos que prueban que en su juventud estudió latín. Y añade los siete años que lleva como sustituto en esa cátedra, los mismos años como maestro en la Real Casa de Desamparados, que los autores principales están ya traducidos del Latín y que en ningún momento en la enseñanza de las matemáticas y otras ciencias se hace uso de la citada lengua. Y solicita, dado lo expuesto, ser admitido. El Consejo requiere la opinión del director, que con fecha de 17 de septiembre expone que «se le puso delante un libro latino del estilo más llano y fácil, y no supo traducir en él cosa alguna, siendo por lo mismo muy reparable que después de esta prueba se atreva a afirmar al Consejo en su Memorial que comprende muy bien los matemáticos latinos».[19] Rebate punto por punto los argumentos esgrimidos por Verdejo, para terminar en consecuencia juzgando que la solicitud debe ser desestimada. Un mes más tarde, el 17 de octubre, Verdejo dirige una súplica al rey en parecidos términos, y en la que justifica su desconocimiento de la lengua latina con algo que conocemos, su incorporación a la carrera militar en el Real Cuerpo de Guardias de Infantería española que le dificultó proseguir los estudios del latín de su juventud, pero que le permitieron continuar los estudios de matemáticas, porque es claro que en el Ejército se facilitaba el acceso a ese tipo de conocimientos.

---

19 AGUC. D-452.

Los opositores a la cátedra, entre los que como hemos mencionado no figuran ni Rodrigo de Oviedo ni Tadeo Lope, son cinco. Además de Francisco Verdejo, al que bien a su pesar el director Lugo ha tenido que admitir por requerimiento real, están Joseph Rebollo, Joseph Miguel de Sarasa, Pedro Ramírez y Sebastián de Andrés. Rebollo es desde 1787 catedrático de Matemáticas por oposición del Real Seminario de San Telmo en Sevilla. Es, como veremos más adelante, el favorito de Lugo, quizás por simple oposición a Verdejo, y eso le convierte en un serio candidato. Independiente de su valía, que aquí no se pone en duda, van a salir a relucir relaciones de parentesco con uno de los censores y, lo que es más curioso, hay una carta a los señores del Consejo del literato Juan Pablo Forner, director de la Real Sociedad Patriótica de Sevilla, en la que se pide que se conceda la cátedra a Rebollo, haciendo hincapié en que sería de mucha satisfacción a la Sociedad en cuanto que serviría de estímulo para que otros se aplicasen al estudio de unas ciencias de tanto mérito. José Simón Díaz hace mención de la carta[20] citándola como lo que realmente es, una carta de recomendación. Otro de los candidatos es nuestro conocido de la Real Fábrica de Cristales, Joseph Manuel de Sarasa. Según consta en la relación sucinta de sus méritos literarios, desde el año 1783 y hasta el 1789 sustituyó las cátedras de dicha facultad tanto en los Reales Estudios como en el Seminario de Nobles. En efecto, vimos en el capítulo anterior que sustituye en el Seminario por espacio de cuatro meses tanto la cátedra de Igaregui como la de Martín Rosell, y también a su maestro Antonio Rosell en diferentes ocasiones en el periodo 1783 a 1787. Fue alumno de los Estudios, y es desde 1789 catedrático de Matemáticas por S. M. en la Real Academia de Guardias Marinas de Cartagena.

---

20 Simón Díaz, José: Opus cit., p. 311.

Si Sarasa procedía de Madrid puede ser que tuviese interés en volver, pero el hecho de que se presente a la oposición, reafirma una vez más lo prestigioso de la entidad. No la ganará y permanecerá en Cartagena hasta 1799.[21] En el año 1804, quizás antes, vuelve a Madrid, en donde aparece como profesor de astronomía teórica en el Real Observatorio.[22]

Conocidos ya los opositores, queda por saber quiénes fueron los censores. Vista en ocasiones la falta de objetividad al juzgar las pruebas, quienes sean los elegidos tiene en principio su importancia para el resultado de la oposición. Decimos en principio porque el informe final al Consejo, en donde se resumen las opiniones emitidas por los censores, lo realizan el ministro de la oposición y el director de los Estudios. Y llegado el caso, si hay que tergiversar los hechos se tergiversan, interpretando con excesiva libertad lo que opinan los censores, que se supone son los expertos en la materia que censuran, lo que afortunadamente tampoco es definitivo, porque la designación real puede hacer, atendiendo a razones de mayor peso, y para bien o para mal según quien opine, caso omiso del informe. En esta ocasión son nombrados como censores Joseph Radón y Joseph Garriga, del Real Observatorio, catedrático de Matemáticas con aplicación a las artes el primero, profesor de astronomía el segundo. Joseph

---

21 ANTILIA. *Revista Española de Historia de las Ciencias de la Naturaleza y de la Tecnología.* 1995. Vol. I. Artículo nº 3: «La Academia de Guardias Marinas de Cartagena (1776-1824)». Juan Francisco López Sánchez, Manuel Valera Candel y Carlos López Fernández: «Maestro segundo de Matemáticas. José Miguel Sarasa (1789- 1799). Tomó posesión el 26 de agosto de 1789. Cesó en el puesto de segundo maestro en septiembre de 1799, al ser nombrado ayudante de la Inspección General de Caminos».

22 LÓPEZ ARROYO, Manuel: *El Real Observatorio Astronómico de Madrid (1785-1975).* «En 1804 solicita que el Cuerpo sea secularizado y el 3 de agosto de 1804 se reorganiza el Observatorio produciéndose una notable merma de personal». Entre los que permanecen cita a Joseph Miguel de Sarasa como profesor de astronomía teórica.

Radón pedirá ser exonerado y si bien al principio se acepta su renuncia, como esa petición es casi un denominador común de los censores propuestos, no se le aceptará al decidir el Consejo que hay argumentaciones más justificadas que la suya.

Aquí está el encuentro anunciado entre los antiguos compañeros de los Estudios. Ahora uno de ellos como opositor, Verdejo, el otro como censor, Radón. Radón y Garriga son como hemos dicho profesores del Observatorio. En 1789, Carlos III y Floridablanca relanzan el proyecto de dotar a la corte de un observatorio señalando un sitio en el Buen Retiro y encargándole las obras a Villanueva. Un año más tarde se hace volver de París a Salvador Ximénez Coronado, donde había sido becado, y se le nombra director asignándole habitación en uno de los edificios próximos a San Jerónimo. Y se inician las clases en el primer patio del palacio del Retiro. De este primer grupo de alumnos destacaron, además de los citados Radón y Garriga, Joseph Ramón de Ybarra, Modesto Gutiérrez y los ya conocidos Joseph Beguer y Manuel Beguer. Todos ellos, excepto los hermanos Beguer, una vez terminado su proceso de formación, se incorporaron al servicio del Observatorio.[23] Radón, por cierto, acababa de publicar el primer tomo de sus *Tratados de Matemática necesarios a los artífices para la perfecta construcción de instrumentos astronómicos y físicos: dispuestos para la instrucción teórica de los aprendices del Taller del Real Observatorio de Madrid.*[24] La obra comprende los preliminares, aritmética, geometría y dinámica. El tomo segundo, incluyendo la mecánica, se imprimirá tres años más tarde.

---

23 López Arroyo, Manuel: Opus cit.
24 Biblioteca Central Militar (Instituto de Historia y Cultura Militar). V-67-7-45 (1) y (2).

El tercer censor nombrado es Antonio Fernández Solano, catedrático de *Physiología* en el Real Colegio de Cirugía y de Física que fue en estos mismos Reales Estudios. Pide así mismo ser exonerado con motivos razonables «que dedicado mas ha de doze años al cultivo de las materias cuya enseñanza esta hoy a mi cargo ha otros tantos que ni mi destino ni mi salud me han permitido volver al estudio serio de Matemáticas a que fui aficionado». El cuarto y último censor nombrado es el ya citado como sustituto de matemáticas en los Estudios y catedrático de esa misma facultad en la Real Academia de San Fernando, Antonio Varas y Portilla. Que, ¡cómo no!, pedirá ser exonerado por motivos de salud según certificado médico que adjunta de Ysidoro Fonseca, cirujano aprobado por el Real Tribunal y residente en esta corte. Este certificado es el que, unido a otras informaciones, utilizábamos en el capítulo anterior para tratar de determinar el final de su trabajo como sustituto en los Estudios. Por cierto, que en su escrito al Consejo en donde pide ser liberado de la tarea encomendada, hay una frase en donde se pone de manifiesto algo sobre lo que venimos insistiendo, y es el enorme prestigio de las cátedras de Matemáticas de los Estudios. Dice Varas «si mi salud, si mi vista me lo permitiera sería interés mío el ser juzgado para esta cátedra mas bien el juzgar». Entendemos que las palabras de Varas ponen en duda la afirmación de Nuria Valverde de que la cátedra más importante de Matemáticas del siglo tuvo su sede precisamente en la Academia de San Fernando.[25] Si se es el titular de la cátedra más importante, es evidente que no se escribe una cosa así. Estaría más en la línea de lo que recoge Capel en su comparación de la institución con la Real Academia de Matemáticas de Barcelona, fundamentalmente

---

25 VALVERDE, Nuria: «Saber y gusto: el eco de la monarquía». En *Madrid, Ciencia y Corte*. Antonio Lafuente y Javier Moscoso, eds.

de *Las apreciaciones sobre la Academia de San Fernando* en Prieto González y en la que se menciona que la Academia fracasó estrepitosamente como centro educativo, donde el cuerpo docente deja bastante que desear. Y cita el hecho de que cuando en 1755 Ventura Rodríguez presentó a la institución su *Tratado de Geometría práctica,* ésta declinó juzgarla por carecer de autoridad científica, recurriendo a miembros de la Sociedad Militar de Matemáticas de Madrid.[26] Bien es verdad que el prestigio de Bails y, sobre todo, la enorme utilización de sus textos en la época, con independencia de su mayor o menor originalidad, suponen un hecho cuyo realce no puede negarse. Pero no se vio acompañado de la aparición de discípulos continuadores de esa obra —hablo de la cátedra de Matemáticas— ni de una producción escrita que pusiese de manifiesto una mínima actividad.

Ante el aluvión de solicitudes para no actuar como censores que se le vienen encima al Consejo, tres de cuatro, decide no aceptar la de Radón, «bien examinadas se colige son mas bien hijas de su moderación u otro honesto principio», pero sí considera legítimas las de Fernández Solano y la de Varas y decide que entren dos suplentes. Son estos Joseph Morales, maestro de matemáticas en la Real Casa de Caballeros Pajes de S. M., y Francisco de Chabaneau, profesor de mineralogía de esta corte. Este último presenta un escrito al Consejo excusándose a su vez para actuar como censor. Las causas son por un lado sus ocupaciones «debiendo comenzar mis lecciones públicas de Química en el Real Laboratorio de

---

26 *Construcción del Estado y creación de cuerpos profesionales científico-técnicos: Los Ingenieros de la Monarquía Española en el siglo XVIII.* Horacio Capel. Scripta Vetera. Edición electrónica de trabajos publicados sobre geografía y ciencias sociales. Universidad de Barcelona. http://www.ub.es/geocrit/sv-85.htm

mi cargo dentro de tres o cuatro días» y por otro su falta de conocimientos «las diferentes ramas de una ciencia tan basta que no cultivo mucho tpô hace». Son éstas razones análogas a las que argumentó Fernández Solano, pero el Consejo, cansado de tanta renuncia, decide no aceptarlas. De los dos últimos censores incorporados, Chabaneau es, como se deduce de su empleo y de su sincero reconocimiento del desconocimiento de las matemáticas, totalmente ajeno a esta rama de las ciencias e igualmente ajeno a los Estudios. Joseph Isidoro Morales Rodríguez, por el contrario, ni es ajeno a las matemáticas ni lo es a los Estudios. Recordemos que había solicitado sin éxito la concesión de la plaza de director de los Reales Estudios. En estos últimos años, en alguna medida, ha salido del absoluto olvido en el que se le tenía, porque estudiosos de la teoría de la selección social han investigado acerca de su vida y de sus obras. El motivo hay que buscarlo en dos de sus libros, *Memoria matemática sobre el calculo de opinión en las elecciones*, impreso por real orden en Madrid en el año 1797 y por Pedro Julián Pereyra, a la sazón impresor de Cámara de S. M., y un apéndice a esta misma *Memoria*, impreso en 1805 por Sancha para «satisfacer a algunas objeciones que se me han hecho por algunos sabios nacionales y extranjeros, contra la exactitud del método de elegir, que adoptó en sus primeros Estatutos u Ordenanzas el Instituto Nacional de Francia, y que ha sido asunto de la Memoria Matemática que he publicado en la Imprenta Real el año 1797».

Constituido el tribunal se celebra la oposición y el 30 de noviembre Francisco Verdejo lee su disertación *Del movimiento de los péndulos simples y compuestos y de sus centros de oscilación y percusión*. No incluye ni un solo cálculo y termina su exposición justificándolo doblemente; «en primer lugar no molestar la atención del auditorio, y en segundo dejar al arbitrio de los señores Jueces el pedirlos cuando lo exijan las circunstancias».[27] En el mes de diciembre del año en curso, es decir 1794, se producen los informes de los censores. Los astrónomos Radón y Garriga otorgan el primer lugar a Verdejo y, en lo que en mi opinión es un ejercicio de honradez, colocan ambos, con un ligero matiz diferenciador, a Rebollo en segunda posición. Por el contrario, Morales y Chabaneau dan a Rebollo la primera, a Joseph Miguel de Sarasa la segunda y equiparan en la tercera posición a los otros tres candidatos, Verdejo, Ramírez y Andrés. No parece muy coherente esta posición tan retrasada de Verdejo con el juicio emitido por Radón y Garriga. Pero donde la incoherencia ya no es una sospecha, sino evidencia de una clara manipulación de los resultados, es en el informe que envían al Consejo Lugo y el ministro de la oposición Vaca de Guzmán. Enuncian que en vista de lo que contienen las censuras, de lo que oyeron a los censores en la conferencia de votación, y del conocimiento de las circunstancias y prendas de cada uno de los opositores, la primera posición es para Rebollo, la segunda para Sarasa y compartida por Verdejo, Andrés y Ramírez, la tercera. Puede ser admisible la colocación de Rebollo, pero lo que no está justificado es que sitúen a Verdejo por detrás de Sarasa, ignorando dos votos de cuatro que colocan a Verdejo como primero.

No sabemos si porque los informes son públicos o porque alguna filtración se los hace llegar a Verdejo, el hecho es que los conoce y reacciona de inmediato. Envía una súplica en la que pone de manifiesto que el suplicante no solo no ocupa el lugar que le corresponde según lo emitido por los censores,

---

27 AGUC. D-452.

sino «que le colocan en el último suprimiendo con un silencio estudiado los méritos». Es tan descarada la manipulación de la opinión emitida por los censores por parte de Lugo en el informe, que eso facilita sobremanera la defensa de Verdejo. Y en ese mismo escrito de súplica decide pasar al ataque: menciona que ha presentado a examen público a más de 120 discípulos. Este dato nos interesa, porque aunque Verdejo infle la cifra, está muy por encima de los alumnos que aparecen en los cuadernos localizados, lo que quiere decir que sigue habiendo cuadernos perdidos o sin localizar. Para concluir, aduce en su rival defectos de forma, haciendo constar que vino a la oposición cuando el concurso estaba ya cerrado, y eso fue al enterarse de que actuaba como censor Joseph Morales, con el que Verdejo le atribuye relación de parentesco. El segundo apellido del opositor Rebollo es también Morales. En otra súplica de Verdejo, ésta dirigida a S. M. y con idéntico fin que la anterior, y en la que se expresa en términos muy parecidos, Verdejo define con exactitud el grado de parentesco. El juez y el juzgado son primos. No es el único que apura las últimas opciones. Con fecha de 30 de diciembre de 1794, ya finalizada la oposición, Sebastián de Andrés, que es el opositor formado en las cátedras de la Sociedad Aragonesa, y uno de los peor valorados por los censores, dirige una súplica al rey. Súplica exageradamente patética, más allá de lo que sería normal en un escrito de estas características, «se digne conferirle la dicha Cathedra de Matemáticas, o darle qualquier otro destino», dado que un hermano suyo se ha incorporado al Ejército de Navarra y que sus padres, muy mayores, necesitan de su ayuda.

Hay un escrito de Godoy, duque de Alcudia, a Eugenio de Llaguno con fecha de 28 de febrero de 1795 en el que se le dice que de orden del rey y para la provisión de la cátedra de los Estudios que se halla vacante, se tenga presente a Francisco Verdejo, que la ha servido interinamente por espacio de ocho años y que según parece ha obtenido que de los cuatro examinadores dos le hayan propuesto en primer lugar. Es evidente que Verdejo está a punto de conseguirlo. Puede que conociese a Godoy, recuérdese el pasado común de ambos ligado a tropas de Casa Real. Incluso meses antes y en una apuesta fuerte, Verdejo dedicaba a Godoy su libro *Compendio de Matemáticas para la instrucción de la juventud* e incluso algún ejercicio público de los realizados por sus alumnos. Pero con independencia del grado de relación existente entre Godoy y Verdejo, lo que es claro es que este último está bien relacionado en la corte. Sus años de sustituto en la institución, donde se forman hijos de personas influyentes, le han relacionado con el poder. Finalmente solo cinco días más tarde, es decir, un año largo después de que Verdejo solicitase le fuese concedida la cátedra, Bartolomé Muñoz de Torres, del Consejo de S. M., su secretario escribano de Cámara más antiguo y de gobierno de él, certifica que por real resolución y a consulta del Consejo, se ha servido S. M. nombrar a Francisco Verdejo para regentar la cátedra de Matemáticas. Todos los esfuerzos del director Lugo para impedir un Verdejo catedrático han resultado inútiles y suponemos que no encajaría de buen grado el veredicto final. De hecho es el principio de una gran enemistad entre ambos, de la que no tardaremos en tener pruebas.

La noticia con el nombramiento de Francisco como catedrático de Matemáticas de los Estudios Reales de San Isidro vuela hasta Montalbo. Lo primerito que hace doña Teresa, su madre, es irse a la iglesia a encargar una misa. «Con lo que le tengo yo rezado al santo, don Estanislao. ¡Si no podía ser de otra manera!». El santo es naturalmente Domingo de Silos, el titular de la iglesia parroquial, y don Estanislao es Estanislao Palomino, teniente de beneficio de dicha parroquia, que es quien recoge el encargo de doña Teresa. Después de la misa, los familiares y amigos son obsequiados en la posada de la familia Verdejo-González Peña con una comida que se inicia con las migas ruleras —pan endurecido que se humedece y se desmiga para freír, eso sí, poniendo poco aceite en la sartén y sin que falten dientes de ajo, algo de carne y trozos de jamón y chorizo—, seguido del morteruelo —que es un guiso de carne de conejo, liebre, perdiz e hígado de cerdo bien condimentado con pimentón y orégano— y para terminar con el arrope, que es un postre de lo más sustancioso, hecho de mosto y calabaza.[28] Ha resultado precioso, precioso y muy emocionante, lo que no quita que haya habido que gastarse unos dineros que habrán de sacarse de muy bien no se sabe dónde. Porque además, ya lo han decidido, en el septiembre que viene Nicolás, que está a punto de cumplir los 19 años, se va a Madrid a estudiar las matemáticas a San Isidro. ¡Faltaría menos, siendo su hermano Francisco quien es!

---

28 ESCAMILLA CID, Antonio: Opus cit.

5

Su conocido desafecto hacia el catedrático Francisco Verdejo

Llega el verano y con él el final del curso 1794-95, el primero con Francisco Verdejo como flamante catedrático de la facultad de matemáticas de los Reales Estudios de San Isidro de esta corte. En dicha circunstancia resulta difícil de aceptar que no asistiera a sus mejores alumnos de segundo curso en la realización del ejercicio público, y más si tenemos en cuenta que en julio del pasado año defendieron conclusiones de primero 23 de ellos. Pero ni ha sido posible encontrar algún ejemplar del cuaderno con el programa impreso ni tampoco una referencia a la celebración del acto en los diarios que habitualmente las incluyen, como la *Gaceta de Madrid* o el *Diario de Madrid*. Tampoco puede basarse la no hipotética celebración del acto a algún condicionante de tipo general que afectara a toda la institución, porque en la otra cátedra donde actúa como sustituto Ybarra sí que se realizan. Informa de ello el citado *Diario de Madrid* en su número del lunes 13 de julio poniendo en conocimiento de sus lectores que a las nueve y media de la mañana «tendrán Ejercicio publico de Matemáticas puras, el conde de Ibeagh, primer teniente del Regimiento de Irlanda, agregado a los Ingenieros de Marina. D. José Mamerto Gómez. D. Vicente González del Reguero. D. Manuel Rodríguez y Fito. D. Felipe de Uceta y Sobrevilla. D. Antonio Manuel de Morales. D. Joseph del Bono». De matemáticas puras, es decir de primer curso, y todos ellos asistidos de su maestro, que es a la fecha teniente de Burlote de la Real Armada y profesor de astronomía en el Real Observatorio.

José Mamerto Gómez, así nombrado, no parece una figura relevante, pero se trata en realidad de José M. Gómez Hermosilla, que cuando defiende conclusiones de matemáticas de primero tiene 24 años. En 1797, es decir, un año más tarde de concluir sus estudios en San Isidro, es nombrado sustituto en la cátedra de Griego en esa misma institución, y en 1802 ganará por oposición la cátedra de Retórica. Será condecorado por José I con la Real Orden de España, y en 1814, instaladas las Cortes en Madrid, es uno de los dos profesores de los Estudios que salieron a la vergüenza pública y confiscados sus bienes. En 1820 no se le permite reincorporarse a su cátedra y, apoyándose en la recién programada libertad de enseñanza, funda con Alberto Lista el colegio de San Mateo.[1] En la vuelta al periodo absolutista alcanzaría puestos de renombre, jubilándose en 1835 como secretario de la Dirección General de Estudios. Su compañero de ejercicio, Manuel Rodríguez y Fito es situado por Capel en septiembre de 1796 como ayudante de Ingenieros en la fortaleza de Sant Ferrán de Figueres,[2] situación temporalmente compatible con que cursara también las matemáticas de segundo en el curso 1795-96, aunque no se ha podido localizar ninguna referencia relativa a la realización de conclusiones del citado curso. De ser así, dos meses después de finalizado el curso en San Isidro, Rodríguez

---

1 Díaz Simón, José: Opus cit.
2 Capel, Horacio y otros: *Los Ingenieros Militares en España. Siglo XVIII.*

y Fito se incorporaría a la carrera militar. En 1802 pasa al Regimiento de Zapadores Minadores en Alcalá de Henares. Más tarde es destinado al Ejército de Valencia, donde, casado con Teodora Montero, aparece en diversas ediciones del *Calendario Manual y Guía de Forasteros* como miembro del cuerpo de Ingenieros. Será nombrado gobernador políticomilitar de Visayas, uno de los tres grupos que componen las islas Filipinas. Muere en 1867.

El conde de Ibeagh es Bernardo Magenís y Ortiz, hijo del coronel gobernador de la plaza de Tuy, quien sirve al rey desde la clase de cadete y se halló en los dos sitios que sufrió la ciudad de Ceuta en los años 1790 y 1791, y en la guerra con Francia en el Ejército de Cataluña. Empleado en la Secretaría de la Inspección General de Infantería es probablemente cuando asiste al curso o a los cursos en San Isidro.[3] En 1808 se le concede la comandancia del III Batallón del Regimiento de Irlanda y con esa graduación participa un año más tarde en la batalla de Talavera. Gobernador militar en Alicante, alcanzaría finalmente la graduación de mariscal de campo. Vicente González del Reguero fue oficial del Departamento del Fomento General del Reino, y autor de diferentes libros, como un *Compendio Geográfico Estadístico de la confederación del Rhin*, impreso por Repullés o el *Romancero e historial del mui valeroso cavallero el Cid Rui-Díaz de Vivar*, impreso en 1818 a requerimiento de su viuda por Benito Cano.

Como era previsible, dados los incidentes que ocurren antes y durante la provisión de la cátedra que gana Verdejo, los enfrentamientos entre el director y el nuevo catedrático no tardan en producirse. El motivo de uno de los primeros

---

3 AGS (SGU); leg. 6813, 48.

encontronazos es el libro de texto[4] —hace años que las lecciones dejaron de ser dictadas— que se utiliza como base para las clases que se imparten en los Reales Estudios. Ya expusimos en su momento que en las cátedras de Matemáticas de San Isidro se utiliza la obra de Benito Bails desde que en 1772 substituyó a la de Wolfio, si exceptuamos el breve paréntesis en que Antonio Rosell empleó el primer tomo de sus inconclusas *Instituciones Matemáticas*. Por otra parte Verdejo había publicado en octubre de 1794, es decir unos meses antes de ser nombrado catedrático, el tomo primero del *Compendio de Matemáticas Puras y Mixtas para la Instrucción de la Juventud*. Al iniciarse el curso académico 1795-96, primero de Verdejo como catedrático, solicita al director algo que parece totalmente razonable. La sustitución del texto de Bails por el suyo propio que se supone, al haberse escrito con ese fin, lógicamente más adecuado al programa que se sigue en los Estudios, sustitución que Lugo, incomprensiblemente, no autoriza.

La reacción de Verdejo ante esta negativa es la que cabría esperar. Con fecha de 24 de septiembre de 1795, presenta una instancia al Consejo en la que solicita le sea concedida la autorización que el director le niega. Su argumentación es sólida. Tiene, como hace constar en el escrito, una experiencia de ocho años en la enseñanza de las matemáticas en los Estudios y la obra de Bails que ha venido utilizándose, «tiene mayor extensión que la que se permite en un Compendio, no comprehende las Tablas Logarítmicas y Trigonométricas y se limita demasiado en aquellas partes que son más esenciales quales son la Geometría, el Tratado de Curvas y la Mecánica». Cita que en los cuerpos facultativos de Marina, Artillería y

---

[4] Puede encontrarse documentación sobre el incidente en AHN (Consejos); leg., 5444 nº 2.

en otros establecimientos de enseñanza de las matemáticas, tales como el Seminario de Nobles de la corte y las cátedras de Valencia, Sevilla y Salamanca, se enseña por los textos que han escrito sus maestros y que no hay estatuto alguno en que se ordene que se enseñe por la obra de Bails. Se queja el catedrático de que los alumnos no progresan, incluso los de más talento, y de que solo para la enseñanza del primer curso les es indispensable proveerse de tres tomos bastante voluminosos con un coste que no todos pueden permitirse. Aunque lo primero sería discutible, si es achacable o no al texto que se emplea, por el contrario lo segundo, conocida la estructura de la obra de Bails, está fuera de toda discusión. Para los alumnos, que se sigan los textos de Bails exige un gasto considerable. Por ello afirma Verdejo que «se propuso componer en aquellas horas que le permitían sus tareas literarias una de solo dos tomos en quarto», es decir, que está creando un texto adaptado al curso «con el objeto de que en cada uno de los dos años que dura el curso se diera un tomo». Añade que su libro fue censurado por Joseph Igaregui, Martín Rosell y Tadeo Lope, profesores públicos y acreditados en esta corte, y que son maestros de matemáticas del Real Seminario de Nobles. Además Salvador Ximénez Coronado, que es el director del Real Observatorio de Astronomía, hace que los alumnos que se presentan a estudiar la citada disciplina arreglen sus conocimientos matemáticos siguiendo la obra del suplicante. Y añade que estando las cosas como están, necesita una orden de S. M., en cuanto que el director no parece considerarle catedrático, o no está dispuesto a concederle las prominencias que sí se han concedido a los demás. Sin ir más lejos, en esa misma cátedra, a su antecesor Antonio Rosell nadie le impidió emplear la obra de la que era autor. Razones sólidas, pues, las que aporta Verdejo.

El Consejo determina según es habitual que se remita copia al director para que dé su opinión, pero o no se lleva a cabo o el director hace caso omiso del requerimiento del Consejo. Hasta dos nuevas instancias presentará Verdejo con fechas de 13 de noviembre y 6 de mayo, esta última finalizando ya el curso. Se queja y con razón del retraso que sufre el proceso, y de los trastornos que esa dilación ocasiona en su clase, la más numerosa que se ha conocido en los Estudios hasta ahora, y también «el irreparable perjuicio de no poder dar a luz el segundo tomo». No parece probable que Verdejo falsee el tamaño de la clase, con lo que quedaría patente un creciente interés por el estudio de las matemáticas. Un interés creciente que, habrá más razones, qué duda cabe, en alguna medida se deberá al buen hacer del primero sustituto y después catedrático. Y se atreve a cuantificar las diferencias de emplear un texto u otro, lógicamente exagerando a favor de su pretensión, «en la que podría prometerse de sacar de sesenta a setenta discípulos excelentes, duda poder sacar quince medianos».

Por fin, el 24 de mayo, Lugo decide informar al Consejo. Defiende el compendio de Bails poniendo de manifiesto que tiene a su favor el haber sido compuesto por encargo de la Real Academia de San Fernando y haber sido examinado y aprobado por Jorge Juan. El prestigio de ambos matemáticos, especialmente el del marino, es enorme en esos momentos y no deja de ser una buena razón para justificar el empleo del texto. Aprovecha además el mínimo resquicio para inclinar la balanza a su favor. El ejemplo que menciona Verdejo de Rosell no favorece su pretensión sino todo lo contrario, porque una vez habiéndole «tolerado» enseñar —y atención a este *tolerar,* que son palabras textuales del director— por el texto que había compuesto, se hubo de volver al de Bails reconocidos los defectos del de Rosell. Menciona asimismo Lugo los progresos que han hecho los que han estudiado y seguido esa obra y agrega que fue la que estudió antes aquí el mismo Verdejo. Esto tiene un particular interés porque es una de las pocas referencias que se tiene que dan a Verdejo como alumno de los Estudios de San Isidro, aunque con la aparición de los programas de las dos conclusiones en que intervino Francisco, tal afirmación pierde parte de su valor. Combate también el argumento de Verdejo de que una vez aceptada su obra, los alumnos no necesitarían imprimir conclusiones, «no tendrían mas que ofrecer al público o dar razón de los tratados que en ella se contienen», diciendo que eso mismo podría hacerse con los tratados que se estudian ahora por el compendio de Bails. No es del todo exacto porque los textos de Bails, como ya comentó Verdejo, no se adaptan tanto al programa de la asignatura. Pero en cualquier caso es lo mismo, porque como afirma el director está prohibido por una real orden que recibió su antecesor Manuel de Villafañe, «habiendo de ser conclusiones y no exámenes». Curiosa matización que establece diferencias entre cosas que realmente no parecen tenerlas. Puede interpretarse como que si al alumno se le hacen preguntas sobre el índice del texto que ha dado en el curso, eso es un examen, y si se le hacen preguntas sobre un programa en el que aparecen una serie de proposiciones sobre los tratados que se han desarrollado en el curso, y seleccionadas por el catedrático, eso son conclusiones. El director no puede terminar el informe sin lanzar a su catedrático una última andanada. Le acusa de querer imponer su obra para que de esta manera, «logre ella el despacho que no alcanza».

Verdejo devuelve el golpe pidiendo que sean personas entendidas en la materia, y no el director que no sabe de esa ciencia, quienes juzguen sobre la polémica situación creada. El Consejo atiende la petición del catedrático y decide enviar los ejemplares de Bails y Verdejo a una institución de reconocido prestigio matemático para que emita su opinión. La institución no es otra que el Real Colegio de Artillería de Segovia, que en ese momento tiene como primer profesor de matemáticas al abate Pedro Giannini. Defectos de forma van a retrasar considerablemente el dictamen. Cándido de Elgueta, comandante director del Real Colegio, no tiene atribuciones para pedir que se haga ese dictamen y devuelve los dos tomos de Verdejo y los cuatro de Bails, que había recibido del conductor Isidro Pradillo, encargado por el Consejo de transportar el paquete de libros. Y lo hace, notificando que la petición del requerido dictamen debe hacerse a través del conde de Revilla-Gigedo, director general del Colegio. El conde, segundo de ese título, es Juan Vicente Güemes y Pacheco, que ya en 1782 como teniente general de Infantería tomó parte en el sitio de Gibraltar y fue virrey de México, al igual que su padre Juan Vicente Güemes y Horcaditas, desde el año 1789 al año 1794. Rectifica el Consejo y envía la documentación por el conducto reglamentario. Se ha añadido a petición de Verdejo una nota, en la que se hace costar que el curso dura dos años de nueve meses cada uno, descontados los periodos vacacionales. El día 23 de julio de 1798, ¡casi cuatro años después!, Giannini y el resto de profesores de matemáticas firman el informe. Conviene señalar que el resto de profesores con Giannini hacen un total de cinco personas, lo que da una idea de la importancia de las matemáticas en el Colegio Militar. De esta institución si podría decirse que fue una de las más prestigiosas en cuanto al conocimiento y enseñanza de las matemáticas durante la segunda mitad del siglo XVIII, inaugurada en el mes de mayo de 1764 dentro del Alcázar de Segovia y bajo la dirección del italiano Félix Gazola, que nombra al jesuita valenciano Antonio Eximeno primer maestro de matemáticas y jefe de estudios.

Antonio Eximeno y Pujades había estudiado en el Seminario de Nobles de su ciudad natal y entra a formar parte de la Compañía de Jesús en 1745, formándose en las facultades de matemáticas y física. Ordenado sacerdote, pasa a ser profesor en el mismo seminario y hay pruebas de su presencia en Valencia hasta 1763, al haberse impreso los sermones que Eximeno dio en la iglesia parroquial de Santa Catalina y en el convento de la Trinidad Descalza de la mencionada ciudad. De allí, al Real Colegio de Artillería de Segovia, donde pronuncia en la sesión inaugural en el Alcázar su primera lección,[5] un 16 de mayo de 1764. Impresa ese mismo año en Madrid, en la imprenta de Eliseo Sánchez, pone de manifiesto la importancia de una sólida base teórica para conseguir una buena formación práctica. Es autor de unos *Estudios filosóficos y matemáticos* del que se conservan impresiones realizadas en la Imprenta Real en los años 1784 y 1796, pero deben corresponder a reimpresiones. Las lecciones todavía se dictan, así que es posible que de su labor docente queden manuscritos recogidos por sus alumnos, una labor docente que quedaría interrumpida tres años después de su llegada al Real Colegio por la expulsión de los jesuitas. Ya en Italia dejará la Compañía y María José Bono Guardiola[6] menciona dos posibles motivaciones, aunque como ella misma apunta,

---

5 *Oración que en la abertura de la Real Academia de Caballeros Cadetes del Real Cuerpo de Artillería nuevamente establecida por S.M. en el Real Alcázar de Segovia / dijo Antonio Eximeno, de la Compañía de Jesús el día 16 de mayo de 1764.* Madrid: imprenta de Eliseo Sánchez. Biblioteca Central Militar III-68-3-41.

6 BONO GUARDIOLA, Mª José: *El espíritu de Maquiavelo de Antonio Eximeno*. Universidad de Alicante.

ninguna de las dos procede directamente del propio Eximeno. La primera procede del padre Luengo, que lo interpreta como un intento de recuperar su empleo de Segovia, mientras que la segunda procede de una carta de Tomás Azpuru al marqués de Grimaldi. En ella expone su desencanto al no ser admitido por los suyos. En 1798 volvió a Valencia, como lo prueba la carta que con fecha de 18 de marzo de 1801 dirige al rey rogándole que se le permita permanecer en esta ciudad, aduciendo en su favor los servicios prestados a la corona cuando fue nombrado profesor del Real Colegio.

En 1764 se incorpora a la institución como profesor el teniente de Artillería de origen italiano Cipriano Vimercati. Dictó un curso de matemáticas del que se conservó un manuscrito por su alumno Manuel García Loygorri, compuesto por ocho volúmenes. El primero y segundo son de aritmética, el tercero y cuarto son de geometría, el quinto de álgebra, el sexto de la aplicación del álgebra a la geometría, el séptimo de cálculo infinitesimal y el octavo y último, de mecánica. Dos años más tarde, al fundarse las Academias de Guardias Marinas en los departamentos de Cartagena y El Ferrol, y ante la necesidad de profesores, se requirió a Vimercati para que se pasase a la Armada, cosa que hizo con el grado de teniente de Navío, y fue nombrado director de los estudios en la Academia de El Ferrol. Al frente de la Academia de Cádiz, de la que dependían las otras dos, se encontraba Vicente Tofiño, que en 1789 es ascendido a jefe de escuadra. Fue nombrado Vimercati para sustituirle, trasladando su residencia de El Ferrol a Cádiz. Es decir, que en 1766 no se emplean libros de texto para la enseñanza en el Real Colegio. Las lecciones son dictadas y manuscritas por los alumnos, que incluso presentan sus cuadernos en el momento de examinarse. Sin embargo, otro jesuita valenciano, el padre Tomás Cerdá, en su libro *Lecciones de Matemática o Elementos generales de Aritmética y Álgebra para el uso de la clase en el Colegio de Nobles de Santiago de Cordelles*, e impreso en 1758, después de la dedicatoria de su obra al muy ilustre Ayuntamiento de la ciudad de Barcelona, en una breve nota dirigida a la juventud española, justifica la impresión de sus tratados, «el imprimir mis lecciones, ya porque habiendo de escribir en la clase, el tiempo más apreciable a sus discípulos, que es el que están con sus profesores, se pierde casi todo en un trabajo material, siempre inútil y tal vez pernicioso»,[7] e incluso cuantifica los beneficios de haberlo hecho. Si de las cuatro partes del tiempo se emplean tres en dictar y una en explicar, con los tratados impresos un maestro hará en un año lo que haría en cuatro. Éste es un argumento que, como se recordará, ya salió a la luz en la hostería de la calle San Joaquín, en las matemáticas disquisiciones que sostuvieron los guardias reales. Qué duda cabe de que se trata de una innovación, porque como el mismo Cerdá añade, no está garantizado que agraden al público, ni él dispone de los medios para costear las impresiones, por lo que la impresión de nuevos tratados dependerá de la disposición de los lectores. Independientemente de los temores del jesuita valenciano, era evidente la necesidad del libro de texto como herramienta básica en el proceso de enseñanza, y como veremos enseguida, el Colegio de Artillería dispuso de textos propios con la llegada de Giannini.

    Hay un periodo de aproximadamente diez años, desde 1767 en que Eximeno es expulsado hasta 1776, en que no puede establecerse quién está al frente de la cátedra de Matemáticas. En este último año, concretamente en el mes de abril, las actas del Colegio recogen el nombramiento

---

[7] CERDÁ, Thomas: *Liciones de matemática*, Madrid. Biblioteca Central Militar. V-66-9-2.

como primer profesor del abate italiano Pedro Giannini. No debió ser fácil su incorporación, pese al interés del director Félix Gazola, por la reticencia a la contratación de profesores extranjeros. Giannini había impreso en Parma un opúsculo matemático y no tardaría en hacer lo mismo con su texto *Curso matemático para la enseñanza de los Caballeros Cadetes del Real Colegio Militar de Artillería.* Obra ésta en cuatro tomos,[8] el primero ve la luz en el año 1779 en la oficina de Joachin Ibarra. El segundo tomo se imprime en 1782 pero cambia de impresor. Corre a cargo de Antonio Espinosa en su oficina de Segovia, el mismo que imprimirá el tercer tomo en 1795, tomo que, dividido en cuatro libros, contiene los cálculos diferencial e integral. El tomo cuarto y último no se imprimirá hasta 1803, en Valladolid, en la imprenta del Real Acuerdo y Chancillería. Trata de mecánica. Pedro Giannini sacará además un tomo complementario, titulado *Prácticas de Geometría y Trigonometría para la enseñanza de los Caballeros Cadetes del Real Colegio Militar de Artillería,*[9] y un *Opúsculo matemático,*[10] seguramente la traducción del impreso en Parma, que contiene las demostraciones de las principales propiedades de la cicloide, la solución analítica de un problema de mecánica y una nueva especie de trayectoria. Ambas obras se imprimen, respectivamente, en 1784 y 1780, también en la oficina de Espinosa. Dicho Antonio Espinosa es un grabador de medallas y punzones de letras, premiado por la Academia de Nobles Artes de San Fernando. En 1772 el rey le nombró grabador de la Casa de la Moneda de Sevilla y dos años más tarde pasó a ser grabador principal de la Casa de la Moneda de Segovia. Al no existir imprentas

---

8 Segovia. Biblioteca Pública del Estado. 71443-46.
9 Segovia. Biblioteca de la Academia de Artillería. 64-7-29383.
10 Ídem. 56-12-25195.

en esta última ciudad, Espinosa solicita del Ayuntamiento una ayuda para establecerla, e imprimirá las obras de varios centros oficiales, entre ellos las del Real Colegio. Espinosa extenderá su actividad impresora en la corte desde 1787, concretamente desde la calle del Espejo. ¡Y, cómo no!, su puesto era habitual en las ferias de libros del prado de los Recoletos.

Analizados los dos cursos, el de Bails en cuatro tomos impresos en cuarto y el de Verdejo en cuarto el uno impreso y el otro manuscrito, dicen «que debiendo servir el curso para enseñanza de artesanos, debe preferirse el curso de Verdejo González a el de Bails, por ser más breve, más proporcionado a la necesidad e inteligencia de los mismos artesanos y por ser igualmente más proporcionado el tiempo de su enseñanza». Sorprendentemente, si se tiene en cuenta el dictamen emitido por los profesores del Real Colegio de Artillería, el Consejo decide que las cosas se queden como están y con fecha de 25 de abril de 1799 dictamina que «no se haga novedad en la asignatura de la Cátedra de Matemáticas de los R.^{ls} Estudios de Sn Isidro de Madrid en la que se seguirá enseñando por el Compendio de Bails». Quizás haya influido en el ánimo de los miembros del Consejo que toman la decisión la real orden que citaba Estanislao de Lugo, aquella en la que se mencionaban conclusiones y no exámenes. Porque con fecha de 26 de septiembre de 1798, es decir, dos meses después de que Segovia emita el dictamen, pero unos siete meses antes de emitir su veredicto final, le piden a Lugo que les remita la real orden para incorporarla al expediente. Solo un mes después, y decimos solo si tenemos en cuenta los tiempos de respuesta que se toma normalmente el director, envía al Consejo la real orden. Y en el escrito que acompaña hace hincapié en que en ella se prohíbe que se defienda generalmente la obra de un autor determinado. La real orden surge al hilo de un incidente que se produjo en tiempos del director Villafañe, pero creemos que la idea de no defender la obra de un único autor es más aplicable en otro tipo de cátedras. Esta vez, debido a una decisión excesivamente formalista del Consejo, Estanislao de Lugo se sale con la suya.

Francisco Verdejo es autor de dos obras más, ambas de aplicación práctica pero con una cierta base matemática. Impresa en 1795 por la Viuda de D. Joachin Ibarra, la primera tiene por título el comercialmente sugestivo de *Compendio de aritmética, teórica y práctica para comerciantes, artesanos y negociantes.*[11] El 2 de junio de ese mismo año, en la *Gaceta de Madrid* aparecen unas líneas en las que se da publicidad al libro: operaciones con números enteros, quebrados y denominados, regla de tres, de compañías y de aligación, «regla de cambios en que se explica con la mayor brevedad el modo de hacer estos, con una breve noticia de las monedas que usan las principales plazas de Europa». Tiene interés la «Tabla de las unidades de algunas especies, división y subdivisión que de ellas hace». Permite conocer la relación existente entre diferentes unidades de medida para las distancias, para el peso y para las monedas (en la figura 12 puede verse la equivalencia de monedas). Interesante también la dedicatoria, Verdejo, como sabemos, siempre dedica sus libros a personajes de elevada categoría social. En este caso es al excelentísimo señor don Agustín de Silva y Palafox, conde duque de Aliaga, grande de España de primera clase y gentilhombre de Cámara de S. M. con ejercicio. Es, en efecto, el que fue alumno suyo durante dos años en los Reales Estudios, como el mismo Verdejo recuerda «que me atrevo a

---

11 Esta obra si podría llevar a pensar que se inspira en Bails, que tiene entre sus obras una *Aritmética para negociantes*.

sujetar a la corrección de V.E. sin recelo de que se atribuya a servil adulación el que solicite la aprobación de un joven, que hoy cumple veinte y dos años y a quien tuve el honor de dar las primeras nociones del calculo». Y recuerda asimismo las conclusiones que el noble defendió, «la increíble erudición que V.E. ha adquirido en las Humanidades, las bellas Letras, la Filosofía y las Matemáticas que en estos Reales Estudios ha dado pruebas convincentes, sufriendo exámenes públicos de los hombres más grandes de la nación». El libro se vende en la librería de Mateo, sita en la carrera de San Jerónimo, pero ninguno de los tres gremios debió interesarse demasiado por el tema, habida cuenta de la escasa tirada que debemos suponer tuvo, dada la dificultad de hoy para encontrar un ejemplar.[12]

La segunda se titula *Arte de medir tierras, y aforar los líquidos y sólidos*. Ve la luz en el año 1796 en la imprenta de Sancha, pero la marca que aparece con las letras ge y ese entrelazadas no deja lugar a dudas. Es Gabriel de Sancha a esas alturas el responsable del negocio, lo que encaja con el año del fallecimiento de su padre, Antonio de Sancha, el otro gran encuadernador en el Madrid del XVIII. Por supuesto, en la portada Verdejo figura como catedrático de Matemáticas en los Reales Estudios de esta corte y se lo dedica al excelentísimo señor don Eugenio de Guzmán, conde de Teva y grande de España de primera clase. Sigue estando bien relacionado, lo que ahora, desde esa posición de catedrático de una institución de gran prestigio, estaría más justificado. En el prólogo, critica el intrusismo en la profesión

---

12 Se conservan ejemplares en la Biblioteca Marqués de Valdecilla, histórica de la UCM, FLL 20356 y en la Biblioteca de la Abadía Benedictina de Valvanera, FA/5178.

de agrimensor y pone de manifiesto la necesidad de dominar tanto la parte teórica o especulativa como la práctica. De esa manera como él mismo cita, se evitará dejarse sobornar con facilidad y sacar de su medida más tierra que la que convenga a una de las partes o en el mejor de los casos medir a ojo de buen cubero. «En una villa no muy distante de esta Corte, fue llamado un Agrimensor para medir unas tierras de una testamentaría, las que debían partirse entre varios herederos; pero como uno de estos determinase vender una de las tierras que le cupieron en su parte, fue preciso que para satisfacción del comprador se volviese á medir la referida tierra; y como también sucediese que en aquellas inmediaciones no hubiese otro Agrimensor que el que midió las tierras quando las particiones, recurrieron á este para que la volviese á medir; en efecto nuestro buen Geómetra midió su tierra, y sacó en su medida nueve fanegas; siendo asi que quando la midió la otra vez solo sacó siete; y como fuese reconvenido por las partes sobre la diferencia tan notable que se encontraba, mayormente en un terreno donde el valor de la fanega no baxaba de 3000 reales, respondió, que de un modo se media en las testamentarías, y de otro para las ventas». En la figura 13 se reproducen dos de las ordenanzas, creo de especial interés, en cuanto que se expresa en una la forma de acceder al título que le acredite para el ejercicio de su profesión, y en otra los privilegios y reconocimiento en forma de exención de pago de impuestos que, al menos en teoría, tenía el geómetra medidor. Debe ser aprobado por el maestro de matemáticas de la Casa de los Caballeros Pajes de S. M. o por alguno de los ingenieros militares del rey, previa comprobación de su idoneidad para poder ejercer la profesión.

Acorde con ello, la obra tiene una parte primera que trata de lo relativo a la aritmética y geometría que debe saber el agrimensor y una parte segunda en la que se considera lo relativo a la agrimensura y aforo, en la que antes de entrar en materia incluye, tomadas literalmente de la obra *Origen de las aguas de Madrid* de Juan Claudio Aznar y Polanco, «De las ordenanzas, preeminencias y exenciones, que las Justicias de todas las ciudades, villas y lugares de estos reynos, deban mandar se les guarde á los Geometras Agrimensores que miden las heredades y terminos en nombre de S.M., y su Supremo y Real Consejo de Castilla». Y como es práctica habitual, también este libro se publicita en la *Gaceta de Madrid*. En su número del día 5 de agosto del año 1800 aparece la reseña en la que se especifica que la obra «contiene todas las partes de aritmética y geometría indispensables a un buen agrimensor: las ordenanzas de los agrimensores: la comprobación y usos del cartabón para quadrar y medir tierras: las reglas para dividirla en quantas partes se quiera: la reducción de unas medidas a otras: modo de hacer apeos y permanentes: de levantar el plano de un terreno y de iluminarlo: descripción y usos de la plancheta: reglas para aforar los líquidos contenidos en un tonel, o en un estanque de cualquier figura: como se hallan las solideces de las piedras y maderas, manifestando reglas para conocer su peso por medio del volumen: modo de medir las excavaciones y desmontes por irregulares que sean; para que los asentistas sepan hacer sus contratos sobre seguro: arte de nivelar los terrenos para conducir las aguas y poderlos regar; y reglas para medir distancias y alturas». Y todo ello en un tomo en cuarto que puede hallarse en la librería Hurtado en la calle de las Carretas.

 El curso 1795-96 prosigue su marcha normal. Verdejo con los alumnos de primer curso, ya como brillante catedrático, y Joseph Ramón de Ybarra con los de segundo, sustituyendo a un enfermo Vicente Durán en lo que parece ser una situación irreversible. A finales del curso anterior, el profesor de cirugía establecido en la corte, Lucas Villagómez, había certificado que pese a la juventud del titular de la cátedra, no cabía esperar una perfecta o radical curación. Incluso el director de los Estudios había puesto en conocimiento de Eugenio Llaguno, de la Secretaría de Estado, que los parientes de Vicente Durán habían tomado la decisión de trasladarle al Hospital General de esta corte. No se conoce la fecha exacta del fallecimiento de Durán, pero a finales del curso actual, concretamente el 11 de mayo de 1796, hay un escrito de Llaguno a Lugo en el que le informa que Tadeo Lope, catedrático de Matemáticas en el Seminario de Nobles y Joseph Rebollo, que lo es de la misma clase en el colegio de San Telmo de Sevilla, han dirigido en el mes de abril *próximo pasado* sendas instancias al rey en las que solicitan les sea concedida la cátedra de Matemáticas que se encuentra vacante. Ésta es la prueba inequívoca de que en ese momento Vicente Durán y Sacristán ha fallecido. En ese mismo escrito se hace saber que no son atendidas ninguna de las dos súplicas y que ha resuelto S. M., conforme a lo mandado en el Real Decreto de 19 de enero de 1770, se haga oposición.

Uno de los suplicantes, Joseph Rebollo, es como se recordará el candidato derrotado por Verdejo en la reciente oposición celebrada, pese a contar con el apoyo del director de los Estudios y de su propia institución, el Colegio de San Telmo y la Sociedad Patriótica de Sevilla. El Colegio de San Telmo, fundado en Sevilla en el año 1681, tiene como misión la formación de sus jóvenes alumnos en las técnicas propias de la Marina y la Artillería. En el siglo XVIII se sigue impartiendo la enseñanza de la artillería, náutica y cosmografía, y por supuesto, matemáticas, porque antes de la formación práctica, que incluía el manejo de los instrumentos náuticos, tanto de medición como de orientación —debían realizar como grumetes un viaje de prácticas—, se les daba una amplia formación teórica, basada en manuales escritos para uso del propio seminario, impresos en ocasiones en la imprenta propia de la institución. Un buen ejemplo es el *Compendio de Trigonometría* escrito por el presbítero Manuel Sánchez Reciente, maestro de matemáticas en el citado colegio. Compuesto de dos tratados,[13] uno de trigonometría plana general y otro de trigonometría náutica. Joseph Rebollo, solicitante de la cátedra vacante de los Estudios, es como veíamos profesor de San Telmo. En calidad de tercer profesor de matemáticas del Seminario, pronuncia el discurso de apertura de los certámenes públicos del año 1793.[14]

Alberto Lista es, desde 1796, profesor de matemáticas de ese mismo Seminario de San Telmo. Sevillano de nacimiento y muy dotado para las matemáticas, las estudia en la Academia mantenida por la Sociedad Económica de Amigos del País, de la que él mismo sería también profesor. En 1804 se ordena sacerdote, y con la ocupación de Sevilla por parte de José Bonaparte, su inicial patriotismo fue mudando a afrancesado, lo que le llevó al final de la guerra de la Independencia al exilio. Acogido a la amnistía general del 23 de abril de 1820, pudo regresar a España. Fundó el Colegio de San Mateo, donde una vez más, impartió clases de matemáticas, hasta que su pertenencia al partido liberal le obligó a cerrar el colegio y volver a Francia, al inicio de la década absolutista. En esa época escribió *Elementos de Aritmética, Álgebra y Geometría*, *Elementos de Matemáticas puras* y *Elementos de Trigonometría esférica y Geografía astronómica*, todos ellos y según reza en sus títulos, para el

---

13 Biblioteca del Museo Naval. BMN-14222.
14 Ídem. BMN-8248.

uso de la casa de educación sita en la calle se San Mateo de esta corte. De regreso a España, el 29 de octubre de 1838 leyó el discurso de inauguración, en su calidad de director regente de estudios, del Colegio San Felipe Neri de Cádiz. Análoga actividad desarrollaría en ese mismo colegio, en la distribución de premios de los exámenes públicos celebrados el fin de curso, los años 1839, 1840 y 1841. En 1844 ocupó en Sevilla la cátedra de Matemáticas sublimes, pronunciando el 2 de noviembre de 1845 el discurso inaugural en la solemne apertura de los Estudios. Volvería a hacerlo en la distribución de premios de los exámenes públicos celebrados en el Colegio de San Diego de esa misma ciudad, los años de 1847 y 1848. Como puede verse, la práctica de hacer certámenes literarios, defender conclusiones o realizar exámenes, siempre de carácter público, no se ha perdido con el paso de los años. También en el Real Seminario de San Telmo, como en la mayor parte de las instituciones de enseñanza, se presta gran atención a la realización de tales acontecimientos. Para la mayoría de los años que van de 1790 a 1805 se conservan los programas de dichos ejercicios literarios en la biblioteca del Museo Naval de Madrid, y en un número algo menor, también los realizados en el Seminario de San Telmo de Málaga —en el año 1787 se funda en esta ciudad, a imagen y semejanza del de Sevilla—. Ambos, como todas las escuelas de Náutica, dependen del Despacho Universal de Marina.

Volviendo al tema de la oposición de la cátedra de los Reales Estudios,[15] el 29 de julio de 1796 hay un nuevo escrito en el que se recuerda que el rey ha resuelto que se saque a concurso, y que siguiendo el procedimiento ordinario, se pase nota al señor gobernador del Consejo para que éste

---

15 Expediente de la oposición en AHN (Consejos); leg. 5444, nº 5. Más información de ella en AGUC. D-452.

nombre al señor ministro de la oposición que sea de su agrado, y que con asistencia del director disponga la impresión y publicación del edicto. El 9 de agosto es nombrado para tal función Gutierre Vaca de Guzmán, que ya lo fue años atrás en la oposición de la otra cátedra de Matemáticas. Una vez nombrado ministro de ella, aparece con fecha de 5 de septiembre de 1796 el edicto convocando a la misma, en el que se ofrece un salario de «trece mil y doscientos reales de vellón al año, sin más deducciones que las correspondientes al Monte-Pío nuevamente establecido en beneficio de estos destinos» y la obligación ya conocida de «enseñar metódicamente los diversos ramos de las Matemáticas por espacio de dos horas cada día de los lectivos durante el curso, alternando y dividiendo la enseñanza de las materias con el otro Catedrático de la misma facultad, de suerte que todos los años se empiece curso». Y, también, dos ejercicios similares, una disertación sobre un tema elegido de entre varios por sorteo, después de veinticuatro horas en la biblioteca con el único auxilio de un escribiente y de los libros que pidiere. En el primero de ellos el examinado es sometido a las preguntas de los examinadores, en el segundo a las réplicas de sus coopositores.

Joseph Ramón de Ybarra, que desea presentarse a la oposición, va a tener el mismo problema que en su momento se le planteó a Verdejo. No sabe latín y el conocimiento de dicha lengua es, según se cita en el edicto de convocatoria, requisito indispensable. Con fecha de 18 de octubre de 1796 dirige una súplica a S. M. para ser admitido a oposición, y en la que aduce como uno de los argumentos su carácter de sustituto. Este documento es importante, en cuanto que nos permite conocer cosas de Ybarra y de su formación, que él mismo aporta. En esa fecha es capitán del recién militarizado cuerpo de Ingenieros Cosmógrafos de Estado y profesor de astronomía en el Real Observatorio. Había servido catorce años en el Real Cuerpo de Artillería de Marina y estudiado en El Ferrol el curso completo de matemáticas, realizando varios exámenes públicos presididos por el entonces capitán general del departamento, y hoy director general de la Armada, el Excmo. Sr. don Antonio de Arce. Destinado por el rey a estudiar química, mineralogía y metalurgia, tuvo a su cargo a individuos de los tres departamentos marítimos, a saber, Cádiz, El Ferrol y Cartagena, a ese mismo efecto. Y había estudiado la astronomía y demás ramas de las matemáticas habiendo leído las mejores obras de la facultad, tanto españolas como francesas. Termina la súplica solicitando que, pese a que le falta el requisito de estar al corriente de la lengua latina, se le admita a la oposición aduciendo que al actual titular de la otra cátedra se le admitió a falta de ese mismo requisito, que se enseña en castellano, y que a los que estudian esta ciencia solamente se les exige que sepan leer y escribir. Y fundamentalmente lo que se ha mencionado, que es sustituto de la cátedra a la que pretende opositar. No lo menciona explícitamente pero si sabemos que fue durante un curso alumno de Verdejo.

Precisamente en el oficio de la secretaría del rey al Sr. obispo gobernador del Consejo y en el que pide que sea aceptado Ybarra, se cuantifica esa substitución; «en atención a los cuatro años y más que lleva a dicho destino». Esa cuantificación, a los cuatro años y más, es muy útil de cara a reconstruir la evolución de las cátedras. Al estar fechada el 26 de octubre, ese *y más* puede referirse al inicio del curso 1796-97, y los restantes cuatro años nos llevan a establecer que Ybarra actúa como substituto de los Estudios de San Isidro desde el curso 1792-93. Se ve reafirmada esta suposición en cuanto que en el informe final que envían al Consejo, el ministro de la oposición Vaca de Guzmán y el director Lugo, con los informes de los censores y una relación sucinta de los méritos de los opositores, en la correspondiente a Ybarra menciona «que hace cinco substituye una de las cátedras de los R.ⁱˢ Estudios». Como está fechado el informe a 6 de junio *el más* que aparecía en el oficio dirigido al gobernador del Consejo se ha convertido en el quinto año. Y además, en él se menciona que con ese motivo de la sustitución ha tenido varios ejercicios públicos. Una nueva referencia de que Ybarra sí los realizó, aunque no hayan aparecido los cuadernos.

El Consejo, una vez recibido a través de su gobernador el requerimiento para que Ybarra sea admitido a oposición, con fecha de 21 de noviembre emite una nota en la que se le pasa la orden a Gutierre Vaca de Guzmán y Estanislao de Lugo, que curiosamente, cinco días antes, al haber recibido una copia de la solicitud de Ybarra a S. M. ya habían decidido, teniendo en cuenta los méritos que alega, aceptar su presencia en la oposición. Eso sí, después de dejar patente que por Real Decreto de 19 de enero de 1770, se exige como requisito esencial para la admisión el conocimiento de la lengua latina. Es posible que fueran conscientes de que por requerimiento del Consejo y con el precedente de Verdejo no tenían otra opción, así que qué mejor que adelantarse a dicho requerimiento, y de manera que pareciera una decisión propia. Fueron los censores Francisco Verdejo, titular de la otra cátedra de Matemáticas de los Estudios, Joseph Isidoro Morales y Martín Rosell, catedráticos de la misma facultad, el primero en la Casa de Caballeros Pajes de S. M. y el segundo en el Real Seminario de Nobles. Completa el tribunal Juan de Peñalver, profesor de matemáticas y encargado interinamente, en sustitución de Agustín de Bethencourt, de la dirección del Real Gabinete de Máquinas del Buen Retiro. Como censores nombrados en defecto de alguno de los ya citados, Antonio Varas, recuperado de sus dolencias y Tadeo Lope, catedráticos de Matemáticas, como sabemos, de la Academia de San Fernando y del Seminario de Nobles. No tuvieron que intervenir, porque ninguno de los nombrados, cosa rara, pidió ser exonerado. Solamente Martín Rosell, que era en ese momento segundo en el escalafón de profesores, pidió que se pusiera en conocimiento de su jefe, el primer profesor Joseph de Igaregui.

Antes de ver cómo se definieron los censores, hay que mencionar que los opositores fueron además de Ybarra, Agustín Vergés y Joseph Vicente de Irazabal. Como otras veces, empleamos la relación sucinta de sus méritos literarios que acompaña al informe final para conocer algo de los aspirantes. Vergés tiene 36 años, es natural de Valencia y catedrático perpetuo de aquella universidad. Estudia lengua latina y griega, al igual que filosofía y teología, disciplinas en las que se graduó como doctor. Ha sostenido varios actos y conclusiones y compuesto dos disertaciones que se imprimieron sobre la historia de la filosofía antigua y moderna. Irazabal, de 24 años, es natural de Bergara y después de haber estudiado en el Seminario Vascongado las humanidades y la filosofía, se dedicó al estudio de las matemáticas puras y a ver la física experimental y química, de cuyas facultades tuvo ejercicios públicos. También ha estudiado leyes y cánones, en los que está graduado de bachiller por la Universidad de Alcalá y posee la lengua francesa. Con respecto a Ybarra, que nace en Navarra, el resto de cosas que apunta las conocíamos de su instancia al rey.

Una vez finalizados los ejercicios, Peñalver y Verdejo votan a Ybarra en primer lugar. Peñalver, después de mencionar que ninguno de los opositores es acreedor a la cátedra, da el orden, porque alguno tiene que dar, de primero Ybarra, después Vergés y termina con Irazabal. La posible conexión entre el Gabinete de Máquinas y el Observatorio —las dos instituciones están ubicadas en el Buen Retiro—, puede que influyera. Joseph Morales vota a Vergés y arremete en su informe contra Ybarra, del que dice sin carrera y sin estudios, por su falta de conocimiento de la lengua latina y al que coloca en tercer y último lugar. Califica su primer ejercicio de muy pobre, en el que se limita, dice, a copiar páginas enteras de libros en castellano; el segundo de matemáticas mixtas no sale mejor parado: es, según Morales, horroroso. En general, arremete contra la figura del sustituto, como si la cátedra, asevera Morales, fuera privilegio de ellos. Y «a quien su residencia en la Corte le proporciona todas las conexiones necesarias para atacar de antemano nuestra opinión y nuestro influxo». Recuérdese que fue censor también en la oposición de Verdejo, donde se producía una situación muy parecida, como el mismo Morales, que perdió entonces su apuesta, se encarga de poner en evidencia. Entre los opositores está el sustituto de la cátedra, que es precisamente el que saldrá elegido. Martín Rosell vota también a Vergés, en contra de lo que la buena relación de Verdejo con profesores del seminario hubiera hecho pensar. Quizás pudo más su común origen valenciano.

En el informe que escribe Verdejo hay por cierto dos puntos que merecen la pena ser citados. Uno, al describir el ejercicio que realiza Ybarra y refiriéndose a Vergés dice «renunciando al decoro y respeto que se debía al congreso y lugar en que se celebraba dio principio a sus preguntas por insultos, palabras descomedidas y muy agenas de un matemático que solo debe argüir con la construcción». Hecho éste que debió ser cierto, exagerado o no, porque volverá a ser mencionado con posterioridad por otras personas y en una situación totalmente diferente. El otro punto es que después de mencionar que Vergés no tiene conocimientos de álgebra ni de cálculo infinitesimal, y de calificarle de poco matemático sobre deducir fórmulas, termina con que «es muy corto de vista, lo que para el exercicio de la enseñanza de un ramo de ciencias, en que es necesario no solo razonar, sino ir trazando en el encerado y ver como los discípulos trazan los raciocinios». Por lo que hace relación a los ejercicios, Verdejo apunta que el de Vergés sobre el fundamento de máximos y mínimos no fue otra cosa que una lección tomada literalmente del abate La Caille y adornada con un trozo de historia. No contestó, añade, ni un solo argumento de los que fueron hechos por parte de los jueces, «procurando en todos ellos alucinar con preámbulos y frases agenas al rigor matemático». El de Irazabal no sale mejor parado. *Fundamentos del cálculo integral y de las integrales particulares*, del que Verdejo opina que solo trató de la primera parte, «desentendiéndose de la segunda que es la principal». En el segundo ejercicio, *Movimientos de los graves que descienden por líneas curvas y de la línea del más breve descenso*, le acusa de copiar a Jorge Juan.

Al igual que en la oposición de Verdejo, en su informe el ministro Vaca de Guzmán y el director Lugo no se decantan por el candidato sustituto, sino que lo hacen por Vergés, de acuerdo con el criterio de Morales y Martín Rosell. Días más tarde, Ybarra dirige un escrito a S. M. en que denuncia una serie de irregularidades que se han producido, como es el retraso en el inicio de la oposición, y que permitió admitir a Vergés y al otro opositor Irazabal. Cita una correspondencia mantenida entre Vergés y Rosell nacida de ser paisanos y condiscípulos. Aunque inicialmente y basado en el informe del censor Peñalver en el que, antes de decidirse por Ybarra, menciona que ninguno de los opositores merece ganar la cátedra, hay un dictamen previo en el que se pide «que S.M. suscriba mandarse haga nuebo concurso de oposición a la expresada cátedra por lo mucho que conviene asegurarse en la provisión digna de una cátedra tan delicada», con fecha de 31 de agosto de 1797 y en San Ildefonso, el rey nombra a Joseph Ramón de Ybarra para servir y regentar la cátedra.

Agustín Vergés no encaja bien el veredicto final y se dirige al Consejo pidiendo se le dé un certificado en donde conste que hizo oposición y de la censura que obtuvo. Con fecha de 21 de noviembre, los señores de gobierno acceden a su petición con un «désele certificación», cosa que se hace con fecha de 5 de enero del año 1798. Pero eso no satisface al derrotado opositor, que envía un nuevo escrito en el que hace constar que en la certificación recibida no figura que fue el que mereció mejor censura de todos los opositores y que de las seis personas que censuraron —está incluyendo al ministro de la oposición y al director de los Estudios—, cuatro le colocaron a él en primer lugar. Y pide que se le libre nueva certificación. Los señores de gobierno contestan con análoga concisión, pero ahora en sentido contrario: «No ha lugar». En la idea de saber qué fue de este aspirante a la cátedra, he encontrado una curiosa referencia a él en la historia de Albalat dels Sorells,[16] un pueblo situado en las cercanías de Valencia. En el mes de marzo de 1804, Agustí Vergés i Loustau, vecino de la ciudad de Valencia, presenta una instancia dirigida al administrador de la Batlia de Morverde. Se trata de la misma persona porque aunque en la mayoría de la documentación de la oposición aparece citado

---

16 GARCÍA APARICI, Bernat: *D´historia d´Álballat del Sorells*. Cronista oficial de la villa de Alballat dels Sorells.

únicamente como Agustí Vergés, en la relación sucinta de méritos de los candidatos que se acompaña al informe de los censores aparece citado con su segundo apellido incluido, y que resulta ser Loustau. En la instancia al administrador hace constar que es del comercio, y que posee terrenos próximos a *l'horta d'*Alballat dels Sorells, solicitando licencia para la construcción de un molino harinero, actividades un poco diferentes de lo que su currículo podría hacer pensar. Con el agua de por medio, cuatro testigos, uno de los cuales es médico, afirmará que será perjudicial para la salud pública, y los otros tres, labradores que sostienen que será perjudicial para los campos, llevan a un juez a fallar el 7 de julio de 1807 «no haber lugar a la construcción del molino». Así que Vergés, que se había quedado sin la cátedra, se queda igualmente sin el molino harinero.

Del otro opositor, Joseph Vicente de Irazabal, también ha sido posible encontrar una referencia posterior a la oposición.[17] En el mes de septiembre de 1819, S. M. la reina va a llegar a España por Irún y transitará por la provincia de Guipúzcoa hasta el punto de Arlabán, límite de la provincia con Álava. Se trata de María Josefa Amalia de Sajonia, que llega a España para convertirse en la tercera mujer de Fernando VII. Se preparan toda clase de festejos y adornos en el recorrido, y en el momento en que la Diputación conoce que va a entrar en su solar el marqués de Valverde, jefe de la comitiva real y mayordomo de la reina, comisiona entre otros a don Joseph Vicente de Irazabal para que a la llegada del marqués, le felicitasen en nombre de la provincia, cosa que hicieron con

---

17 Provincia de Guipúzcoa: *Diario de las ocurrencias del tránsito real de S.M. la Reyna N.S. desde el río Vidasoa hasta el punto de Arlaban límite entre la provincia de Guipúzcoa y Alava.*
http://atzoaatzokoa.guipuzkoakultura2.net/c292f9index.php

oportunidad. Es decir, que a esa fecha, el opositor había vuelto a su Bergara natal y debía ocupar en ella un cargo de cierta relevancia. Como en la descripción de los hechos se narra que en la llegada de la reina a Bergara la cumplimentó entre otros el personal del Seminario Vascongado, puede que sea en esa institución donde Irazabal se formó, de la que ahora es persona relevante.

En el ejercicio de sus funciones como catedrático, el rey concede a Ybarra un permiso para estudiar los instrumentos astronómicos, permiso solicitado por Ybarra de una licencia temporal[18] que necesita en cuanto que debe ausentarse temporalmente de su cátedra de San Isidro. Y los documentos generados nos van a permitir conocer algo acerca del funcionamiento de las sustituciones. Uno de ellos es una nota de Salvador Ximénez Coronado, director del Real Observatorio, fechada el 3 de abril de 1800, por supuesto en el Buen Retiro, y dirigido al Excmo. Sr. don Joseph Antonio Caballero. Le pide, puesto que a Ybarra, subordinado suyo, «se le ha concedido permiso para ir a París a asuntos relativos, útiles y necesarios en este R.ˡ Establecimiento Astronómico, se le conceda que en los dos o tres meses que le quedan al curso actual de Matemáticas en los Reales Estudios de San Isidro en donde es catedrático, pueda substituirle otro profesor que sea del agrado y satisfacción del Director». Menciona además que es algo que se ha hecho otras veces y añade «en la inteligencia de que para principiar el Curso futuro estará ya Ybarra de buelta en esta Corte».

Enviada notificación a Lugo, éste responde a Caballero que tiene el candidato idóneo. Se trata de un viejo conocido como es Joseph Rebollo, que como se recordará fue coopositor con

---

18 AHN (Clero, Jesuitas); leg. 750.

Verdejo, candidato predilecto del mismo Lugo y a su vez, como veíamos hace unas líneas, solicitante sin éxito de que le fuese concedida sin oposición la misma cátedra para la que ahora le postulan como substituto. Y el director detalla la práctica que se sigue en los Estudios en situaciones análogas y en lo referente al sueldo. Se señalan al sustituto 300 ducados al año, la cuarta parte de la asignación de la cátedra, quedando las otras tres a beneficio del propietario. Con fecha de 21 de abril se pone en conocimiento de Lugo que el rey no acepta a Joseph Rebollo como sustituto, y que proponga a otro profesor que esté dispuesto a sustituir solo por hacer mérito, ya que a Ybarra, cuya ausencia es motivada por el servicio de S. M., no se le debe quitar nada. Está claro que el destino de Joseph Rebollo no es impartir sus enseñanzas en los Estudios. Es la tercera ocasión en que lo intenta sin conseguirlo. Y una vez más el gran prestigio de la institución, que puede deducirse doblemente de los repetidos intentos de Rebollo por acceder a ella y de que haya alguien dispuesto a hacerlo solo por méritos. No aparece una propuesta de un nuevo sustituto, porque con fecha de 22 de junio hay un escrito de Ybarra en el que expone que ha reflexionado sobre lo mucho que convenía a sus discípulos el que no se terminase el curso hasta el día 19 del corriente mes, en que se tuvieron ejercicios públicos con gran éxito. Ésta es una referencia más a la realización de ejercicios públicos por parte de alumnos de Ybarra, sigamos a la búsqueda, pues, de los cuadernos. En esta misma línea de sustituciones hay un papel suelto, que es un escrito de Pedro Cevallos a Joseph Antonio Caballero y está fechado en San Lorenzo el día 17 de octubre de 1803. En él se comunica que Joseph Ramón Ybarra, capitán del Real Cuerpo de Ingenieros, ha dirigido un memorial a S. M. en el que expone estar ocupado en la formación de la carta geométrica del reino, lo que le hace imposible asistir a su cátedra de los Estudios durante algunos meses. Y solicita el permiso para poder poner un sustituto durante los meses que dure su ausencia. Al no haber encontrado más documentación relativa al tema, no ha sido posible seguir la evolución del mismo.

No se ha localizado ni un solo cuaderno que haga referencia a un ejercicio público de matemáticas en el que el maestro que asiste a los alumnos sea Joseph Ramón de Ybarra, y sin embargo hay constancia de que se realizaron al menos durante los años 1795, 1799, 1800 y 1802, por informaciones aparecidas en el *Diario de Madrid* y la *Gaceta de Madrid*. El por qué no se imprimían los cuadernos con los programas del acto, como resulta habitual en este tipo de acontecimientos, no tiene una justificación lógica, y eso sí, encaja con lo difícil que resulta encontrar trabajos impresos atribuibles a Ybarra. Las únicas obras que he podido localizar son los calendarios[19] para el reino de Murcia de los años 1807, 1808 y 1809. Impresos los tres en Madrid, en la imprenta de Juan de Brugada, el primer calendario se hallaría en Murcia, en la librería de Francisco Benedito, y los dos últimos igualmente en Murcia, pero en casa de Antonio García Tornel. Juan de Brugada es un impresor del que se tienen referencias de 1803 a 1821, no muy numerosas, 12 en el catálogo del Patrimonio Bibliográfico español, y las de los primeros años referenciado como la Imprenta de los señores Torres y Brugada. Debió tener alguna especial relación con el Real Observatorio, porque aparte de la impresión de los tres calendarios ya citados, también imprimió el del reino de Valencia para el año de 1803. Por otra parte, la reconstrucción

---

19 Archivo Municipal de Murcia. Biblioteca Auxiliar, 1-C-17 (1), (2) y (3). Para el del año 1807 existe otro ejemplar en Biblioteca de la Provincia Franciscana de Cartagena (Murcia), 11360.

del telescopio de Herschel del Real Observatorio, destruido por el fuego durante la ocupación por tropas de Napoleón Bonaparte del parque madrileño del Buen Retiro, ha sido posible porque los planos habían sido escondidos en casa de un comerciante de apellido Brugada.[20] Suponemos que este comerciante y el impresor son la misma persona. Si difícil ha sido seguir la evolución de Verdejo, no lo ha sido menos en el caso de Ybarra. Si poco se sabe de aquél, todavía se sabe menos de éste. Hay que tener en cuenta que estuvo al frente de una de las cátedras de Matemáticas de los Estudios, cinco años como sustituto y al menos doce una vez ganada la oposición. Es decir, un total de diecisiete años mínimo ejerciendo la docencia y de los que apenas quedan rastro. Por lo que respecta a establecer el final de su actividad docente, sabemos que bajo el reinado de José I, y ante la falta de medios para pagar a los profesores, el 30 de junio de 1810 se dirigió un escrito al rey. Ante la falta de respuesta se comisionó a un grupo de catedráticos para buscar una solución, grupo del que forma parte Ybarra.[21]

En un intento por conocer algo de la personalidad del catedrático, reproduzco ahora las líneas que hacen referencia a él del diálogo entre Antonio y Perico, como en el caso de Francisco Verdejo, y que fueron omitidas en uno de los capítulos anteriores:

«ANTONIO. —Pues yo creo que mi padre me va a poner también en San Isidro. ¿Qué tal son los catedráticos?

»PERICO. —Don José Ramón de Ybarra es excelente matemático, y le comparan al célebre Carnot, hombre mui

---

20 «Del Retiro a las estrellas. Madrid recupera el telescopio de Herschel después de dos siglos de su destrucción». Rafael Fraguas. Artículo publicado en *El Mundo*.
21 Simón Díaz, José: Opus cit.

vivo y que nadie le ha sobrepujado en el calculo, confuso en su explicación para las principales, sublime en el escribir, aunque no ha querido dar nada a luz; sobre todo lo que mejor ha hecho es el Tratado de series recurrentes para los cadetes de cosmografía. Es atrevido en el encerado, y desafía a todas las ciencias, por lo que ha tenido que dar muchas satisfacciones a los demás catedráticos. Estuvo loco por una expresión que se encontró leyendo un día, que decía 'la llama azul de un candil'; le chocó y se puso a estudiar química. La locura le duró cuatro meses. Un día salió de casa a paseo, y se encontró en Vicalvaro cuando volvió en si. Siendo cabo de artilleros de marina, estando haciendo la oposición a la cátedra de Rosell, se presentó él con sus cintas de cabo ante el director: le preguntó que se le ofrecía, y con el mayor desembarazo contestó iba a hacer oposición, pues era pública; se lo permitieron y se llevó la cátedra nemine discrepante. Quiso ir a París con una comisión por la parte astronómica, y el Rey le concedió pasar a estudiar los 'instrumentos astronómicos'; se picó y respondió que si los astrónomos franceses querían aprender de él, les enseñaría de valde. Su sueldo lo divide en tres partes iguales: una para comer otra, otra para libros, y la tercera para putas. Así tiene tan buenos libros como muchachas ha tratado.»

Ambas apreciaciones de Perico sobre Verdejo e Ybarra son recogidas por José Simón Díaz,[22] pero vaya por delante que en la trascripción del juicio sobre Ybarra, Simón Díaz omite la parte final en donde se hace referencia a la forma en que el catedrático tiene a bien dividir su salario. Aquí se ha preferido incluirlo, sacrificando la elegancia de no hacerlo, para reflejar

---

22 «Los vicios de Madrid (1807). Diálogo entre Perico y Antonio, por J. M. S. Edición de F. Foulché-Delbosc», en *Revue Hispanique*, XIII, 1905, pp. 195-196. José Simón Díaz, opus cit., pp. 312-313.

de una manera más real el marco del relato. Leyendo la cita de Simón Díaz, se tiene la sensación de que los dialogantes Perico y Antonio son dos aplicados quinceañeros, preocupado el uno con la calidad de sus futuros estudios, buen consejero el otro, y que no terminaban de encajar bien con el título, *Los vicios de Madrid*. Nada más lejos de la realidad, Perico y Antonio son —al menos uno de ellos— soldados, tienen seguramente más de 15 años, y son asiduos visitantes de billares y prostíbulos. Eso ya está más en consonancia con el título. A la vista de la parrafada con que Perico obsequia a su amigo y futuro alumno de San Isidro, sí puede pensarse que con ese talante Ybarra fuera capaz de negarse a la celebración de ejercicios públicos si no los consideraba útiles. Pero sigue siendo válida la apreciación que hice al transcribir la descripción de Verdejo: que en estas descripciones pueden producirse exageraciones. Sublime en el escribir, inicia Perico, no ha querido dar nada a luz. Eso es verdad, porque encontrar algo impreso atribuible a Ybarra es verdaderamente difícil, pero al mismo tiempo hay algunas inexactitudes en la semblanza. La cátedra a la que Joseph Ramón de Ybarra oposita no está vacante por la muerte de Rosell, está vacante por la muerte de Durán.

Y es que la cátedra vacante, no por muerte de Rosell sino por renuncia, es la que ganó Verdejo unos años antes y a la que Ybarra no oposita. Y esa presentación ante el director con sus galones de cabo en la que se pone de manifiesto una prepotente arrogancia parece un tanto fantasiosa. La aparición de Ybarra ante el director Lugo que narra Perico, poco menos que exigiendo ser admitido, no parece real; lleva años en los Estudios ejerciendo como sustituto en la misma cátedra a la que va a opositar. Sí que tuvo problemas para ser admitido, pero fueron debidos a su falta de instrucción en latinidad, porque según se citaba en el edicto, se debía saber la lengua latina. Nada nuevo, por cierto, pues como se recordará eso mismo le ocurrió a Verdejo. Volviendo al discurso de Perico, afirma que una vez que le permitieron hacer oposición se llevó la cátedra *nemine discrepante*. Conocemos desde hace unas líneas que realmente no fue así, que lejos de que nadie discrepara, hubo mucha polémica en las censuras. No ha sido posible localizar el texto citado por Perico, *Tratado de series recurrentes para los cadetes de cosmografía*, pero por el título tiene visos de haber existido, aunque fuese solo manuscrito, porque Ybarra, en efecto, fue también profesor de la Real Escuela de Astronomía. Volvamos al final de la exposición de Perico. Una vez que el rey le ha concedido ir a París para estudiar los instrumentos astronómicos, hay más arrogancia en las palabras de Ybarra, al responder que si los astrónomos franceses querían aprender de él, les enseñaría de balde. Veíamos hace un momento que la razón que aducía Ybarra era más razonable: no dejar a sus alumnos con el curso a punto de finalizar.

Decíamos al mencionar la semblanza de Verdejo en *Los Vicios de Madrid*, que siendo el autor de la misma un subteniente de Ingenieros, y dada la verosimilitud de muchas de las informaciones que aportaba, probablemente habría sido alumno de San Isidro. Otros fragmentos del diálogo, al margen de la semblanza directa de los catedráticos, vienen a dar peso a esa teoría e incluso a permitirnos el aventurar que fue alumno no de Verdejo, sino de Ybarra. Cuando Antonio hace saber a Perico que su padre le va a poner *también* en San Isidro, y le pregunta qué tal son los catedráticos, es porque previamente Perico le ha contado cosas de su paso por esas mismas matemáticas aulas. «Las he estudiado en San Isidro, o por mejor decir he asistido a la clase como los bancos; pues todo el día estava haciendo saltamontes de papel, y pintando caras en los respaldos de los asientos». Un paso no demasiado provechoso, parece. Sin embargo, aunque Perico reniegue de la inutilidad de ciertos conocimientos, guarda a su vez buenos recuerdos de su proceso de aprendizaje. «Pero hay una caja de solidos mui bonitos en San Isidro, y a mi me gustava desarmar continuamente el prisma que se divide en pirámides». Recuérdese la profesión del anónimo autor. Más fuerza para la hipótesis en la trascripción siguiente. «Cuando salíamos al campo con Ybarra, nos pusimos todos a jugar a moros y cristianos, y él se quedó solo tirando las visuales. Las ecuaciones, me gustan, aunque no las entiendo, en particular una de las hueveras que trae Bails».

Al finalizar el curso académico 1795-96, la cátedra que ostenta Verdejo realiza como es habitual ejercicio público de matemáticas. De acuerdo con la alternancia que siguen las dos cátedras de Matemáticas y considerando referencias anteriores, le ha correspondido a Verdejo ese año iniciar curso. Y en efecto, según el programa que figura en el cuaderno impreso,[23] los puntos a defender son un total de 31 postulados de las partes teórica y práctica de aritmética y álgebra. De las partes teórica y práctica de geometría y trigonometría el número de postulados a defender es algo superior a 80. Esto es, la parte de las matemáticas que se cursa en primer año. Una variación de este cuaderno respecto a una gran parte de los que han sido localizados, es su impresor. En este caso no estamos hablando de alguien ligado a la familia de Joachin Ibarra, como es habitual en los cuadernos de ejercicios públicos de matemáticas que se realizan en los Reales Estudios, puesto que se trata de Benito Cano, con imprenta en Madrid, y para

---
23 AHN (Clero, Jesuitas); leg. 750.

el que se tienen referencias aproximadamente desde 1780 a 1803. Es el devotísimo impresor que tanto incomodaba a Leandro Fernández de Moratín, según los rumores que circulaban por el mentidero de la Feria de los Libros del paseo de los Recoletos.

Volviendo al cuaderno, el ejercicio público al que corresponde es uno de los más numerosos en cuanto a participación de alumnos se refiere. El número de conclusionantes es exactamente de 22, y la lista completa puede verse en la figura 14. Intervienen, separándose a partes iguales, los días 7 y 8 de julio a las nueve de la mañana. Como es normal en los Reales Estudios, a diferencia de lo que ocurre en el Real Seminario de Nobles no hay graduaciones militares ni títulos nobiliarios. Solo un alumno, de entre los 22, Francisco Canseco, aparece como ayudante del Real Cuerpo de Artillería de Marina. Otro de los conclusionantes, Joaquín Lumbreras, solicitó un certificado[24] de su matriculación y asistencia a la cátedra de primer año de Matemáticas. Que lo hizo con puntualidad y aprovechamiento y que ganó el curso que empezó el 1 de octubre de *mil y setecientos y noventa y cinco* lo certifica Rodrigo González de Castro, del Consejo de S. M. y secretario de los Estudios Reales, según consta en los libros de matrículas y en la certificación original de Francisco Verdejo que existe en la secretaría de su cargo. Ocupará el cargo de presidente de la Academia de Jurisprudencia y Legislación en el periodo 1805-1814,[25] y más adelante, el 7 de noviembre de 1822, cuando se celebre en la capilla de los Estudios la inauguración de la Universidad Central, hablará como catedrático que es, en nombre del claustro. Antonio María Bernardo de Quirós y Rodríguez de los Ríos, hijo de Antonio María Bernardo de Quirós y María

---
24 AHN (Universidades); leg. 681.
25 http://rajyl.insde.es/

de la Soledad Rodríguez de los Ríos, marquesa de Santiago y de la Cimada, fue bautizado en la iglesia parroquial de San Sebastián de Madrid el día 18 del mes de noviembre de 1788, según consta en una partida de bautismo solicitada el 21 de agosto de 1834.[26] Si se trata de nuestro alumno interviniente en el ejercicio, cursó las matemáticas de primer curso a los ocho años de edad, demasiado pequeño, aunque recordemos que para cursarlas solamente se exigía saber leer y escribir. Donde no cabe la duda es en el caso de Fermín Pilar Díaz, dada la coincidencia de nombre y dos apellidos y un mejor encaje cronológico. La casa palacio situada en una manzana de la calle Mayor de Madrid, manzana limitada por las calles Mayor, Traviesa, Sacramento y duque de Nájera, restaura su fachada en 1817, proyecto que dirige el arquitecto Fermín Pilar Díaz,[27] es decir, veintiún años después de haber defendido conclusiones. Para el conclusionante Bernardo de Borja Tarrius ha sido posible encontrar dos referencias. Figura su nombre en la lista de asistentes a la junta extraordinaria de la Real Sociedad Económica Matritense de Amigos del País, en el apartado de individuos de diputaciones permanentes. La junta se celebró el 31 de octubre de 1835 y en ella se trató de la creación de un ateneo científico y literario como el que había venido funcionando en Madrid entre 1820 y 1823.[28] Antes, en el Trienio Liberal —de 1820 a 1823—, había formado parte como vocal de la Junta Provisional Gubernativa presidida por el cardenal arzobispo de Toledo, Luis de Borbón Villabriga, durante los meses de marzo a julio de 1820.[29]

---

26 AHN (Universidades); leg. 681.
27 http://www.madridhistorico.com/
28 http://www.ateneodemadrid.com/biblioteca_digital/actas/Acta0001.htm
29 http://www.ih.csic.es/lineas/jsug/diccionario/gabinetes/ml_fernando7.htm

El *Bahama* es un navío español de 74 cañones que al mando de Alcalá Galiano formó en primera línea de combate en la batalla de Trafalgar. A causa de su posición sufrió un intenso fuego enemigo, y finalmente fue capturado por los ingleses y llevado a Gibraltar.[30] El 29 de octubre de 1805, en escrito de Enrique Macdonell a Federico Gravina se da cuenta de un canje de prisioneros en el que figura, entre otros, el teniente del Regimiento de Voluntarios de la Corona, Joseph Montero.[31] Si bien cronológicamente no hay contraindicación para que pueda tratarse del mismo Joseph Montero que figura en la lista de conclusionantes, y aunque el regimiento sienta plaza en Madrid, al disponer solo del nombre y primer apellido, bien podría tratarse de una coincidencia. Más literaria y posiblemente más segura es la cita de otro de los conclusionantes. Con un nombre y apellido menos probable para una duplicidad, puesto que se trata de Liborio Camarmas, aparece en la lista de suscriptores que figura en el «Indice General y Razonado» del *Febrero Reformado o Librería de Escribanos* impreso en 1842.

Hay, de todas formas, en la lista de alumnos aparte de los citados dos nombres, eso sí, por razones bien diferentes, de un especial interés. El primero de ellos se justifica simplemente con enunciarlo: Nicolás Verdejo González. La coincidencia con el primer y segundo apellido del catedrático de la asignatura no deja lugar a dudas. Se trata de su hermano pequeño Nicolás, que lleva el mismo nombre que el padre de ambos.[32] La enciclopedia *Espasa*[33] —seguimos

---

30 Wikipedia.
31 *Trafalgar. Papeles de la Campaña de 1805.* Eduardo Lon Romero. Institución Fernando el Católico.
32 Recuérdese el episodio ya descrito, cuando se decide en Montalbo que Nicolás irá a San Isidro a estudiar matemáticas.
33 Tomo xxv.

hablando de Nicolás— le cita como general de Ingenieros nacido en Montalbo (Cuenca), hacia el año 1780. Ambos datos encajan. El de Montalbo reafirma la hipótesis de su parentesco directo con el catedrático y respecto al año de su nacimiento, tendría en 1796 16 años, una edad normal para cursar en los Estudios matemáticas de primer año. Según esa misma fuente, muere en Cascante (Navarra) en 1845 y entre otros cargos importantes desempeñó los de gobernador militar en Palma y Cartagena. «Gran matemático y geógrafo —termina la referencia—, dejó varias obras inéditas y algunas publicadas de Geografía y Matemáticas». Desconocemos de dónde pudo obtener esa información el documentalista de la enciclopedia, pero no me ha sido posible obtener una sola referencia en la que figure como autor Nicolás Verdejo. Obras de estos temas e impresas a finales del XVIII y primer tercio del XIX, de autor Verdejo, las hay. Pero las de matemáticas son de Francisco, su hermano, y las de geografía con sus innumerables ediciones, se deben a Francisco Verdejo Páez, hijo del catedrático de los Estudios y por tanto sobrino del ingeniero militar, este Verdejo Páez que a su vez será también profesor de matemáticas de los Estudios y después pasará a la Universidad Central como profesor de geografía.[34]

Realmente, Nicolás Verdejo nace el 29 de marzo de 1776. Es decir, se lleva con su hermano Francisco diecinueve años, una diferencia amplia pero posible, considerando que hay cuatro hermanos más. Micaela, Isabel, Pedro Miguel y Teresa. Es alumno de primer año de matemáticas en los Reales Estudios el curso 1795-96 y alumno aventajado. Probablemente el curso siguiente haría las matemáticas de segundo, pero no hay prueba documental porque las

---

[34] Simón Díaz, José: Opus cit.

conclusiones de la facultad de matemáticas no se celebrarán, debido, como veremos enseguida, a un incidente entre el ayo de un alumno y el director. Sienta plaza como cadete aspirante al recién creado y militarizado cuerpo de Ingenieros Cosmógrafos del Estado.[35] Probablemente, durante los cursos académicos 1797-98 y 1798-99. Los alumnos que han cursado matemáticas en los Reales Estudios de San Isidro tienen una buena base para seguir con aprovechamiento los tratados de cálculo infinitesimal, trigonometría esférica, mecánica, óptica y astronomía. De hecho, los hermanos Antonio María y Joseph María García Tahona, que habían defendido conclusiones públicas de matemáticas de primer año en los Estudios, asistidos por Francisco Verdejo en el curso 1793-94, figuran como alumnos del Real Observatorio. Con el apellido Tahona, omitido el García, pero los nombres exactamente los mismos,[36] Antonio como aspirante con sueldo o de número y Joseph María como supernumerario.

El día 7 de enero de 1800, la *Gaceta de Madrid* publica que el rey se ha servido promover a ayudantes de ingenieros de sus Ejércitos, plazas y fronteras, a las personas que aparecen en una amplia lista, que se cierra con los nombres de Melchor Silvestre y Nicolás Verdejo, cadetes aspirantes del cuerpo de Ingenieros Cosmógrafos de Estado. No encajan del todo las futuras actividades de Nicolás Verdejo, a saber, fortificación y caminos, con la formación teórica adquirida. Observaciones astronómicas, realización de cartas geográficas, enseñanza de las disciplinas aprendidas, son los objetivos de los Ingenieros Cosmógrafos. La explicación está en las propias constituciones del cuerpo. El máximo grado

---

35 Expediente del Archivo Histórico Militar. Segovia.
36 *Noticia Histórica del Observatorio de Madrid*. Gil de Zárate. Anuario del Real Observatorio de Madrid. Primer año-1860.

que se podía alcanzar era el de capitán, «por lo que muchos abandonaron para pasar a carreras con más alto porvenir». Siguiendo las palabras del propio Ximénez Coronado, director de la institución, «testigos, los Cuerpos de Ingenieros de la Marina, de Campaña, y aun de Artillería, aun sin hacer cuenta de los que han salido para otros establecimientos como el de Caminos, Química y Mineralogía». Para terminar con «este establecimiento ha sido útil para todos menos para sí mismo». Es muy posible que Verdejo solicitara el traslado a lo que Ximénez Coronado califica aquí como Ingenieros de Campaña. Pero no adelantemos acontecimientos. En marzo del año siguiente, Nicolás Verdejo es destinado al Ejército de Castilla la Vieja, y con ocasión de la guerra de las Naranjas con el vecino Portugal, es trasladado a Extremadura. El conflicto —así llamado por el obsequio de unas ramas de naranjas portuguesas que envía Godoy desde la ciudad de Elvas a la reina María Luisa— es de corta duración. Iniciada por Francia para que Portugal rompiera su tradicional alianza con Inglaterra, se termina el 6 de junio de 1801, solo unos veinte días después de haber empezado, con el Tratado de Badajoz. España devuelve la mayoría de las ciudades portuguesas obtenidas en el avance militar, Portugal cierra sus puertos a los navíos ingleses, y se establece como frontera entre los dos países el curso natural del río Guadiana. De manera que Olivenza queda así del lado español. Y ese tratado condiciona la inmediata actividad del ingeniero Verdejo. Realiza dos informes[37] sobre las edificaciones militares existentes en la plaza de Olivenza, una vez que el Ejército portugués abandona la plaza. El primero de ellos, fechado el 28 de mayo y titulado

---

37 Instituto Histórico de Cultura Militar. Colección General de Documentos. 5-5-7-9, folios 6 v y 7. Rosa María Sánchez García cita los informes en *Edificios Militares en la plaza de Olivenza*.

Relación de la Artillería, montages, pertrechos, municiones, armas, efectos q. se hallan en la plaza de Olivenza con expresión de los q. están de buen servicio, mediano e inútil. En él aparecen, entre otros, artillería de bronce, artillería de hierro, armas y efectos de infantería, armas y efectos para caballería y armas cogidas del paisanaje. El segundo, cuatro días más tarde, es *Relación de la fortificación, Quarteles, Hospital.ˢ y demás edificios de S.M. que se hallan en la Plaza de Olivenza* y en él aparecen la fortificación, un cuartel de caballería, dos cuarteles de infantería, los edificios de la fábrica de pan y del castillo, las casas que llaman de los Reparos, el almacén de paja para la caballería, el almacén de pólvora y el Hospital de San Juan de Dios. Luis Alfonso Limpo Píriz, en un excelente trabajo sobre la contienda con Portugal,[38] al estudiar la cartografía española generada por la guerra de las Naranjas, a la que califica de rica, menciona que desde los primeros momentos del conflicto, se desplazó a la zona un amplio equipo de ingenieros militares bajo el mando del mariscal de campo, Antonio Hurtado, y entre los que se encontraba el ayudante de Ingenieros, Nicolás Verdejo. En uno de los planos, concretamente el de la plaza de Olivenza, aparece incorporada la siguiente nota: «El recinto de la plaza, caminos y el río están sacados del plano q.ᵉ levanta el Yngeniero ordinario D.ⁿ Juan Páez y la campiña del croquis q.ᵉ manda el Ayud.ᵗᵉ de Yng.ᵒˢ D.ⁿ Nicolás Verdejo». Curiosamente, pues, su primer destino profesional le lleva a conocer la tierra de sus mayores. La ciudad de Olivenza está a menos de 60 kilómetros de Jerez de los Caballeros, lugar del que era originaria su madre, Teresa González Peña.

---

38 Fugier, André: *La Guerra de las Naranjas (Luciano Bonaparte en Badajoz)*. Traducción, edición y apéndices de Luis Alfonso Limpo Píriz, Badajoz: Colección Histórica, Diputación Provincial de Badajoz, Dpto. de Publicaciones, 2007.

El otro nombre de la lista a considerar es el de Florentino Sarachaga e Izarduri. Días antes de finalizar el curso siguiente, es decir a mediados de junio de 1792, lógicamente ya como alumno del segundo curso de matemáticas, va a protagonizar de la mano de su ayo el inicio de una considerable y larga polémica con Lugo, director de los Estudios, una polémica de la que ya hice mención en capítulos anteriores y que va a dejarnos sin ejercicios públicos de matemáticas al menos ese año. La ventaja de la tensa situación que se creó está en que el seguimiento y análisis del voluminoso expediente[39] que se generó nos va a permitir conocer algunas cuestiones que de otro modo no hubiese sido posible. El asunto se inicia porque el día 22 de junio del año citado, Alfonso de Puga, ayo de Sarachaga, presenta un escrito al Consejo solicitando que no se impida a su tutelado «que se presente solo a defender en público certamen las Conclusiones de los tratados y materias del segundo curso de Matemáticas». Que se presente solo. Ahí es donde está el problema. Florentino, según el ayo, una vez obtenido el permiso de su padre y el del catedrático Verdejo, unido a su complacencia, se ha encontrado con la negativa del director a que pueda realizar el ejercicio en solitario. El argumento de Puga con el que pretende justificar la intervención pública de su pupilo separado del resto de sus compañeros, es que durante prácticamente todo el curso pasado le fue mal. Hasta el punto de hacer decir a su maestro Verdejo que era irrecuperable. Pero al final y muy especialmente en este segundo año, el cambio había sido tan espectacular, superando incluso a los alumnos más aventajados, que se merecía esa presencia individual. Solo tres días más tarde, Puga refuerza su petición presentando súplica a S. M. en parecidos términos.

---

39 AHN (Consejos); leg. 5444 y AHN (Clero, Jesuitas); leg. 570.

Con fecha de 15 de julio, Estanislao de Lugo responde a los requerimientos del Consejo con un escrito a su secretario Bartolomé Muñoz en el que hace constar que no cree en modo alguno justificada esa defensa en solitario y lo atribuye a un exceso de soberbia del alumno, alentado por quienes más deberían impedirlo. Y defiende el ejercicio en común al que se sometió Sarachaga el curso pasado, y en el que la concurrencia de discípulos, lejos de perjudicar el lucimiento, contribuye más a él por comparación. Y no hay, termina Lugo, precedentes de una situación así. Cuatro días después —obsérvese la celeridad en reaccionar por parte del suplicante en comparación con la calma con que se lo toma el director—, Puga presenta nueva súplica al rey en la que pone de manifiesto que sí hay precedentes y aporta cuatro cuadernos de ejercicios en donde se prueba lo que afirma. No añade más para no retrasar el proceso. El 28 de julio se produce un primer informe del fiscal en el que después de exponer que no hay ley o estatuto alguno que se oponga a lo solicitado por Puga para su pupilo —del que efectivamente hay precedentes—, y que situaciones así constituyen un estímulo para los estudiantes, recomienda que se acepte, siempre y cuando corra por cuenta del alumno cualquier gasto que pueda originarse. El Consejo no toma todavía una decisión y lo que hace es enviar un nuevo escrito a Lugo remitiéndole la última solicitud de Puga —suponemos cuadernos de ejercicios incluidos—, para que informe de nuevo y en su caso mande copia de los estatutos en donde se haga mención de las normas relativas a los ejercicios públicos. Hasta el 18 de septiembre no responde Lugo al Consejo, y lo hace para decir que no hay en los estatutos nada en relación con el desarrollo de los ejercicios, sino que las normas quedan a la consideración del director. Cita casos en donde se denegó un permiso similar al que se solicita —las situaciones que aporta no son comparables a la actual—, lo que sería muy discutible, pero en cualquier caso, y en eso tiene razón, que se haya violado la regla una vez no quiere decir que tenga que violarse más veces.

Hay un nuevo informe del fiscal con fecha de 31 de octubre para un acto que debería celebrarse como muy tarde a últimos de julio. El fiscal ha vuelto a ver el expediente con lo informado últimamente por el director y con los cuadernos de ejercicios que aporta Puga y que constituyen efectivamente un precedente. Incluso los cita en el informe. En el año 1785, el día 1 de julio tienen sus ejercicios cuatro discípulos de Vicente Durán y el 15 del propio mes lo tuvo solo y asistido por el mismo catedrático, el guardia de Corps Antonio Fonds. Otro ejemplo. En el año 1791, el día 7 de julio tuvieron ejercicios públicos en sesiones de mañana y tarde alumnos de Verdejo, en el propio año y el día 22 del mismo mes lo tuvo en solitario un condiscípulo de ellos y conocido nuestro, Joseph de Silva y Palafox. El fiscal, a la vista de lo expuesto, no termina de comprender la insistencia del director en oponerse a la realización en solitario del ejercicio, e incluso afirma que lo que debería hacer es promover y aún estimular a los que lo solicitan. El Consejo, conocido el informe del fiscal, decide que «se concede facultad y licencia a D^n. Florentino Sarachaga para que conviniéndose con su Catedrático, pueda tener el acto o ejercicio público de Matemáticas». Eso sí, que lo pague él y sin perjuicio del que ha habido con los cursantes del mismo año, y que se dé aviso de esa providencia al director de los Reales Estudios.

El día 7 de diciembre, es decir, prácticamente seis meses después de su súplica inicial, Puga se dirige de nuevo a S. M. y desesperado probablemente por las demoras, el escrito es un ataque directo a Lugo. Después de resumir el proceso, menciona la negativa del director a pesar de que no hay otro gravamen ni molestia que su asistencia a las pocas horas que dura el acto, y viene a dar a entender que esa negativa puede venir motivada por su conocido desafecto hacia el catedrático Francisco Verdejo. Expone el hecho de que no se hayan verificado, desde el mes de junio en que finalizó el curso, los ejercicios de matemáticas «no obstante hallarse preparados los catedráticos y discípulos». Los catedráticos, en plural. O sea, que Lugo, habida cuenta del problema de Sarachaga, no solo suspendió los ejercicios en la cátedra de Verdejo, sino que también impide que se celebren los de la otra cátedra. Y no es que venga muy a cuento, pero Puga, para meter más hierro al asunto, incluye el relato del incidente en la última oposición a cátedra con los insultos de Vergés a Ybarra. Hecho que debe ser cierto, porque como se recordará, lo mencionó Verdejo en su informe como censor de la oposición citada. Puga insiste y culpa al director de mantenerse indiferente e insensible ante los agravios que pudo y debió contener.

Hasta aquí toda la razón parece estar del lado de Puga. Si determinados alumnos realizaron en solitario su ejercicio, al tiempo que condiscípulos suyos lo realizaban otro día, no había motivos para negárselo a nadie si su catedrático estaba de acuerdo. Pero desesperado como decíamos por las tácticas dilatorias que emplea Lugo, en el final de su escrito a la real persona de Su Majestad, Puga va a perder la razón con una súplica totalmente fuera de lugar. Pide que se nombre a Salvador Ximénez Coronado, director del Real Observatorio, para que asista al ejercicio público que ha de tener Florentino Sarachaga asistido de su catedrático Francisco Verdejo, y que dé a su tiempo las correspondientes calificaciones. Y va todavía más lejos, pidiendo que en el caso de que el director de los Estudios se negase a presidir el acto, sea el mismo Ximénez Coronado quien lo haga.

Con independencia de esta súplica de Puga que Estanislao de Lugo, con fecha de 13 de diciembre, no puede conocer, envía un escrito al Consejo en el que se da por enterado de la resolución del mismo, autorizando a Sarachaga a realizar ejercicio público en solitario. Y a su vez comunica que ha decidido suspender la ejecución del mismo dando cuenta a S. M. Y siete días más tarde lo cumple. Envía un escrito al rey en el que le da cuenta de lo que él califica como inoportuna y pueril solicitud y pone de manifiesto que la decisión que toma el Consejo es seguramente debida a que el pretendiente es sobrino de un miembro del mismo. Y acusa al Consejo de un absoluto desconocimiento en cuanto que traslada al catedrático el derecho de presidir los actos públicos. E, igualmente, desconocimiento al pedir que los gastos sean por cuenta del recurrente. Como si en alguna ocasión, añade Lugo, los Estudios Reales hubiesen costeado los exámenes. Es práctica constante que los discípulos que se presentan al examen, costeen mancomunadamente la impresión del cuaderno de sus ejercicios literarios, un gasto mínimo al repartir entre todos y por otra parte único, en cuanto que la enseñanza y lo demás que con ella se ofrece es todo gratuito. Y con más desconocimiento por parte del Consejo, Lugo prosigue su defensa, al mencionar en su resolución la falta de perjuicio del ejercicio público que han debido tener los compañeros de curso de Sarachaga. ¡Que han debido tener! Que no han tenido, explica Lugo, y por supuesto culpa de esa no celebración al recurrente, con el consiguiente perjuicio causado a sus compañeros. Y ahora juega con el tiempo. Seis meses después de finalizado el curso no tiene ningún sentido la realización de tales ejercicios. Ni

Sarachaga ni sus condiscípulos son alumnos de San Isidro. Recuérdese que cursaban las matemáticas de segundo. Y el catedrático a quien se facultaba para presidir el acto está ahora impartiendo acorde a la rotación de las cátedras, las matemáticas de primero a más de 180 discípulos a los que no puede desatender. Y finaliza su escrito sangrando por una vieja herida. Critica con extrema dureza la actitud del Consejo de mezclarse en los asuntos relativos a las oposiciones en las que se hizo caso omiso de sus informes que recomendaban, no precisamente, ni a Francisco Verdejo ni a Joseph Ramón de Ybarra.

Así pues, esta larga polémica nos permite conocer que los Estudios eran gratuitos pero, eso sí, los gastos del examen público que debían reducirse al coste de la impresión del cuaderno o programa corrían por cuenta del alumno y que lo normal era repartir ese gasto entre todos los alumnos conclusionantes. Otro punto que merece la pena resaltar es el elevado número de alumnos que cursan al año siguiente las matemáticas de primero. Según Lugo, más de 180, lo que no deja ninguna duda acerca del interés que despertaba la asignatura. Resulta evidente que es un número de alumnos lo suficientemente alto como para dividir la clase. ¡Qué pena no conocer cómo se estructuraba el curso! Si el catedrático doblaba o no las lecciones, la existencia de ayudantes como responsables de grupo, los horarios, las listas de los cursos completos... Por si no fuera bastante el alegato de Lugo al Consejo, un día más tarde, es decir el 21 de diciembre, envía un escrito a su vez a Gaspar de Jovellanos en parecidos términos. Gaspar Melchor de Jovellanos es en ese momento ministro de Gracia y Justicia por nombramiento de Godoy. En el escrito, Lugo además se pregunta «que razón o derecho autoriza a este ayo para que se mezcle en esta causa», y a lo que añade, para finalizar «se erija en juez de mi conducta». Esto último se refiere al incidente de los supuestos insultos de Vergés a Ybarra, que Lugo niega, pero se quita de encima cualquier responsabilidad, porque en caso de haberse excedido Vergés, «tocaba moderar a D^n. Gutierre Vaca de Guzmán que como más antiguo tenía la campanilla».

Fechado en Aranjuez a 23 de enero de 1798, llega al Consejo un escrito desaprobando su actuación, en la que autorizaba a Sarachaga un ejercicio en solitario y bajo la presidencia de su catedrático. Califica de extraña la solicitud de que asista y califique Ximénez Coronado, persona ajena a la institución, e insiste en que quiere que se observe «la constante y loable costumbre de sus Estudios Reales acerca de que los exercicios públicos de un profesor se tengan en común y sean presididos por su director». Es razonable no permitir esa total desautorización del director de una institución en relación al funcionamiento de la misma. La razón que pudiera inicialmente asistir al alumno, en su deseo de realizar examen en solitario, la pierde por la desastrosa actuación de su ayo.

Inasequible al desaliento, hay un escrito de Sarachaga dirigido al rey el 8 de febrero de 1798. Han pasado casi dos años. En el mismo hace un resumen de todo el proceso seguido e insiste en la súplica de poder realizar el ejercicio público en solitario. Incluso está fechado en Aranjuez, así que debió desplazarse al real sitio para intentar, por proximidad a la ubicación actual de la corte, ejercer una mayor presión. Es más que probable que ante tal insistencia este último escrito no tuviese ya contestación y, si es que la tuvo, no figura incorporada al expediente. Lo que resulta innegable es la aptitud de Sarachaga para la polémica y el pleito que va a marcarle en la elección de su profesión. Algo más de diez años después, y acorde con el modelo francés, José I crea una división administrativa de España, lo que origina la Prefectura de La Mancha. Y se designa para el cargo de prefecto al abogado bilbaíno establecido en Ciudad Real don Florentino Sarachaga e Izarduy, que en 1809 había ejercido el cargo de intendente de La Mancha. Hasta la retirada de los franceses, Florentino se mantiene en el cargo, entre los años 1810 y 1812, y es, entre otras cosas, el responsable de recaudar las contribuciones especiales con las que la ocupación apretaba a la población. Como es lógico, cuando los franceses se van, Sarachaga, que ha colaborado abiertamente con el invasor, tiene que irse con ellos. Así, se exilia a Francia.[40] Acertado o no en su posicionamiento, éste es un ejemplo más de un antiguo alumno de los Estudios en posiciones dominantes.

Esta polémica está tratada por José Simón Díaz.[41] «A. Puga solicitó del Consejo por habérselo negado el Director que se permitiese defender conclusiones totalmente individuales a su alumno F. Sarachaga, que lo era también de Verdejo en la clase de Matemáticas». Tal como aquí se interpreta, parece que Puga es un profesor de los Estudios, que a lo que se niega el director es a que Sarachaga defienda conclusiones individualmente en la disciplina que imparte Puga —que, por cierto, no se cita— y que el hecho de que sea alumno de Verdejo es una información añadida sin mayor peso. Yo entiendo que Sarachaga no es alumno de Puga. Puga es un ayo, el encargado de custodiar la educación de un estudiante que reside en Madrid, fuera del hogar familiar que está en Bilbao, y por supuesto ajeno a los Estudios. De ahí la

---

[40] *Ciudad Real en el siglo* xix, en http://www.ciudad-real.es/historia/index.php. Texto extraído de Espadas Burgos, Manuel: *Historia de Ciudad Real. El Ciudad Real Contemporáneo*.

[41] Simón Díaz, José: Opus cit., p. 376.

indignada sorpresa de Lugo ante la intromisión del ayo. Y donde se le deniega el permiso al pupilo de Puga, como se dijo antes, es en la cátedra de Matemáticas de Verdejo.

También es citada por Santiago Garma[42] y en este caso le sirve de apoyo para establecer determinadas consideraciones acerca de Salvador Ximénez Coronado. Dice Garma que éste intentó de alguna forma controlar el taller y el gabinete de física de los Estudios Reales. Puede que fuese así, pero lo que ya es más discutible es que la presencia de su nombre en la súplica de Puga sirva para inferir «que la proximidad al poder real pusiese su ambición de poder por encima de cualquier otro principio y buscase conseguir el control de todo lo que se refería a la construcción de instrumentos y a la práctica y a la enseñanza de la Astronomía». Y es más, también se deduciría según Garma «lo limitado de sus miras e intereses que fue acompañado de su escasa capacidad racional para lograr que se aceptasen sus propuestas». No se ponen en duda estas consideraciones de Garma, solamente se quiere hacer ver que la disparatada proposición de colocar a una persona ajena a la institución, usurpando funciones propias del director de la misma, no la firma Ximénez Coronado: la firma Puga, y aunque en principio no parece normal que usasen el nombre del astrónomo sin su consentimiento, de la audacia de Puga, a esas alturas de la polémica, inmerso ya en una frontal confrontación con el director, puede esperarse cualquier cosa. De hecho, termina la súplica «con especial encargo de que en el caso (que no se espera) de repugnar dcho D^r. de N^{tros}. R^{ls}. Estudios la presidencia del Acto ejerza sus funciones el propio D^n. Salvador Ximenez, o quien fuera de vtro, soberano agrado». Es decir, el director del Real Observatorio o cualquier otra persona.

---

42 *Historia de la Ciencia y la Técnica en la Corona de Castilla.*

Finalizando el curso 1798-99, los problemas de Francisco Verdejo se multiplican. La larga enfermedad de su mujer, más de siete años ya, le está ocasionando unos gastos superiores a las disponibilidades que le prestan su sueldo y haber, a pesar de su nada desdeñable posición. Los médicos que tratan a María de los Ángeles han dispuesto lo conveniente que sería enviarla a tomar los aires «a su propio país». Aquí se plantea la duda de si se trata del propio lugar de origen de su mujer, Illescas, en la provincia de Toledo, o si el lugar de origen hace referencia a Montalbo. Sea cual fuere el lugar, Francisco Verdejo no está en condiciones de hacer frente a los gastos que ocasione el viaje y otros remedios que se requieran, y dirige un memorial al rey[43] en el que solicita que se le conceda para el fin expuesto una ayuda de costa de los fondos de los Reales Estudios, institución de la que es catedrático. Fechado en Palacio a 17 de julio de 1799, Joseph Antonio Caballero, secretario de Estado y del Despacho Universal de Gracia, Justicia y Guerra, dirige un escrito al director de San Isidro, Estanislao de Lugo, adjuntándole el memorial de Verdejo y pidiéndole que informe sobre el particular. En esta ocasión, olvidando rencillas personales —lo que dice mucho a favor de Lugo— y habida cuenta de que le consta ser cierto lo que se expone por parte de Verdejo, enuncia «debo decir q^e. juzgo muy correspondiente se le conceda por una vez la cantidad de mil r^s.». Y así se lo hace saber con fecha de 3 de agosto del año en curso al secretario de Estado, quien a su vez, y diez días más tarde, da orden para que se disponga la ayuda de costa, en cuanto que S. M. enterado, ha venido en concedérsela. La ayuda de costa es un socorro de dinero para costear en parte algo, o también una gratificación que se solía dar, además del sueldo, al que ejercía algún cargo o empleo. Y

---

[43] AGUC. D-452.

para tratar de comprender en alguna medida el valor relativo de la ayuda de 1.000 reales que se le concede a Verdejo, puede establecerse que es, más o menos, el equivalente al salario de un mes de trabajo. Aunque desconocemos si el viaje se llevó a efecto, y si a corto plazo supuso una mejoría en la deteriorada salud de María de los Ángeles, sí se puede afirmar que no fue suficiente para cambiar el fatal curso de la enfermedad.

Verdejo simultanea la docencia con otro tipo de trabajos, en los que en alguna medida, como ilustrado que es y en una labor investigadora, trata de mejorar los procesos productivos. Se tiene referencia de una curiosa obra suya que corresponde al título *Descripción y usos de la máquina de nueva invención para moler la aceituna y extraer el aceyte sin quebrar el hueso, inventada por Francisco Verdejo González*. Impresa por la Imprenta Viuda de Ibarra, la cita Aguilar Piñal[44] como no localizada y tomada de un catálogo comercial. En la *Gaceta de Madrid* del día 20 de julio de 1798 se inserta una noticia que da cuenta del invento: «D. Francisco Verdejo, catedrático de matemáticas de los Reales Estudios, ha inventado una máquina para moler y extraer el aceyte de olivas sin romper el hueso». La Real Sociedad Económica de Madrid, a quien Verdejo presentó un modelo, hizo construir en tamaño grande una parte de ella y comisionó a varios de sus socios para que la examinasen. Los resultados, al decir de la publicación, fueron satisfactorios, en cuanto que realizados diferentes ensayos con aceitunas de varios países, un solo hombre podía moler media fanega cada media hora, produciendo 20 litros de aceite de calidad superior por fanega, que es una cantidad mayor de la que producen los molinos ordinarios. Y

---

[44] Aguilar Piñal, Francisco: *Bibliografía de autores españoles del siglo xviii*. Tomo VIII, 2999.

todo ello, sin romper un solo hueso. Para terminar, invitaban a quien desease una descripción de la máquina a acudir al propio Verdejo o al montepío de hilazas, en el corralón de los Desamparados,[45] donde estaba colocado el modelo en grande.

---

45 El corralón de los Desamparados está en la calle de los Fúcares, próxima a la calle Atocha.

6

Que está desempeñando interinamente don Jacinto de Lago

Ni en 1798 —se supone que olvidado el incidente Sarachaga— ni en los años siguientes ha sido posible localizar cuadernos con los programas de ejercicios públicos realizados en la cátedra de Verdejo. Es evidente que los cuadernos pueden haberse perdido, pero también pudiera ser que los ejercicios de final de curso no llegaran a realizarse por algún motivo. Como, por ejemplo, que el incidente Sarachaga no estuviera tan olvidado, y que fuera el propio Verdejo, como represalia a la suspensión de 1797 ordenada por el director, el que hubiese decidido no realizarlos. Otro motivo pudo ser que la muerte de María de los Ángeles le separara de cualquier actividad docente que no fuera la estrictamente imprescindible. Pero el paso de los años ha dulcificado el dolor, el inmenso dolor que le producía la ausencia de su querida esposa. Hay que seguir. ¡No queda otra! De esta época se conoce un trabajo que se le encarga. En la Secretaría de Estado se recibe al inicio del verano de 1800 un curioso manuscrito con el título *Ensayo analítico para aficionar a los jóvenes al estudio del Álgebra dispuesto en cien problemas*.[1] Su autor, Cristóbal María Cortés, solicita la licencia para imprimirlo, y además es su deseo dedicárselo, como él mismo dice, «al heredero de

---
1 AHN (Estado); leg. 3014 (37).

esta vasta Monarquía». De inmediato se decide que se pase reservadamente el manuscrito a Francisco Verdejo para que emita su juicio de la obra, mencionando quién es el autor y qué clase de instrucción posee. No se pasa a los matemáticos del Seminario de Nobles, a los maestros de matemáticas de la Casa de Caballeros Pajes ni al director de matemáticas de la Academia de Nobles Artes de San Fernando, un hecho más que reafirma la teoría de que las cátedras de la citada facultad de los Reales Estudios son las que gozan de un mayor prestigio en la corte. Y en consecuencia, a uno de sus dos catedráticos es al que se le asigna el trabajo. Con fecha de 12 de julio sale de Palacio un escrito dirigido a Verdejo, adjuntándole la obra mencionada, donde se le da cuenta de una Real Orden en la que, como decíamos, se le pide que informe del mérito del texto de Cortés, de su utilidad y del grado de instrucción que posee su autor. El día 3 de agosto Verdejo, una vez realizado su trabajo, envía el resultado a Palacio. El informe es demoledor, hasta tal punto que la persona que recepciona el escrito que envía el catedrático anota en su margen izquierdo que no se imprima, y menos todavía que se acceda a la dedicatoria al príncipe Fernando. Verdejo considera la obra enteramente inútil porque «intenta reunir cosas muy opuestas, la imaginación y el análisis, la Poesía y el Álgebra». No es válida, pues no contiene los principios del álgebra, ni para quien no se halle dedicado a ese estudio, ni para el que ya conozca esos principios, porque nada le aportará. No ha conseguido ni claridad ni sencillez en la proposición de los problemas, «que en algunos ocupan hasta dos o tres llanas». El autor, sigue Verdejo, lejos de aficionar a los jóvenes al estudio del álgebra y fijar su atención, lo que consigue es molestarla y distraerla. Y para terminar, añade que no puede informar de la instrucción de que dispone el autor, en cuanto que no sabe quién es, resultando infructuosas todas las diligencias que ha hecho para tratar de averiguarlo. Cristóbal María Cortés y Vita (Tudela 1740-1804) no debía ser tan desconocido como apunta Verdejo. Poeta y autor teatral, fue uno de los fundadores de la *Real Sociedad Tudelana de los deseosos del Bien Público*, y autor de *Atahualpa* y otras comedias y tragedias griegas como *Eponia* y *Égloga entre Fileno y Menandro*.[2]

El manuscrito[3] consta, en efecto, de 100 problemas cuyos enunciados están escritos en verso, y con títulos tan sorprendentes como «Las dos señoritas», «El tío Paco», «El contador de Villarejo» o «Los Toreros». Imaginamos la sorpresa de Verdejo al enfrentarse a problemas tales como el que aparece en el índice con el número 2 y que lleva por título «La Frutera»:

«Llevaba una frutera
un cesto de manzanas,
de que doce docenas contó en casa;
yendo por la acera
debajo las ventanas
de una escuela
de niños: ¡suerte escasa!
vino a caer y en el preciso instante
rodaron las manzanas por el suelo.
Los niños en su buelo
se tiran desatados al pillaje
sin que el grito del dueño los ataje
ni basta voz alguna a contenerlos.

---

2 GONZÁLEZ OLLÉ, Fernando: *Introducción a la Historia Literaria de Navarra.* Pamplona: Gobierno de Navarra, Dirección Gral. de Cultura Príncipe de Viana, 1985.
3 BN. Mss, 1848.

Daba contento verlos
dar el asalto con tan buen talante
que en menos de un instante
queda el suelo barrido, y la frutera
un solo sesmo recogió ligera.
La pueril tropa huyó con su rapiña
mas temiendo la riña
del maestro y la maestra
piensa acallarlos con malicia diestra
coge pues del montón, que está juntando
tantas manzanas para cada uno,
quantos eran niños que el pasado
pillaje consumaron diligentes:
y porque ningun huésped inoportuno
al partir sobrevenga, interpresentes
se hizo la partición justificada
y en la cuenta se junta ajustada de
a cada niño diligente y diestro
sino a saber lo mismo que al Maestro.
Tu viste que el rebato
ponte a pesar un rato
y dime si su ingenio no es lampiño
quantas manzanas lleva cada niño.»

No parece muy formativo que digamos el comportamiento de los niños desatados al pillaje, y no digamos nada de su manera de evitar la reprimenda comprando al maestro y a la maestra, que al aceptar el soborno tampoco salen lo que se dice muy bien parados. Y este enunciado y otros similares tenía el autor la pretensión de que se incluyeran en un texto para la instrucción de la juventud. Más que aficionarse al estudio del álgebra, se corre el riesgo de que se aficionen al robo y a la práctica del soborno. Queda pues totalmente justificado el negativo informe de Verdejo. Cristóbal María Cortés no abandona el verso para dar la solución del problema:

«Diez el maestro lleva:
diez cada niño regala a su boca
a la maestra el número diez toca
si no quieres creerlo, ay va la prueba.»

Y da la solución, que se reduce a plantear y resolver una ecuación de segundo grado, en la que la incógnita x representa indistintamente y de acuerdo con el enunciado, el número de niños, el número de manzanas con las que se queda cada niño, el número de manzanas que entregan al maestro y el número de manzanas que entregan a la maestra (un sesmo, que son las manzanas que la frutera consigue salvar del pillaje, es evidentemente la sexta parte):

$$x^2 + 2x = 144 - 1/6 * 144 \longrightarrow x^2 + 2x = 120$$

En efecto, de las dos soluciones de la ecuación 10 y -12, la positiva es la que da Cristóbal María Cortés como el número de manzanas que se lleva cada niño. Pero a decir verdad, el enunciado del problema no está tan lejos de los que recuerda el autor de su propia niñez. La forma es la misma, también había manzanas. Lo que varía es el fondo, porque en estos últimos siempre había un generosísimo niño dispuesto a dar a otro niño muchas más manzanas de aquellas con las que él se quedaba. Y fomentar compartir es una cosa, y fomentar el robo y el chantaje otra.

Prosiguiendo con trabajos que realiza Francisco Verdejo, Aguilar Piñal cita un manuscrito, *Manual o Tablas de repartimientos y réditos*, elaborado también por estos años, concretamente en 1801, que no llegó a imprimirse.[4] La

---

4 AHN (Consejos); leg. 5564 (48).

razón: nadie estaba dispuesto a correr con los gastos de la impresión. El 5 de agosto de ese mismo año, Gabriel Gómez, librero de esta corte, dirige una instancia a S. M. en la que expone que «ha mandado componer unas tablas de Números ordenadas con tal arte que sirviesen para que las Justicias, Escribanos y demas sujetos encargados en los pueblos de hacer los repartimientos para el cobro de los Débitos R^{ls}». Y que además, siempre según Gómez, «sirven también para averiguar los réditos que devengan los Valores Reales y generalmente las de todas aquellas cantidades q^e. hallan impuestas a censo, ganancia o préstamo». En esta situación, el librero de la calle de las Carretas suplica que, considerando que tiene todas las licencias necesarias para imprimirla, y habida cuenta de las ventajas que se obtendrían de que en los archivos de cada ayuntamiento estuviese presente la obra, S. M. expida la real orden «para que cada pueblo de los que componen la Monarquía suscriba por cuenta de los propios de la Villa un ejemplar en la cantidad de quarenta rs.». Gómez termina para apoyar su petición con «no encontrándose con fondos suficientes para adelantar una impresión de suyo muy costosa asi por el excesivo número de ejemplares que deben tirarse como porque debe hacerse en quarto marquilla encuadernada en pasta rustica olandesa para una mayor duración». De Palacio se envía al gobernador del Consejo el memorial y el texto que ha presentado el librero y desde el Consejo se pasa el asunto a los fiscales.

En el mes de noviembre, los fiscales piden al juez de Imprentas que les remita la licencia de impresión que el librero dice poseer. Los fiscales reciben la solicitud que en su día realizó Verdejo al conde de Isla, el citado juez de Imprentas, para que se dignase prestar su consentimiento a la impresión de la obra, quien a la vista de la censura favorable de Miguel Amando, del Comercio de esta corte, lo concedió. Entonces los fiscales mandan pasar a la Contaduría General de Propios para que sobre la solicitud del librero Gabriel Gómez, se informe sobre lo que se ofreciese. Hay que esperar hasta marzo de 1803 y el informe no va a ser en absoluto favorable. Independiente de la utilidad del volumen, no puede obligarse a los pueblos a que impriman esta costosa obra, estando como están faltos de fondos. Se aduce además que posiblemente no serán capaces de entenderla en general, y termina aconsejando lo que normalmente se practica: que la imprima por su cuenta y que la anuncie en la *Gaceta*. A la vista de ello, Gabriel Gómez solicita que le sea devuelto el original y con fecha de 11 de febrero de 1804 firma el recibí. No llegará a imprimirse nunca.

Probablemente en algún viaje a su Montalbo natal para visitar a sus padres y amigos, Francisco conoce a Francisca Herraiz, natural de Villar de Cañas, pueblo perteneciente también a la provincia de Cuenca y muy próximo a Montalbo. Francisca es hija de Gaspar Herraiz, que el 7 de junio de 1780 había sido designado alguacil mayor del Tribunal del Santo Oficio de la Inquisición de Cuenca para Villar de Cañas, y de Isabel María Gutiérrez. Su juventud, probablemente su belleza y su posición social son los ingredientes para constituir el buen bálsamo que necesita para cicatrizar su herida el profesor de los Reales Estudios. Francisco no se lo piensa dos veces. Y a la edad de 45 años, viudo de María de los Ángeles Páez, Francisco Verdejo González se casa con Francisca Herraiz Gutiérrez en Villar de Cañas el día 16 de agosto de 1802. El acta de las segundas nupcias que puede verse en la figura 15 aporta para Francisco Verdejo, además de la fecha y lugar de casamiento, el nombre de su segunda mujer, los nombres de los padres de ésta, el del sacerdote que los une y el de los dos testigos principales. Incluso, también, las fechas en las que se realizaron las tres moniciones. Pero en lo que respecta al novio, aparte de que es nacido en Montalbo, viudo de María Páez y a esa fecha vecino de Madrid, cosas que ya se sabían, no añade nada en cuanto al nombre de sus padres, su edad o cualquier otro dato que hubiera podido tener interés. Seguramente figurarían en el consentimiento de sus allegados y en el despacho del Sr. provisor, procedente de la corte, ambos citados en la referida acta. Lo que también se conserva es el expediente de la licencia que se le concede para realizar el casamiento,[5] licencia que necesita como catedrático que es de los Reales Estudios, y como tal, funcionario público.

La documentación asociada al expediente de la licencia tiene gran interés, porque entre otros documentos, incluye una partida de bautismo certificada por Juan Clemente, escribano por S. M. en la villa de Montalbo emitida el 19 de junio de 1802. En ella se especifica que en el Libro de Bautismos que da principio en el año 1717 y termina en 1758, «al folio doscientos noventa y dos se halla una Partida que a la letra es como sigue». Y de lo que sigue se deduce que Francisco Verdejo nace el 15 de febrero de 1757, hijo de Nicolás Verdejo, natural de Daimiel, y de Teresa González Peña, natural de Jerez de los Caballeros. Bautizado el 27 del mismo mes y año en la iglesia parroquial de la villa de Montalbo, diócesis de Cuenca, por Francisco Palomino, teniente de cura de la mencionada parroquial, se le impusieron los nombres de Francisco de Paula, Antonio, Joseph, Nicolás y Rafael, y fue su padrino, su padre de pila, dice textualmente la partida, Íñigo Verdejo, al cual se le advierte del parentesco

---

5   AHN (FC-Mº_Hacienda); leg. 513, exp, 2582.

espiritual y de las obligaciones que contrae, pero del que no se menciona el grado de parentesco familiar con el bautizado. Parentesco a todas luces existente, a tenor del apellido común de ambos. Eso sí, se cita en la partida su lugar de origen, pero la caligrafía del escribano no nos permite conocerlo con exactitud, si bien las dos primeras letras, una hache y una u, y el resto de ellas, permite inferir que puede tratarse de Huete. Importantísima esta partida de nacimiento, porque es el único documento que permite establecer el año y lugar de nacimiento de Francisco, así como los nombres de sus padres, al estar perdido, recuérdese el capítulo 1, el correspondiente Libro de Bautismos. Otro documento incorporado al expediente de la licencia matrimonial es la súplica que con fecha de 28 de mayo de 1802 hace Francisco Verdejo al director de los Estudios, Estanislao de Lugo, para que curse su solicitud de la mencionada licencia. Debía ser el conducto reglamentario. En vista de «que tiene tratado de casamiento con Dª María Francisca Herraiz», y teniendo en cuenta «que en dicha S.^{ra} concurren todas las circunstancias que se requieren por su nacimiento y educación para que se verifique el contrato», pasa a pedirle «A V.S. Spp.^{ca} Que precediendo aquellos informes si los tuviere por conveniente se sirva hacerlo presente a la Junta del R.^{l} Montepío de Viudas». Dos días más tarde, plazo insólito como tiempo de respuesta en cualquier relación de Lugo con Verdejo, el director se da por enterado de la súplica de su catedrático. Quizás a esa fecha hayan mejorado algo sus conocidas deterioradas relaciones. No lo sabemos, pero mejoradas o no, el director sí que tiene por conveniente que precedan los informes de la expresada María Francisca Herraiz, y encarga de ello al también catedrático de San Isidro Miguel García Asensio, en vez de adoptar una postura de una cierta elegancia, y dar por bueno lo que Verdejo afirma en su súplica.

García Asensio es catedrático de Árabe desde 1796. Antiguo alumno de los Estudios, defendió conclusiones de esa misma facultad en 1787, siendo abogado del ilustre Colegio de esta corte y dirigido por su maestro, el en ese momento catedrático, doctor Mariano Pizzi. El informe de Asensio sobre la futura mujer de su compañero se incorpora al expediente en la propia súplica de Verdejo, y es totalmente favorable. «Dª María Francisca Herraiz, con quien pretende contraher matrimonio el Catedrático Don Francisco Verdejo, es persona distinguida por su sangre y estirpe, que se halla enlazada con otra de igual jerarquía; acomodada por lo que mira a la Casa de sus padres que es una de las más ricas y abundantes de aquel País; y excelente por lo que respecta a buenas costumbres, que ha debido a su condición natural y recatada crianza doméstica; sin que carezca a mayor abundamiento de las circunstancias de buen aspecto, juventud y genio, que prometen un enlaze agradable y feliz». ¡Cómo han cambiado las cosas! El dolor de una mujer enferma, las penurias como consecuencia de su falta de recursos, cesado de sus tareas en la Casa de Desamparados, sustituto en los Estudios probablemente sin sueldo, o con un sueldo muy bajo, quedaron atrás. Catedrático desde hace ocho años de una de las más prestigiosas instituciones de enseñanza, sino la más, con un buen salario, se casa ahora, a sus 45 años, con una mujer que, mirando a la casa de sus padres, es una de las más ricas y abundantes. Y García Asensio no habla de oídas, sabe muy bien de lo que informa. «Así lo afirmo con todo conocimiento de personas y cosas, por ser natural de la Villa de Albaladejo del Cuende distante 4. leguas de la de Villar de Cañas». García Asensio, pues, otro conquense ilustre.

Cuando Francisco Verdejo se casa por segunda vez, su hijo Francisco, habido de su primer matrimonio, tiene 11 años cumplidos. No hay prueba alguna de que la relación con su madrastra fuera mala, pero tampoco debió ser muy buena porque años más tarde, cuando él se vea en una situación análoga a la de su padre —esto es, viudo relativamente joven— no volverá a contraer matrimonio. Y usando sus propias palabras, podemos decir que, viéndose solo y en edad para ello tal vez se hubiera vuelto a casar, pero decidirá no hacerlo para evitar un perjuicio notable en los intereses de sus cuatro hijas. Seguramente el recuerdo de su propia experiencia le llevó a tomar una decisión así. Y resulta en cierta manera extraño que a partir de este momento en la documentación que ha podido encontrarse no haya la menor señal de la existencia de María Francisca.

El mismo año de su segundo matrimonio se produce también la impresión del segundo tomo de su *Compendio de Matemáticas para la instrucción de la juventud*. Localizados los dos tomos en la Biblioteca Nacional,[6] lo primero sería celebrar que ese segundo tomo que llega al Real Colegio de Artillería todavía manuscrito llegara a imprimirse, enriqueciendo la no muy extensa bibliografía matemática de finales del XVIII, principios del XIX, porque no siempre podrá decirse lo mismo de otras obras. Lo segundo es, volviendo a los textos de Verdejo, poner de manifiesto que en el tomo primero del ejemplar que se conserva en la Biblioteca Nacional hay algo que no termina de encajar. Está impreso, según figura en su portada, en Madrid en el año 1794. Exactamente, y como menciona el propio Verdejo en su súplica para que le sea concedida la cátedra, en el mes de octubre. En esa misma página, y esto es lo que no encaja, aparece el autor calificado como catedrático de Matemáticas de los Reales Estudios de la

---

[6] BN 2/27674-5.

corte. En octubre de 1794 Verdejo no es catedrático. Ni lo es, ni se intuye que pueda serlo como resultado de la oposición que se celebra en esos momentos. Demasiado riesgo, porque los censores no informan hasta finales de diciembre y el informe final que elevan al Consejo Lugo y Vaca de Guzmán —que, como se recordará, no es como para apostar por Verdejo— lleva fecha de 28 de diciembre. La confirmación oficial de Verdejo como catedrático no se producirá hasta el 5 de marzo de 1795. De ahí en adelante es cuando pudo ser impreso el ejemplar del tomo primero que se conserva en la Biblioteca Nacional, y no en 1794 como figura en su portada.

Para el tomo segundo del ejemplar de la Biblioteca Nacional, el año de impresión es 1802. Recuérdese cómo Verdejo se quejaba de que el hecho de no poder emplear su compendio como libro de texto oficial dificultaba, suponemos que por razones de índole económica, la impresión de ese segundo tomo. Por las razones que sean, esas dificultades desaparecen en 1802 y el hasta entonces texto manuscrito puede ser impreso. Analizando la portada del tomo primero con el año de impresión erróneo, se observa una total uniformidad con la portada del tomo segundo, por lo que puede inducirse que una segunda impresión del tomo primero se hace ese mismo año de 1802, modificando su portada para adecuarla a la del tomo segundo, pero manteniendo el año 1794 de la primera impresión. Es probable que a pesar de la negativa inicial por parte del director y refrendada por el Consejo a que Verdejo substituya el texto de Bails por el suyo, el paso de los años haya hecho posible esta substitución y de ahí la necesidad de disponer de nuevos ejemplares del tomo primero. Una posible causa es que por esos años el director de los Estudios empezó a perder peso específico, hasta el punto de que tuvo que abandonar la institución momentáneamente entre los años 1804 y 1808,[7] y Verdejo se decidió a emplear como texto sus libros, con o sin permiso. Lo que sí es seguro es que en 1794 tenía que haber ejemplares impresos del tomo primero. Por ejemplo, el que se envía al Real Colegio de Artillería. En efecto, un ejemplar del tomo primero que se conserva, entre otras bibliotecas, en la de la Real Academia de Bellas Artes de San Fernando en Madrid[8] tiene diferencias en su portada con respecto al de la Biblioteca Nacional, siendo la más importante que no aparece que Verdejo sea catedrático de Matemáticas de los Estudios. Es decir, que ese ejemplar sí que salió de la imprenta de la Viuda de Ibarra en octubre de 1794, perteneciendo a lo que en términos más modernos calificaríamos de primera edición. Su portada puede verse en la figura 16, mientras que las portadas de la reimpresión del tomo primero y la del tomo segundo pueden verse respectivamente en la figura 17 y en la figura 18.

Veamos cuáles son las diferencias entre las dos portadas del tomo primero, aparte de la de citar o no a Verdejo como catedrático: el *«PARA LA INSTRUCCIÓN DE LA JUVENTUD»* de la impresión de 1794 ha pasado a ser «PARA INSTRUCCIÓN DE LA JUVENTUD», es decir, se ha suprimido el primer *«LA»;* y el *«LEZ»* de *«GONZALEZ»*, que aparece desalineado con nombre y apellidos por un error de impresión, se ha corregido en la impresión más moderna, en la que figura, como hemos mencionado, *«Catedrático de Matemáticas de los Reales Estudios de esta Corte»*. Igualmente, en ésta se hacen constar los tratados que se incluyen en el tomo primero y en el que obsérvese que explicita que se incluyen

---

7 Simón Díaz, José: Opus cit.
8 Biblioteca de la Real Academia de Bellas Artes de San Fernando. Madrid. C-702.

las tablas logarítmicas y trigonométricas y cuya ausencia era uno de los reproches que hacía a la obra de Benito Bails. Más diferencias son que al mencionar la imprenta, «LA VIUDA DE D. JOAQUIN IBARRA» de la impresión de 1794 ha pasado a ser «LA VIUDA DE IBARRA» haciendo desaparecer el «D. JOAQUIN», «Con las licencias necesarias» ha pasado a ser «CON LICENCIA» y, finalmente, en la impresión más moderna se detalla que el libro puede hallarse en la librería de Gómez que está en la calle de las Carretas. Las dos impresiones del tomo primero y la del tomo segundo se realizan en la imprenta de la Viuda de Ibarra, que sigue empleando una de las dos marcas que más empleó el fundador: las letras necesarias para poder formar su apellido, entrelazadas, coronadas y apoyadas en una semicorona de laurel.

Como vimos en el capítulo 4, Francisco Verdejo dedica el *Compendio*, hablamos del tomo primero impreso en 1794, a Manuel Godoy, al que califica de singular protector de las Ciencias, y de los que las profesan, y del que se declara su más seguro servidor. El libro se publica, lo apuntábamos hace unas líneas, sólo unos meses antes de que se decida quién gana la cátedra. Que Verdejo lo haga, olvidando sus dificultades económicas, y dedicándoselo a quien se lo dedica, es una arriesgada apuesta por su parte que va a salirle bien. Ya hemos citado el escrito de Godoy solo unos meses después, en el que hace saber que el rey quiere a Verdejo como catedrático. Por cierto que en la dedicatoria también hay una pequeña diferencia en las dos impresiones del tomo primero. En la de 1794, Manuel Godoy es «Duque de la Alcudia», mientras que en la de 1802 el ducado pierde el «la» y se queda en «Duque de Alcudia».

El tomo primero lleva un breve prólogo en el que el autor menciona que no todas las obras que se han escrito son válidas para la instrucción de la juventud, y que ésta que presenta está escrita según el orden que la experiencia de muchos años de enseñanza le ha dado y en la que se ha cuidado el orden y la claridad en la exposición. Es decir, que Verdejo ha escrito o lo ha intentado al menos, y así cabría esperarse de su título, una obra de carácter didáctico. Y como él mismo dice cerrando su prólogo «de suerte, que qualquiera que se halle dotado de un regular talento y aplicación, podrá por sí solo tomar los conocimientos necesarios, tanto para ser buen Comerciante, Geometra ó Artesano, como para ser buen Matematico, aplicándose después al estudio de otras Obras mas sublimes».

Está dividido en dos partes; la primera, con siete capítulos, de los cuales dedica un capítulo a la aritmética, y a álgebra el resto. Se inicia con las cuatro reglas fundamentales de la aritmética por números enteros, define las cuatro operaciones de las cantidades literales que en principio no incluyen quebrados para después extenderse a quebrados, sean numéricos o literales. Sigue con la formación de potencias y extracción de raíces, razones, proporciones, progresiones y logaritmos. Termina con la regla de tres y las que tienen relación con ella y la resolución del las ecuaciones de primer y segundo grado. La parte segunda, con ocho capítulos, trata de la geometría y trigonometría rectilínea. Seis de ellos son para la geometría plana y tridimensional, el resto para el cálculo de áreas y solideces[9] de los cuerpos más comunes: un capítulo se dedica a la trigonometría rectilínea y su aplicación a la medida de las distancias en el terreno y el siguiente y último es de clara orientación práctica, con la descripción y uso de algunos instrumentos geométricos, el

---

9 La solidez de un cuerpo es su volumen.

modo de levantar y lavar los planos y algunas advertencias acerca del papel, pinceles y colores. Termina el tomo con la inclusión de las tablas de los logaritmos de los senos y tangentes, y de los números naturales desde 1 hasta 9.000, precedidas de una nota de explicación de uso de las mismas, y 14 láminas desplegables numeradas en romano, como es habitual, y de apoyo a las cuestiones geométricas, una lámina más sin numerar que corresponde a la representación del plano de un lugar con sus accidentes geográficos, y que puede verse en la figura 19. Se trata, pues, de un libro de matemática elemental —recuérdese que es el texto de las matemáticas de primer año y que lo único que se exige para poder cursarlas es saber leer y escribir.

El tomo segundo está, al igual que el tomo primero, dividido en dos partes. La primera tiene 14 capítulos, en los que, aparte de los dedicados a las ecuaciones de tercer y cuarto grado y los dedicados a las secciones cónicas, lo más significativo son los cinco últimos dedicados al cálculo diferencial e integral. La parte segunda está constituida por 11 capítulos e incluye algunas nociones de mecánica, la composición y resolución de fuerzas, máquinas simples y compuestas, principios generales del movimiento de los cuerpos, péndulos simples y compuestos. Los dos últimos están dedicados a la hidrostática e hidráulica, respectivamente. Finaliza el tomo con la inclusión de una tabla de gravedades específicas de varias materias, porque como dice Verdejo en el preámbulo de dicha tabla, «la mayor parte de los que se dedican al estudio de las matemáticas es con el objeto de estudiar la física experimental», algo impensable en la época, pero es probable que se hubieran conseguido mayores logros si al menos una parte de los que se dedicaron al estudio de las matemáticas, lo hubieran hecho con el objeto de estudiar las matemáticas. El tomo incluye asimismo las consabidas láminas desplegables para facilitar la comprensión de las explicaciones.

En 1801, un año antes de la impresión del tomo segundo y de la que hemos supuesto reimpresión del tomo primero, Verdejo imprime en la Imprenta Viuda de Ibarra, lo que titula *Adiciones al primer tomo del Compendio de matemáticas*, porque como él mismo dice «la aceleración con que compuse e imprimí el primer tomo de esta obra no me permitió extenderme lo que debiera en las aplicaciones de la teoría que establezco; y para remediar este defecto he dispuesto este cuaderno con varias adiciones, que por ahora saldrá suelto y con el tiempo lo enlazaré con el primer tomo, colocando cada parte de él en su respectivo lugar». Un año después, Verdejo no cumpliría su promesa de enlazarlo porque las *Adiciones* tienen 47 páginas y la impresión del tomo primero, que suponemos hecha en 1802, tiene las mismas 249 páginas que la impresión del año 1794. Otra posibilidad es que la hipótesis que hemos hecho acerca del año de la segunda impresión del tomo primero fuera errónea y que ésta se hubiese llevado a cabo con Verdejo ya catedrático pero antes de 1801, con lo que se justificaría la no inclusión de las *Adiciones*. No parece, sin embargo, que así fuera porque tanto en la primera impresión del tomo primero, como en las *Adiciones*, imprime «LA VIUDA DE D. JOAQUIN IBARRA», mientras que en la segunda impresión del tomo primero y en la del tomo segundo imprime «LA VIUDA DE IBARRA».

No deja de llamar la atención la publicidad que se da en la época a este tipo de publicaciones. La *Gaceta de Madrid* en su número del 17 de noviembre de 1801 inserta una nota referente a las adiciones al primer tomo que inicia con «se propone el autor aclarar y extenderse lo posible en la mayor parte de las proposiciones que abraza en el tomo primero de su Compendio, y con particularidad en todo lo concerniente a la resolución de los problemas de 1º. y 2º. grado. Es un cuaderno en 4º de 6 pliegos, y el qual se puede unir al primer tomo. Se hallará en casa de Gómez, calle de Carretas». Y aprovecha la ocasión para promover la aparición del segundo tomo, que iniciada su impresión aparecerá como hemos visto en 1802, lanzando incluso una oferta promocional. Habida cuenta de los tratados que comprende es una obra más voluminosa que el primer tomo, y con 10 estampas, lo que produce una impresión más costosa. Se venderá a 35 reales en pasta y 30 reales en rústica. Pero quien quiera suscribirse a él en casa de Gómez y por lo que resta de año, es decir, antes de cuarenta y cinco días, obtendrá una rebaja de 5 reales en el precio de cualquiera de las dos encuadernaciones.

Como una pequeña muestra de lo que representaron en su momento los libros de Verdejo, especialmente el *Compendio* en cuanto su utilización como libro de texto más o menos admitido, y empleando informaciones aparecidas en el *Diario de Madrid*, reproducimos una primera nota aparecida en el ejemplar del martes 8 de mayo de 1810. «Quien se hubiese encontrado el tomo 1.º de Matemáticas de Verdejo, que se perdió el día 30 de abril último desde la portería de S. Isidro el Real, calle de Latoneros, la de Segovia hasta la esquina de la del Estudio, lo entregará en dicha calle de Segovia casa num. 4 quarto 3º, esquina a la expresada calle del Estudio, en donde darán más señas y lo agradecerán». Está claro que se trata de un estudiante que lo ha perdido al salir de clase y en el trayecto hasta su casa. Aunque en determinados momentos la calle donde está San Isidro se conoce como la de los Estudios, no hay que confundirla con la del Estudio citada en el anuncio. Hoy llamada de la Villa, sale a la calle de Segovia a la altura de la plaza de la Cruz Verde, y es así nombrada porque en ella estuvieron los Estudios de Gramática donde enseñó el maestro López de Hoyos. El anunciante, eso sí, no especifica la cuantía del agradecimiento. La segunda nota es posterior. Aparace un martes 22 de agosto de 1815. En un incendio producido en unas casas de la puerta del Sol, uno de los inquilinos ha recogido libros que halla no ser suyos. Entre ellos un tomo del *Compendio de Matemáticas* de Verdejo. «Las personas a quienes puedan pertenecer acudirán a recogerlos mostrando los tomos compañeros, o dando señas individuales, a la calle de Zedaceros, esquina a la de los Gitanos, num. 10, quarto 2º de la derecha.»

Las primeras conclusiones en la cátedra de Verdejo de las que se tiene constancia de su realización después del mencionado incidente de Sarachaga tienen lugar el martes 12 de julio de 1803 a las nueve de la mañana. Las defienden los alumnos de segundo curso Joseph María de Segovia, Joseph León de la Lastra y Felipe Valladares, asistidos de su maestro el catedrático Francisco Verdejo. No se ha localizado el cuaderno con el programa del ejercicio impreso, y es una nota inserta en el ejemplar del *Diario de Madrid* del domingo anterior la que ha permitido conocerlo, nota, por cierto, en la que figura que «presidira el ejercicio el Sr. D. Estanislao de Lugo, caballero pensionado de la Real, y distinguida orden española de Carlos III. del consejo de S.M. en el de Indias, como Director de ellos». Después del incidente en el que querían hacer presidir a una persona ajena a los Estudios, Lugo debe tener especial interés en dejar claro que quien preside es él. El alumno Joseph María de Segovia, como tantos otros de sus compañeros de estudios, una vez cursados los dos años de matemáticas en San Isidro —suponemos que también cursó primero— entra a formar parte previo examen en el Real Cuerpo de Ingenieros. El perfil biográfico de este noble madrileño, nacido en 1786, ha sido estudiado con detalle por Javier López Vallo.[10]

El cuaderno[11] que sí se ha localizado es el correspondiente al ejercicio del curso siguiente, es decir, el de 1803-04, y según aparece en su portada, el maestro que los asiste no es ninguno de los dos catedráticos titulares en esa fecha, sino Jacinto de Lago, cuyo nombre aparece por vez primera ligado a las cátedras de Matemáticas de los Reales Estudios, y del que se menciona en esa misma portada que es encargado de la enseñanza de dichas ciencias «en este curso». «En este curso», es decir, parece la figura de un sustituto y sólo para un año. Lo que cabe preguntarse es si está sustituyendo a Verdejo, o si está sustituyendo a Ybarra. Habida cuenta de que el programa es de primer año, que Verdejo dio el curso anterior a segundo, y que por rotación debería volver a primero, en principio lo más lógico sería suponer que estos ejercicios se realizan por alumnos de la cátedra que ostenta Verdejo. Pero como veremos más adelante, el que aparece como sustituto, Jacinto de Lago, está ligado a la Escuela de Astronomía del Buen Retiro, al igual que el capitán cosmógrafo Joseph Ramón de Ybarra, y pensando en esa conexión, podría suponerse que es a Ybarra al que está sustituyendo. La solución la encontramos al haber sido localizado un cuaderno con el programa del ejercicio público[12] realizado el curso siguiente, 1804-05. Tres alumnos, Mariano de la Cuesta, Francisco de Travesedo y Manuel Ramírez de Arellano, de entre los que tuvieron ejercicio público con Jacinto de Lago

---

10 López Vallo, Javier: *Diario nº 2 de José María Segovia: La Coruña vista por un ilustrado tardío durante el Trienio liberal.*
11 Biblioteca de la Academia de Bellas Artes de San Fernando. Madrid. F-786.
12 BN. V. E. 524-18.

y según temario de matemáticas de primer curso, tienen un año después ejercicio público con Francisco Verdejo y, según temario, de matemáticas de segundo curso. Así pues parece confirmarse que a quien sustituye Jacinto de Lago, y solo por un curso académico es a Francisco Verdejo. ¿Y qué le ocurre a Verdejo para que tenga que ser sustituido por un año? ¿Ha sido comisionado para la realización de un trabajo que justifique su ausencia en la cátedra? No parece probable, porque desde que cesó como maestro de matemáticas en la Real Casa de Desamparados, no realiza que se sepa otro trabajo que hubiera podido crear una actividad extra y lo suficientemente importante como para liberarle de su obligación en los Estudios. No, no es ese el motivo de su sustitución. El motivo lo encontramos al localizar un escrito[13] de Verdejo a S. M. en papel de *quarenta maravedís* en el que expone «que hace cinco meses que se halla enfermo de unas tercianas obstinadas que le imposibilitan de asistir a su Cátedra, que está desempeñando interinamente Don Jacinto de Lago, sugeto idóneo y de la confianza del Director de los Reales Estudios». Mejor que sea de la confianza de Lugo, porque Verdejo sabe muy bien que con el director, problemas, los mínimos.

Las tercianas son unas calenturas intermitentes que repiten el tercer día, y muy obstinadas debieron ser, porque según hace constar Verdejo «es opinión de los facultativos que vaya al suelo patrio a restablecerse». Su suelo patrio es la villa de Montalbo en la provincia de Cuenca, y ahí es donde don Francisco suplica que se le conceda la licencia para ir a convalecer. Requerido para informar, el director de los Estudios lo confirma. «Es cierto lo que expone únicamente

---

13 AHN (Clero, Jesuitas); leg. 750.

le han permitido la asistencia a su Cátedra muy pocos días intercalados». Don Estanislao no desaprovecha la ocasión de meterse con Verdejo, y añade que en efecto le sustituye Lago, en quien concurre la aptitud necesaria, ¡menos mal!, y además lo hace por cuenta de Verdejo. Lo que quiere decir que la sustitución no ocasiona problemas económicos. Suponemos que la solución es buena, en cuanto que Lago aporta experiencia docente. Pero aunque no lo fuera, el director no pondría inconvenientes con tal de perder de vista por una temporada al catedrático. A tenor de este informe emitido por Estanislao de Lugo, se recibe en los Estudios un escrito fechado en Aranjuez el 3 de abril de 1804 en el que le hace saber al director que el rey se ha servido concederle a Verdejo la licencia solicitada. Suponemos a Verdejo disfrutando de la primavera en las calles del pueblo que le vio nacer, calles del Pozo, del Toledillo, del Tesillo, paseando por el camino de la Veguilla o llegándose hasta la fuente de los Huertos para saciar la sed, después de haber degustado los zarajos, que son «trenzados de tripas de cordero, que una vez bien condimentados con ajo y perejil, se atan con los palotes de sarmiento y se asan al horno».[14]

Pero, ¿quién es Jacinto de Lago? Jacinto de Lago es madrileño. ¡Más madrileño imposible! Había nacido el día 15 de agosto de 1764 en la Casa del Sacro Monte de Piedad, institución en la que seguramente su padre, Antonio de Lago, natural del concejo de Cangas, era funcionario. Situada en el número 7 de la manzana 393 frente al monasterio de las Descalzas Reales, fue donada por Felipe V a principios del XVIII al piadoso establecimiento del Monte de Piedad de las Ánimas del Purgatorio, fundado por el capellán del monasterio y capilla

---

14 «Calles, topónimos y gastronomía correspondientes al término municipal de la Villa de Montalbo», en Escamilla Cid, Antonio: Opus cit.

de religiosas franciscas descalzas de esta corte, D. Francisco Piquer. Y según consta en la *Planimetría General de Madrid, Libro de asientos*, «privilegiada sin carga a instancia de dicho D. Francisco Piquer, en 5 de abril de 1713 por ocuparse toda con las oficinas y avitaciones de sus dependientes». Jacinto es bautizado un día más tarde de su nacimiento en la vecina iglesia parroquial de San Martín, sita en el número 1 de la manzana 392, en la subida de San Martín, que en la mencionada *Planimetría* figura como calle de Bordadores. Fue su padrino una persona de apellido Piquer, a todas luces familia del fundador, y el mismo Jacinto con el paso de los años trabajará también en el Monte, porque justo en el que va a cerrar el siglo, dirige una instancia a sus superiores en calidad de oficial de la Contaduría del Real Monte de Piedad, puesto que ha contraído esponsales con Rafaela Herreros, solicitando «tenga a bien concederle la licencia que en tales casos se acostumbra por la Junta del Monte pío de Oficinas a cualq.ª de sus indibididuos».[15] Unos años antes, cuando por cédula de 13 de agosto de 1796 se crea el militarizado Real Cuerpo de Ingenieros Cosmógrafos de Estado, y se establece con su director Salvador Ximénez Coronado al frente el cuadro de profesores del Observatorio, en él figura con el grado de subteniente y con la categoría de sustituto y profesor no numerario Jacinto de Lago. Precisamente, el mismo año en que realiza la sustitución a Francisco Verdejo en San Isidro se produce la extinción del mencionado Cuerpo al no cumplirse las previsiones establecidas, y en la nueva y reducida reorganización del Real Observatorio ya no figura Jacinto de Lago. La docencia debió ser para él una actividad complementaria, de ahí que figure como profesor sustituto, bien en San Isidro, bien en el Real Observatorio. En 1816

---

15 AHN (FC-Mº_Hacienda); leg. 512 (1), exp. 2405.

debía seguir trabajando en el Monte, porque habiéndose detectado que en el Archivo de este Real Establecimiento faltaba un número considerable de libros, la Junta en reunión celebrada el 27 de agosto comisiona a D. Jacinto de Lago para que estudiase con todo detalle la situación.[16]

Volviendo al cuaderno del ejercicio público que asistió Lago, hay que mencionar que además de los citados de la Cuesta, Travesedo y Ramírez de Arellano, intervienen siete alumnos más. Son Manuel Sánchez, Ramón de Castañeda, Matías Soldevilla Yanguas, Rafael Aubert, Ventura Arzave, el teniente del Provincial de Toledo Pedro Espinosa de los Monteros y el guardia de Corps Juan Dubois, institución ésta que no es nueva como destino de alumnos. En esta ocasión se trata de un miembro de la Compañía flamenca, la de los cuadretes de la bandolera de color amarillo. El ejercicio se realiza el día 12 de julio a las nueve de la mañana y el cuaderno es impreso por la Viuda de Ibarra. Hay previo al temario unas líneas, se supone que de Jacinto de Lago, en las que se pone de manifiesto la indispensable necesidad que se tiene de las matemáticas para los usos de la vida civil. El programa se ajusta a lo que conocemos como de primer curso. De la aritmética y álgebra, 42 proposiciones para la parte teórica y 17 para la práctica. Y de la geometría elemental y trigonometría rectilínea, 64 para la teórica y 24 para la práctica. Decíamos que había podido localizarse un cuaderno de ejercicios públicos del curso 1804-05. El programa que en él aparece trata de secciones cónicas, cálculo infinitesimal y mecánica, que corresponden, como era de esperar por los nombres de los alumnos que lo realizan, a las matemáticas

---

16 Muñoz Serrulla, María Teresa: *Fuentes monetarias y contables del Monte de Piedad de Madrid*, en los archivos históricos de Caja Madrid, Universidad Complutense de Madrid.

de segundo curso. A los que lo realizaron con Lago el curso anterior se une Juan Nepomuceno Verdugo, que es alférez de Fragata. No puede precisarse el día ni la hora, porque los huecos dejados a la hora de imprimir para ser posteriormente manuscritos no se han cumplimentado. La impresión corre esta vez a cargo de la hija de Ibarra, Manuela, la menor de los tres hermanos, que tras el fallecimiento de la madre se hace cargo del negocio. Ya indicamos cómo los dos mayores se establecieron por su cuenta. El número de proposiciones no es muy numeroso, sobre todo en relación con otros programas: seis de secciones cónicas, nueve de cálculo infinitesimal y 22 de mecánica.

Veamos la evolución de algunos de estos alumnos destacados. Francisco de Travesedo se dedicará a la enseñanza de las matemáticas. En el año 1846[17] y adscrito a la Facultad de Filosofía del distrito universitario de Madrid aparece como catedrático de Cálculos sublimes. Recordemos que hasta la década siguiente, la mencionada facultad no se desdoblaría en Facultad de Ciencias y Facultad de Filosofía y Letras. Travesedo figura con una antigüedad que data de julio de 1818 procedente del cuerpo docente de la Casa de Pajes de S. M. No consta que fuese autor de ningún texto. El alférez de Fragata Juan Nepomuceno Verdugo[18] es el tercer hijo de Joseph Hipólito Verdugo de Albiturría, que fue mensajero y diputado de Gran Canaria en la corte en el año 1791. Es posible que esa estancia en Madrid le permitiera tener un conocimiento directo de los Estudios que le llevara a aconsejar a su hijo matricularse en ellos, o bien que Juan Nepomuceno

---
17 Los 222 catedráticos de la Universidad Española en 1849. http://www.filosofia.org/ave/001/a2002
18 GARCÍA VERDUGO, José Antonio: *Genealogía desde Arévalo del apellido Verdugo*. http://www.geocities.com/heartland/Park/1132/

accediera directamente desde su carrera militar. Sabemos que nació en La Laguna en 1781, es decir, que está cursando segundo de matemáticas con 24 o 25 años. En la nota de la que hemos extraído la información sobre su genealogía se añade que «sirvió con distinción en la Marina Real con empleo de teniente de Fragata. Se retiró en lo más florido de su edad».[19] La coincidencia en el nombre, una edad adecuada y la también coincidencia en el empleo es lo que nos lleva a suponer que es la misma persona. Su pronto retiro de la Marina encaja a su vez con otra información obtenida en la que se cita a Juan Nepomuceno Verdugo como la persona que dirige las obras de reforma de la iglesia de San Pedro Apóstol de El Sauzal (Las Palmas de Gran Canaria) en el siglo XIX por encargo del obispo Tavira, y atendiendo al estado de ruina del templo.[20] Quizás en sus años en la corte también fue alumno de la Academia de Nobles Artes.

Para el curso 1805-06, en el que le corresponden a la cátedra de Verdejo las matemáticas de primero, no había sido posible localizar cuadernos de ejercicios si es que los hubo. Y sí parece que debió haberlos, porque para el curso 1806-07 apareció el cuaderno con el programa del ejercicio.[21] Lo realizan el día 1 de julio a las nueve de la mañana los alumnos de segundo curso Manuel de Baldivieso, Hermenegildo de Mezquía y Garaycoeche, Mariano Casado y Juan Rodríguez. Si Verdejo había asistido a sus alumnos en julio del 1805 y en julio del 1807, ¿por qué no en julio del 1806? En el expediente académico de uno de los alumnos, concretamente en el de Hermenegildo de Mezquía y Garaycoeche como alumno del

---

19 Ibíd.
20 Gobierno de Canarias: Noticias. http://www.gobcan.es/noticias/index
21 BN. V. E. 524-18.

Real Colegio de Medicina y Cirugía de San Carlos[22] estaba la respuesta. Entre los varios certificados de su bagaje literario previo a sus estudios de medicina, hay dos de especial interés para nosotros. En el primero de ellos, firmado por Rodrigo González de Castro, «Secretario de los Reales Estudios de esta Corte», y con la autorización de Casimiro Flórez Canseco, como «Catedrático mas antiguo de los mismos», viene a decirse que «certifico que Don Hermenegildo de Mezquía y Garaycoechea, natural de esta Corte se matriculó y asistió con puntualidad y aprovechamiento a la Cátedra de primer curso de Matemáticas de estos Reales Estudios, estándola desempeñando Don Francisco Verdejo Gonzalez y que ganó el curso que empezó en 1º de Octubre de mil ochocientos y cinco y acabó en Junio del de la fecha en cuyo tiempo se instruyó en la Aritmética, Álgebra, Geometría y Trigonometría». Y a pie de página aparece una nota totalmente manuscrita en la que igualmente se certifica que Hermenegildo de Mezquía tuvo a final de curso examen público «según consta del Cuaderno que a este fin se imprimió y queda en la Secretaría de mi cargo». Afortunadamente, el cuaderno también se incorporó al expediente, lo que nos ha permitido determinar que acompañaron a Hermenegildo Manuel de Valdivieso, Mariano Casado, Antonio Videa, Joseph Vascuñana, Juan Rodríguez, Dionisio Echegaray y Balbino Avilés. El segundo certificado aporta una información totalmente análoga para el curso siguiente con temario de segundo año, pero tiene menos interés en cuanto que suministra una información que conocíamos. La impresión de los cuadernos de los tres años corre a cargo de la hija de Ibarra, y las proposiciones de los programas de 1805 y 1807 son también las mismas.

---

22 AHN (Universidades); leg. 1228, exp. 121.

Lo que llama la atención de las listas de alumnos que se presentan a examen público en estos últimos años es que en ellas no figure Francisco Verdejo Páez. No hay ninguna prueba de que cursara los dos años de matemáticas en los Reales Estudios, pero considerando quién era su padre, sus futuros empleos, ser profesor de esa misma facultad en diferentes establecimientos, etcétera, resulta difícil creer que no fuera así. Siempre en el terreno de la hipótesis, y por darle un margen amplio, podemos suponer que el estudio de esos dos cursos los llevó a cabo entre los años 1804 y 1810. Y en caso de hacerlo, caben dos diferentes opciones; que fuera alumno de su padre, pero no seleccionado entre los mejores para presentarse a examen público, o que fuera alumno de Ybarra, de cuyas conclusiones no se conocen impresiones de los programas. En los documentos que nos dejó —prólogos de las múltiples ediciones de sus textos, sus testamentos— solamente hay una mención a dónde pudo estudiar. En el prólogo de su *Guía práctico de Agrimensores y Labradores* cita como su maestro a Antonio Sandalio de Arias Costa. Arias Costa es un madrileño catedrático de Agricultura, director de montes y jardinero mayor del convento de la Encarnación. Es autor de unas lecciones de agricultura que se explican en la cátedra de esa disciplina en el Real Jardín Botánico de Madrid, por lo que deduzco que Verdejo Páez debió cursar estudios en la mencionada institución. A la espera de un nuevo documento que aporte algo de luz sobre el particular, hay que seguir en el terreno de lo hipotético.

Pero, ¿qué sucede mientras en la cátedra de Ybarra? Hemos mencionado que no se ha localizado ni un solo cuaderno con los programas de un ejercicio público presidido por él. Pero de los que tienen lugar en julio de 1799, concretamente el sábado 20, tenemos noticia de su realización por la información aparecida en el *Diario de Madrid*. Al catedrático le corresponden ese año las matemáticas de primero, y lo confirma la información aparecida en la que se especifica que se trata de un ejercicio de matemáticas puras. Lo sostienen los alumnos Antonio García Muñón, Joseph María García Rodrigo, Antonio Escolano, Joseph Nicolás de Claimisni, Juan Puente y Zorraquín, el cabo primero del Real Cuerpo de Artillería de la Armada Vicente Ruiz Sánchez, Romualdo de Vierna Ilisastegui, el cadete del Regimiento de Voluntarios de Castilla Joseph Cortines de Espinosa, Domingo Antonio de Urreza y Carlos Joseph Pelleport.

Recordemos que teníamos la certeza de que sí los hubo el 19 julio de 1800, por la reflexión del propio Ybarra de lo conveniente que era para sus discípulos la realización de ellos, tanto que retrasó su viaje a París. Es esta vez la *Gaceta de Madrid* la fuente de información en lo concerniente a las conclusiones de ese año. En su número del 29 de julio informa que tuvieron el día 15 de ese mismo mes «exercicio publico de matemáticas puras y mixtas», es decir, de segundo curso, los alumnos Pedro Dalesme, el teniente de burlote graduado de la Real Armada Francisco Martínez de la Escalera, Joseph María García Rodrigo y Joseph Cortines Espinosa. De un total de 10 alumnos que habían defendido conclusiones el curso anterior, solamente estos dos últimos repiten. Es evidente que no hay una regla que asegure que los mejores alumnos de un curso han de serlo también el curso siguiente, pero el estudio del expediente de dos de ellos, curiosamente ambos ligados a Hispanoamérica, permite establecer consideraciones de interés. El primero es Joseph Cortines Espinosa. Nace en Caracas en 1782 porque su padre, Francisco Ignacio Cortines, es electo por S. M. teniente de gobernador y auditor de Guerra de la provincia de Venezuela y embarca, junto con su mujer Josefa Espinosa, en Cádiz. Es el mes de abril de 1780 y la fragata *Francisco Javier* va a llevarles al puerto de la Guayra.[23] Joseph viene a España y se matricula en los Reales Estudios de San Isidro, donde como acabamos de ver sigue y con aprovechamiento los dos cursos de matemáticas. En febrero de 1803 ingresa en la Academia de Ingenieros de Alcalá de Henares, formando parte de la primera promoción, y ésa va a ser su profesión donde desarrollará una muy brillante carrera.[24]

El segundo alumno es Carlos Joseph Pelleport. Este madrileño nacido en la casa número 22 de la calle de los Tudescos es hijo de un catedrático del Real Seminario de Nobles y realiza como Cortines ejercicio público de matemáticas de primer curso en julio de 1799. No lo hará en cambio como hemos tenido ocasión de comprobar con las matemáticas de segundo. ¿Ha seguido el curso pero no figura entre los mejores? La respuesta es no, porque de haberlo hecho en su expediente académico aparecería el correspondiente certificado, como aparecen los de otras disciplinas. ¿Ha abandonado sus estudios en San Isidro? La respuesta es igualmente negativa porque en su expediente sí aparece para el curso 1799-1800 certificación de haber seguido el curso de física experimental. Así que Pelleport, a diferencia de Cortines, no asiste voluntariamente a las matemáticas de segundo, y puede aventurarse la hipótesis de que cursó las de primero porque constituyen un prerrequisito para seguir el curso de física, que es el que realmente interesa a Pelleport, futuro alumno del Real Colegio de Medicina y

---

23 AHN (Contratación); 5525. N. 1. R. 48.
24 Puede verse en ARASA I GIL, Ferrán E IZQUIERDO PERAILE, Isabel: *Los hallazgos arqueológicos de 1827 en la construcción de la Carretera de Madrid por Las Cabrillas (Buñol, Valencia).*

Cirugía de San Carlos y futuro brillante médico que ejercerá parte de su profesión en México.[25]

Nuevamente la *Gaceta de Madrid*, en su número del viernes 16 de julio de 1802 incluye una reseña en la que se dice que el día 10 del corriente, discípulos de segundo año de matemáticas de los Estudios Reales de San Isidro fueron examinados públicamente de la aplicación del álgebra a la geometría, secciones cónicas, series, cálculo integral y diferencial y dinámica, asistidos de su catedrático el capitán de Ingenieros Cosmógrafos del Estado Joseph Ramón de Ybarra. Los alumnos demostraron con singular inteligencia las proposiciones que les fueron planteadas por varias personas de entre los numerosos asistentes al acto, dando una prueba del aprovechamiento con que siguieron las enseñanzas. Fueron Antonio Ramón de Azcarate, Antonio María Hidalgo, Agustín de Sojo, Antonio Alsina y Tritón y Antonio de Ibarrola, subteniente del Regimiento Provincial de Ávila. El conclusionante Agustín de Sojo, por cierto, ganaría las oposiciones a la cátedra de Matemáticas del Real Seminario de Nobles en 1805.[26] Estas notas aparecidas en el *Diario* y en la *Gaceta* son especialmente importantes en cuanto que un gran número de las notas que aparecen en la prensa relativas a conclusiones o certámenes públicos corresponden a actos de los que se tiene información al disponer de los programas impresos. Bien es verdad que en algunos casos aportan algo de información nueva, pero en la mayoría de ellos lo que permiten es contrastar la veracidad de los hechos. Sin embargo, las notas a las que nos estamos refiriendo dan información de actos para los que no ha sido

---

25 ANH (Universidades); leg. 1237, exp. 43.
26 GARCÍA CAMARERO, Ernesto: *El matemático Vallejo y la ciencia en el Ateneo de Madrid*.

posible encontrar el programa impreso. Lo normal, por otra parte, en certámenes asistidos por Joseph Ramón de Ybarra. Así que toda la información que aportan es novedosa.

Y llega el 2 mayo de 1808.[27] Los capitanes de Artillería Daoiz y Velarde y el teniente Ruiz de Infantería, a morir en el parque de Monteleón, los chisperos de las herrerías de los desmontes cercanos al Barquillo a seguir pareja suerte defendiendo el portillo de Recoletos. Han formado una partida a la que se han incorporado varios guardias valones, que desobedeciendo la orden de permanecer en su cuartel, han saltado por las ventanas y fusil en mano, cruzando la calle de San Lucas y descendiendo por la de San José, se han llegado al prado de Recoletos. En las primeras escaramuzas con los gabachos que vienen de Chamartín, un balazo ha destrozado el pecho de uno de los guardias, al que los herreros, bajo una lluvia de fuego, «la madre que los parió», han conseguido poner al cobijo de unos matorrales. Mientras tratan de detener el chorro de sangre, el chispero ha reconocido al valon. Estuvieron a punto de abrirse la cabeza en una hostería de la calle San Joaquín. «Hablaba de números y cosas de esas raras. ¡Ya ves tú de lo que le ha servido!». Los herreros no pueden parar la hemorragia. ¡Mala suerte! La misma mala suerte que la de los manolos de las plazuelas de la Cebada y del Rastro cerrando la puerta de Toledo a los coraceros que procedían de Carabanchel. Y la de los que libraban los encuentros callejeros, en la puerta del Sol, en la calle de las Infantas. Una pelea desigual. Con el Ejército acuartelado, un pueblo mal armado tenía por fuerza que sucumbir ante los soldados franceses muy superiores en número. Para evitar un mayor derramamiento de sangre se

---

27 GEA ORTIGAS, Mª Isabel: *El dos de mayo de 1808 en Madrid*.

negoció la paz con los franceses, que iniciaron seguidamente la toma de represalias. Fusilamientos en las tapias del Retiro, montaña del Príncipe Pío, inmortalizados por Francisco de Goya, y en las proximidades del paseo del Prado. Saqueadas e incendiadas casas desde cuyos balcones habían sido atacados los franceses, y sobre todo las casas de la nobleza, donde el saqueo permitía grandes botines. Entre ellas la del duque de Híjar en la carrera de San Jerónimo, como se recordará padre de los alumnos conclusionantes años atrás en los Reales Estudios, Agustín y Joseph.

Si se veía venir, si no podía ser de otra manera. En los pasados meses de marzo y abril, los insultos y quimeras entre los vecinos y los soldados franceses eran una constante en los escritos de los alcaldes de *quartel* al Ilmo. Sr. gobernador del Consejo. Como lo eran igualmente los alborotos en la taberna de la escalerilla de piedra que baja a Puerta Cerrada, o en la de la Red de San Luis o en la de la calle del Rosario, donde invariablemente, un grupo de cuatro o cinco soldados franceses, normalmente pasados de vino, se negaban a pagar los últimos *quartillos*, querían seguir bebiendo fuera de los horarios establecidos pese a los requerimientos del mozo medidor, o trataban de violentar a la mujer e hija del hospedero. Una de estas ocurrencias pilló de por medio a uno de los vecinos de Francisco Verdejo, el más exaltado de los que polemizaron con las Comunidades en la feria de los libros años ha. Decían que un soldado francés, de los de la Guardia del Cuartel de Artillería, había robado 14 duros a una vendedora de la plazuela de San Ildefonso. Muy seguro debía tenerlo, porque a pesar de sus muchos años, «oigo patria tu aflicción y escucho el triste concierto que forman tocando a muerto la campana y el cañón»,[28] se fue para el gabacho capitaneando un grupo de vecinos igual de enfurecidos. Menos mal que enseguida apareció en la plazuela una patrulla de oficial del Regimiento del Estado, que evitó lo que pudo terminar en tragedia —el soldado había tirado de espada—, consiguiendo que se retirase cada uno a su casa y, quedando todo sosegado, condujo al francés al Cuerpo de Guardia.[29]

Apenas diez días más tarde, ya muerto o malherido el pueblo madrileño, los antiguos vecinos volverían a encontrarse. O eso era lo que inicialmente el destino había previsto, porque como la iglesia de San Sebastián tiene dos puertas, no le fue difícil a uno eludir al otro. El vecino de Francisco Verdejo, el menos exaltado de los que polemizaron con las Comunidades en la feria de los libros años ha, el día 2 de mayo había recogido a un francés y según sus propias palabras «librándolo de que lo ofendiera el populacho». No ha sido el único, aduce. Un vecino de esta corte, con botillería en la calle de Toledo, portales de Ntra. Sra. de las Angustias, hizo lo mismo. Como un comerciante de lienzos de la misma calle, o como un escribano de S. M. que preservó la vida a tres soldados franceses, dos de ellos por la confusión, que al tiempo de llegar a su casa «se metieron prontamente en la Yglesia Parroquial de San Millán, que se halla enfrente». Y al que resta que lo refugió en su casa «hasta que sosegada la turbulencia lo entregó a una partida de Españoles y franceses comandada por un Cav.ro Oficial de Guardias Walonas».[30] O repicas, o estás en la procesión. Menos mal que la iglesia de San Sebastián tiene dos puertas, una a la calle de Atocha,

---

28 Inicio de las patrióticas décimas que el narrador de esta historia memoriza desde sus ya lejanos años escolares, y que se deben a la inspiración de Bernardo López García.
29 AHN (Consejos); leg. 11901, exp. 14.
30 AHN (Consejos); leg. 5512, exp. 11.

la otra a la calle del Viento, y no le fue difícil eludir el otro al uno. Muerto o malherido el pueblo madrileño y ahora, partido por gala en dos. No se preveían en un futuro próximo unas condiciones lo que se dice favorables para el desarrollo de la ciencia.

La *Gaceta* del 20 de agosto de 1809 inserta el Real Decreto dado en Palacio en el que se cesa a funcionarios, militares y civiles que no hayan sido nombrados por José Napoleón, cesando en sus funciones, honores y distinciones. Pueden verse los artículos en la figura 20. Simón Díaz da cuenta de una circular impresa que llega a los organismos oficiales con el decreto, y un día más tarde, Estanislao de Lugo cursaba la diligencia para que el secretario de los Reales Estudios se diera por enterado de la real resolución así como que la hiciese llegar a los demás empleados de la institución para su inteligencia y gobierno.[31] ¿Seguían Verdejo e Ybarra al frente de la cátedras a esa fecha? Y de ser así, ¿fueron separados? ¿o bien continuaron ejerciendo su labor docente?

Hay que reconocer, vista la fecha en que se produce, que no fue un cese inmediato. Ya en la *Gaceta* del día 14 de junio de 1808 se publicaba la proclamación por parte de Napoleón de su hermano José, actualmente rey de Nápoles y de Sicilia, como rey de España y de las Indias. Desde finales de enero del año siguiente el nuevo rey firma reales decretos, pero no será hasta siete meses después cuando verá la luz el que revoca todos los nombramientos que no procedan de su consentimiento. Nos preguntábamos por la situación de los catedráticos de matemáticas de los Estudios y trataremos de seguir sus avatares en estos años. Sí hay una relación del profesorado en España elegido por José Napoleón

---

31   Simón Díaz, José: Opus cit., p. 120.

Bonaparte[32] en la que no figura Francisco Verdejo ni como secretario para las ciencias matemáticas ni en el apartado de geometría, en las que figuran como veremos más adelante nombres conocidos. Tampoco está Ybarra y sin embargo nos consta que siguió al frente de su cátedra. José Simón Díaz menciona[33] el hecho de que ante la falta de medios para abonar los salarios a los profesores, y el consiguiente peligro de tener que cerrar los Estudios, se dirigió un escrito al rey con fecha de 30 de junio de 1810. Ante la falta de respuesta se comisionó a tres catedráticos para que buscasen una solución, uno de los cuales era precisamente Ybarra. Asimismo, Manuel López Arroyo, al describir las actividades desarrolladas en el Real Observatorio[34] hace constar que en el año 1809, Ybarra, quebrantado de salud, se concretó a regentar su cátedra de Matemáticas en San Isidro. La comisión no debió tener éxito, y si lo tuvo fue efímero, porque menos de dos años después, concretamente el 7 de febrero de 1812, los catedráticos de los Estudios y personas dependientes de ellos presentan un escrito a su nuevo director Martín Fernández de Navarrete, que había sustituido a Estanislao de Lugo hacía cuatro meses. No mencionan el tiempo que llevan sin cobrar sus sueldos, pero después de haber malvendido para su subsistencia lo poco que tenían, están, apurados todos los recursos, en la más absoluta miseria. Enterados de que S. M., que Dios guarde, ha dado providencia para el socorro de los oficiales y dependientes de las Secretarías de los Ministerios,

---

32 Documento nº 1383. *Relación del Profesorado en España, elegido por JOSE NAPOLEON BONAPARTE con el juicio de cada uno de los profesores. El poder civil en España.* Manuel Danvila. Real Academia de la Historia, 1886.
33 SIMÓN DÍAZ, José: Opus cit.
34 LÓPEZ ARROYO, Manuel: *El Real Observatorio Astronómico de Madrid (178-1975).*

y creyéndose asimismo merecedores de ello, en cuanto que han ganado su empleo por oposición y son los que con su instrucción, habilitan y ponen en estado a los demás de poder desempeñar su función, le piden que haga llegar al rey su pronto remedio por medio de raciones, o con ayuda pecuniaria a cuenta de sus sueldos. Para los estudiosos de los Reales Estudios de San Isidro, el documento[35] es de suma importancia, porque es prácticamente imposible encontrar otro en el que aparezcan las firmas de tantos catedráticos. La importancia para esta historia estriba en que entre los firmantes están los dos catedráticos de Matemáticas, Joseph Ramón de Ybarra y Francisco Verdejo. Un total de 22 personas firman y rubrican el escrito. Como ellos mismos dicen, no todos son catedráticos, pero aparte de los dos ya citados, he conseguido identificar a los que siguen: Andrés Navarro, catedrático de Filosofía moral; Miguel García Asensio, de Árabe, que es el que informó favorablemente en el expediente de solicitud de licencia matrimonial de Verdejo; Casimiro Flórez Canseco, de Griego; Antonio Siles, de Disciplina eclesiástica; Joaquín Ezquerra, de Rudimentos, sintaxis y propiedad latina; Rodrigo de Oviedo, de Buena versión, y viejo conocido de las oposiciones a las cátedras de Matemáticas; Francisco Orchell, catedrático de Hebreo y finalmente Félix Torres, quien desde 1810 estaba como sustituto en la cátedra de Retórica. De los restantes, he conseguido identificar al conserje de los Estudios, de nombre Joseph Antonio y de apellido Osanta o algo parecido —es de difícil legibilidad—, al aparecer como tal en un informe a nivel interno del *Ministerio de lo Interior* en él que se le confirmaban unas gratificaciones. Las 11 personas que completan la lista, Joseph Acedo, Elías Montero,

---

35 AHN (Consejos); leg. 49615, exp. 51.

Pedro Ortega, Agustín de Arrieta, Nicolás Castrillón, Tomás García, Joseph Fernández, Manuel Castillo, Pablo Hernández, Manuel Roquel, Ramón García de García Díez, sea cual fuere el trabajo que desarrollasen, sin duda necesario para el buen funcionamiento de los Estudios.

Solamente un día más tarde, Fernández Navarrete envía un escrito adjuntando la súplica de los catedráticos al marqués de Almenara, *ministro de lo Interior*. Se dirige para implorar su amparo y protección hacia esas personas, haciéndole ver la importancia de sostener y fomentar la instrucción pública, más en la actual situación, en la que muchos padres de familia ven a los Estudios como el único asilo para la instrucción de sus hijos, pues al tiempo que separándoles de la ociosidad, evitan que se reúnan a cuadrillas de malhechores, que tantos daños ocasionan a la patria. Y pide que se les concedan las raciones que solicitan de forma que puedan atender a la subsistencia de sus familias. Al informe se incorpora un documento del propio *Ministerio de lo Interior*, Cuarta División, Contabilidad, en el que se hace constar que el director de los Estudios ha remitido una instancia de los catedráticos, solicitando lo que ya conocemos. En el margen izquierdo aparece escrita la acción a tomar, «Al despacho el Rey», pero desgraciadamente no conocemos el resultado final de la gestión.

Habida cuenta de lo visto, está claro que la lista de profesores de José Bonaparte en la que no figuran ni Verdejo ni Ybarra en las secciones de matemáticas es una lista incompleta. En la lista y en relación con la matemática no hay personas vinculadas a los Estudios. Pero no parece este último hecho el determinante de esas ausencias porque sí los hay y en abundancia en lo que hace relación a otras disciplinas: lengua española, literatura y *archeología* española, literatura y *archeología* griega y latina, entre otras. Puede ser debido a falta de conocimiento en la disciplina del autor o autores de la lista o bien a razones de índole política. Pero esto último no parece ser el caso porque Ybarra, no citado, continuó dando clase en los Estudios. La lista es atribuida al abate Marchena, afrancesado pero carente de conocimientos matemáticos. Cita, además del secretario para las ciencias matemáticas Juan de Peñalver, al que conocemos como director interino del Gabinete de Máquinas del Buen Retiro y censor en la oposición que ganó Ybarra, una serie de nombres con unas muy curiosas observaciones.

Veamos lo que opina sobre la lista Javier Rubio Vidal en el discurso que leyó en el acto de su recepción académica el día 20 de diciembre de 1950.[36] La califica de muy interesante pero incompleta y opina que debió hacerla un literato afrancesado, probablemente Marchena, secretario de Murat y que aparece en la lista como escritor. Fuese quien fuese el que redactase la lista, añade Vidal, solo debía conocer de oídas a los inscritos; de muchos que aparecen en la sección de ciencias solo figura el apellido. No es el caso de los matemáticos, pero lo que sí resulta cuanto menos curioso son las observaciones que expresan extremadamente resumidos los juicios que merecen los profesores: «Conocido en España», «conocido en Europa», «joven instruido y de grandes esperanzas». Observaciones éstas que le sirven a Javier Rubio Vidal para comparar las que aparecen en la lista para los tres geómetras. El hecho de que en su opinión Pedrayes está peor tratado que los otros dos le sirve para deducir que no era persona entregada al nuevo régimen.

---

36 Rubio Vidal, Javier: *Un matemático asturiano casi olvidado. Agustín de Pedrayes.* Discurso leído por el autor en el acto de su solemne recepción académica el día 20 de diciembre de 1950. Diputación de Asturias. Instituto de Estudios Asturianos. Del Patronato José Mª Cuadrado (CSIC). Oviedo, 1951.

A Agustín Monasterio no he conseguido identificarle y lo de ingeniero civil no resulta muy comprensible. En la época, los ingenieros eran militares y no acabo de comprender dónde pudo estudiar para conseguir una titulación así, ni donde desarrollaba su actividad profesional. Agustín de Pedrayes fue maestro de matemáticas de los Caballeros Pajes del rey, y posteriormente catedrático de la misma facultad en el citado Seminario, cuando a él se incorporan los Caballeros Pajes. Por lo que respecta a Nemesio Varas cabe la duda de si se trata del mismo Varas que figuró como sustituto en la cátedra de Matemáticas de los Reales Estudios y posterior director asimismo de matemáticas en la Real Academia de Bellas Artes de San Fernando. En la observación se le califica de antiguo profesor, con lo que si encajaría, pero el Varas que conocemos se llama Antonio, y en ninguna de las varias referencias que se tienen de él figura como un posible segundo nombre el de Nemesio. Para los dos astrónomos citados, de Salvador Ximénez ya se hizo mención en este capítulo y Joseph de Mazarredo es un marino relacionado con el Real Observatorio de Cádiz. Puede verse la lista en la figura 21.

El examen público realizado en julio de 1807 era la última referencia en el tiempo que había sido posible localizar de la actividad profesional de Francisco Verdejo González. Desde esa fecha hasta los años de la guerra de la Independencia, Verdejo ya no volvía a aparecer. Sí lo hacía en cambio una primera referencia a Francisco Verdejo Páez, su hijo, al tratar de posibles colaboracionistas con José I. Se le entregó la Real Orden de España, junto con Fernández Navarrete y Gómez Hermosilla, información que recoge Simón Díaz de Cambronero.[37] José I abolió, entre otras cosas, todas

---

37 CAMBRONERO, Carlos: *El Rey intruso*, Madrid, 1909.

las órdenes militares y civiles excepto el Toisón de Oro, y las sustituyó por una única, la Orden Real de España, a la que el pueblo ridiculizó renombrándola como Orden de la Berenjena, debido a su color violeta. Contemplaba tres categorías, la de caballeros con hasta 2.000 miembros; caballeros Comendadores, hasta 200 y caballeros Grandes Bandas, hasta 50.

La duda estaba, al no haber prueba documental, en si era realmente a Verdejo hijo a quien se le concedía. En 1810 Gómez Hermosilla tiene 40 años y Fernández Navarrete una edad similar. Es importante considerar qué edad tiene Verdejo hijo en ese momento, puesto que conocemos documentalmente el año de su nacimiento, exactamente 1791. Es factible, porque recordemos que en la súplica que dirigía al rey Francisco Verdejo González en el año 1794 para que se le concediese la cátedra, mencionaba que su mujer María Páez y madre de su hijo Francisco estaba enferma desde hacía dos años por una enfermedad que pudo venir originada o acelerada por el parto. Como veremos en el capítulo siguiente, Verdejo Páez inicia su carrera de enseñante aproximadamente en el año 1810, siendo datos compatibles al límite considerando que puede iniciarse en el profesorado con 19 años. Pero en cualquier caso, en un puesto de no excesiva responsabilidad. Desconocíamos la fuente en la que se basaba Cambronero para establecer el galardón otorgado a Verdejo hijo, y, evidentemente, de existir una prueba concluyente, echaría por tierra las siguientes consideraciones. Pero mientras no se comprobara de una manera indiscutible, había que admitirlo solo como una posibilidad. Esa concesión a Gómez Hermosilla, Fernández de Navarrete y Verdejo tiene que producirse obligadamente entre los años 1808 y 1813. Que Verdejo Páez no la haga constar entre sus méritos en las portadas de sus futuras y numerosas impresiones no debe extrañar, en cuanto que con la vuelta de Fernando VII la Orden, por supuesto, quedó abolida. De haberla recibido Verdejo hijo, lo haría con una edad entre 17 y 22 años, mientras que Gómez Hermosilla, por ejemplo, la recibiría con más de 38 y menos de 43, y Fernández de Navarrete con más de 35 y menos de 40, edades sin duda más acordes. Gómez Hermosilla es catedrático en los Reales Estudios desde 1797, mientras que Verdejo hijo recibiría el galardón prácticamente sin experiencia, catedrático de ningún sitio. Como veremos en el capítulo siguiente, sí hay colaboración por parte de Verdejo Páez con el régimen napoleónico, pero debió ser el suyo un colaboracionismo mínimo, lo que da un argumento más en contra de que fuese el receptor de la condecoración. Siguiendo a Simón Díaz, Gómez Hermosilla «por su condición de notorio afrancesado marchó al exilio en 1814 y regresó seis años después. Al no poder recuperar la plaza, se unió a Alberto Lista, que estaba en la misma situación, y dio clases en su Colegio de San Mateo»[38] y Fernández de Navarrete se apartó ¿voluntariamente? de los cargos públicos. Verdejo Páez, por el contrario, no tiene que irse de España. En el año 1814 inicia en Madrid lo que será un largo rosario de impresiones de diferentes obras y no tendrá el menor problema en impartir clases en centros oficiales, sin sufrir ningún tipo de purga.

Analicemos, por otra parte, las posibilidades de que la concesión de José I, si es que se produjo, recayera en Verdejo padre. Sabemos que en el periodo de 1808 a 1813 está vivo y que no morirá hasta 1817, según se desprende de la información aparecida en los testamentos de su hijo. Verdejo Páez ordenó su disposición testamentaria hasta en cuatro

---

[38] Simón Díaz, José: Opus cit.

ocasiones y encontramos ahí una fuente importantísima de información. Vivo pues, con una edad comprendida entre los 51 y 56 años, y catedrático de Matemáticas en los Estudios desde 1796, tiene el suficiente prestigio como para ser merecedor de la recompensa. Queda por analizar qué ocurre con él al finalizar la invasión francesa. Siguiendo esas mismas fuentes testamentarias, nos encontramos que su hijo califica de calamitosos tiempos los últimos años de su padre, años de ancianidad y achaques. Y menciona, como veremos enseguida, acreedores, cortos bienes y sueldos atrasados. No tuvo que exilarse. Para esas fechas, Francisco Verdejo González era un hombre enfermo, no sabemos si separado de su cargo porque quizás no hizo falta, ya que lo pudieron hacer sus propias dolencias, pero eso sí, parece que con problemas a la hora de recibir su salario.

Mencionábamos que desconocíamos las fuentes de Cambronero. Bien, analizado *El Rey intruso*, en el capítulo «Las conferencias de Bayona» hace mención a informaciones aparecidas en la *Gaceta de Madrid*. Otro de los capítulos tiene directamente el título «La entrada del rey José en España según los partes de la Gazeta», un nuevo capítulo, «La Proclamación», acaecida el día 25 de julio de 1808, se basa en la reseña publicada en la *Gaceta* del día 27. Y así llegamos al capítulo de «Los Afrancesados» que es en el que menciona que en la Orden Real de España figura, entre otros nombres que cita, Francisco Verdejo y Páez, profesor de geografía. Aquí creemos que hay una primera imprecisión. En esa fecha Verdejo no es profesor de geografía, no será profesor de esa facultad hasta bastantes años más tarde. En este capítulo Cambronero no cita ninguna posible fuente de información, y sorprendentemente en la *Gaceta*, profusamente empleada en la redacción de otros capítulos, estaba la solución al enigma del distinguido por el rey intruso. ¿Verdejo padre o Verdejo hijo? En el número 78, correspondiente al día 18 de marzo de 1812 del citado periódico, se inserta una nota en donde aparecen los nombramientos de caballeros de la Real Orden de España según un decreto dado por José Napoleón en su Palacio de Madrid y a 12 de los corrientes. Colocados por riguroso orden alfabético, aparece casi al final de la lista, consecuentemente con la inicial de su apellido, «Verdejo González (D. Francisco), catedrático de matemáticas de S. Isidro el Real de esta corte». Llama la atención el hecho de que figure con dos apellidos cuando en la lista de distinguidos prácticamente todos figuran con uno solo. Parece que la persona que elabora la lista, consciente de que pudiera haber confusión, quiere dejar claro de quién se trata. Y lo consigue, porque aunque hubiera bastado citarle como catedrático de Matemáticas de los Reales Estudios para saber quién es, con ese segundo apellido no puede quedar la menor duda. El distinguido por el rey intruso es Verdejo padre. Resulta difícil encontrar las razones que pudieron llevar a Cambronero a confusión, asignándole al hijo lo que era del padre. Quizás la identidad en los nombres de pila. En esa misma amplia lista de nominados muy próximos al centenar, también figura por cierto Juan de Peñalver, director general de los canales de Aragón y Castilla la Vieja, que por similitud de nombre y apellido, y por encaje cronológico y profesional, debe ser el mismo que fue censor en la oposición de Ybarra y estaba como director interino del Real Gabinete de Máquinas del Buen Retiro.

A finales del año 1812 se crea el Tribunal de Apelaciones y Vigilancia de Madrid con el fin de examinar los delitos de infidelidad a la patria que se imputan a los españoles que habían estado sometidos a la dominación francesa. Durante los meses de septiembre y octubre del citado año son harto frecuentes las notas aparecidas en el *Diario de Madrid* en las que se informa que se ha formado causa a determinadas personas invitando a quien tuviese algo que exponer en contra de la conducta política de los encausados. La noche del 25 de septiembre, con la ciudad ya controlada por los ingleses, Francisco Verdejo fue preso y conducido al Retiro de orden del Tribunal de Vigilancia junto con un nutrido grupo de personas, entre las que figura el director de los Estudios de San Isidro. El *Diario de Mallorca* de fecha 24 de diciembre de 1812 da la noticia fechándola en Madrid el 29 de septiembre. Encabeza la lista de detenidos con encendida arenga. «Aquí no se dexan impunes los traydores ni se miran con criminal los terribles daños causados á la patria por los indignos hijos que la abandonaron y vendieron para servir a un extranjero». El redactor de la noticia maneja una ironía fácil con las profesiones e incluso los apellidos de los detenidos. Al diamantista Goldoni, dice, no le sirven de nada sus diamantes, a Redondo, platero de la calle de Carretas, tampoco su plata, y a uno de los detenidos que se apellida Chasco, apunta que no se lo llevó malo. De Verdejo se limita a citar su profesión, maestro de matemáticas en San Isidro. Al no mencionar segundo apellido y considerando que Verdejo hijo actuó como sustituto de esa misma asignatura y en esa misma casa, no podemos afirmar categóricamente que se trate de Verdejo padre, aunque nos inclinamos a ello porque este último es quien aceptó dignidades del nuevo monarca. En el Retiro, desde las obras que realizaron las tropas francesas para convertirlo en cuartel fortaleza, debía haber dependencias usadas como calabozos. Habían sido utilizadas en sentido contrario en 1809, cuando el funcionario Joseph de Cafranga se negó a jurar fidelidad al rey nuevo, y fue conducido con otros colegas desde la cárcel de corte al Retiro.[39]

Como consecuencia de esta detención, Francisco Verdejo no se libra, y a pesar de que su apellido está escrito incorrectamente, al citar su profesión no deja lugar a ninguna duda de que es a él a quien se le abre un proceso. En el número del *Diario de Madrid* del día 15 de octubre aparece que «habiéndose formado causa por el tribunal de Apelaciones y Vigilancia de esta corte a Don Francisco Berdejo, catedrático de los estudios de San Isidro, se hace saber al publico que si alguna persona tuviese que exponer en contra de su conducta política, lo haga ante el Sr. D. Pedro de Castro, presidente del dicho tribunal, en el termino de 9 días, contados desde el 12 del corriente». Es probable que nadie se personase en la causa. Al menos, en general de eso se queja el propio tribunal al no poder llenar los deberes de su cargo debido al retraimiento de los posibles testigos al considerarse estos como delatores. Llegarían a ofrecerles admitir las noticias que se le quieran suministrar con la promesa del secreto.[40] Casi un año más tarde, el 2 de septiembre de 1813, la Secretaría del ilustre Ayuntamiento de la ciudad de Valencia pasa a los procuradores síndicos los expedientes de purificación que se habían leído en la casa consistorial en la tarde y sesión de ese mismo día. Entre los interesados que solicitan su purificación está Francisco Verdejo. ¿Por qué lo solicita en Valencia? Como se cierra la información solicitando «que todo Ciudadano que tenga que exponer sobre la conducta menos patriótica y fiel

---

39 Cabezas Fernández de Campo, José A.: *El dilema de muchos españoles en 1808: ser leales a Fernando VII o...*

40 Como me apunta Charo Fuentes Caballero, aunque Verdejo González no hubiera sido afrancesado ni se hubiera dejado poner medalla alguna, el hecho de haber dedicado su *Compendio* a Godoy hubiese bastado para ponerle en el punto de mira de Fernando VII.

a la Nación de dichos interesados durante la dominación francesa, pueden acudir a hacerlo á los Procuradores Síndicos dentro del término preciso de tres días, que se contarán desde la fecha. Valencia 6 de Septiembre de 1813, = Félix Fermín de Calatayud = Manuel Beltran de Lis», hay que suponer que es más probable que nadie vaya a declarar en contra de uno en una ciudad en la que no se reside.[41]

Una vez más se van a poner de manifiesto las diferencias entre los miembros de una misma familia, no por sus creencias, que suponemos no serían muy dispares, sino por la situación y el lugar que ocupan en un determinado momento. Mientras en Madrid Francisco era condecorado por José Bonaparte, su hermano pequeño Nicolás, el 10 de julio de 1810, con la graduación de teniente coronel, «dirige a los ingenieros españoles que tratan de contener a los minadores franceses en su intento de abrir una galería para derribar la contraescarpa del foso del recinto bajo en el sitio de Ciudad Rodrigo. Finalmente fue herido».[42] Con anterioridad, en una descubierta realizada en los alrededores de la plaza, y después de haber hecho varios prisioneros franceses, consigue inutilizar el camino hacia la frontera portuguesa. No es que sea lo mismo, claro, pero también es verdad que en más de una ocasión volvió a casa, ante el susto de doña Teresa, con una buena brecha de resultas de un encontronazo de la chavalería de Montalbo con la del Hito. Cuando después de nueve meses de asedio, el gobernador Pérez de Herrasti, ante la ausencia de cualquier apoyo por parte del Ejército inglés, rinde la plaza, toda la guarnición marcha cautiva a Francia,

---

41 *Diario de Valencia.* Miércoles 8 de septiembre de 1813.
42 http://www.1808-1814.org/ *Guerra de la Indepedencia.* Efemérides tomadas de GUIU Y MARTÍ, E: «El año militar español». *Rev. Cientif.-Militar*, Barcelona, 1887.

de donde no regresarán hasta el año 1814. La duda estaba en si Verdejo, herido, siguió la misma suerte o pudo quedarse en España. De su propio expediente se aclaran las dudas. Verdejo es conducido con los demás defensores a la localidad francesa de Bearne, donde durante el cautiverio pondrá una academia para enseñar matemáticas gratis al resto de los oficiales españoles. De casta le viene al galgo. Recuérdese la dedicación plena a la docencia de su hermano Francisco Verdejo González y la que está a punto de iniciar su sobrino Francisco Verdejo Páez.

7

Y en la propia habitación del Excmo. Sr. D. José Joaquín Durán

La *Gaceta de Madrid*, en su número del sábado 18 de julio de 1812, inserta la noticia de que el 9 del corriente se celebraron en los Reales Estudios de San Isidro de esta corte exámenes públicos de aritmética, álgebra, geometría y trigonometría rectilínea. Tuvieron lugar asistidos por el maestro sustituto Francisco Verdejo Páez, que es a su vez profesor de estas ciencias en el Real Liceo del Avapiés. Por esa misma nota conocemos que en ese momento el director es el afrancesado Martín Fernández de Navarrete, y los alumnos examinados Joseph Durán, Nicolás Berrota y Alviz, Joseph Fernández Mayoral, Manuel Álvarez de Sorribas, Pedro Bermúdez y Riobó, Antonio Pellico, Pedro Pellico, Joseph Margauti, Alexo Díaz, Tomás O'Scanlan, Pedro María Morales Portocarrero, Joseph Martínez Campo, Martín Foronda y Diego Carnicero. Como se ve, una nutrida representación. Después de resaltar la asistencia al acto de personas instruidas que realzaron su solemnidad, y el tino y la inteligencia con que los alumnos contestaron a las cuestiones que les fueron formuladas, termina haciendo ver el esmero y la consideración con que el gobierno, en medio de otros graves negocios, atendía todos los ramos de instrucción pública. Ya lo creo que eran graves los negocios. Tenía a un país en pie de guerra.

Son estos los primeros empleos de Verdejo Páez de los que se tiene referencia documentada. Probablemente empezaría a trabajar dos años antes, porque en los prólogos de algunas de las múltiples ediciones de sus obras hay alusiones a sus años de enseñanza. Concretamente, en la decimoquinta edición de sus *Principios de Geografía*, impresa en 1853, habla de cuarenta y tres años de continua enseñanza. Siete años después, en la edición vigésimo primera los cifra, lógicamente, en cincuenta. Antes, en 1833, en la segunda edición de *Guía Práctico de Agrimensores y Labradores*, había mencionado veintidós años de enseñanza en establecimientos públicos. Así que podemos deducir que Verdejo hijo inicia su carrera de enseñante entre los años 1810 y 1811. El Colegio del Avapiés en donde Verdejo hijo era profesor es el nombre con el que familiarmente se conocía a las Escuelas Pías de San Fernando, que había fundado en 1729 el padre Juan García de la Concepción. Sito en la calle de la Hoz alta, hoy Mesón de Paredes, en el número 16 de la manzana 68, es el *quartel* en que se encuentra el que le da nombre. Se conservan los programas impresos de los ejercicios literarios realizados en 1765, imprenta de Antonio Marín[1], y en 1785 y 1786, imprenta de Antonio de Sancha.[2] También la *Gaceta de Madrid* informa de algunos de los exámenes públicos sostenidos por los seminaristas del Avapiés. Los del año 1803 se celebraron en el mes de julio y bajo la protección del duque de Medinaceli, contribuyendo al gran lucimiento de los ejercicios la asistencia de los más célebres profesores de la corte y del Real Seminario de Nobles. Entre los que seguramente estuvo el catedrático de los Reales Estudios,

---

1 Madrid. Biblioteca Histórica Municipal. MB/1125.
2 CSIC. Residencia de Estudiantes. Biblioteca del Museo Pedagógico. R. 1822 y R. 1823.

nuestro Francisco Verdejo González. Los del año 1806 se celebran en mayo y bajo la protección del cardenal arzobispo de Toledo, y finalmente de los del año 1807 conocemos incluso los nombres de los seminaristas que se presentaron a examen público de aritmética, álgebra, análisis finita, geometría elemental y trigonometría plana. Se trata de Juan de Dios Landaburu y Cayetano Fantini y Hore. Lo hacen bajo la dirección de su maestro de matemáticas, el padre Justo Ortiz de San Juan Bautista. Con la invasión francesa fue suprimida la comunidad religiosa y ahí es donde probablemente aparece la figura de Verdejo hijo como profesor, puesto que sabemos que la relación de los Verdejo padre e hijo, con el rey intruso, forzada o no, no es mala.

Tal como vimos en el capítulo anterior, con fecha de 18 de marzo de 1812, y en la notificación de la concesión de la Real Orden de España, Francisco Verdejo González es etiquetado como catedrático de Matemáticas de los Reales Estudios. Y hace unas líneas que el 9 de julio de ese mismo año, es decir, poco menos de cuatro meses más tarde, Francisco Verdejo Páez, su hijo, asiste, como sustituto que es de matemáticas en esa misma institución, al ejercicio público que realizan alumnos de primer curso. La pregunta surge por sí sola. Verdejo padre, en ese lapso de tiempo o incluso antes, enferma y está siendo sustituido por su hijo, o es Joseph Ramón de Ybarra, el poseedor de la otra cátedra y del que también se conoce que tenía problemas de salud, el sustituido, quedando ambos Verdejo, padre e hijo, como únicos responsables de la enseñanza de las matemáticas en los Estudios. Mientras no aparezca nueva información que despeje el interrogante de una manera inequívoca no nos queda otra solución que conjeturar. Y lo hacemos empleando el hecho probado de la varias veces citada alternancia de las cátedras. Probado documentalmente conocemos que Ybarra está en segundo curso en 1800 y 1802, y que Verdejo está en primero en 1804 y en segundo en 1805 y 1807. Situaciones compatibles con la alternancia. Entonces, extrapolando durante siete años el tú/yo este curso a primero y yo/tú a segundo, llegamos a la conclusión de que en 1812 Ybarra se ocuparía de las de segundo y Verdejo padre de las de primero. Es pues a este último a quien sustituye Verdejo hijo, salvo que se rompiera la alternancia por cualquiera de las muchas causas por las que pudo hacerse. Por ejemplo, al considerar Verdejo padre que es él mismo quien debe sustituir a Ybarra, mientras que Verdejo hijo le sustituya a él, de manera que así el menos experimentado impartiera una matemática más elemental. Independiente de a cuál de los dos catedráticos sustituyera, lo que está probado es que lo hace desde principio de curso. En su hoja de servicios, aparecerá nombrado como sustituto de la cátedra de Matemáticas con fecha 1 de octubre de 1811, con la aprobación del director y profesores de los Estudios Reales y con un sueldo de 6.600 reales.

También está probado documentalmente que el día 29 de marzo de 1812 Francisco Verdejo Páez se casa. Al sueldo de profesor del colegio del Avapiés agrega los 6.600 reales de la sustitución, lo que le permite crear y sostener una familia. Según consta en el folio 481 del Libro de Matrimonios de la iglesia parroquial de San Salvador y San Nicolás, que principia en 1684 y concluye en 1823, Joseph Marcén y Gamboa, cura párroco de la mencionada iglesia, declara «desposé por palabras de presente que hacen verdadero y legítimo matrimonio, obtenidos los mutuos consentimientos, a D.ⁿ Francisco Berdejo, natural de esta Corte, Hijo de D.ⁿ Francisco y D.ª María de los Angeles Páez, con D.ª Clementina Dionisia Sánchez, también de esta Corte y Parroquiana de esta Iglesia por vivir frente a San Nicolás, casa inmediata a las Monjas, Hija de D.ⁿ Blas y D.ª Dionisia Huerta». Por la detallada referencia que da el oficiante de la casa de la desposada, parece tratarse de la número 3 de la manzana 425. Las monjas a las que se refiere son las del convento de Nuestra Señora de Constantinopla en la calle Real de la Almudena, hoy calle Mayor, y en el número 2 de esa misma manzana 425. Sabemos igualmente que Dionisia Huerta, madre de la novia, es natural de la ciudad de Huete, lo que pudo favorecer que Francisco y Clementina se conocieran. Una vez casados, parece que se van a vivir a San Millán, una pequeña calle que sale de la de San Dámaso y va a desembocar en la calle de Toledo, suposición muy coherente en tanto que la vivienda está muy próxima a San Isidro, donde Verdejo Páez realiza parte de su labor docente, basada en que así consta en la partida de bautismo de su hija María Ana, que había nacido el día 18 de abril de 1817 y había sido bautizada al día siguiente en la parroquia de San Millán.[3] Es la tercera de sus hijas. Antes habían nacido Juana, probablemente en 1814, y Clotilde, probablemente a finales de mayo de 1816. Aún nacería una cuarta hija en 1819, a la que impondrían el nombre de Francisca.

A la vista de los hechos conocidos, la acción a tomar era clara: buscar en el archivo parroquial y en el correspondiente Libro de Bautismos las a todas luces existentes partidas de Juana, Clotilde y Francisca. Fue una sorpresa comprobar que tales partidas no existían. Pero no la única. Lo que sí aparecía en el Libro Sexto de Bautismos y en su folio 181, era la partida de bautismo de María de las Mercedes Verdejo

---

[3] En 1869, la parroquia de San Millán se traslada a la iglesia de San Cayetano, en el número 15 de la calle Embajadores, constituyendo lo que es hoy parroquia de San Cayetano y San Millán.

Sánchez, bautizada el 23 de septiembre de 1815 y que había nacido el día antes en la calle de San Millán número 1, por supuesto hija de Francisco Verdejo Páez y Clementa Sánchez Huerta, siendo su madrina su abuela materna Dionisia Huerta. Así pues, Verdejo Páez había tenido una quinta hija, que debió morir a muy corta edad, puesto que no la menciona en ninguno de sus cuatro testamentos. Lo que sí que había que hacer era eliminar la suposición de que recién casados se van a vivir a la calle San Millán, porque como es lógico el bautizo de un hijo se produce en una parroquia que es función de donde vivan los padres en el momento de producirse el nacimiento. Hay una cosa, sin embargo, que no termina de encajar. Con los datos disponibles, el orden de las ahora cinco hijas es Juana, Mercedes, Clotilde, María Ana y Francisca. Que Juana, la mayor, y Francisca, la pequeña, no estén bautizadas en San Millán es perfectamente explicable. Cuando nace Juana, el matrimonio Verdejo-Sánchez todavía no vive en la calle San Millán. Cuando nace Francisca, el matrimonio Verdejo-Sánchez ya no vive en la calle San Millán. Lo que ya resulta más difícil de explicar es que si Mercedes, la segunda, y María Ana, la cuarta, están bautizadas en San Millán, incluso por el mismo sacerdote Juan López, Clotilde la tercera no lo esté. Un segundo intento de localizar la partida de bautismo de Clotilde resultó tan infructuoso como el primero.

Además, hasta el año 1817 Verdejo Páez inserta anuncios en el *Diario de Madrid* de las lecciones particulares que da de matemáticas, delineación y fortificación, mencionando que las personas que gusten dedicarse a estos estudios deben acudir a la calle San Millán. Clotilde debió nacer en 1816, y no es hasta 1818 cuando figura en el anuncio como nueva dirección de Verdejo la calle angosta de San Bernardo, número 5, cuarto principal, frente a la huerta de las Ballecas. Eso justifica plenamente que Francisca, que nace en 1819, no esté bautizada en San Millán. Lo que ocurre es que la mencionada calle está en el barrio de San Luis y pertenece a la parroquia del mismo nombre, en la que debió casi con seguridad ser bautizada la pequeña de las Verdejo. Pero los libros desgraciadamente se quemaron en el incendio de la parroquia del año 1935.

Hablábamos de la relación de los Verdejo con José I. Al menos la del hijo no debió ser muy estrecha, porque no parece que tuviera que abandonar el país, y si sufrió algún tipo de represalia a la vuelta de Fernando VII fue de corta duración. Debió pertenecer dentro de los afrancesados en el grupo de los juramentados, «empleados de la Administración que fueron obligados a un juramento de fidelidad al rey José para poder mantener su puesto y que, no perteneciendo al núcleo gobernante, son beneficiarios del poder real».[4] En el año 1814 saca un libro titulado *Tratado de Agrimensura o Arte de Medir Tierras y Aforar Líquidos para el uso de Agrimensores y Labradores,*[5] impreso en Madrid por Repullés. En su portada, en contra de lo que es habitual, no figura el empleo del autor, y aunque puede que ya no sea profesor del colegio del Avapiés, sí que sigue siendo profesor de los Estudios. Y en la portada, no sabemos por qué, no lo hace constar. Lo seguirá siendo hasta el 29 de marzo de 1816, día en que se produce el restablecimiento de los Estudios a los padres Jesuitas, debiendo abandonarlos sus moradores. Los jesuitas se comprometían a mantener las cátedras existentes, siendo despedidos los profesores seglares, salvo excepciones en

---

4　Iglesias, Carmen: *No siempre lo peor es cierto. Estudios sobre Historia de España.*
5　BN. 1/36873.

donde los jesuitas no disponían de sustitutos adecuados,[6] lo que no es el caso de Verdejo Páez a la vista de su hoja de servicios.

Eso sí, en el *Tratado de Agrimensura* figura que el autor es *Francisco Verdejo Páez, el Hijo*. Matización esta última a todas luces innecesaria, al incluir el segundo apellido. Quizás la existencia como sabemos de una obra de similar contenido y título debida a su padre le llevó a esa redundante aclaración. En una segunda edición de este mismo texto,[7] solo tres años más tarde, figura como profesor de dibujo militar de la Academia de Caballeros Cadetes de Reales Guardias de Infantería española, edición debida a Dávila, y como veremos enseguida y el mismo Verdejo nos hará saber, publicada sin su consentimiento. En 1822 publica *Guía Práctico de Agrimensores y Labradores o Tratado completo de Agrimensura y Aforage*.[8] En realidad se trata de una nueva edición del *Tratado de Agrimensura*, y él mismo explica el cambio de título. Después de la primera edición de esta obra, «que por circunstancias extraordinarias no pudo salir con el grado de perfección que yo deseaba», el editor Dávila había publicado una sin su consentimiento, por lo que «no he podido por menos, de dar a luz este nuevo tratado». En 1818 ya había publicado *Principios de Geografía Astronómica, Física y Política*.[9] Es la primera edición de una larga serie de ellas y en su portada, además de su sabido empleo como profesor de dibujo militar, figura como sustituto de la clase de geografía en la misma institución. Es decir, si en 1816 pierde su empleo en los Estudios, está dando ya, o va a

---

6 Simón Díaz, José: Opus cit.
7 BN. 1/39939.
8 BN. 1/39754.
9 BN. 3/103762.

darlas enseguida, clases en la Academia de Reales Guardias de Infantería española. Se consolida pues en su profesión de enseñante y autor de libros de texto, lo que no quiere decir que su larga carrera docente no se vaya a ver sometida a nuevos y complicados avatares. Es también en estos años cuando, aún sin poderlo probar con rigor, se produce la muerte de su padre, Francisco Verdejo González.

La *Gaceta* en su número del 17 de septiembre de 1818 inserta una nota sobre el *Tratado de Agrimensura*, en la que después de mencionar que el autor es Francisco Verdejo Páez, explica la estructura de la obra, muy similar a la que conocemos de su padre, incluidas las ordenanzas de los agrimensores. Consta de dos partes, una primera con un tratado elemental de aritmética, y una segunda en la que «después de unas breves nociones de Geometría da reglas para la medida y repartición de cualquier terreno, para los plantíos de viñas, apeos, deslindes, aforos, tasaciones, &c». Considerando el año en que aparece la nota y que la obra se vende en la librería de Dávila, de la calle Carretas, es evidente que se debe corresponder con la impresión citada por Verdejo como hecha sin su consentimiento.

Su tío Nicolás vuelve a España del cautiverio francés con sus compañeros en el mes de junio de 1814, y en el mes de agosto es destinado a la dirección de Valencia, si bien no llegó a incorporarse a dicho destino. En mayo de 1815 es destinado al Ejército de Aragón, y un año más tarde, disuelto dicho Ejército, es destinado a la Dirección de ese mismo reino, ubicada en Zaragoza. En noviembre de ese mismo año obtuvo cuatro meses de real licencia para pasar a Madrid a asuntos propios, pero consta que no llegó a hacer uso de ella. Posiblemente, esta licencia estuviera relacionada con una grave enfermedad de su hermano Francisco, incluso su muerte. En 1818, siendo comandante de su arma en la plaza de Jaca, efectúa diferentes obras y trabajos por encargo del general en jefe del Ejército del Norte, figurando en el *Estado Militar de España* correspondiente a ese año (página 126) en el arma de Ingenieros como teniente coronel y con la graduación de coronel. En 1819 dirigió la recomposición de los caminos de Eyerbe a Jaca para facilitar el paso del Ejército español hacia la frontera francesa. Ese mismo año, concretamente el 10 de junio a las seis y media de la tarde, Nicolás Verdejo se casa en Cascante, en la propia habitación del excelentísimo señor don Joseph Joaquín Durán, héroe de la guerra de la Independencia, con su hija Águeda Durán Casalbón. Según reza en el documento matrimonial[10] Verdejo es soltero, natural de Montalbo y al presente, coronel graduado y teniente coronel del Real Cuerpo de Ingenieros, residente en Zaragoza. En 1820, reestablecido el sistema constitucional, es comisionado para dirigir las obras de la fortaleza de Jaca, habiéndose encargado en los meses de agosto a noviembre de la formación de los itinerarios de los caminos de Aragón con la elaboración de los planos correspondientes, por lo que recibió reconocimiento real. Dos años más tarde se encarga con carácter interino del Gobierno Militar de Jaca, y en el mes de septiembre, con sus acertadas providencias, y a pesar de la escasa guarnición que defendía la plaza, hizo desistir del empeño con que la atacaron los facciosos, siendo citado por su buen comportamiento. Destacando la acción militar que supuso la disposición de una columna de 100 hombres, con la que liberó por sorpresa a un grupo de oficiales que permanecían prisioneros en el depósito de Ysaba (Navarra).

---

10   Por cortesía de Charo Fuentes Caballero.

Durante un tiempo supuse que los hermanos Francisco y Nicolás eran los únicos hijos legítimos del legítimo matrimonio formado por el hidalgo Nicolás Verdejo García, natural de Daimiel, y Teresa González Peña, natural de Jerez de los Caballeros en la Extremadura. Era claro que no todos los hermanos, supuesto que los hubiera, tenían que haber alcanzado notoriedad, pero precisamente por su no notoriedad y perdidos los libros parroquiales de Montalbo de las fechas pertinentes, la probabilidad de conocer su existencia era realmente pequeña. Sin embargo, en ocasiones el azar se aviene a echar una mano, y coloca a las suposiciones prematuras en el lugar que les corresponden. Rebuscando información en las páginas de la *Gaceta de Madrid* apareció en su número del día 22 de enero de 1820, justo unas líneas más arriba de donde se convocaba concurso para cubrir las vacantes de médico en la villa de Tembleque y las de cirujano en las villas de Fuensalida y Villagarcía de Campos —por cierto no mal pagadas—, la convocatoria que a continuación y en su literalidad se expresa. «Habiéndose acudido ante el Sr. D. Manuel Joseph Rubio, del Consejo de S.M., teniente corregidor de esta villa, y escribanía del número de D. Antonio Villa y Fernández, por parte de Doña Isabel Verdejo y otros hermanos y sobrinos de Doña Micaela Verdejo, de estado soltera, natural de esta corte, hija legítima de D. Nicolás y de Doña María Teresa González, que falleció en esta corte en 30 de abril de 1819, solicitando se les declare herederos abintestato de la misma, se ha mandado emplazar a los otros sus parientes que se crean con derecho a ser tales herederos abintestato, para que en el término de 20 días, contados desde 15 del corriente, acudan ante el nominado señor juez y escribanía con los documentos que justifiquen su parentesco; con apercibimiento que pasado dicho término sin mas citarles, se proveerá en la insinuada instancia lo que corresponda en justicia, y les parará el perjuicio que haya lugar». Micaela ha muerto sin testar, por tanto tienen derecho a la herencia los parientes de la fallecida establecidos por ley, y en forma y proporción que determina igualmente la ley.

Micaela Verdejo, hija legítima de Nicolás y María Teresa González. No cabía la menor duda de que se trataba de una hermana de Francisco y de Nicolás. Nace en Madrid y muere, asimismo, en Madrid, el 30 de abril de 1819. Lo hace sin testar y con bienes a su nombre, lo que motiva a Isabel Verdejo, una nueva hermana, a requerir judicialmente ser declarada heredera abintestato. Pero su requerimiento no es en solitario, lo hace en unión de otros hermanos y sobrinos. Entre esos otros hermanos deben estar, lógicamente, Francisco y Nicolás, y además al figurar sobrinos, hace pensar que hay al menos un hermano ya fallecido, y es el o los hijos de éste los que actúan. Otra incógnita que se planteaba era, habida cuenta de las penurias familiares esgrimidas por el catedrático de los Estudios en reiteradas ocasiones y de la soltería de Micaela, ¿de dónde procedían esos bienes de su difunta hermana? Había pues que seguir la pista del escribano Antonio Fernández Villa y de sus protocolos próximos a esa fecha del fallecimiento. El día 14 de octubre de 1820 y ante el citado notario, se firma en la villa de Madrid un poder especial[11] que otorgan Francisco Verdejo Páez y José Marín a favor de Alfonso Concejo. Francisco Verdejo Páez lo hace en su nombre —su padre, Francisco Verdejo González, ya está muerto— y en nombre de su tío Nicolás Verdejo González, mientras que José Marín lo hace como marido y conjunta persona de Isabel Verdejo y apoderado igualmente de Pedro

---

11 AHP. Madrid, 14 de octubre de 1820. Antonio Villa y Fernández. 23808.

Miguel Verdejo. Un hermano más. Pero, ¿quién es Alfonso Concejo? Alfonso Concejo es el marido de otra hermana fallecida, Teresa, y actúa en representación de sus hijos Francisco y María de la Consolación Concejo Verdejo.

El análisis del poder permitió establecer la nómina completa de los hermanos Verdejo González. Sin pruebas documentales del orden, estos son: Micaela, Francisco, Teresa, Isabel, Pedro Miguel y Nicolás. Porque como se hace constar, fueron ellos y solo ellos los declarados por resolución judicial del 8 de febrero de 1820 herederos abintestato de Micaela. Eso sí, Francisco y Teresa, ya fallecidos, en las personas de sus hijos. Pero, ¿por qué este poder? Porque se requiere el cumplimiento de un papel que firmó un tal Bernardo Casamayor el 25 de noviembre de 1816 y es muy probable que haya que tomar acciones contra los que pretenden ser herederos del mismo Casamayor. No es aventurado suponer que vayan a oponerse al cumplimiento del literal de dicho papel. ¿Y por qué a Alfonso Concejo? Porque reside en Málaga, que es la misma ciudad en la que Casamayor firmó el papel, y probablemente es allí donde va a solventarse judicialmente el litigio. Nos preguntábamos de dónde procedían los bienes que reclamaban los herederos de Micaela. Parece factible que hubiese una relación entre Micaela y Casamayor, relación que por la razón que fuese no llegó a legalizarse, y que el origen de esos bienes, o al menos una parte importante de ellos, está en el papel firmado por Bernardo Casamayor que sus herederos se niegan a aceptar. Por desgracia no ha sido posible encontrar ese papel ni otros relativos a actuaciones posteriores, pero este poder suministra todavía un poco más de información. Mencionábamos que Francisco Verdejo Páez actuaba en su nombre y en nombre de su tío Nicolás Verdejo. Puede hacerlo por un poder que le otorga el 19 de diciembre de 1819 en la ciudad de Zaragoza ante el escribano Alberto Iranzu. Este poder tiene un especial interés en cuanto que viene a demostrar una relación, cuando menos, no mala entre tío y sobrino, que podía ser a priori muy cuestionable, dadas las diferentes actitudes con que se posicionaron en relación con el rey venido de Francia. Mencionábamos también que José Marín, el marido de Isabel Verdejo, actuaba asimismo en nombre de Pedro Miguel Verdejo, vecino de la villa de Montalbo. Y lo hacía por poder otorgado el 27 de diciembre de 1819 ante Ramón Díez y Porrua.

Consultados los protocolos firmados en dicha fecha por el mencionado escribano, efectivamente apareció el poder[12] de Pedro Miguel Verdejo a su cuñado. La razón estaba en que la residencia de Pedro Miguel es Montalbo, y que el proceso de la testamentaría de Micaela va a seguirse inicialmente en la corte. Ya hemos visto que probablemente después se resolvería en Málaga. Solamente tres días más tarde hay otro poder[13] otorgado también a José Marín, y ante el mismo escribano, por su sobrino político Francisco Verdejo Páez. No tiene en principio explicación, en cuanto que los dos residen en Madrid. Quizás la profesión de Marín hiciera aconsejable esa cesión para la intervención en la herencia de Micaela. Este documento aporta que a la fecha citada, Verdejo Páez es catedrático de Matemáticas de Cadetes de Reales Guardias de Infantería. El intento de localizar a Bernardo Casamayor no resultó infructuoso, pero tampoco lo bastante convincente para asegurar que se trata del mismo Bernardo Casamayor que íbamos buscando. Veamos diferentes posibilidades.

---

12 AHP. Madrid, 27 de diciembre de 1819. Ramón Díez y Porrua. 23492.
13 AHP. Madrid, 30 de diciembre de 1819. Ramón Díez y Porrúa. 23492.

De un préstamo que el banco de San Carlos realiza al Seminario de Nobles con fecha de 3 de abril de 1783, sabemos que necesita el aval de la firma de los cuatro directores del banco, y uno de ellos es Pedro Bernardo Casamayor. Hay, por otra parte, una nota histórica en *La Ilustración Española y Americana* en su número de fecha 30 de junio de 1893, en la que al describir «los hechos del alzamiento nacional del año 8», explica cómo hallándose de guarnición en la corte, «el 20 de Julio, los capitanes y subalternos D. Bernardo Casamayor, D. Miguel García, D. Juan Senmenat y D. Pedro Villareal se introdujeron silenciosamente en el cuartel y reaniman a la tropa, la hacen poner sillas y montar dentro del patio después de haber tenido la precaución de ganar el santo y la contraseña de los puestos franceses». Este segundo Bernardo Casamayor parece encajar cronológicamente peor que el primero con la edad de Micaela Verdejo. En 1808, Micaela podría tener unos 55 años y un capitán parece demasiado joven. Hay finalmente, una Real Orden publicada el 23 de julio de 1832 en *El Faro Nacional*, en la que en virtud de una instancia de don Bernardo Casamayor solicitando que se le permita introducir en el reino, por la aduana de Cartagena sin previo pago de derechos, un carruaje que piensa exportar para uso propio suyo en un viaje al extranjero, S. M. se ha dignado conceder la gracia que se pretende. No sabemos si se trata del Bernardo Casamayor relacionado directamente con Micaela Verdejo, por el año en que se presenta la instancia, más parece tratarse de un descendiente suyo del mismo nombre de pila. Pero en cualquier caso, da una idea del potencial económico de la familia, por lo que puede deducirse que los bienes que debían figurar en ese papel eran de un volumen lo suficientemente considerable como para hacer entrar en litigio como un solo hombre a todos y cada uno de los legítimos herederos de Micaela Verdejo González.

Sea cual fuere el resultado del pleito, la vida sigue y Verdejo Páez parece ser que no limitó su producción literaria a textos básicamente orientados a la enseñanza de la geografía y de la historia o de la agrimensura. Con el comienzo en 1820 del Trienio Constitucional, se crean las condiciones para el desarrollo de un teatro político, y en esa aventura parece que va a embarcarse también Francisco. Es autor, según Ana María Freire,[14] de la obra *La Inquisición por dentro o el día 8 de marzo de 1820*, drama original en cuatro actos, y como ella misma apunta, obra fuertemente anticlerical y una de las más representadas en el mencionado trienio. El 8 de marzo de 1820 es el día en que se dicta la Real Orden en la que Fernando VII decide jurar la Constitución de 1812. Sin embargo, no he conseguido reunir pruebas definitivas de la autoría de Verdejo. En la Biblioteca Nacional se conserva un ejemplar de un drama en cuatro actos titulado escuetamente *La Inquisición*,[15] y que a pesar de que en ningún momento en el libro se referencia al nombre del autor, la Biblioteca lo atribuye a Francisco Verdejo. En la ficha donde se realiza tal asignación no figura el motivo que llevó a hacerlo. Lo que sí dice la portada del libro es que «se hallará en Valencia, en la Imprenta y librería de DOMINGO y MOMPIE, calle de Caballero, nº 48», lo que no da peso precisamente a la autoría que la Biblioteca sostiene. Sí se lo da, en cambio, unos versos que aparecen en el acto tercero:

«Y aunque en un principio fue
contra herejes destinado,
bien pronto hizo castigar

---

14 Freire López, Ana María: *Teatro político en España en el primer tercio del siglo xix*, UNED.
15 BN. T/13488.

>al honrado ciudadano,
>al ilustrado patriota,
>al matemático, en fin,
>a cualquier dedicado
>a esparcir la ilustración».

Y es, fundamentalmente, por la referencia de la persecución al matemático. Es cierto que cualquier persona bien informada pudiera haberse inspirado, por ejemplo, en los ataques que sufrió Benito Bails, acusado ante la Inquisición de poseer libros prohibidos y de sostener teorías como el heliocentrismo, quien tuvo que decir en su defensa que eran teorías que había ya mantenido el muy sabio Jorge Juan, y que si en otros tiempos se miró esta opinión como novedad peligrosa y se prohibió seguirla, hoy se tenía por tan desacertada su prohibición, incluso por la propia Iglesia, que se había borrado del *Índice del Expurgatorio*.[16] Sin embargo, el hecho de citar en los versos una profesión tan específica como la de matemático, más parece propio de una persona muy vinculada a la misma. Por otra parte, en una litografía de Verdejo que puede verse en la figura 22, en la que junto a su retrato aparecen libros con los temas sobre los que escribió —geografía, historia, entre otros—, en uno de ellos aparece el rótulo de «Dramas», con lo cual deducimos que no le resultaría ajeno.

Ahora bien, ¿es la misma obra que menciona Freire pese a la diferencia en el título? En el drama de Verdejo, en el último acto, Carlos, el protagonista, que está a punto de ser llevado a los tormentos por los ministros de la Inquisición injustamente por una falsa denuncia originada en una rencilla personal, es salvado in extremis por mucho pueblo amotinado, del que se

---

16 Puede verse en el prólogo del tomo segundo de sus *Principios de Matemática*. En BN. 5/4638.

oyen gritos a lo lejos de «¡Viva la Constitución!» y «¡Viva el Rey que la ha jurado!», por lo que encajaría con la segunda parte del título, (...) *el día 8 de marzo de 1820*, que Freire atribuye a la obra de Verdejo. La disyunción en el título de *La Inquisición por dentro o el día 8 de marzo de 1820,* también juega a favor de la autoría de Verdejo. Emplear en los títulos tal cosa o tal otra se presenta varias veces en su producción literaria. Para terminar de complicar el asunto, en la Biblioteca Nacional se conservan dos ejemplares[17] de un drama, también en cuatro actos, que se titula *La Inquisición por dentro*. En uno de los ejemplares, impreso en Barcelona en 1841, sigue sin aparecer el nombre del autor, y su texto es prácticamente idéntico al del atribuido a Verdejo. En el otro, impreso en Sanlúcar de Barrameda en el año 1895, figura en su portada que está refundido nuevamente por Antonio Calle y Hernández. Y su texto, que sigue siendo un drama en cuatro actos con los mismos personajes, tiene diferencias con los dos anteriores. Podría pensarse en principio que Verdejo emplea un seudónimo, pues lo hace otras veces. Pero en 1895 Verdejo Páez no está en condiciones de refundir absolutamente nada. Por otra parte, Antonio Calle y Hernández no engaña a nadie. En una nota, «A los artistas y empresarios», que precede al texto, explica que allá entre los años 1848 y 1850 se representaba con escaso éxito en algunos pueblos de Andalucía un drama en cuatro actos titulado *La Inquisición por dentro*, que no llevaba nombre de autor y que se atribuía a un eminente literato y gran hombre de estado. Ese perfil no termina de encajar del todo con Verdejo Páez. El caso es que Calle y Hernández, a la sazón artista dramático y empresario del teatro del Balón de Cádiz, decide refundir el drama de manera que «siendo nuevo todo el final del primer acto, el

---

17 BN. T/55191 y T/13690.

segundo nuevo desde la escena IV al final, el tercero todo nuevo y el cuarto algunas variaciones y todo el parlamento final de la obra».

En varias tesis defendidas en la UNED, y tratando de la vida escénica en diferentes ciudades españolas tales como Pontevedra, Albacete, Badajoz, queda constancia de la representación teatral por diferentes compañías de *La Inquisición por dentro*. Pero no ha sido posible encontrar ninguna referencia a las numerosas representaciones que se dieron, según Freire, en el Trienio Liberal, como tampoco ninguna referencia a la parte final del título que alude al día en que Fernando VII jura la Constitución. La representación más temprana corresponde a una que se dio, según informa la *Gaceta de Madrid*, los días 20 y 21 de octubre de 1854 en el Teatro del Instituto. ¿Se trata del aula de teatro del Instituto San Isidro de Madrid? Porque de ser así, sí se trata de un entorno próximo a Verdejo. ¿Es pues Francisco Verdejo Páez el autor del drama? Un argumento más en contra. J. A. Scotto nos habla de Miguel Vitorica de la Cámara, un doctor en leyes, secretario de la Inquisición. Suprimida ésta, escribió una obra, *La Inquisición por dentro*, que hizo gran sensación. La obra fue puesta bajo el *Índice*, y luego suprimida su circulación; fueron quemados todos los ejemplares en la plaza pública, y él desterrado.[18]

En el mes de septiembre de 1820, las Cortes deciden restablecer los Reales Estudios en la línea que se seguía previa al retorno jesuítico de 1816. En opinión de Simón Díaz,[19] como lo que de verdad se pretendía era la desaparición del centro para integrarlo en una nueva universidad, en vez de convocar

---

18 Scotto, J. A.: *Don Bernardo Vitorica*, Buenos Aires: Imprenta de Coni, Hermanos, 1905. Paseo genealógico por la Argentina y Bolivia.
19 Simón Díaz, José: Opus cit.

oposiciones para cubrir las numerosas cátedras vacantes, lo que se hizo fue designar sustitutos por nombramiento real. En esa línea, el 16 de octubre de ese mismo año, Verdejo Páez recibe un escrito de la Dirección de los Estudios de San Isidro, en el que se le comunica que, en base a la propuesta de la propia Dirección para la sustitución de las cátedras de Ciencias metafísicas, dos de Matemáticas, una de Física y una de Lengua arábiga, el rey ha servido nombrarle para sustituir la primera de Matemáticas. El nombramiento para la segunda recae en Francisco Travesedo,[20] como se recodará alumno aventajado de los propios Estudios, que defendió conclusiones de matemáticas en 1804 con Jacinto de Lago y en 1805 con Verdejo padre.

En 1821, el Reglamento de Instrucción Pública aporta la gran novedad de la creación en Madrid de una Universidad Central, que no es sino el resultado de la unión de la Universidad de Alcalá, los Estudios de San Isidro y el Museo de Ciencias Naturales.[21] Acorde con ello, el 7 de octubre de 1822 Verdejo Páez recibe un nuevo escrito, esta vez de la Dirección General de Estudios del Reino, en el que se le comunica que ha sido nombrado en calidad de interino para catedrático de Matemáticas puras en la recién creada Universidad Central. Antes debe haberse producido un nuevo cambio de casa, porque en el *Diario de Madrid* del jueves 10 de mayo de 1821, Francisco Verdejo aparece en la lista de ciudadanos que deben ser milicianos en el cuartel de la plaza de la Constitución en el barrio de San Ginés, figurando que tiene 29 años, que es profesor de matemáticas y que vive en la calle de las Hileras. A finales del año anterior, en los

---

20 Ibíd.
21 Ibíd.

anuncios que publica de sus lecciones ya figura en efecto esa calle como a la que deben acudir los futuros alumnos.

Pero cuando el duque de Angulema, al frente de los Cien Mil Hijos de San Luis, en el mes de octubre de 1823 tome la ciudad de Cádiz, donde se había refugiado el gobierno constitucional llevando consigo al rey, y se inicie el segundo periodo absolutista del reinado de Fernando VII —la Década Ominosa—, Verdejo Páez va a tener problemas. Se produce una durísima represión contra los liberales y las juntas de purificación depuran a funcionarios, empleados públicos, profesores y alumnos de tendencia liberal. No consta que Verdejo tuviera que abandonar España o sufriera encarcelamiento, pero sí es separado de la enseñanza pública. Por Real Decreto de 1 de octubre de 1823 se suprime la universidad, y en consecuencia todos sus profesores, Verdejo entre ellos, quedan cesados. Cómo sobrevivió económicamente a tales avatares es difícil de precisar, quizás dando clases particulares y con la venta de sus libros de texto de los que realiza en esos años algunas ediciones. Él mismo viene a confirmar ambas suposiciones con la impresión en 1833 de una nueva edición del *Guía Práctico de Agrimensores y Labradores*, quizás el texto más separado de su depurada actividad docente, y en el que incluye una nota en la que afirma que tiene listo para sacar un tratado de mecánica práctica con los principios generales para su aplicación a las artes, pero que la impresión está paralizada por lo costoso de la obra, dado el elevado número de láminas que requiere unido a los cortos recursos de que dispone «hallándose reducido a la clase de simple leccionista después de veinte y dos años de enseñanza en establecimientos públicos». Leccionista es un maestro o maestra que da sus lecciones en casas particulares. Durante esos años se produce además la impresión de las ediciones segunda, tercera y cuarta de sus *Principios de Geografía*, de unos *Elementos de Historia Universal* y una *Descripción General de España e Islas dependientes de ella*. Todas en la imprenta de Repullés.

En el año de 1826 se inicia la publicación de un *Diccionario Geográfico y Estadístico de España y Portugal*.[22] Su autor es Sebastián de Miñano, natural de Becerril de Campos, religioso, escritor y ayo del infante Luis de Borbón. Nombrado éste cardenal, Miñano se ocupa de los asuntos del infante en la corte, hasta que en 1808 se convierte en uno de los más íntimos colaboradores del rey José I. Tuvo lógicamente que abandonar España, regresando a Madrid años más tarde en unión de otros afrancesados. En el mismo año de 1826 ve la luz un folleto con el título de *Observaciones necesarias a todos los que lean un Diccionario Geográfico y Estadístico que se está publicando*.[23] Su autor, J. Álvarez, ejerce una crítica feroz del *Diccionario*. En la portada dice demostrar hasta la evidencia algunos de los errores que contiene la obra criticada, tales como errores topográficos, astronómicos, así como de redacción y hasta de ortografía. Afirma que el autor no sabe lo que es ni la latitud ni la longitud, y se pregunta por qué no expresa la extensión superficial en leguas cuadradas, como ya aparece en textos de Laborda, Antillón y Verdejo Páez. Incluso llega a quejarse de manipulación en los precios, «tuve una ligera contestación con el librero acerca del precio de las dos bellas, bien grabadas y mejor coloridas cartas de las Batuecas y Canarias, pues al ir a satisfacer por ellas, como estaba impreso dos y quatro reales no reparé al pronto que el autor con un corto rasgo de pluma había sabido convertir el dos en tres y el quatro en seis».

---

22 RAH. 3/7230-40.
23 BN. U/8832 (11). Encuadernado con otros, bajo el título *Refutación de varios al Diccionario de España*.

A cada nuevo tomo que Miñano va publicando, J. Álvarez reacciona con *Nuevas Observaciones, Continuación de las Observaciones, Suplemento a las Observaciones* igualmente críticas. A Sebastián Miñano no le queda otro remedio que defenderse y publica *Contestación del Autor del Diccionario Geográfico y Estadístico de España y Portugal a las Observaciones Necesarias de D. J. Alvarez.*[24] Empieza pegando duro. En la portada cita a Horacio: «Si quid novisti rectius istis, Condibus importi; si non his utere mecum». Y lanza la primera andanada. «Para el Señor Alvarez y demás que no entiendan Latín quiere decir, que quien sepa hacer un diccionario mejor, ponga manos a la obra; y quien no, tenga tolerancia y no nos quiebre la cabeza». Pero, ¿quién es el suscriptor J. Álvarez? Miñano sospecha que es alguien que se enmascara en un anónimo. Lo hace basándose en que, aunque tuvo la precaución de poner solo la inicial de su nombre, confiándose en lo frecuente de ella y de su apellido, resulta que entre los suscriptores de Madrid, no hay ninguno que responda a esa manera de nombrarse. Y no va a suscribirse en provincias una persona que reside en la corte, que es precisamente donde se publica el *Diccionario*. Y Miñano lanza una curiosa apuesta al señor Álvarez o como se llame. Se ofrece «entregarle una onza de oro por cada pueblo que yo haya omitido en el Diccionario con tal que el se obligue con buenas finanzas, a abonarme cuatro maravedises de vellón por cada uno de los que se encuentren en el, sin que hasta ahora se haya hecho mención de ellos, en ningún otro Diccionario».

Sea quien sea J. Álvarez, no está solo en sus críticas a Miñano. Entre 1827 y 1828 se publican hasta 10

---

24 Ibíd.

correcciones, *Correcciones Fraternas*,[25] las titula su autor, al presbítero Sebastián de Miñano y a su *Diccionario*. Y en este caso, el autor no responde a un nombre y apellidos ambiguos. Se trata de Fermín Caballero. Nacido en el pueblo conquense de Barajas de Melo en 1800, estudia filosofía en el Seminario Conciliar de Cuenca y teología en la Universidad de Zaragoza. En 1820, abandona la carrera eclesiástica y estudia derecho en Alcalá de Henares y Madrid, y es en la corte donde inicia sus estudios de geografía. En el curso académico 1822-23 es nombrado profesor de esa facultad en la Universidad de Madrid. Es incluso más crítico con Miñano que el propio Álvarez, del que dice, «ha demostrado en pocas páginas algunos de los innumerables errores cometidos por V. Sus *Observaciones* son juiciosas, hechas con inteligencia y gracia, y excusarían mi corrección si no fuesen tan ligeras». Al binomio Álvarez-Caballero se incorpora Pablo Zamalloa con sus *Correcciones y Adiciones al artículo Madrid del Diccionario Geográfico-Estadístico por Don Sebastián Miñano*.[26] La casa de los Consejos, cuya propiedad Miñano sigue asignando a los duques de Uceda, es según Zamalloa propiedad hace tiempo de la Real Hacienda, y «en la calle de Carretas dice que está el gracioso edificio de la Imprenta Real. Yo no se que gracia ha podido hacerle esta casa». Y Zamalloa sí que es un seudónimo. Detrás está el navarro de Estella José Luis Munárriz, escritor y crítico literario.

Esta polémica, todos contra Miñano, debió ser dura porque Caballero acusa a Miñano y sus amigos, encumbrados en el influjo palaciego, de haber intentado impedir la impresión de las Observaciones de Álvarez, ofreciéndole el precio de la edición. Y por lo que hace relación a él mismo, procuraron que

---

25 Ibíd.
26 Ibíd.

cesara en la corrección, valiéndose de métodos intimidatorios cerca de Paula, su mujer. E incluso consiguiendo que la *Gaceta de Madrid* se negara a insertar los anuncios de los folletos. Así pues, dura polémica, y con una pequeña sorpresa. Para acceder a ella hay que ir a los *Materiales Biográficos de Fermín Caballero*,[27] en donde afirma que muchos años pasaron sin él saber quien podía ser el supuesto J. Álvarez. Hasta que un día se encontró a un antiguo compañero de la Universidad Central del curso 1822-23, que por aquel entonces explicaba matemáticas. Como veíamos hace unas líneas, Caballero era profesor de geografía. Y añade que le hizo la revelación al darle el título de doble compañero, porque también lo habían sido criticando a Miñano. ¿Quién es ese profesor de matemáticas de la Central que en 1822 comparte docencia con Fermín Caballero? En la obra citada, Caballero lo expone con claridad meridiana en el folio 113 vuelto del volumen cuarto: «El acreditado profesor de Geografía, Don Francisco Verdejo Páez, publicó en 1827 cinco folletos de Observaciones necesarias a todos los que leyeran el Diccionario de Miñano». En efecto, en el momento de la confidencia, Verdejo Páez había cambiado de asignatura, de profesor de matemáticas a profesor de geografía.

No hay por qué poner en duda la afirmación de Caballero. A pesar de que en sus testamentos Verdejo Páez no menciona estos folletos en ningún momento, tampoco lo hace con el drama *La Inquisición por dentro*. No es muy aventurado afirmar que durante el periodo que comparten docencia en la Universidad Central, Verdejo y Caballero se llevaran bien. El primero de ellos, aunque madrileño, es hijo de conquense y Barajas de Melo, lugar donde nace Fermín Caballero es

---

[27] RAH, 9/4679-84.

de la provincia de Cuenca y está a menos de 50 kilómetros de Montalbo. Otro punto de encuentro pueden ser las ideas políticas de ambos. Caballero, al final del Trienio Liberal tuvo que abandonar Madrid, no pudiendo regresar hasta la muerte de Fernando VII. Esa afinidad justificaría la confidencia que se lleva a cabo años más tarde. Un último apunte para dar peso al hecho de que tras J. Álvarez está Verdejo Páez. El primero de los folletos no, pero desde el segundo al quinto se imprimen en la imprenta de Repullés, impresor como sabemos estrechamente vinculado a múltiples impresiones de las obras de texto de Verdejo Páez realizadas esos años.

El día 4 de junio de 1829, Francisco Verdejo Páez en unión de su mujer, Clementa Sánchez Huerta, otorga testamento ante el escribano Juan José Portal. Es el primero de una serie de cuatro que irá realizando con los años y según vayan variando las circunstancias que así lo aconsejen. Por dicho documento conocemos que sus padres, Francisco Verdejo González y María de los Ángeles Páez, a esa fecha ya son difuntos. De su madre sabíamos que su fallecimiento es anterior a 1802, pero respecto a su padre es una primera referencia del año de su muerte. Asimismo, el testamento nos permite confirmar el nombre de su mujer y la existencia de cuatro hijas, en ese momento, todas menores de edad. Sus nombres son Juana, Clotilde, María Ana y Francisca. Ya quedó apuntado que Mercedes no es citada en ningún documento que no sea su propia partida de nacimiento. Aunque en el testamento menciona a los demás hijos e hijas que en lo sucesivo fuese Dios servido darles, más parece un puro formulismo que otra cosa. Con el nacimiento de la quinta hija, Francisco da la impresión de que pierde la esperanza de tener un hijo varón, y bautiza a la recién nacida con el nombre, por supuesto en femenino, que había estado reservando. Como es normal, se nombran el uno al otro tutor de sus hijos y como único testamentario el uno del otro y el otro del uno. Y con el remanente que quedare de sus bienes y derechos hacen por iguales partes a sus ya expresados hijos.

Probablemente, en el inicio de la década de los treinta Julio Gabriel Abades y Resano se presenta ante Francisco Verdejo Páez solicitando la mano de Clotilde, su segunda hija. La cuestión está en que Abades lo hace sin haber emprendido una carrera científica y solo dispone de una corta gratificación como escribiente en la Imprenta Nacional, en la oficina de su padre José Abades. Se le niega su petición argumentándole que no disponía de medios suficientes para satisfacer sus obligaciones, pero el padre de Clotilde se ofrece a abrirle sus clases de matemáticas, agrimensura, geografía y dibujo lineal, de modo que en un periodo de dos años esté en condiciones de regentar una cátedra. Y Julio Gabriel Abades inicia, el amor todo lo puede, un amplio proceso de formación. Estudia y gana el curso de agricultura según certificación del Real Museo de Ciencias Naturales de esta corte de fecha de 30 de junio de 1833. Ahí se ve la mano de su futuro suegro, porque recordemos que ese mismo curso de agricultura fue seguido probablemente por el propio Verdejo Páez. Durante los dos cursos siguientes, 1833-34 y 1834-35, Abades estudia primer y segundo curso de matemáticas, asistiendo con prontitud, aplicación y aprovechamiento a las clases de Verdejo, según consta por certificaciones emitidas por el propio Verdejo. Por ellas, sabemos que Verdejo es socio de honor de la Academia de Ciencias Naturales y que está habilitado para impartirlas por la Dirección General de Estudios del Reino. No cita explícitamente el lugar donde se imparte la enseñanza, pero debe ser una academia particular,[28] porque de realizarse en una institución más o menos oficial, parece lógico que hubiese sido ésta la que hubiese expedido las certificaciones. Todavía durante el curso 1835-36 Verdejo imparte de este modo clases de geografía.

Una vez completada la formación de Julio Gabriel Abades, lo que abre enormemente el abanico de sus opciones profesionales, Verdejo Páez da su aprobación a que su hija Clotilde se case. A estas fechas, la familia Verdejo Sánchez ha cambiado de domicilio. Viven ahora en la calle Visitación número 4, casa que probablemente esté ubicada en la manzana 219. Paralela a la calle del Prado, sale a la calle del Príncipe y pertenece a la feligresía de San Sebastián, razón por la que Clotilde Verdejo Sánchez se casa el día 14 de mayo de 1837 en dicha iglesia parroquial con el empleado de la Imprenta Nacional Julio Gabriel Abades.

El 22 de abril de 1839, la *Gaceta de Madrid* publica una breve reseña literaria en la que se hace saber que cuatro obras de Francisco Verdejo Páez se hallan a la venta en la librería Escamilla, en la calle de Carretas. Se trata de la quinta edición de *Principios de Geografía* que se vende a 22 reales en pasta, *Elementos de Historia Universal*, a 36 reales en pasta y 32 en rústica, la *Guía practico de Agrimensores* a 15 reales y *Nueva descripción de España e Islas* a 50 reales en pasta y a 26 en rústica. Además de esta información del precio de sus obras, la nota nos permite conocer que a esa fecha se ha producido un nuevo cambio en el domicilio de Verdejo Páez.

---

28 En los anuncios emitidos a partir del año 1837, y probablemente algún año antes, Verdejo Páez los encabeza con el texto de «Academia de matemáticas, geografía, dibujo militar y fortificación», en vez de limitarse, como hacía con anterioridad, a citar que se daban lecciones particulares de las mencionadas disciplinas.

Porque los que quieran tomar estas obras en cantidad, en aras de obtener una posible rebaja, deberían dirigirse bien a la imprenta de Repullés, en la plazuela del Ángel, bien a casa de su autor en la calle de Alcalá, número 44, cuarto principal. Recordemos que en la *Planimetría de Madrid* las casas se numeraban dentro de una misma manzana, con lo que era frecuente el equívoco de haber en una calle más de una y más de dos casas con el mismo número. Para solventar esta causa de errores continuos, el Ministerio del Interior había publicado en la *Gaceta* de fecha 3 de julio de 1834, el nuevo y hasta ahora empleado sistema de numeración de las casas dentro de una misma calle. Contabilizando el número de casas que hay en las manzanas del lado derecho de la calle de Alcalá desde Sol a Cibeles, la número 44 pudiera ser la que hace esquina a la calle Cedaceros viniendo de Sol antes de cruzar. En la numeración actual, el 44 se va un poco más cerca de Cibeles, esquina a la de Marqués de Casa Riera, después de cruzar la mencionada calle de Cedaceros. La casa de Verdejo hijo no andaría muy lejos de estas dos hipotéticas ubicaciones y en cualquier caso pertenecería a la parroquia de San Luis sita en la Red del mismo nombre. En sus libros de Bautismos, de Matrimonios y de Defunciones figuran con seguridad Verdejos, pero ya conocemos la suerte de los libros parroquiales de la iglesia de la calle de la Montera.

Unos años antes, concretamente en 1833, su tío Nicolás Verdejo González había sido destinado a la comandancia de Baleares. Curiosamente, en la hoja de servicios del ilustre militar no aparece reflejada tal circunstancia, pero sí aparece en su biografía escrita por T. L. y T., en donde se dice textualmente «y el Gobierno Español deseando utilizar los especiales conocimientos facultativos del Sr. Verdejo —cuya adhesión a la causa del Trono de Ntra. Reina le era bien conocida— le confirió la Comandancia del arma en las Islas Baleares, que desempeñó con la prudencia y discreción que exigían aquellas difíciles circunstancias».[29] Hay prueba documental de su presencia en las islas. Según afirma Miquel Ferrer i Flórez,[30] en el año 1836 Joan Reynés, médico de Felanitx, se traslada a Alcudia para luchar contra una terrible epidemia de tifus. En 1838, emprende una campaña para evitar la insalubridad de la ciudad, y el día 3 de septiembre publica un artículo, en el que entre otras consideraciones, cuestiona el valor militar de las murallas que rodean la ciudad. El día 8 de ese mismo mes, el ingeniero Nicolás Verdejo refuta la opinión de Reynés en el sentido de que las murallas no constituyen un obstáculo para la salud de los habitantes de la ciudad. No es la única prueba. El 9 de febrero de 1838, el ingeniero general propone como mariscal de campo al brigadier director Miguel Artero. Para cubrir el empleo de brigadier que deja vacante el ascenso de Artero, y habida cuenta de hallarse imposibilitados físicamente los coroneles más antiguos, Basilio Agustín y Nicolás Verdejo, lo hará el siguiente coronel más antiguo, que es Manuel Bayo. De resultas de esta situación, siete días más tarde, el ingeniero general propone el retiro para los jefes Agustín y Verdejo, considerando que si la situación física les imposibilita poder desempeñar las funciones de su empleo de director subinspector, deben hallarse en el mismo o peor caso con relación a las funciones de sus empleos de coroneles. Y por real orden se le manda a Verdejo fijar punto para su retiro.

---

29 T. L. y T.: *Biografía del M. I. Sr. D. Nicolás Verdejo y González*, Zaragoza: Imp. y lib. de R. León, 1854.
30 FERRER I FLÓREZ, Miquel: *Un metge agorasat: Joan Reynés Ferrer, 1801-1882, metge d'Alcudia*.

Nicolás Verdejo no se da por vencido, y presenta una instancia en la que solicita que no se lleve a efecto la real orden por la que se le manda fijar punto para su retiro, que por el contrario se le permita continuar en el Cuerpo con los ascensos que le correspondan, o en su defecto, se le conceda una intendencia de primera clase, y en último caso, el empleo de brigadier y su cuartel. Hace un resumen de sus méritos y afirma que el haber sido fiel a las órdenes del gobierno y libertades patrias es lo que le ha producido incomodidad o entorpecimiento en las piernas y que anda con algún trabajo, pero no ha constituido impedimento alguno para la realización del servicio, haciendo por sí reconocimientos y salidas, supliendo la falta de ingenieros, como cuando se desplazó a Alcudia para despachar un informe pedido de real orden. Es probable que ese informe tuviera que ver con el tema de la insalubridad que acabamos de mencionar. Insiste Verdejo en que en los cuerpos facultativos, el mayor servicio depende de la ciencia, y estaría justificado dispensarse en lo físico, siempre que no impida el ejercerla, como es el caso del exponente. Añade a su instancia, un certificado de dos facultativos nombrados de oficio por el gobernador de Palma de Mallorca, en el que se hace constar que por sustos y sufrimientos empezó a resentirse de una flojedad en las piernas que progresivamente le hizo dificultoso el andar. La aplicación de varios remedios han conseguido que la flojedad disminuya y que quede reducida a los citados miembros inferiores, por lo que todavía anda con dificultad. Pero ejecuta el resto de funciones físicas con normalidad, manteniendo el pleno vigor en sus facultades intelectuales. La Junta Auxiliar de Guerra, que es quien tiene que tomar la decisión final, solicita al Ministerio de la Guerra se le envíe toda la documentación, y una vez recibida ésta, se reafirma en el dictamen de que no está en condiciones físicas de proseguir en el Cuerpo, y de la misma manera le imposibilitarían de verificarlo en una intendencia de primera clase, que es un servicio tan activo como aquel. Sin embargo, dados los méritos y antigüedad del ingeniero Verdejo, concederle el ascenso a brigadier y su cuartel para Cascante, con el sueldo de 15.000 reales de vellón anuales, no sería un gravamen para el erario, porque es lo que, como coronel con cuarenta años de servicio, le corresponden. Y con fecha de 26 de julio de 1838, sale un oficio firmado por el subsecretario de Guerra y dirigido al virrey en cargo de Navarra, comunicándole que S. M. se ha servido conferir el empleo de brigadier de Infantería a Nicolás Verdejo, y concederle el cuartel con el sueldo anual de 15.000 reales en el distrito de Navarra con residencia en la ciudad de Cascante.

Fijada su residencia en Cascante, y según apunta su biógrafo T. L. y T., se retiró a la vida privada, notablemente quebrantada su salud. Se conserva un documento de fecha 6 de noviembre de 1841, dirigido por Nicolás Verdejo al ilustre Ayuntamiento Constitucional de la ciudad de Cascante, en el que se queja de que habiendo salido ayer de su casa, a la vuelta se encontró con un capitán de Infantería del Batallón de Saboya, recién llegado y que se le había sido alojado. Y sin estar todo ocupado, pues ha sabido que los individuos de esa corporación no lo tienen, para terminar preguntando que cómo esos individuos pueden tener más preferencia que él, que está en servicio y con el consabido rango. Lo califica de un escandaloso error, de un feo hecho a la clase y pide que se le quite dicho alojado. El Ayuntamiento se limita a contestarle que en los hechos que Verdejo reclama, ha obrado de total acuerdo con los decretos e instrucciones vigentes sobre el particular. Y punto. La carga de alojamiento era la obligación inexusable que tenían los vecinos de un determinado lugar de ceder habitación en su posada a soldados que por razones del servicio debían pernoctar en él. Había excepciones, recuérdese la duodécima de las ordenanzas de los agrimensores en el capítulo quinto, en donde quedaba claro que los geómetras con título expedido por el Real Consejo quedaban exentos de quintas de soldado, de alojamientos, así como de cualquier otro tributo de los que suelen repartir a los vecinos de las ciudades, villas y lugares. Pero desde el 11 de junio de 1813 un decreto había ampliado la carga de alojamiento a todos los españoles, incluidos los nobles, que hasta esa fecha habían estado exentos de ella.

El brigadier no se da por satisfecho y dirige un oficio al capitán general de Navarra en donde le expone los hechos ocurridos con copias de los oficios cruzados entre él y el Ayuntamiento. Y solicita que se sirva hacerlo presente al Sr. jefe político de la provincia para que prevenga al Ayuntamiento y se abstenga de semejantes procedimientos. Más que del alojamiento en sí, Verdejo parece quejarse de un agravio comparativo. Los numerosos individuos de la corporación han sido, según Nicolás, «excluidos de dicho alojamiento, no obstante tener algunos de ellos magníficas casas, siendo privilegiados a mi rango y clase».[31]

Mientras tanto en Madrid y en menos de un año, dos escritos del Ministerio de Gobernación de la península, Sección de Instrucción Pública, dirigidos a Verdejo Páez, van a permitirle estabilizar de una manera definitiva su condición de profesor de la enseñanza pública, eso sí, alejado de las matemáticas. En el primero de ellos con fecha de 28 de

---

31 Documentación relativa a Nicolás Verdejo. Archivo General Militar de Segovia. Instituto de Historia y Cultura Militar.

septiembre de 1845, a consecuencia del nuevo plan de estudios se le designa para la cátedra de Geografía de la Facultad de Filosofía de la Universidad de esta corte, con el carácter de interino. En el segundo de los comunicados, fechado el 31 de julio de 1846, se le hace saber que la reina ha tenido a bien concederle la cátedra en propiedad.

En 1848, concretamente el 22 de enero, Francisco Verdejo Páez, vecino de esta corte, otorga un segundo testamento ante el escribano Vicente Barba y Estepa, con escribanía en los números 1 y 3 de la puerta del Sol. Y han variado las condiciones respecto al primero. ¡Vaya si han variado! En lo que parece ser el destino de los hombres de la familia, Francisco ya está viudo. Su mujer, Clementa Sánchez Huerta, ha muerto. Es un testamento bastante más largo que el anterior y en él encontramos una interesante fuente de información. Juana, su hija mayor, casó y enviudó con Joaquín Cáceres y Escobedo, hechos ambos no conocidos por otras fuentes, siendo por tanto imposible situarlos en el tiempo. Clotilde, como conocíamos, está casada con Julio Gabriel Abades. La tercera y cuarta de sus hijas vivas, María Ana y Francisca, permanecen solteras, y viven en su casa y compañía. Se declara poseedor de las cinco séptimas partes de una casa sita en la corte, en la calle de Fuencarral señalada con el número 54 nuevo de la manzana 313, perteneciendo las otras dos séptimas partes a su hermana política Eusebia Sánchez Huertas. Queda claro pues de donde procede este bien de Verdejo Páez. La manzana 313, próxima a la Red de San Luis y limitada por las calles Fuencarral, Santa María del Arco —hoy Augusto Figueroa—, Hortaleza y San Pedro y San Pablo —hoy, Hernán Cortés—.

Hay también en este testamento información interesante relativa a obras de instrucción de la que es autor. Hace una clara distinción entre los *Principios de Geografía*, un tomo grueso en octavo mayor con láminas y mapas y que es propiedad enteramente suya, con otras cuatro obras que tiene en mancomún con el impresor José María Repullés. Describe con precisión cómo es el contrato mutuo que regula la propiedad. El impresor tiene la obligación de costear las reimpresiones y tirado de las láminas, sin que Verdejo Páez tenga que realizar desembolso alguno, y además recibirá la tercera parte del producto líquido de su venta y una docena de ejemplares cada vez que se lleve a cabo una reimpresión. Y para asegurarse del estricto cumplimiento del contrato, conserva en su poder las láminas y los pliegos primeros rubricados por él. Las cuatro obras son *Elementos de la Historia Universal*, *Descripción General de España*, *Guía práctico de Agrimensores y Labradores*, y *Cartilla elemental de Geografía, Cronología e Historia*. No hay, por el contrario, la más mínima referencia en el testamento a la pieza teatral *La Inquisición* o a cualquier otro drama, lo que hubiera dado peso a la discutida autoría. En relación con sus obras literarias, cita explícitamente en esta disposición testamentaria que el producto que den de sí se reparta a partes iguales entre sus cuatro hijas.

Es su voluntad asimismo que a su hermana política Eusebia Sánchez Huerta, luego que acaezca su fallecimiento, se le entreguen por vía de legado 50 doblones en dinero efectivo, como prueba de agradecimiento por el cuidado que siempre tuvo a su difunta hermana, su muy querida esposa. Hace una mención especial para su único yerno vivo en ese momento, Gabriel Abades. Su hija mayor está viuda, y la tercera y cuarta permanecen aún solteras. Manda que, igualmente por vía de legado, se entreguen a Gabriel, y como prueba de su cariño y gratitud por su buena conducta, sus instrumentos de medir tierras, su colección de globos, mapas y planos y 12 de los ejemplares de su librería que el citado Gabriel podrá elegir a su gusto. Su relación pues parece excelente, incluso es uno de los tres albaceas testamentarios que nombra. Del valor de la finca de la calle Fuencarral decide que se le asignen a su hija mayor 9.000 reales que le quedaron sobre ella por su carta de dote cuando contrajo matrimonio con el ya difunto Joaquín Cáceres. A sus hijas María Ana y Francisca se les adjudicarán 21.000 reales sobre la misma finca por la parte que les tocó por la hijuela de su madre, y además, en caso de continuar solteras en el momento de su fallecimiento, les otorga una cierta mejora. Y a pesar de su innegable buena relación actual con su yerno Gabriel Abades, se vislumbran futuros enfrentamientos con su hija Clotilde, la mujer de Gabriel, al decir que aunque ya se le completó su hijuela materna cuando falleció su madre, se le asignarán sobre la expresada casa 6.000 reales, «al ceder yo —dice Francisco—, a las frecuentes reclamaciones que me ha hecho acerca de algunas inexactitudes que se deslizaron en la carta de dote cuando se casó con el dicho Gabriel Abades». Son los primeros síntomas, como tendremos ocasión de comprobar más adelante, del deterioro de la relación padre-hija, y que lógicamente arrastrará a su hoy amado yerno.

Hay por último en el documento un interesante párrafo que hace referencia a su padre, Francisco Verdejo González, en cuanto que pone algo de luz en el final de los días del catedrático de Matemáticas de San Isidro, de los que no sabemos absolutamente nada. Verdejo hijo se declara al margen de cualquier reclamación que en lo sucesivo pudiera producirse contra la testamentaría de su difunto padre, puesto que cuando acaeció su fallecimiento aceptó la herencia a beneficio de inventario por el juzgado del Sr. D. Joaquín

Almazán, teniente corregidor de esta muy heroica villa y por la Escribanía del Número de ella de D. Juan Raya con fecha de 18 de diciembre de 1817, y lo que resultó de herencia líquida lo percibieron los acreedores como resultado de los autos de esa misma testamentaría. Tenemos, pues, una segunda referencia que añadir al fallecimiento de Verdejo padre. A la certeza de que en 1829 ya estaba muerto, podemos asegurar que el fallecimiento debió producirse en el 1817,[32] y que por razones que desconocemos, a pesar de su excelente salario como catedrático de San Isidro, volvió a penurias pasadas. Tiene acreedores, de ahí la postura que adopta su hijo.

Verdejo hijo no quiere convertirse en responsable de todas las deudas de su padre, no con los bienes de la herencia, sino con los suyos propios. Solo está dispuesto a pagar las deudas y otras cargas de la herencia hasta donde alcancen los bienes de la misma. Para poder hacerlo, necesita aceptar la herencia a beneficio de inventario, que debe hacerse ante un juez competente y acompañado de un inventario fiel y exacto de los bienes de la misma y de acuerdo con las formalidades que marque la ley. Y para que no pueda prosperar ninguna reclamación de antiguos acreedores de su padre contra sus propios bienes a la hora de su muerte, deja bien claro que el juez fue Joaquín Almazán, el escribano, Juan Raya, y la fecha 18 de diciembre de 1817. Conocidos esos nombres y esa fecha había una posibilidad de encontrar

---

32 En el *Kalendario Manual y Guía de Forasteros* del año 1816 todavía figura como catedrático de Matemáticas de los Reales Estudios Francisco Verdejo González, lo que induce a pensar que su muerte pudo producirse ese año como muy pronto. En el *Kalendario* del año siguiente no aparece información de los Estudios al haberse reintegrado estos a la Compañía de Jesús. Y en el del año 1818 ya aparecen como responsables de las matemáticas los padres Mariano Puyol y Joaquín Carnicer y el seglar don Manuel Riaza.

más información acerca del fallecimiento de Verdejo padre. Una primera investigación se centró en los números de la *Gaceta de Madrid*. Normalmente se publicaban en ese periódico las actuaciones de los jueces para darles publicidad de cara a los que pudieran interesarles. Tomando la fecha citada por Verdejo hijo como referencia, se investigaron actuaciones conjuntas del teniente corregidor Almazán y del escribano Raya. Y aunque aparecieron la conjunción de los dos apellidos en diligencias tan variopintas como la subasta de una casa, la venta y remate de una escribanía de número, la venta de tierras, los acreedores de bienes de un presbítero o el emplazamiento de los acreedores del que fue jefe de cocina de la Excma. Sra. Duquesa de Alba, no se consiguió encontrar nada relacionado con los acreedores de Francisco Verdejo González o el inventariado de sus bienes. Otra posibilidad estaba en consultar en el Archivo Histórico de Protocolos los firmados por Juan Raya, no habiéndose encontrado en los consultados próximos a la fecha ninguno con la familia Verdejo de por medio.

Los diferentes albaceas testamentarios que irán apareciendo en sus testamentos indican en alguna medida las relaciones de mayor o menor confianza que mantiene Verdejo Páez con personas de su entorno. En éste, segundo de ellos, los albaceas son, según sus propias palabras, su amado hijo político D. Gabriel Abades y los señores D. Javier Rodrigo de Vilches y D. Cipriano López. A esta fecha, sus relaciones con el marido de su hija Clotilde son inmejorables. Además no tiene competidores directos, como quedó expresado, la hija mayor está viuda y las dos pequeñas permanecen todavía solteras. De Javier Rodrigo de Vilches no ha sido posible encontrar ninguna referencia. Sí, sin embargo, para una persona con esos mismos apellidos, pero de nombre José, que es el autor de las *Cuentas para la demolición y reedificación de las casas de la calle Santiago (1830-1832)*.[33] Vistas la fecha y la coincidencia de apellidos debe ser hermano del albacea testamentario. El último de ellos es el impresor del número 19 de la Cava Baja, que a partir de 1856, seguramente desaparecido Repullés, su impresor de toda la vida, imprimirá las obras de Verdejo Páez. Con lo que no queda duda de que al margen de su relación estrictamente profesional, hubo una relación de amistad y confianza entre Francisco Verdejo Páez y Cipriano López.

---

33 PORRAS ARBOLEDAS, Pedro A.: *Inventario del archivo del conde de Bornos.*

8

Los cortos bienes y sueldos atrasados los recibí a beneficio de inventario

En 1851, Nicolás Verdejo decide abandonar Cascante y trasladar su residencia a Zaragoza, ciudad en la que vivió hace tiempo. ¿Qué es lo que le lleva a una persona de su edad —tiene en ese momento 75 años— a realizar ese cambio después de casi tres lustros? No resulta fácil de entender, si tenemos en cuenta además que su salud por esas fechas estaba bastante quebrantada. Incluso su biógrafo —el para nosotros desconocido T. L. y T., que es en esa época precisamente cuando se ve (como él mismo apunta) honrado con la amistad de su biografiado— dice ignorar las circunstancias que motivaron ese cambio de domicilio.[1] Con las reservas lógicas, podemos apuntar dos que pudieron serlo. Una, el deterioro progresivo de su relación con los individuos del Ayuntamiento, iniciado como mencionábamos en el capítulo anterior con el alojamiento del soldado. Otra posible causa puede estar en desear para sus hijas —de las cuales cuatro viven con él en esas fechas— un entorno sociocultural más amplio. Sea la causa que fuere, Nicolás, que había solicitado a principios de 1851 de S. M. la reina el traslado de su cuartel a la Capitanía General de Aragón con residencia en Zaragoza, ve cumplidos sus deseos. Con fecha de 22 de marzo, llega a

---

1 T. L. Y T.: Opus cit.

Pamplona desde el Ministerio de la Guerra la real orden que lo confirma. Inmediatamente es comunicado al interesado en Cascante, que con fecha de 9 de abril se dirige al capitán general de Navarra, solicitando el pasaporte que necesita para trasladarse con su esposa, sus cuatro hijas y la criada María Millán. En dicha Capitanía se expide el pasaporte requerido por Verdejo, al tiempo que se comunica al capitán general de Aragón y al interventor general habilitado para su inteligencia y efectos convenientes. Tres años más tarde, y según apunta su biógrafo, después de haber soportado con una resignación admirable los padecimientos físicos que sufría, fallecía el 23 de marzo de 1854. Sus restos mortales fueron trasladados un día después de su fallecimiento a la iglesia parroquial de San Felipe y Santiago, donde se celebraron con la solemnidad que le correspondía las honras fúnebres.[2] No hay duda de que así fue, porque en Zaragoza y con fecha de 24 de marzo hay un oficio de la sección primera del Estado Mayor de la Capitanía General de Aragón dirigido al Excmo. Sr. ministro de la Guerra en el que se le comunica que en el día de ayer falleció en esa plaza Nicolás Verdejo, al cadáver del cual se le dará sepultura al día siguiente, con los honores que por ordenanza le corresponden.[3] Nicolás Verdejo González, montalbeño insigne, aplicado alumno de los Reales Estudios de San Isidro e igualmente aplicado cadete cosmógrafo del Real Observatorio de esta corte, heroico defensor del no menos heroico sitio de Ciudad Rodrigo, profesor de matemáticas en cautividad, brillante ingeniero militar del rey. Nicolás Verdejo González, hijo, hermano, esposo y padre, descansa en paz.

---

2 Ibíd.
3 Expediente Nicolás Verdejo. Archivo General Militar de Segovia. Instituto de Historia y Cultura Militar.

Con la muerte de Nicolás se cierra el capítulo de los Verdejo González. Quizás allá en Montalbo viva todavía Pedro Miguel y en Madrid lo haga aún alguna de las hermanas. Pero para los efectos de ésta que pretende ser matemática historia, desaparecidos Francisco y Nicolás, solo queda apurar los últimos años de Francisco Verdejo Páez, hijo del primero y sobrino del segundo. El año 1849 es un año muy especial para él. En un intervalo de tiempo inferior a seis meses, María Ana y Francisca, las dos hijas que todavía convivían con él, van a contraer matrimonio. Lo harán ambas en la parroquia de San Luis, ubicada en la Red del mismo nombre, que hoy es también calle de la Montera, en la esquina de la de San Alberto, viniendo esta última a dar a la plaza del Carmen. Es la iglesia que les corresponde a su domicilio conocido de Alcalá 44. El día 29 de julio, Francisca se casa con el farmacéutico Vicente Moreno, siendo el padrino su cuñado Julio Gabriel Abades, esposo de su hermana Clotilde, y la madrina su hermana María Ana, que todavía permanece soltera. Perderá su soltería al casarse el 15 de diciembre de ese mismo año con el médico Fernando Gayoso. Los padrinos serán los recién casados Vicente, su cuñado y Francisca, su hermana.

Antes de un año, concretamente el 1 de septiembre de 1850, Verdejo Páez recibe un escrito del Ministerio de Comercio, Instrucción y Obras Públicas en el que se le comunica un cambio de destino. «La Reina (q.D.g.) se ha servido destinar a V. a la cátedra de elementos de geografía e historia del Instituto del Noviciado agregado a la Universidad de Madrid, debiendo disfrutar por este nuevo destino el sueldo anual de doce mil reales». Y ahí transcurrirán los últimos años de profesión de Francisco. Una confirmación de su nuevo destino la encontramos en el expediente académico del alumno Antonio Moratilla y Amor,[4] un madrileño de 21 años que vive en la calle de los Tintes, bautizado en la parroquia de San Ginés, y que el día 11 de marzo de 1853 suspende por «cinco meses y por seis votos contra dos» el ejercicio de grado de Bachiller que realiza en el Instituto del Noviciado. Entre los ocho jueces que suscriben se encuentran Francisco Verdejo Páez y el gijonés Acisclo Fernández Vallín y Bustillo. Éste último es el catedrático de Matemáticas del Instituto, además de un brillante historiador y no menos ardiente defensor de la matemática española. Llegaría a ser durante varios años director del mencionado Instituto, que cambiaría su nombre por el de Cardenal Cisneros.

En el año 1857, Verdejo Páez publica una pequeña obra en octavo, en la que sale al paso de unos intranquilizadores rumores. El título es largo, pero meridianamente claro. *Aviso al público o sea Breve Idea de los Cometas, aplicada a manifestar lo que hay que temer de que a mediados de 1857 ha de dar el fin del mundo según la opinión de los astrónomos alemanes,*[5] título en el que Verdejo emplea la disyunción. Es en ese momento, como reza en la portada, catedrático de Geografía e Historia de la Universidad Central, y como él mismo dice, desde esa posición social que ocupa, cree un deber tranquilizar e ilustrar los ánimos de la gente sencilla, preocupada ante el rumor que circula acerca del inminente fin del mundo predicho por algunos astrónomos alemanes. Lo hace con una breve descripción del universo, de los cuerpos que lo componen y de los movimientos de que están dotados, así como de los cometas, haciendo historia de los que en tiempos pasados no causaron ninguna perturbación a la tierra, para terminar reconociéndolos como una obra del

---

4 AHN (Universidades); leg. 1114.
5 BN. VC/47/2.

Supremo Hacedor, formados para recreo y utilidad del hombre y preguntándose por qué éste ha de llegarlos a convertirlos en objeto de miedo y de inquietud.

La impresión corre a cargo —como es normal en esas fechas para las obras de Verdejo Páez— de Cipriano López, con oficina en el bajo del número 19 de la Cava Baja, y puede encontrarse en la librería de Viana de la calle de Carretas, al igual que el resto de obras del mismo autor, y lo que nos permite conocer los precios de las mismas. Los *Principios de Geografía* pueden adquirirse en pasta por 30 reales; por 24 y en esa misma encuadernación tenemos los *Elementos de Historia*. La *Guía Practica de Agrimensores* cuesta menos, 16 reales en pasta; solo 6 reales, también en pasta, el *Repertorio de Geografía*, y finalmente la *Nueva Descripción de España* se puede adquirir por 24 reales si es en pasta, y por 20 si es en rústica.

En diciembre de ese mismo año se publica *El Indicador de Madrid para el año de 1858*, que como en su portada se especifica, no es sino un índice general de los principales habitantes, con las señas de sus *habitaciones*, así como de los contribuyentes y oficinas públicas y particulares, con un breve resumen de noticias de esta capital. Aparece Francisco Verdejo por partida doble: primera, en el listado alfabético de personas, como propietario y cita su habitación en la calle de Fuencarral número 54, y segunda, en el apartado de profesores del Instituto de Noviciado, dando para Verdejo idéntica dirección. Es la casa que en su segundo testamento describía como un bien que poseía en sus cinco séptimas partes, mientras que las otras dos séptimas pertenecían a su hermana política Eusebia Sánchez Huerta, casa ubicada como decía en la manzana número 313. Ya en el año 1845 un anuncio de sus lecciones publicado en el *Diario de Madrid* el día 25 de mayo hacía saber del traslado al número 54 de la calle Fuencarral. Se trató de localizar una partida de defunción en la muy próxima parroquia de San Ildefonso, sita en la plazuela del mismo nombre, y al no encontrarla entraron las dudas de si ésta había sido su última dirección.

Francisco Verdejo Páez, dada su avanzada edad y al no encontrarse bien de salud, solicita que le sea concedida la jubilación. Con fecha de 7 de enero de 1859 recibe un escrito de la Universidad Central, Instituto del Noviciado, en el que el rector pone en su conocimiento que según le comunica el Excmo. Sr. ministro de Fomento el día 26 de noviembre del año *próximo pasado*, la reina ha tenido a bien concederle la jubilación que tenía solicitada con el haber que por clasificación le corresponda. Pero al no estar de acuerdo con la resolución por parte de la Junta de Clases Pasivas, que con fecha de 20 de junio de 1861 le reconocía 27 años, 7 meses y 2 días de servicio, resultando un haber de 7.200 reales, entabló un largo pleito con la Administración General. Ya en el prólogo de la *vigésimaprima* edición de sus *Principios de Geografía*, y en una nota a pie de página, él mismo lo confirma, mencionando que después de cincuenta años de continua enseñanza, se ve obligado por razones de salud a pedir su retiro, que S. M. la reina, siempre solícita en premiar los buenos servicios, había no solo tenido a bien concederle, sino que además le había premiado con una Encomienda de la Real y distinguida orden de Carlos III. Interesante referencia, porque las pruebas se han perdido y no había constancia de esa concesión. Volviendo al pleito, el origen del mismo está en que Verdejo pretende que para el cálculo de los haberes se tenga en cuenta el periodo de octubre de 1823 hasta 1834 en el que estuvo cesante por las circunstancias políticas, y que parece que no ha sido considerado por la Junta. Recurrió a ella aportando certificado expedido por el archivero del Ministerio de Fomento respecto a la cesantía, con fecha de 23 de diciembre de 1861, pero la Junta tres meses más tarde desestimó el recurso, en cuanto que la documentación aportada no ofrecía méritos para alterar la resolución.

Lo que sí es cierto, aunque no creemos que pudiera confundir a Cambronero, es que a Verdejo Páez se le concede la Real Orden Española de Carlos III entre los años 1853 y 1864, puesto que en la portada de la vigésimo primera edición de sus *Principios de Geografía*, impresa ese último año ya se menciona que es comendador de ella, cosa que no se hacía en la edición impresa en 1853. Y precisamente en el prólogo de esa edición de 1864 está la solución. Ahora habla de cincuenta años dedicado a la enseñanza, lo que refuerza lo ya expuesto de inicio de su carrera de enseñante en 1810, y de lo mermado de su salud. «Obligado por estas razones a pedir mi retiro, S.M., tan solicita siempre en premiar los buenos servicios, no solo me concedió la jubilación que me correspondiera, sino que me agració con una Encomienda de la Real y distinguida Orden Española de Carlos III, como muestra del aprecio que le merecían mi larga carrera en el Profesorado, y las muchas obras que tengo publicadas en obsequio de la instrucción pública». Queda pues claro que la concesión a Verdejo hijo la realiza Isabel II, no el rey intruso.

Francisco, como la mayoría de los días, se ha levantado temprano. Reclinado en el butacón desde un esquinazo del amplio mirador que da a la calle de Fuencarral, Francisco ve pasar la vida, la vida de los demás. Es un día frío. La columna de mercurio, pese a los esfuerzos con que lo intenta, no llega ni a acercarse a la línea de los 10 grados. Hace viento, bastante viento, y está nublado. Nada raro por cierto a punto de partir en dos el mes de marzo, porque ya se sabe que en Madrid la primavera entra, si es que entra, cuando quiere. Y normalmente quiere tarde, nunca pronto. Francisco no va con el día, Francisco no está triste. No se encuentra mal hoy, al menos no es de los peores días, dice. Pero eso es lo mismo que repite siempre, porque Francisco, con amigos, con compañeros, que tiempo ha se quedaron en el camino, se toma cada día nuevo como un regalo, como un precioso regalo, que alguien, no tiene del todo muy claro quién, tiene a bien hacerle. Hace rato que se fue María Ana, que siempre que puede sube a darle un beso. Otras veces es Francisca la que viene. ¿Y Clotilde? ¿Ha venido hoy Clotilde? No, Clotilde viene menos. «Padre, me voy que tengo que hacer unos encargos. Le he traído la *Gaceta*.»

Francisco echa un vistazo al periódico. Se trata del número 70, ejemplar del viernes 11 de marzo de 1859, y en su página 2 un anuncio oficial de la Dirección General de Instrucción Pública va a poner un punto de emoción en el salón del cuarto principal del número 54 de la calle Fuencarral. «Se halla vacante en el Instituto de segunda enseñanza del Noviciado, la cátedra de Elementos de Geografía e Historia, la cual debe proveerse conforme al art. 208 de la ley de 9 de septiembre de 1857, por concurso entre los catedráticos de instituto de segunda clase que tengan el título de Regente en dicha asignatura, o el de Licenciado o Bachiller en la Facultad a que corresponde». ¡Cómo echa de menos la enseñanza! En el oscuro silencio de horas de insomnio, se sorprende a sí mismo dándole vueltas a cómo hacer más interesante una lección, cómo conseguir un mayor interés de sus alumnos en la disciplina. «Pero, ¡qué estoy pensando! Si ya no hay lección, si ya no tengo alumnos». Ha girado la vista hacia la biblioteca. Ahí están sus instrumentos de medir tierras, su colección de globos, mapas y planos, y un buen número de ejemplares de las diferentes ediciones de sus textos, y de los textos de su buen padre. Verlos le ayuda a estar en paz consigo mismo. Y eso que no están todos, que parte de ellos se los tiene prestados a su yerno Julio Gabriel. ¿Y Clotilde? ¿Ha venido hoy Clotilde? No, Clotilde viene menos.

De San Vicente, en la provincia de Badajoz, llega la mala nueva. El 3 de diciembre de 1862 muere Joaquín Estévez, capitán de Infantería retirado. Joaquín Estévez es el segundo marido de Juana Verdejo. Viuda de Joaquín Cáceres como conocíamos a través del segundo testamento de su padre, volvió a casarse aunque no ha sido posible encontrar ningún documento que permita fijar en el tiempo tal acontecimiento. Habrá que esperar al cuarto testamento de Verdejo Páez para poder conocer más acerca de este segundo matrimonio de Juana.

El 18 de enero de 1863, Francisco Verdejo Páez otorga un nuevo testamento[6] —el tercero de la serie— y no va a ser el último. Novedad con respecto a los anteriores es el estado civil de sus dos hijas pequeñas, María Ana y Francisca, que como sabemos se han casado, la primera con Fernando Gayoso y la segunda con Vicente Moreno. La relación con sus yernos parece ser buena. A Julio Gabriel Abades, del que ya conocíamos su existencia por un testamento anterior, le deja su colección de esferas y globos y los instrumentos de agrimensura que de momento le había prestado. A Fernando Gayoso, además de algunos instrumentos ópticos, la parte de librería que convenga con su otro hijo político Vicente Moreno, a quien deja la otra parte de la mencionada librería y un barómetro grande inglés y dos pistolas. Interesado en la

---

[6] AHP. Madrid. Francisco de la Cruz. Protocolo 27231.

formación de sus descendientes, como no podía ser menos, Francisco Verdejo Páez deja a cada uno de los nietos que tenga en el momento de su fallecimiento 2.000 reales en dinero efectivo para ayuda de su educación. Y otra novedad con respecto al anterior testamento es la aparición de una persona de segura gran influencia en los años finales de Verdejo Páez.

Quiere y manda D. Francisco, que a Dª. Francisca Pinto —el segundo apellido es de difícil legibilidad— se le entreguen 2.000 reales en efectivo, en prueba de agradecimiento por los servicios que ella y su familia han prestado a la de Verdejo y a la de su yerno Gabriel. Sin su influencia, dice Verdejo, nunca hubieran admitido a Antonio, hermano de Gabriel, en los Reales Guardias de Corps, procurándole de este modo la honrosa carrera que hoy ocupa. Curiosamente, como tendremos ocasión de comprobar, serán su hija Clotilde y su marido Julio Gabriel Abades los que peor encajarán la presencia de Francisca Pinto. Una señora, como añade Francisco en su testamento, que le ha servido de guía en su falta de vista, acompañándolo en sus viajes y en la soledad a la que se vio abocado por las ocupaciones de sus hijas y asistiéndolo en sus dolencias. Añade que en la relación entre Francisca y él no existió contrato de salario alguno ni estipendio, de modo y manera que ni dicha señora ni sus herederos tendrán que hacer la más mínima reclamación a los suyos en ese sentido. Como, igualmente, los herederos de Verdejo no tendrán nada que decir acerca de los regalos que ella haya podido recibir por su parte. Existe además, según se explicita en el testamento, una nota firmada por Francisco, que obra en poder de Francisca, y en la que se hace constar todos los muebles y efectos de su pertenencia que existen en el domicilio del testador. No cabe duda según lo expuesto que deben vivir juntos. A renglón seguido y a pesar de su pronta viudedad, parece querer justificar el no haberse vuelto a casar, para no causar un notable perjuicio en los intereses de sus hijas. Hay que recordar en este momento que su padre viudo, sí se casó en segundas nupcias con Francisca Herraiz, y a tenor de esta declaración, no parece que el testador guarde buen recuerdo de ese hecho. Quizás tenía una edad difícil para comprenderlo, 11 años cumplidos, y desde luego en ninguno de sus cuatro testamentos hace la más mínima mención de ella. Parece igualmente preocuparle que a su muerte se puedan producir desavenencias escandalosas y trata de evitar que se susciten litigios entre sus hijas, dejando constancia de que es su voluntad que a quien los promoviere, le priva de la parte que pudiera corresponderle en los bienes. Al pie de este tercer testamento aparece una nota del escribano en la que se da fe que por otro testamento otorgado ante él con fecha de 9 de junio de 1865, Francisco Verdejo Páez ha revocado el anterior.

Firmado el testamento y a la vuelta de la escribanía de D. Francisco de la Cruz, en el número 9 de la calle del Príncipe, Verdejo Páez se acerca hasta el café Iberia Nueva en la carrera de San Jerónimo. Ha quedado con un amigo, al que en principio le había pedido y recibido su consentimiento para nombrarle como uno de los albaceas testamentarios, habida cuenta del nuevo testamento que iba a otorgar. El motivo del encuentro era para darle cumplido agradecimiento, y para hacerle saber que finalmente en función de esa misma amistad, había tenido a bien liberarle de tamaña incomodidad. «Incomodidad que yo, querido don Francisco, hubiera soportado de buen grado». Los albaceas testamentarios designados han sido D. José María López, agente de negocios, el administrador con poder de Verdejo Páez, D. Pablo Huerta y su yerno D. Vicente

Moreno, el esposo de su hija pequeña Francisca, y que será quien se encargue de la custodia de la casa. Su interlocutor no puede ocultar la sorpresa que le produce la relación. «¡Cómo! ¿Ya no es albacea el Sr. Abades? Si no recuerdo mal, en el anterior lo fue. Así que ha sustituido un yerno por otro.» No, no recuerda mal. D. Julio Gabriel Abades, esposo de Clotilde, que era albacea en el segundo de los testamentos otorgado por Verdejo Páez, ha dejado de serlo. Tiene que haber razones para el cambio y claro que las hay. Francisco no puede ocultar la profunda tristeza que le invade al narrar los hechos. Resumiendo y para no hacer más sangre en la herida, decir que desde hace un tiempo, su segunda hija Clotilde y Julio Gabriel, su esposo, con calumniosas excusas apenas sí se ocupan de él, haciendo su distanciamiento mayor día a día e incluso, y esto es lo que más le duele, han criticado con dureza a sus hermanas y a otras personas que están siendo su apoyo en estos, los últimos años de su vida. «No puedo creerlo. ¡Con lo que ha hecho usted por ellos!» Verdejo Páez está convencido de que es por lo de Francisca Pinto, y no puede por menos de preguntarse angustiado qué es lo que ha podido hacer mal en la educación de sus hijas para dar lugar en una de ellas a una reacción de ese porte. ¡Tan desproporcionada! ¡Tan falta de amor! «Usted no ha hecho nada mal, amigo Francisco. ¿La educación de sus hijas? ¡La educación! Ya sabe usted lo que pienso de ella.» Claro que lo sabe, lo han discutido mil y una veces. El viejo amigo de Verdejo Páez tiene una curiosa teoría acerca del arte de educar. Del educar entendido como algo más que aprender a ceder el paso de acera a una dama o de manejar con corrección el cubierto del pescado. «La educación servir, lo que se dice servir, sirve para poco. Si acaso para tratar de maximizar las virtudes de uno y minimizar sus defectos. Y

¡poco más!» Verdejo Páez, antes de pedir dos nuevos cafés, recrimina cariñosamente a su interlocutor, que en el fragor de la disputa dialéctica emplea términos, que por matemáticos, mejor le correspondería hacerlo a él.

«Vamos a ver, Francisco, ¿cómo es posible que doña Clementa, que Dios tenga en su gloria, y usted mismo hayan educado tan mal a Clotilde y tan bien al resto de sus hijas?» Se ha columpiado exageradamente en los *tan mal* y *tan bien* para dar peso a su razonar, pero Verdejo ya sabe de esas habilidades dialécticas de su oponente. Si es que las personas, llegado un momento deciden por sí mismas lo que quieren y lo que no quieren ser. Para bien y para mal. Nos guste o no. Y es que cada uno es cada uno. Hay un monje agustino de nombre Gregor Mendel que está a punto de publicar sus trabajos y en los que parece que queda clara la importancia grande de la herencia. Verdejo Páez se conoce al dedillo el discurso que viene a continuación. No podemos hacernos responsables de los errores de nuestros hijos. Son de ellos y solo de ellos. Como igualmente lo son de sus aciertos, de sus éxitos. Lo único que nos queda es alegrarnos con estos últimos y esperar que sean capaces de aprender de aquellos. Y Francisco espera la pregunta que le ha visto formular en múltiples ocasiones. «Porque usted, mi muy querido amigo, yo me pregunto, ¿si hubiera nacido en un ambiente diferente sería, en lo fundamental, claro es, diferente al que hoy es?» Verdejo Páez no hace ni la menor intención de contestar porque sabe que no le van a dar tiempo. ¡Se lo ha visto hacer tantas veces! Su interlocutor se pregunta si, y su interlocutor se contesta. «Pues no y rotundamente no. Yo le digo que si usted hubiera nacido en un ambiente, digamos, tremendamente hostil, en un determinado momento de su vida, elegiría y sería la misma honrada y cabal persona que hoy es, tan amante de la verdad y de la justicia como lo es ahora.» ¿Quién se atrevería a contradecir a una persona que dice cosas de ese estilo? «¿Otro cafetito, don Francisco?» Rechaza agradecido la invitación, serían demasiados cafés para una sola tarde.

A final de año hay una Real Orden en la que se desestima por inoportuna la demanda que Verdejo había presentado contra la Junta de Clases Pasivas, Orden que se comunica al interesado el 1 de marzo de 1864 y contra la que un mes más tarde presenta recurso de alzada, pidiendo se revoque, y se repare el agravio considerando los cuatro quintos del sueldo. Un año más tarde, es decir, en abril de 1865 y en San Ildefonso, rubricado por real mano y firmado por el presidente del Consejo de Ministros, Leopoldo O´Donell, que después de varios considerandos decide absolver de la demanda a la Administración y confirmar la real orden reclamada. No queda más remedio que reducir gastos. Menos mal que en los años siguientes, los que van del 1863 hasta 1869, los libros de Verdejo siguen vendiéndose bien. No estarían justificadas sino las nuevas ediciones que van a la imprenta, así que afortunadamente deben seguir empleándose como libros de texto en un buen número de instituciones. Para los *Principios de Geografía Astronómica, Física y Política*, las ediciones son la vigésimo cuarta y vigésimo quinta, el *Repertorio de Geografía* se imprime hasta cinco veces, en sus ediciones séptima hasta la undécima, una vez la *Guía práctico de Agrimensores y Labradores*, o sea, la octava edición, y los *Elementos de Historia Universal*, otra más, es decir, la sexta.

En el cuarto y último de sus testamentos[7] Francisco Verdejo Páez debe sentir muy próxima su propia muerte, porque realmente hace como un balance. Además, la firma que estampa al final del mismo está trazada por una mano muy temblorosa. Es su voluntad que su funeral se celebre sin ningún tipo de mundanales pompas, y quiere que su cadáver sea depositado en sepultura en suelo abierto, sin lápida ni inscripción alguna, al pie del nicho en el que reposan las cenizas de su amada esposa Clementa Sánchez Huerta. Inicia ese postrer balance del que hablábamos con la relación con su padre, Francisco Verdejo González. No ha recibido de él más herencia que su ilustre nombre y una buena educación, ya que debido a lo calamitoso de los últimos tiempos y en sus años de ancianidad y múltiples achaques, ha sido él mismo quien le ha mantenido con su trabajo. Se está refiriendo con toda probabilidad a algún tipo de represalia que pudiera haber sufrido el catedrático de los Estudios por su más que probable afrancesamiento. Francisco Verdejo padre muere en brazos de Francisco Verdejo hijo, dándole su bendición. No consta en absoluto que hubiera el más mínimo enfrentamiento entre ellos, pero si alguno hubo, queda claro que en el último adiós quedó olvidado. E insiste, «los cortos bienes y sueldos atrasados los recibí a beneficio de inventario, cediéndolos en su totalidad a los acreedores», volviéndonos a remitir a la escribanía de Juan Raya, que ya conocíamos de testamentos anteriores.

Con Juana, su hija mayor, se produce un cambio importante. Conocíamos desde su primer testamento que era viuda de Joaquín Cáceres y Escobedo, pero no había vuelto a mencionar en los dos siguientes ninguna variación en el

---

7 AHP. Madrid. Francisco de la Cruz. Protocolo 27243.

estado civil de esta hija. Conocemos que cuando Verdejo Páez otorga el tercer testamento su hija mayor se había casado otra vez, aunque él no lo menciona hasta este último. Por él, conocemos que su nuevo yerno siguió los estudios de filosofía en Badajoz, costeados por su tío don Antonio Estévez, cura párroco en dicha ciudad. Habiéndole tocado la quinta y no disponiendo de medios para redimirla, fue destinado durante la guerra civil al Ejército de Cataluña, donde por inteligencia y valor, alcanzó el grado de capitán de Infantería. Obtenidas varias condecoraciones y menciones honoríficas, estando en condiciones de cumplir con sus obligaciones, pidió y obtuvo la mano de Juana. De los cuatro hijos de Juana y Joaquín también se acuerda Francisco en este su último testamento. A Ramiro, único varón, le deja 2.000 duros como ayuda para costear su carrera, y 1.000 duros más a cada una de sus tres hermanas, Dolores, Joaquina y Francisca, que recibirán cuando tomen estado o hayan salido de la menor edad.

Nos describe ahora Francisco su relación, tormentosa relación como habíamos anunciado, con su segunda hija Clotilde. Cuando Julio Gabriel Abades y Resano se presentó solicitando su mano, lo hizo como quedó expuesto en el capítulo anterior, sin haber emprendido ninguna carrera científica. Si en determinadas familias aquello podía representar un mayor o menor impedimento, el querer entrar a formar parte de la de Francisco Verdejo Páez en esas condiciones, era sencillamente un imposible. Con solo una gratificación de escribiente en la Imprenta Nacional —en la oficina de su padre—, Francisco Verdejo Páez lo tenía muy claro. Julio Gabriel Abades no tenía medios para el sostén de sus obligaciones, y recordemos, así se lo hizo saber, negándole la petición. Aparentemente este mal comienzo no es el culpable de la mala relación, porque en ese mismo momento Francisco se ofreció a instruir a su futuro yerno en la función del profesorado, abriéndole gratuitamente las clases de matemáticas, geografía, agrimensura y dibujo lineal. Y en el plazo de dos años le puso en disposición de regentar una cátedra, dándole parte de sus lecciones y ayudándolo con medios pecuniarios para mejorar su situación, accediendo finalmente a concederle, entonces sí, la mano de su hija. Poco después fueron depuestos padre e hijo de la Imprenta Nacional, lo que constituye una confirmación de la hipótesis de Verdejo de que ese empleo no era un soporte adecuado al mantenimiento de una familia. Pero Francisco continuó favoreciendo al ahora ya marido de su hija, proporcionándole colegios, el título de agrimensor, la plaza de regente en la Universidad Central, cediéndole su colección de instrumentos de agrimensura y moviendo sus influencias para que entrara en la oficina del Sr. duque del Infantado. Nada pues hacía presagiar futuras complicaciones, recuérdese que en testamentos anteriores habla de su querido hijo Gabriel y que incluso lo había nombrado albacea testamentario.

Atención a lo que aparece unas líneas más adelante en el testamento. Dice textualmente Francisco: «Mando a mis queridos hijos Doña Clotilde y su esposo Don Gabriel Abades, mi bendición y el más amplio perdón ya por la ingratitud con que han olvidado que todo lo que poseen me lo deben a mi, ya por el escandaloso desvío con que bajo de ridículos y calumniosos pretextos han huido de prestarme aquellos cariñosos consuelos y auxilios a que me hacía acreedor mi extrema ancianidad y mis achaques vituperando a sus hermanas y demás personas que han sido el apoyo y consuelo de mis últimos años». *Y demás personas que han sido el apoyo y consuelo de mis últimos años*. Ahí parece estar el problema. Posiblemente las demás personas se reduzcan a una que atiende al nombre de Francisca Pinto, y de la que ya sabemos por el tercer testamento de Verdejo. No se casó con ella pero le había dejado 2.000 reales y el reconocimiento en un papel escrito de muebles que, estando en la posada de Verdejo Páez, eran de la propiedad de doña Francisca. Esa relación parece ser la que no llegó a aceptar Clotilde y la que la llevó a enfrentarse, según se desprende de las palabras de su padre, incluso con sus propias hermanas. En este último testamento Francisca es nuevamente mencionada, el legado ahora es de 3.000 reales, y sus apellidos, en este documento más fácilmente legibles, son Pintó, parece ser que acentuado, y Llinás. Verdejo Páez vuelve a repetir que el hermano de su yerno entró en la Guardia Real por los buenos oficios de Francisca Pintó, lo que añade un valor más de incomprensión a la actitud tomada por Clotilde y Gabriel hacia el padre de aquella. Es muy posible que a pesar del cariño y de las continuas atenciones recibidas de Francisco Verdejo Páez, su yerno, Julio Gabriel Abades, no le hubiera perdonado el no inicial a su casamiento con Clotilde. Lo que sabemos es que poco antes de su muerte Verdejo Páez manda a sus queridos hijos Clotilde y Gabriel su perdón, y lo que deseamos es que sus hijos Clotilde y Gabriel solicitaran y aceptaran ese mismo perdón.

El pretendiente de María Ana, la tercera hija de Verdejo Páez, no va en cambio a tener problemas a la hora de obtener la mano de su amada. Ha hecho sus estudios de filosofía en la ciudad de Lugo costeados por su padre, que es administrador de rentas estancadas en aquella provincia. Después ha venido a Madrid, emprendiendo los estudios en la Facultad de Medicina, logrando una plaza de ayudante profesor por rigurosa oposición en el Hospital General de Madrid. «Hallándose en el caso de sostenerse por sí solicitó y obtuvo la mano de mi hija tercera Doña María Ana Verdejo Sánchez». Como hemos mencionado antes, este nuevo yerno de Verdejo Páez se llama Fernando Gayoso y Tella, y su primer apellido quedará, como veremos más adelante, por una ironía del destino, muy vinculado a la historia del Madrid diario. De este matrimonio también tiene Verdejo Páez nietos y también de ellos se acordará a la hora de testar. Ninguna diferencia con respecto a los otros. 2.000 duros para ayudar a costear la carrera del varón, Francisco, y 1.000 a cada una de las nietas Francisca y María Ana.

Nos queda la pequeña de las Verdejo, aquella en la que su padre debió perder la esperanza de un descendiente varón y le puso por nombre Francisca. Francisca se casó con Vicente Moreno Miguel, sin que le pusieran el menor impedimento. Vicente Moreno había realizado estudios de filosofía en Valencia, costeados por su padre Manuel Moreno, y pasó enseguida a Madrid para estudiar farmacia, sacando constantemente notas de sobresaliente y obteniendo la plaza de ayudante de farmacia en el Hospital General de Madrid, concluyendo su carrera y obteniendo su reválida. Así sí, así no hay el más mínimo problema para entrar a formar parte de la familia. Tiene para su yerno un recuerdo especial en sus últimas voluntades. Cómo no hacerlo si en París, estando Verdejo Páez a punto de ser despedazado por las ruedas de un ómnibus, le salvó la vida con riesgo de la suya propia. La narración de este hecho nos permite conocer que Verdejo Páez estuvo en la capital de Francia, pero desafortunadamente no da fechas ni si su estancia en la ciudad de la luz se debe a un viaje de placer o a una motivación política. Sí sabemos que en abril de 1863 Verdejo Páez solicita y obtiene de la reina una licencia de seis meses para pasar al extranjero con el objeto de atender al restablecimiento de su salud. Pero se desconoce si ese permiso obtenido se corresponde con el viaje a París. Del matrimonio de Vicente y Francisca, Verdejo Páez no tendrá nietos.

Se conoce exactamente la fecha del fallecimiento de Verdejo Páez. Según consta en el Libro de Difuntos de la iglesia de San Luis Obispo que hace el número 35 y en su folio 166, el sábado 5 de octubre de 1867 Indalecio Beaumont, teniente mayor de cura de la citada iglesia parroquial, mandó dar sepultura eclesiástica a Francisco en uno de los nichos del cementerio de la sacramental de San Isidro. Había muerto el martes, día primero del corriente mes, a consecuencia de una bronquitis crónica, según certificación de facultativo. Seguía siendo feligrés de la parroquia de la Red de San Luis, porque contrariamente a lo que la proximidad de la parroquia de San Ildefonso al número 54 de la calle Fuencarral podría hacer suponer, la manzana número 313 donde se encuentra ubicada la casa pertenecía a la parroquia de San Luis. Parroquia cuyos límites en la zona vienen marcados en curioso zigzag por las calles de las Infantas, Santa María del Arco —hoy Augusto Figueroa—, San Pedro y San Pablo —hoy Hernán Cortés— y Fuencarral hasta la Red de San Luis, de manera que envuelven a la manzana 313.[8] Después de su muerte[9] seguirán apareciendo ediciones de sus textos, fundamentalmente de los *Principios de Geografía Astronómica, Física y Política*, pero serán ediciones adicionadas y anotadas por Julio Gabriel Abades. Exacto, el

---

8 Ponte Chamorro, Federico José: *Demografía y Sociedad en el Madrid decimonónico (1787-1857).*
9 *El Imperial* insertó en su ejemplar del día 13 la siguiente nota: «El 5 falleció en esta Corte la Señora Duquesa de Bailén. También falleció el mismo día el antiguo catedrático de geografía e historia, Sr. Verdejo Paz». Evidentemente, el segundo apellido es incorrecto.

marido de su hija Clotilde, que parece lógico que así sea. Porque malas relaciones aparte, el propio Verdejo Páez se había encargado de formarle a su propia imagen. Solo cabría cuestionarse si esa mala relación no desautorizaba a Abades, al menos moralmente, a la utilización de las obras del padre de su mujer. En cualquier caso, no parece que el resto de las hermanas se opusieran a ello, quizás con el pensamiento puesto en la memoria de su padre, siempre preocupado por la relación armoniosa entre sus hijas, dejando prueba de ello en sus diferentes disposiciones testamentarias.

El mismo teniente mayor de la parroquial de San Luis que había mandado dar sepultura eclesiástica a Verdejo Páez, hará lo propio según consta en el Libro número 36 y en su folio 115 con otro miembro de la familia. Exactamente con Fernando Gayoso, marido de María Ana, que muere el día 1 de enero de 1869, como consecuencia de una fiebre con síntomas cerebrales, según certificación de facultativo. La muerte de Fernando Gayoso deja a María Ana en una muy mala situación económica, al no percibir pensión alguna. Como quiera que a la sazón su hermana Juana disfruta de la viudedad de capitán, como esposa que fue de Joaquín Estévez, y sus otras dos hermanas están felizmente casadas, María Ana, que es conjuntamente con las citadas, únicas y legítimas herederas de su difunto padre, cree tener incuestionable derecho a que le sea concedida la pensión de orfandad. Pensión que al fallecimiento de Francisco Verdejo Páez, catedrático jubilado que fue del Instituto del Noviciado de esta corte, no pudo transcribirse a persona alguna. En el mes de febrero de ese mismo año, María Ana Verdejo Sánchez, que vive en la travesía de los Trujillos número 1, 2º, dirige una instancia al Excmo. Sr. Presidente de la Junta de Clases Pasivas, suplicándole que en vista del expediente[10] que acompaña, tenga a bien concederle la pensión solicitada.

De sus nietos, Ramiro Estévez Verdejo y Francisco Gayoso Verdejo, podrá decirse cualquier cosa menos que no emplearon bien los 2.000 duros que les legó a cada uno su abuelo como ayuda para costearse los estudios. Ambos se licenciaron en la Facultad de Farmacia de la Universidad Central. Por el expediente académico de Ramiro[11] conocemos que nació en San Vicente de Alcántara, en la provincia de Badajoz. Y como se incorpora una partida de bautismo, conocemos la fecha de su bautizo. Exactamente, el día 16 de octubre de 1851, y fue bautizado por su tío abuelo Antonio Estévez. Recordemos que su padre, Joaquín Estévez y Osma había estudiado filosofía en Badajoz, por lo que debía ser extremeño y entra dentro de lo posible que con su mujer, Juana Verdejo, viviera en esa provincia los primeros años de su matrimonio. En la partida de bautismo, por cierto, figura su padre como capitán retirado de Infantería. Estudió el bachiller en un instituto de Badajoz, pero el último curso y los exámenes de grado los realiza en el Instituto del Noviciado de Madrid. Sigue sus estudios en la Facultad de Farmacia de la Universidad Central y en noviembre de 1872 aprueba el examen de grado obteniendo el título de licenciado en farmacia.

---

10 AGA. Sección Hacienda. Caja/legajo 12/21680. El expediente que presenta María Ana Verdejo aporta numerosa documentación en la que se incluyen, entre otras cosas, partidas de bautismo, de matrimonio, y de defunción de miembros de la familia. Adquieren especial relevancia las emitidas por la iglesia parroquial de San Luis Obispo, por el hecho de que los libros parroquiales se quemaron en el incendio ya mencionado del año 1935.
11 AHN (Universidades); leg. 1048, exp. 68.

Francisco Gayoso Verdejo se licenció unos años más tarde. De su expediente académico[12] deducimos que nació en 1858, es decir, es siete años más joven que su primo hermano Ramiro, y que lo hizo en Cedillo del Condado, en la provincia de Toledo. Hay que suponer que la profesión de médico de su padre llevó al matrimonio Fernando Gayoso-María Ana Verdejo a vivir en pueblos diferentes antes de instalarse definitivamente en Madrid, porque el grado de bachiller lo alcanza Francisco en el Instituto Cardenal Cisneros en 1873. No termina la carrera hasta finales de 1879, posiblemente influyó que en el mes de marzo de 1878, habiendo sido alistado y sorteado en el distrito del centro para el actual reemplazo, se le declaró soldado.

Ya quedó expresada la preocupación de Verdejo Páez por la buena relación de sus hijas cuando él faltara. Y a fe que le dieron ese gusto María Ana y Francisca, que, recuérdese, fueron la una madrina en la boda de la otra. Quizás influyeran sus edades próximas, eran las dos pequeñas, quizás la sintonía entre sus maridos, con una problemática común en el desarrollo de sus actividades profesionales, médico y farmacéutico. O simplemente el buen carácter de las hermanas, el caso es que en efecto existió una buenísima relación entre ellas, que ni siquiera enturbió el que María Ana, la mujer del médico, tuviera tres hijos, mientras Francisca, la mujer del farmacéutico, no tuviera descendencia. Al revés, eso incluso las fortaleció, en cuanto que Francisca y Vicente Moreno dispensaron un cariño especial a los hijos de María Ana y Fernando Gayoso. En el 1872, aquellos otorgan conjuntamente testamento[13] ante el notario Rafael de las

---
12 Ídem, leg. 1068, exp. 2.
13 AHP. Madrid. Rafael de las Casas y Rodríguez de la Peña. Protocolo 31521.

Casas en el que quedan reflejadas cosas interesantes. En esa fecha, Vicente Moreno es licenciado en farmacia, cosa que ya sabíamos, y atención, propietario. Viven en la calle del Arenal número 2, y en efecto declaran que no han tenido hijo alguno. Aproximadamente un año más tarde, María Ana otorga también testamento[14] y ante el mismo notario. Hasta en esos detalles se refleja la estrecha relación entre las hermanas. La tercera hija de Verdejo Páez ya está viuda e igualmente nos encontramos en el documento información relevante. Vive en la misma casa que su hermana Francisca, esto es, en el número 2 de la calle del Arenal, cuarto sotabanco, que resulta ser y aquí se explica, por ser palabra venida a menos en su uso, piso habitable colocado por encima de la cornisa general de la casa. Su hija mayor, Francisca Gayoso Verdejo, mayor de edad y casada con Manuel Rodríguez Hernández. Los dos restantes, María Ana y Francisco tienen 20 y 14 años respectivamente. Y aquí, la otorgante, en su propio nombre y en el de sus hijos expresa que «tienen recibidos de sus queridísimos hermanos y tíos Doña Francisca Verdejo Sánchez y Don Vicente Moreno Miguel grandes y señalados favores», por lo que a falta de fortuna, lega a su expresada hermana un objeto de tanto valor sentimental como es el retrato de sus padres en miniatura en marco dorado y a su cuñado «un cubierto de plata con cuchillo y las monedas de plata con que acostumbraba pasar algunos ratos de ocio, el mencionado su padre, Don Francisco Verdejo». Como en el momento de testar sus dos hijos pequeños son menores de edad, nombra como persona elegida para cuidar de los bienes y negocios de ellos, y como no podía ser de otra manera, al farmacéutico Moreno, que por supuesto es también albacea testamentario. Seis años después se produce la muerte de

---

14 Ídem, Protocolo 31527.

María Ana. Al pie del testamento anterior aparece una nota del notario en la que se expresa que a petición de Vicente Moreno Miguel y acreditada la defunción de la testadora expidió una copia del testamento. La nota lleva fecha de 26 de marzo de 1879, de manera que el tercero de los hijos, Francisco, el varón, es todavía, con 20 años, menor de edad. Y su madre, María Ana, había nombrado tutor y curador de sus hijos a Vicente Moreno. Todas las cuentas referentes a la tutoría quedarán cerradas en junio del 1883 ante el notario Félix González Carballeda al haber alcanzado su sobrino la mayoría de edad.

Lo que realmente termina por decirlo así el proceso es un testamento[15] que emite Vicente Moreno Miguel el día 10 de abril del 1890. En esa fecha, el testador está viudo, lo que para esta historia significa que Francisca, la cuarta y última nieta de nuestro querido matemático Francisco Verdejo González, ha muerto. Lo había hecho su hermana María Ana, y probablemente también sus dos hermanas mayores, Juana y Clotilde. Sin embargo, este testamento aporta todavía datos de interés en el recuerdo de nuestro catedrático de los Reales Estudios. Los muy expertos en temas madrileños habrán intuido hace líneas por dónde van los tiros. La calle del Arenal, el número 2 de la calle, un farmacéutico, el apellido Gayoso de por medio… pistas más que suficientes. El testador ha vuelto a casarse con Felisa Morato y Elices y de ella tiene un hijo. Éste tiene que ser pequeño, no se conoce su edad, pero no han pasado años como para que no lo sea. Vicente Moreno nos deja claro que no tiene deuda alguna, salvo aquellas que existan por regla general en la gestión de un establecimiento público, como lo es la oficina de farmacia que tiene en la

---

15 AHP. Madrid. Zacarías Alonso y Caballero. Protocolo 36618.

planta baja del número 2 de la calle del Arenal. Deudas de las que a su muerte se harán cargo sus sobrinos Pascual Moreno y Francisco Gayoso que, atención, tomarán posesión de la expresada oficina de farmacia, que al efecto les lega por mitad. Ahí está la clave. La farmacia, que hoy bien entrado el siglo XXI sigue existiendo, con doble entrada por la calles Arenal y Tetuán, y que los madrileños conocen de toda la vida como Farmacia Gayoso, fue en sus inicios y pudo seguir siendo Farmacia Moreno. Las razones para ese cambio fueron varias, a saber, la no descendencia del matrimonio formado por Vicente Moreno y Francisca Verdejo, la buenísima relación de esta última con su hermana María Ana, la muy probable aplicación en los estudios del hijo de ésta y sobrino de aquella, Francisco Gayoso Verdejo y de la indiscutible generosidad de Vicente Moreno, primer dueño de la histórica farmacia.

Al narrador de esta historia le da lo mismo cuál sea el apellido de la oficina sita en la planta baja del número 2 de la calle del Arenal. En cualquiera de los dos casos se trata de una de las nietas de Francisco Verdejo González. María Ana y Francisca, Francisca y María Ana, en las dos está por igual la sangre y el espíritu investigador y docente de su abuelo, y sea la esquinada farmacia en su quehacer diario madrileño, desconocido y rendido homenaje a su memoria. Lo que llama un poco la atención es que Vicente Moreno deja la mitad de la farmacia a su sobrino político Francisco Gayoso, pero no menciona en absoluto en su testamento a su otro sobrino Ramiro Estévez, que también era farmacéutico. ¿Debe deducirse de ahí que la relación de este último con su tío Vicente Moreno fuera mala? En las fechas en que se licencian en Farmacia los nietos de Verdejo Páez, para poder matricularse en una determinada asignatura, hay que cumplimentar un impreso en el que debe hacerse constar por supuesto el nombre del alumno, pero también su edad, el nombre de un fiador y dónde viven ambos. En septiembre del 1869, Ramiro Estévez, que tiene 18 años, vive en la calle del Arenal número 2, cuarto botica, y su fiador no es otro que Vicente Moreno Miguel, con idéntico domicilio. En un impreso de matriculación del curso siguiente, el fiador y su domicilio no han variado, mientras que Ramiro vive ahora en la calle Mayor número 27-29, cuarto botica. Así pues, la relación entre ellos es buena, eso sí, entra en escena una nueva farmacia situada en la calle Mayor —¿la antigua farmacia de la reina madre?— que parece también tener algún tipo de relación con los descendientes de los Verdejo. Sin embargo, esa manifiesta diferencia testamentaria de Vicente Moreno hacia sus sobrinos Francisco Gayoso y Ramiro Estévez deja entrever que algo debió ocurrir. En efecto, en la *Gaceta* del 3 de agosto de 1883, en la relación de marcas cuyo certificado de propiedad ha sido solicitado, aparece una que lo ha sido por Ramiro Estévez, que por cierto ha trasladado su residencia a Badajoz, para distinguir los productos farmacéuticos y químicos de su propiedad. «Es un paralelogramo en negro de 85 milímetros de longitud y 32 de latitud; inscrito en este paralelogramo y en su parte derecha a 4 milímetros del lado derecho, hay otro paralelogramo en blanco de 45 milímetros de longitud y 25 de latitud. En la parte de fondo negro del paralelogramo circunscrito hay dibujada una lombriz solitaria o tenia en blanco, que con su cabeza y cuello rodea al paralelogramo inscrito de izquierda a derecha, y en aquella parte baja haciendo ondas. En el pie habrá una inscripción que diga: *Marca de fábrica depositada, Badajoz*».

El 18 de ese mismo mes de agosto, Vicente Moreno presenta una reclamación oponiéndose a dicha concesión, basándose para ello en que esa marca era un diseño que aparecía en una monografía que le pertenecía, y que se hallaba inscrita en el Registro de la Propiedad a su nombre desde 1881. Y atención, «el reclamante que pretendía usurparle su propiedad era un sobrino suyo, que por haber estado al frente de la farmacia que el reclamante tiene en esta Corte conoce las utilidades relativamente considerables que deja la venta de aquel medicamento». Ya a esta fecha debían haberse producido las desavenencias, pero si no lo habían hecho, este intento de registro de marca acabó con la relación tío-sobrino. Por una Real Orden de 23 de febrero de 1884, publicada días después en la *Gaceta*, se da la razón a Vicente Moreno, y al considerar que el dibujo es de su propiedad, no procede conceder a Ramiro Estévez[16] el registro de la marca que solicita. Volviendo a la farmacia de la calle del Arenal, parece claro que a la vista de cómo se la conoce —Farmacia Gayoso—, Pascual Moreno y/o sus descendientes quedaron finalmente al margen por algún tipo de acuerdo. Ahí quedan los temas para los estudiosos de la historia de la farmacia madrileña.

Hay todavía cosas que mencionar en el testamento de Vicente Moreno. Al hijo habido se su segundo matrimonio le deja el testador un gran número de fórmulas de productos farmacéuticos de las que es propietario y autor, las cápsulas Ferri entre otras. Y para que no exista duda, deja constancia de que nada tienen que ver con el legado de la botica. Y la pregunta surge de modo natural. ¿Por qué no le deja también la farmacia? Una explicación razonable puede estar en que sienta cercana su muerte, y la edad de su hijo pone a muy

---

16 Ramiro Estévez debió permanecer en Extremadura, donde seguramente hizo muchas y buenas cosas, que se salen del ámbito de este estudio. La biblioteca pública municipal de su Valencia de Alcántara natal lleva su nombre.

largo plazo la posibilidad de ponerse al frente de ella. Por el contrario, sus sobrinos están ya en condiciones de hacerlo. Ya sabemos que Francisco Gayoso se licenció en farmacia en la Universidad Central, pero es que el otro legatario, Pascual Moreno Besó es igualmente farmacéutico por esa misma universidad, años 1882 a 1889.[17] Pueden verse en la figura 23 detalles de la fachada de la farmacia. Al pie del testamento hay una nota firmada por el notario, en la que con fecha de 1 de julio de ese mismo año de 1890 se expresa que libró una copia por haber fallecido el testador. Por este mismo testamento sabemos que una de las hermanas, Juana Verdejo Sánchez —que precisamente era la mayor—, todavía vive, y recibe un legado de 2.500 pesetas.

Con la muerte de Francisco Verdejo Páez, y un breve apunte sobre sus descendientes directos, llega el final de la historia, solo a falta del estudio de las interpretaciones que sobre la figura del catedrático de Matemáticas de los Estudios Reales de San Isidro, se han hecho hasta el presente momento. Sin ningún género de dudas, al protagonista principal de ella, Francisco Verdejo González, le hubiera encantado tener un nieto varón. A buen seguro que hubiera sido un valiente oficial de tropa de Casa Real, estudiante de matemáticas en San Isidro, y brillante defensor de conclusiones de esa misma facultad. Celoso cuidador de los libros que había dejado escritos su abuelo, continuador de su amor a las matemáticas, hubiera sido alumno de la Universidad Central, y a buen seguro hubiera alcanzado la excelencia que él no alcanzó. No fue posible. Como hemos visto, su único hijo, Francisco Verdejo Páez, tuvo cinco hijas, Juana, Mercedes, Clotilde, María Ana y Francisca, de las que el catedrático de

---

17 AHN (Universidades); leg. 1114, exp. 52.

Matemáticas de los Estudios Reales, su abuelo, debió sentirse orgulloso. Una de ellas, la más pequeña, toma su nombre, y entre sus siete bisnietos, tres de ellos toman el nombre de su bisabuelo. Dos en su género femenino y uno en el masculino. Precisamente éste último es el que se pondría al frente de la oficina de farmacia sita en los bajos del número 2 de la calle del Arenal. Puede verse el árbol genealógico en la figura 24.

Y estas interpretaciones que se han hecho sobre la figura del catedrático son las que abordamos aquí. ¿Quién habla de Francisco Verdejo González? ¿Quién recuerda a Francisco Verdejo González? Quizás el que con más extensión lo hace es José Simón Díaz. Al hacer la historia del Colegio Imperial[18] menciona su súplica para que le sea concedida la cátedra sin opositar, detalles acerca de la oposición que posteriormente realiza y gana, así como de sus encontronazos con Estanislao de Lugo, director de los Reales Estudios, con motivo de los textos a emplear, o por el asunto de la defensa en solitario de conclusiones. Reproduce asimismo las portadas de los programas de algunos de los ejercicios públicos que presidió, tanto en su época de sustituto de la facultad, como ya siendo catedrático de la misma. Reuniéndolo todo, no debe sobrepasar dos páginas. ¿Quién más habla de Verdejo? Antonio Escamilla Cid, al hacer la historia de su querido Montalbo[19] y en el apartado de personas ínclitas nacidas en el pueblo, Francisco Verdejo González y su hermano Nicolás, abren la lista de montalbeños ilustres. Hace una brevísima biografía del personaje, en la que se incluyen los nombres y orígenes de sus padres, su pertenencia a los Reales Guardias de Infantería española, sus estudios en San Isidro y su docencia como catedrático en la Institución y en la Casa de

---

18   Simón Díaz, José: Opus cit.
19   Escamilla Díaz, Antonio: Opus cit., pp. 127 a 129.

Misericordia. Escamilla conoce las obras escritas de Verdejo, con excepción del *Tratado de Aritmética para comerciantes,* lo que, considerando el número reducidísimo de ejemplares que se conservan, es totalmente lógico. Para las cuatro restantes hace una breve pero acertada sinopsis. De su hermano Nicolás la descripción es todavía más escueta, tres o cuatro líneas. Y aunque equivoca el lugar de su muerte —no es Cascante, sino Zaragoza—, al menos no se deja arrastrar por el error de la *Enciclopedia Espasa* de considerarle matemático, geógrafo y autor de numerosas obras de las citadas materias. También se ocupan de Francisco, de Francisco y de su hermano Nicolás, Hilario Priego y José A. Silva en su *Diccionario de personajes conquenses.*[20] No aportan nada original, apoyándose básicamente en el *Espasa* y en Antonio Escamilla.

Vimos también al establecer la fecha de su confirmación la semblanza que hacía de él en el periódico *El Día de Cuenca*[21] Álvarez M. del Peral. En ella manifiesta, para concluir, que sería deseable que se pudieran conocer más detalles de este sabio conquense, afirmación que suscribimos. Seguramente esta semblanza es en la que se apoya María Luisa Vallejo[22] que también tiene unas líneas para su ilustre paisano. Recordemos también la descripción de los dos catedráticos Ybarra y Verdejo en *Los vicios de Madrid*. Si malparado salía Verdejo, malparado salía también Ybarra y ya establecimos que no parecía una crítica demasiado seria. ¿Y sus textos? ¿Son frecuentemente citados? No lo parece, si bien en sus años de profesor debieron tener lógicamente bastante aceptación.

---

20 Priego Sánchez-Morate, Hilario y Silva Herranz, José A.: *Diccionario de personajes conquenses (nacidos antes del año 1900)*. Cuenca: Diputación de Cuenca, 2002.
21 *El Día de Cuenca*. Diario Independiente de la mañana. Año XVI. Núm. 1894. Cuenca, 31 de enero de 1928. Álvarez M. del Peral.
22 Vallejo, María Luisa: *Conquenses inolvidables*.

Las dos únicas citas de uno de ellos que conseguí encontrar, se refieren al que no es estrictamente de matemáticas. La primera de ellas se debe a Antonio Sandalio de Arias y Costa, individuo de mérito de la Real Sociedad Económica Matritense, secretario de su clase de agricultura y socio correspondiente de la de Valladolid. Ha sido citado en capítulos anteriores como maestro de Verdejo hijo. Al editar sus lecciones de Agricultura explicadas en la cátedra del Real Jardín Botánico de Madrid en el año 1815, en su tomo primero referencia hasta en tres ocasiones el texto de Verdejo titulado *Arte de medir tierras y aforar los líquidos y sólidos*. En la primera referencia, invita al lector para una mejor comprensión de su propio texto a leer el de Verdejo. En la segunda, para aclarar la doctrina expuesta en la tarea de medir un terreno con el auxilio de un cartabón, se apoya en dos ejemplos del libro de Verdejo, y en la tercera y última, se sirve de otros ejemplos tomados del mismo autor para explicar el método de hacer los aforos. La segunda mención del libro de agrimensura la encontré en un interesante trabajo de Alfredo Faus Prieto.[23] En él se incluyen referencias a los textos sobre la materia, tanto del padre como del hijo, incluyendo una breve pero acertada descripción del devenir profesional de ambos. «Los de Abila, la familia Verdejo y Antonio de Varas no eran sino libros de divulgación, redactados por personas de reconocida solvencia matemática».

Alexander Maz Machado y Luis Rico Moreno en su trabajo *Concepto de cantidad, número y número negativo durante*

---

23 Faus Prieto, Alfredo: *El ejercicio profesional de la Agrimensura en la España del siglo XVIII. Titulación académica y formación teórica de los peritos agrimensores*. LLULL, vol. 18, 1995, pp. 425-440.

la época de influencia jesuita en España (1700-1767)[24] citan apoyándose en Garma (2002) a Francisco Verdejo, haciéndole erróneamente profesor de los Reales Estudios de San Isidro junto a Pedro de Ulloa y Thomas Cerdá. Está claro que el error no está en hacerle profesor de la institución, que lo fue, sino en la época en que lo sitúan. En 1767, año en que los jesuitas son, como se sabe, invitados a salir de España y que es el final del periodo estudiado por los autores citados, Francisco Verdejo tiene 10 años. Seguramente la confusión viene de nombrar en 1625 al Colegio Imperial de la Compañía de Jesús como Estudios Reales de San Isidro. Esta denominación tiene efecto en el momento que, expulsados los jesuitas, se restablecen las enseñanzas. Veámoslo. En la portada de la *Summa de la Aritmética reducida a la practica universal*[25] escrita por Juan de Somarriba en el año 1640, se hace constar que fue leída por el padre Claudio Richardo de la Compañía de Jesús y catedrático real de las Matemáticas en el Colegio Imperial de esa misma Compañía. En 1753, es decir más de 125 años más tarde de la fecha que postulan Maz y Rico como cambio en el nombre, va a la imprenta los *Elementos de la Matemática escritos para la utilidad de los principiantes*[26] por el padre Juan Wendlingen de la Compañía de Jesús, cosmógrafo mayor del Real y Supremo Consejo de Indias y maestro de matemáticas en el Colegio Imperial de la misma Compañía. Insistimos, el cambio de nombre se produce con la expulsión de los jesuitas, es lógico que nada haga recordar su presencia en España. Y ahí sí,

---

24 *Concepto de cantidad, número y número negativo durante la época de influencia jesuita en España (1700-1767)*. Alexander Maz Machado, dpto. de Matemáticas, Universidad de Córdoba y Luis Rico Moreno, dpto. de Didáctica de la Matemática, Universidad de Granada.
25 Puede verse en RAH. 9-1071.
26 En Real Academia de Bellas Artes de San Fernando. B-509/511.

a caballo entre los siglos XVIII y XIX Verdejo es catedrático de Matemáticas. Pocas referencias más hay a nuestro personaje. Notas breves publicadas en la *Gaceta de Madrid* y el *Memorial Literario*, haciendo siempre referencia a la celebración de las conclusiones públicas y anuncios de sus libros de texto igualmente publicados en la *Gaceta* y posiblemente pagados por los impresores. ¡Poco es!

¿Quién no habla de Francisco Verdejo González? Pues curiosamente los que más razones tendrían para hacerlo. En primer lugar, sus paisanos. Antonio Escamilla es la excepción. No hay en Montalbo el más mínimo recuerdo hacia él. El apellido Verdejo ha desaparecido del pueblo. Bien es verdad que tanto Francisco como Nicolás vivieron sus vidas lejos del lugar que les vio nacer, y que en lo poco que se sabe de ellos, no hay menciones a su lugar de origen. Sobre todo en el caso de Nicolás, porque Francisco, recuérdese, afectado de las tercianas solicitó permiso para reponerse en su país. Además, al casarse en segundas nupcias con una mujer nacida en Villar de Cañas, pueblo muy próximo a Montalbo, no es descabellado suponer que siguiera visitando la zona con frecuencia. De Pedro Miguel, el otro hermano varón, sí sabemos que permaneció en Montalbo teniendo un hijo varón. Y familia directa o no, igualmente conocemos que había más Verdejos en Montalbo. ¿Qué pasó? Pues que por las razones que fuesen, sus descendientes dejaron el pueblo, o bien la genética jugó en contra del apellido Verdejo. No conozco los criterios que se han seguido para hacer el callejero de este pueblo conquense, pero me resulta difícil creer que en él no tendría un hueco nuestro personaje. Plaza del matemático Francisco Verdejo, no suena mal. O si se quiere no hacer de menos al uno por el otro y al otro por el uno, una solución podría ser paseo de los Hermanos Verdejo.

En segundo lugar, los historiadores de la matemática española. Voy a tratar de seguir un cierto orden cronológico en el análisis de ese continuo desencuentro entre el profesor de San Isidro y los narradores de las historias de la matemática española de la época. Empezamos por Juan Sempere y Guarinos, autor del *Ensayo de una biblioteca española de los mejores escritores del reinado de Carlos III*.[27] No cita a Verdejo, pero digamos que en este caso estaría justificado, porque es evidente que don Francisco no es de los mejores escritores del reinado de Carlos III. Ni de los mejores, ni de los peores. Carlos III muere en 1788 y aunque en esa fecha estaba ejerciendo como profesor en la Real Fábrica de Cristales y sustituto en los Estudios Reales, no había publicado nada. Sempere edita el tomo primero en 1785 y cuatro años más tarde edita el sexto y último tomo. Faltan todavía cinco años para que vea la luz el primer tomo del *Compendio de Matemáticas* de Francisco Verdejo. Sí aparecen en la obra los marinos Jorge Juan, Vicente Tofiño y Antonio Ulloa, los ingenieros Carlos Lemaur y Pedro Lucuce, y los matemáticos Benito Bails, Esteban Terreros y sobre todo Antonio Gregorio Rosell. Rosell es, como sabemos, catedrático de Matemáticas de los Estudios Reales y en 1786 ya había editado, entre otras cosas, sus *Instituciones Matemáticas*. Así que si aparecía Rosell, cabría esperar que años más tarde se incorporaría Francisco Verdejo, sobre todo considerando, como apunta Teófanes Egido en la «Introducción» de la edición que manejamos, «que los seis tomos fueron pensados como el comienzo de una serie que proyectaba ir complementando con suplementos sucesivos». En uno de esos suplementos

---

27 Sempere Guarinos, Juan: *Ensayo de una Biblioteca Española de los mejores escritores del reinado de Carlos III*, Junta de Castilla y León. Consejería de Educación y Cultura, 1997.

aparecería Verdejo, que desde 1794 era catedrático por oposición de los Estudios, y que en 1802 había publicado los dos tomos de su *Compendio de Matemáticas puras y mixtas para la instrucción de la juventud*, el *Compendio de Aritmética teórica y práctica para comerciantes, artesanos y negociantes* y *Arte de medir tierras y aforar los líquidos y sólidos*.

Tales suplementos nunca llegaron a escribirse, Sempere se autoexcusa en su ascenso a la fiscalía de la Chancillería de Granada, en el año 1790, donde es claro que la lejanía con la Corte no le facilitaba estar al tanto de los títulos de nueva aparición, pero el citado Egido recoge otros factores que en su opinión influyeron en la no actualización de la obra. La entrega al ejercicio de la magistratura, su orientación hacia trabajos relacionados con la economía política que siempre le atrajo y sinsabores inesperados que le produjeron la publicación de su obra. De estos últimos, no debió ser el menor el motivado por la censura de Jovellanos de los tomos quinto y sexto. Para valorarlo en su justa medida reproducimos lo que sería una censura aceptablemente amistosa. «He visto por mandado de los señores del Consejo de su Majestad el libro intitulado Espera del Universo, compuesto por Don Ginés Rocamora Procurador de Cortes del Reyno de Murcia, el qual es muy util y provechoso, por la facilidad, orden y doctrina que contiene, escrita en lengua vulgar, para que della gozen y participen todos: y assi me parece que se le puede dar licencia para imprimirlo y muchas gracias por averse ocupado en escribir materia tan importante y necesaria».[28] Y a continuación la censura que sufrió, nunca mejor dicho, Sempere. «Ilustrísimo

---

28 Fechada en Madrid el primero de octubre de 1598. Firmada por el catedrático de Su Majestad, el doctor Julián Ferrofino para la *Sphera del Universo* de Ginés de Rocamora.

Señor: he visto los tomos V y VI del Ensayo de una Biblioteca de Escritores del último reinado, y después de haber añadido en ella los artículos Ramos (D. Enrique), Ulloa (D. Martín), Zamora (D. Bernardo) que le faltaban, mejorado algunos otros y hechas varias alteraciones con que se ha conformado el autor, hallo que se le puede conceder la licencia que solicita». Por fin, después de ese meneo al original, se le concede la licencia, pero un momento, que faltan las recomendaciones finales, «previniéndole que antes de proceder a la impresión repase y enmiende con cuidado su manuscrito, que por haberse valido de malos copiantes, está lleno de muchos errores y mentiras».[29] No cabe duda de que no debieron quedarle excesivos ánimos para continuar. Como el mismo Sempere reconoce, «¡complicado escribir acerca de autores vivos!». Sean las razones que fueren, el caso es que Verdejo no llegó a aparecer en la obra de Sempere y Guarinos, y dado que se constituyó en un elemento referencial para la mayoría de los historiadores, otro caso bien diferente hubiera sido de haberlo hecho.

El siguiente escalón es una nueva biblioteca, pero ahora en la acepción de conjunto de libros que posee una persona. Concretamente Pedro Calvo Sureda, marqués de la Romana. Natural de Palma de Mallorca, ingresó en la Academia de Guardias Marinas de Cartagena en 1775, institución que unida a las de Cádiz y El Ferrol gozaban de enorme prestigio. Se trata de una época en que las nuevas ideas circulan libremente por España; los libros de Bacon, Descartes, Locke, Rousseau, Condillac, Leibniz, Wolff, Newton, incluso Voltaire, eran leídos por nuestros ilustrados.[30] En 1865, el

---

29 Puede verse en RAH. Ms. 11-8021-57.
30 GARCÍA CAMARERO, Ernesto: *La Biblioteca matemática del Marqués de la Romana*. 1998.

impresor Francisco Roig, en su oficina de la calle del Arco de Santa María número 39 en Madrid, imprime el *Catálogo de la biblioteca*[31] *del Excmo. Sr. D. Pedro Calvo y Sureda*, marqués de la Romana, capitán general del Ejército y general en jefe que fue de las tropas españolas en Dinamarca en el año 1807, trasladada a esta corte desde Palma de Mallorca.

Consultada la sección de ciencias y dentro de ella el epígrafe de matemáticas, en el que no están incluidas las obras de astronomía, marina, y arte militar, resultó que sobre un total de más de 70 referencias de autores españoles aparece el *Curso militar de matemáticas* (1753) de Pedro Padilla, y los *Compendios de matemáticas* (1758) y *Compendios de geometría y trigonometría* (1794) para Guardias Marinas de Godin y Tofiño, respectivamente. Dado el carácter militar del propietario, es lógico. Entre los autores no militares nos encontramos, entre otros, los *Elementos de matemáticas* (1782) de Juan Justo García, los nueve volúmenes del *Compendio de matemáticas* (1757) de Tosca y la *Aritmética de niños* (1806) de José Mariano Vallejo. Esta última con un año de impresión claramente posterior a las impresiones de Verdejo, que no figuran en el mencionado catálogo. Hay que resaltar que tampoco aparecen las de Rosell. Consultado también el epígrafe de historia natural y agricultura por si apareciera el tratado que sobre agrimensura y aforo de líquidos y sólidos escribió Verdejo, no se halló.

Otro pilar básico de referencia lo encontramos en las dos obras de Martín Fernández de Navarrete, *Disertación sobre la historia de la Náutica y de las Ciencias Matemáticas*, y *Biblioteca Marítima Española*. En la primera de ellas, sin embargo, la matemática tratada hace referencia a la

---

31 Puede verse en Biblioteca Central Militar. VII-3354.

Academia de Felipe II, y cuando nos situamos en la fecha que nos interesa, el autor se limita a citar varias noticias de escritores de marina, entre los cuales nunca puede figurar Verdejo. Más incomprensible resulta que en la segunda de las obras no aparezca citado. Están, hablamos de matemáticos, prácticamente todos los jesuitas del Colegio Imperial, están los marinos Jorge Juan, Cipriano Vimercati, Gabriel Císcar, Vicente Tofiño y Francisco Xavier Rovira, los ingenieros militares Pedro Padilla, Carlos Lemaur y Gerónimo Capmany, los astrónomos Salvador Ximénez Coronado, José Chaix, José Garriga e Isidoro de Antillon, los profesores del Real Colegio de Artillería de Segovia, padre Eximeno y Pedro Giannini, y los civiles contemporáneos de Verdejo, Tadeo Lope y Aguilar, Benito Bails, Joseph Isidoro Morales, José Moreno y José Mariano Vallejo. Está por supuesto el catedrático de los Reales Estudios Antonio Gregorio Rosell, y que no aparezcan, considerando el título de la obra el resto de catedráticos de San Isidro, a saber Joachin de León, Vicente Durán y Joseph Ramón de Ybarra, que no dejaron escritos, estaría justificado. Lo que resulta difícil de entender es la ausencia de Francisco Verdejo González, autor de tres obras. He matizado el segundo apellido del catedrático de los Estudios nacido en Montalbo, porque en la *Biblioteca Marítima Española* sí que figura Francisco Verdejo, pero Francisco Verdejo Páez, es decir, su hijo. Y en su descripción, puede que esté la clave de por qué no figura su padre. Inicia el epígrafe con «individuo de la academia de ciencias naturales, catedrático que fue de matemáticas en los estudios de San Isidro y en la universidad central». Verdejo Páez nunca fue catedrático de los Estudios. Sí que dio clases de matemáticas en esa institución, primero como sustituto y luego como profesor de libre designación, pero nunca como catedrático por oposición. De haberlo sido, a buen seguro que lo hubiera hecho figurar a continuación de su nombre en las portadas de las múltiples ediciones de sus libros de geografía y de historia. Fue catedrático de Matemáticas de la Universidad Central, y también lo fue de geografía del Instituto de Noviciado. En ambos casos, no por oposición, y sí por designación real. Otra cuestión que debiera haber llamado la atención de Fernández de Navarrete es que después de citarle como catedrático de Matemáticas, la única obra que puede incluir de él es un texto de geografía. Porque Verdejo Páez, autor también de obras de historia y de agrimensura, no escribió una sola línea sobre matemáticas.

Es difícil emitir un veredicto definitivo, pero entra dentro de lo probable que, a pesar de la no excesiva lejanía en el tiempo, Fernández de Navarrete asignara a Verdejo hijo cosas de Verdejo padre, de manera que fundiera en un único personaje las figuras de ambos. Eso sí, con una probabilidad pequeña, porque cuando Verdejo hijo está sustituyendo a Verdejo padre en San Isidro, Fernández de Navarrete es precisamente director de la institución. Debería pues conocer la situación de la cátedra de Matemáticas. Sea cual sea la razón, Verdejo González no está en la *Biblioteca Marítima Española* y va a pagarlo caro: si no estás en la *Biblioteca Marítima Española*, no existes. Francisco Verdejo González no está, Francisco Verdejo González no existe.

Y llega el día 17 del mes de julio de 1886. Al desencuentro ya apuntado entre Verdejo e historiadores de la matemática, se va unir uno nuevo. El desencuentro entre historiadores, los unos con los otros y los otros con los unos. «No hay en ella nombre alguno, que labios castellanos puedan pronunciar sin esfuerzo». ¿En ella? ¿Quién es ella? Ella es la ciencia matemática, la que según el premio Nobel José Echegaray, autor de la frase que antecede, nada nos debe. Palabras pronunciadas en Madrid en el día, mes y año dicho y en su discurso de entrada en la Real Academia de Ciencias Exactas, Físicas y Naturales.[32] *Historia de las Matemáticas puras en nuestra España*, así tituló el discurso, en el que puso un especial énfasis en precisamente eso, en que se trataba de matemáticas puras, «y entiendo por Matemáticas puras la ciencia eminentemente racional, no la Física, ni la Astronomía, ni todas aquellas que, si bien acuden al análisis algebraico o geométrico como poderoso auxiliar, son por su naturaleza, y por el carácter de los fenómenos que estudian, verdaderas ciencias de observación». La razón está en que Echegaray se lamenta de la nula aportación española al desarrollo matemático mundial y de que no podamos aportar no ya matemáticos de primera línea, sino ni siquiera de segunda. Es decir, aunque no regatea elogios a Jorge Juan y a Ulloa, no los incluye en una lista de matemáticos insignes que oponer a un Laplace, a un Lagrange, a un Euler, a un Abel.

En el mencionado discurso, Echegaray hace un recorrido por la historia de la matemática en el mundo y al llegar al siglo XVII, siglo al que califica de gigantes, que aventaja en mucho al que fue gran siglo XVI, y en el que aparecen eminentes geómetras por todas las partes del mundo. O por casi todas. Describe país por país los nombres de los grandes genios. Y no resiste la tentación de buscar explicación a la ausencia de nombres españoles. Al mencionar Suiza y los Bernouilli, encuentra una justificación política y dice «que huyendo como otros muchos de las persecuciones del Duque de Alba, buscaron paz e independencia donde solo puede hallarse que es en los países libres; y es triste ver como con nuestro despotismo político y con nuestra intolerancia religiosa, no

---

32 El discurso, en unión de otras cosas, puede verse en *José Echegaray*, edición de José Manuel Sánchez Ron, Biblioteca de la Ciencia Española.

contentos con ahogar al genio en nuestra patria, íbamos por Europa aventándolo ante nuestros sangrientos pendones». Busca en la *Bibliotheca hispana* —cuyo índice de los dos últimos tomos comprende obras del año 1500 al 1700— de Nicolás Antonio algo que admirar y sólo encuentra, en frase que se hará célebre, una única página con «libros de cuentas y geometrías de sastres». La retomará Julio Rey Pastor en el discurso pronunciado en la apertura de curso de la Universidad de Oviedo.

Por lo que respecta al siglo xviii, al que califica para las matemáticas como un complemento natural de lo que fue el xvii, con la continuidad de grandes geómetras de la labor ya iniciada, dibuja para España el mismo paisaje desolador. Vuelve a enumerar país por país matemáticos nacidos en el siglo, y no encuentra uno, uno solo, con el que se justificara iniciar un párrafo con el nombre de España. La verdad es que una lista en la que figuran nombres como Taylor, Maclaurin, Riccati, Mascheroni, Lagrange, Vandermonde, Clairaut, Monge, Bézout, D'Alembert, Laplace, Cramer y Euler impresiona y en ella no podemos añadir un solo nombre de habla hispana. No silencia las figuras de Álvaro Ulloa y Jorge Juan, a las que añade la de Gabriel Císcar, sino que se enorgullece de ellas. Debe recordarlas «por dar un rayo de luz a cuadro tan sombrío», pero claro es que no se trata de matemáticos puros, que es sobre lo que versa su discurso. No hay duda de que a Echegaray le duele profundamente esta situación y eso quizás es lo que no supieron ver sus detractores, que como veremos enseguida, y era de esperar, los hubo. Muy probablemente, molestos por el lugar y el momento que empleó el dramaturgo. Él mismo reconoció años más tarde que se había equivocado en la forma, pero no en el fondo.

José de Echegaray, en una conferencia pronunciada en el Ateneo de Madrid en el curso 1885-1886 sobre la figura del ingeniero Lucio del Valle,[33] hace una breve síntesis de la historia de la matemática en España. Por lo que tiene de interés para nosotros, dice Echegaray: «Expulsados los jesuitas, se reorganizaron los estudios de San Isidro, el Seminario de Bergara y el de Nobles de Madrid, en este último especialmente se estudiaron las ciencias exactas, bajo la dirección de Jorge Juan y Rosell que publicó un libro en 1785, titulado Instituciones matemáticas, de carácter elemental y sencillo». Bajo la dirección de Jorge Juan sí, pero el Rosell que enseñó en el Seminario de Nobles fue Martín Rosell Viciano, probablemente dada la coincidencia de apellidos, hermano del Rosell Viciano que publicó las *Instituciones matemáticas* que como sabemos fue catedrático de San Isidro. No menciona en cambio a Francisco Subirás, primer profesor del Seminario de Nobles y precisamente recomendado para tal menester por el muy sabio e ilustre Jorge Juan. A Subirás le pasa un poco lo que a Verdejo, que no se le cita en la *Biblioteca Marítima Española*; pero afortunadamente investigadores del Seminario de Nobles de Madrid no consintieron su olvido. Incide Echegaray en el vértigo matemático que aparece en la España de finales del XVIII e inicios del XIX, que solo desaparecería con las primeras escaramuzas del 2 de mayo de *mil ochocientos y ocho*. Antes de hacerlo, ha lugar una amplia lista de nombres: Bails, Tofiño, Lemaur, Mazarredo, Mendoza Ríos, Císcar, los hermanos López, Lista, Chaix, Romaza, Monteverde, Rebollo, Antillón, García, Varas y otros

---

33 Con el título *D. Lucio del Valle. El arte del Ingeniero y el cultivo de las matemáticas en España*, y debido a una leve indisposición de José de Echegaray, la conferencia fue en realidad pronunciada por su hermano Eduardo. Puede verse en elgranerocomun.com de Ernesto García Camarero, en el apartado «Matemática española del siglo XIX».

muchos que Echegaray juzgó inútil citar. Quiero pensar que Verdejo estaría al menos incluido entre estos últimos.

Volviendo al discurso pronunciado en la Academia de Ciencias Exactas, está claro que un discurso así, polémico por definición, va a dar lugar a muy diferentes opiniones. Solo unos meses después, en el periódico *Las Novedades*, aparece un artículo sin firma en el que se critica la postura de Echegaray. «La desgracia de este país consiste en que sus hijos, lejos de defenderle, le recriminan; lejos de glorificarle le culpan y ayudan a renegar de su pasado en que hay seguramente mucho bueno, que nos es desconocido, porque no queremos conocerlo». Artículo anónimo, decíamos, pero que Francisco Vera, otro historiador que no tardará en incorporarse a la fiesta, asigna a Fernández Vallín. Acisclo Fernández Vallín, que se mencionó como catedrático de Matemáticas del Instituto de Segunda Enseñanza en Valladolid desde el año 1847 al 1856, pasaría después a ocupar esa misma cátedra en Madrid, en el instituto de Noviciado, institución de la que fue muchos años director —fue él quien realizó el cambio de nombre a Cardenal Cisneros—. Perteneció a las Academias Reales de la Historia y de Ciencias Exactas, Físicas y Naturales. Aparte de numerosas obras dedicadas a la enseñanza, como historiador escribió *Cultura científica en España en el siglo xvi*, de la que leerá parte como discurso en la recepción pública en el año 1893 como miembro de la citada Academia de Ciencias,[34] o sea, siete años más tarde de la polémica intervención de José de Echegaray. Por el título del discurso está claro que en la detallada lista de nombres de matemáticos españoles y portugueses que aporta no puede

---

34 Fernández Vallín, Acisclo: *Cultura Científica en España en el siglo xvi*, Coedición de la Consejería de Cultura de la Junta de Andalucía y Padilla Libros, 1992.

figurar Francisco Verdejo, pero quede aquí constancia de su oposición a las tesis de Echegaray. Aun así, el mismo Vallín, a pesar de su encendida defensa, tiene que reconocer que «acaso no hayamos tenido, sin embargo, en este siglo un matemático de tan profundo saber que formase época en la historia científica de Europa», y encuentra una cuando menos curiosa justificación, «muchos hombres de ciencia de aquella época abarcaban en su vastísima ilustración casi todos los conocimientos humanos, mientras los de otros países se limitaban al estudio de una sola especialidad, por ejemplo a Vieta, que, figurando como una celebridad algebraica, no pudo comprender nunca la corrección gregoriana, mereciendo por esto calificativos poco honrosos del ilustre Clavio».

Más defendible parece la posición adoptada unas líneas más adelante, en la que viene a exponer que esas mentes prodigiosas que aparecen muy de tarde en tarde no son patrimonio de una nación, de una raza, que no tienen por qué aparecer en el país más ilustrado ni tienen por qué indicar un mayor nivel cultural en la población. Eso se mediría mejor por un elevado número de escritores y maestros de matemáticas y ahí España no es superada, según Vallín, por ningún otro país. Recordamos que se sigue refiriendo al siglo XVI. No se opone frontalmente a esas ideas el doctor en matemáticas Miguel Merino y Melchor, director del Observatorio Astronómico de Madrid, que es el académico autor del discurso de contestación. ¡Vaya bienvenida de haberlo hecho! Pero no participa del generoso entusiasmo de su nuevo compañero, y realiza una metáfora con la que finaliza su intervención, que por lo descriptiva, por lo gráfica, no me resisto a dejar de transcribir aquí. «Suprimid del edificio, en siglos de incesante faena levantado por los matemáticos de todos los tiempos y países, los sillares labrados por los matemáticos españoles:

¿creéis que el edificio flaqueará por la base o se cuarteará por algún lado, y se descompondrá la armónica y primorosa distribución de su conjunto?».

Otra posible fuente de información la encontramos en el matemático y pedagogo Felipe Picatoste, nacido en 1834, catedrático suplente de la citada facultad en el Instituto de San Isidro de Madrid y jefe de negociado en el Ministerio de Fomento, desde donde se ocupó de la reforma de la enseñanza. Autor prolífico, desde el punto de vista histórico podemos mencionar *Apuntes para una biblioteca científica española del siglo xvi*, un alfabetizado y pormenorizado estudio, pero que a la vista de su título se sale fuera de nuestro interés. No tiene sentido buscar ahí a Verdejo. En otra de sus obras, *Vocabulario matemático y etimológico*, tiene al final un breve índice de matemáticos célebres y de sus obras más notables. De entre algo más de un centenar de nombres aparecen 10 nacidos en España, de los que la mayoría pertenecen al xvi y ligados a la navegación y fortificación. Para el periodo que nos interesa, únicamente Benito Bails, Jorge Juan, Tomás Vicente Tosca y José Mariano Vallejo, un número extremadamente reducido como para tener una mínima esperanza de que entre ellos apareciera Francisco Verdejo.

Durante los años 1876 y 1877 se reaviva la polémica sobre la ciencia española y en consecuencia, sobre la matemática. De un lado, Manuel de la Revilla, doctor en derecho y en filosofía y letras por la Universidad Central de Madrid, catedrático de Literatura general de esa misma universidad, y vinculado a la Institución Libre de Enseñanza. Hizo suyo el discurso de Echegaray sosteniendo que no teníamos ni un solo matemático que mereciera ser colocado al lado de las grandes figuras de la ciencia. Del otro y contrarios a él, Marcelino Menéndez y Pelayo y Gumersindo Laberde. El primero de estos últimos, en un proemio compuesto expresamente para la obra de Fernández Vallín, titulado *Esplendor y decadencia de la cultura científica española*, consideró harto pesimista el discurso de Echegaray. Y arremetió contra de la Revilla en varias ocasiones, obteniendo inmediata respuesta. En la publicación *Revista Contemporánea* de fecha 15 de agosto de 1876, apareció la *Contestación a un artículo del señor Menéndez y Pelayo*.[35] Sería la única vez que de la Revilla le nombraba así. En el artículo le nombró una y otra vez como «señor Menéndez» y entre otras cosas afirma que «si no tuviéramos a Lope y Calderón, Cervantes y Quevedo, Herrera y Garcilaso, &c., &c., ¿podríamos gloriarnos de nuestra historia literaria?». Y, evidentemente, según de la Revilla, en matemáticas no tenemos ni Lopes, ni Calderones, ni Quevedos. El señor Menéndez le contestó con el *Inventario Bibliográfico de la Ciencia Española*, lista exhaustiva de autores españoles con producción científica. En el apartado décimo, que dedica a las ciencias matemáticas, puras y aplicadas (astronomía, cosmografía, geodesia, etc.), los que pudiéramos considerar contemporáneos de Verdejo configuran una lista más voluminosa de la que aparece en el *Vocabulario matemático* de Picatoste. Pero a pesar de su amplitud, con Jorge Juan, Benito Bails, Antonio Gregorio Rosell, Tadeo Lope y Aguilar, José Chaix, Tofiño, Francisco Xavier Rovira y Agustín Pedrayes, entre otros, Verdejo una vez más está olvidado. El que la lista tenga bastante semejanza con la de Martín Navarrete y probablemente se apoyara en ella no parece ser una justificación clara de la ausencia de Verdejo. Agustín de Pedrayes no aparecía en ésta y sí aparece en aquella. No

---

35 El artículo, junto a otros puntos de interés acerca de la polémica de Manuel de la Revilla y Marcelino Menéndez Pelayo, puede verse en http://www.filosofia.org/ave/001/a265.htm

termino de comprender la no aparición, dado el lógico interés de Menéndez y Pelayo de hacer cuanto más exhaustiva la lista mejor. Y no termino de comprenderlo porque Verdejo está próximo en el tiempo y tiene una producción científica suficiente como para figurar en esa lista, con desde luego méritos por encima de bastantes personas que sí figuran en ella.

Empieza el curso 1912-1913 y Julio Rey Pastor pronuncia en la Universidad de Oviedo el discurso académico para la solemne apertura del mismo. Discurso que, con considerables ampliaciones, fue impreso más adelante con el título de *Matemáticos Españoles del siglo* XVI[36] donde los estudia a través de sus libros, comparándolos con los que escribieron los extranjeros contemporáneos. En la introducción pone de manifiesto las diferentes opciones que defendieron Menéndez y Pelayo y Laberde de un lado y Echegaray del otro. Y cita las palabras de Laberde: «Vengan los sabios todos del orbe cristiano a defender y sacar del olvido la ciencia española. Defendiéndola, defenderán al Catolicismo; sacándola del olvido, franquearán un arsenal riquísimo a los paladines de la iglesia», y cita el párrafo de Echegaray que Rey Pastor califica de paralelo. «Toda la culpa se debe al fanatismo religioso, a la Inquisición y sus hogueras, que ahogaron los intentos científicos de los españoles, ahumando sus cerebros con los gases desprendidos de los braseros inquisitoriales de los autos de fe». Y a la vista de ellos deduce, como era de esperar, que sus posiciones tenían que ser fuertemente encontradas. Rey Pastor está en la línea de Echegaray adoptando una postura igual de pesimista. Por el título del discurso queda fuera de la época de Verdejo. Sin embargo, al final del mismo dedica unas líneas a los siglos XVIII y XIX

---

[36] REY PASTOR, Julio: *Los matemáticos españoles del siglo XVIII*, Biblioteca Scientia. Director, J. Rey Pastor.

pareciendo prometedor el inicio. «Al final del XVIII aparece un grupo de innovadores», pero se limita a citar la obra de Bails y la más moderna de Vallejo, que al compararlas con la de Lacroix, reflejo de la matemática europea de la época, no salen lo que se dice bien paradas. Unos años más tarde entra en escena Francisco Vera. Pronuncia en el Ateneo de Madrid una conferencia titulada *Los Historiadores de la Matemática Española,* concretamente el día 15 de febrero de 1935. Se ve que el entorno de conferencias y discursos inaugurales, es un lugar muy adecuado para ese tipo de polémicas, con un auditorio amplio, en el que lógicamente una gran mayoría no son especialistas. Vera había nacido en Alconchel (Badajoz) y murió exiliado en Buenos Aires (Argentina). Inicia su discurso afirmando que los historiadores de la matemática española son pocos y mal avenidos. No sé si podría llegar a discutirse lo de pocos, lo de mal avenidos está fuera de toda discusión.

Seguramente sería difícil encontrar un texto más completo en cuanto a la relación y biografía de personas vinculadas a la ciencia en España que el *Diccionario Histórico de la Ciencia Moderna en España* de José María López Piñero y otros.[37] ¿Y aquí, aparece o no aparece Francisco Verdejo González? Pues aparecer sí que aparece, pero a la hora de la verdad es como si no lo hiciera. Si nos vamos al índice de personas citadas, remite a los nombres de científicos que constituyen las entradas primarias del diccionario, en la letra uve nos encontramos con la grata sorpresa de que sí figura Verdejo, unido a la referencia secundaria de Tadeo Lope y Aguilar. Pero cuando vamos al *Diccionario* buscando en el lugar que

---

37 LÓPEZ PIÑERO, José M.; F. GLICK, Thomas; NAVARRO BROTONS, Víctor y PORTELA MARCO, Eugenio: *Diccionario Histórico de la Ciencia Moderna en España*, Ediciones Península.

alfabéticamente le corresponde a esa entrada primaria, nos encontramos con que no existe como tal, produciéndose el salto de Vera y López, un médico salmantino nacido en 1858, y que curiosamente estudió el bachillerato en el Instituto San Isidro, a Vergara Martín, geógrafo madrileño nacido en 1869. Con Lope y Aguilar sucede exactamente lo contrario. Sí que figura como entrada principal en el lugar que alfabéticamente le corresponde, a pesar de no aparecer en el índice de personas citadas. Y en la biografía de Lope es donde aparece de refilón nuestro personaje. Dice, y con total exactitud, que Tadeo Lope y Aguilar en 1794 solicitó al tiempo que Rodrigo de Oviedo y Francisco Verdejo la cátedra de Matemáticas, vacante por renuncia de Rosell. Y que algo debió ocurrir, porque a pesar de adjudicársela a Verdejo, Tadeo Lope hizo figurar en su libro el título de catedrático. Lo que ocurrió como veíamos en un capítulo anterior fue que, haciendo caso omiso de las solicitudes de concesión directa, el Consejo decidió convocar la oposición, a la que ni Lope ni Oviedo se presentan y que Verdejo, quien sí lo hace, gana. La titulación que emplea Lope le viene de su posición en el Real Seminario de Nobles, de donde primero fue catedrático de Delineación y lavado de planos, y posteriormente por renuncia de Pedrayes, también de Matemáticas. Fue en ambos casos por libre designación real y no por oposición. Y puede ser que lo de nombrarse catedrático en la portada de su libro fuera de su propia cosecha, porque la terminología en esa institución para designar a los maestros, era la de primer, segundo y, en ocasiones, tercer profesor de matemáticas. Pero ahí quedó impreso para siempre en el *Diccionario Histórico de la Ciencia Española* ese sospechoso *algo debió ocurrir* con el que parecen ponerse en duda los méritos de Francisco Verdejo González como titular de la muy prestigiosa cátedra.

Resulta interesante, en principio, la aparición en el índice onomástico de otro catedrático de los Estudios, al que no se le suele conceder la más mínima importancia. Pero al ir a buscar a Durán Sacristán en su posición natural en el *Diccionario*, nos encontramos en la misma situación que la de Verdejo, que no aparece a pesar de hacerlo en el índice. Como lo acompaña con la referencia secundaria de Agustín de Bethencourt, al ir a la biografía de este último, nos encontramos con que estudió matemáticas en San Isidro, teniendo como profesores a Vicente Durán y a Antonio Rosell. Y ésta es la única referencia a Durán, que es como decíamos un catedrático por oposición de los Reales Estudios. De Antonio Rosell sí, figura tanto en el índice de personas citadas como su biografía en la posición que le corresponde. Y de los otros dos catedráticos de los estudios, Joachin de León y Joseph Ramón de Ybarra, ni mencionarlos. Quizás en el primero de ellos estaría relativamente justificada su ausencia pensando en el corto número de años dedicado a la docencia, pero Ybarra, primero como sustituto y después como catedrático, estuvo como mínimo diez años. Una entrada primaria, dos menciones mínimas y dos olvidos. Un pobre balance para una institución como los Reales Estudios, a la que en el índice de instituciones pide que se vea «Instituto de San Isidro de Madrid», como si no tuviese interés propio la época en que así se denominó. De hecho. las entradas que se agrupan bajo ese nombre corresponden la mayor parte de ellas efectivamente a la época en que había pasado a ser instituto. De la anterior se limita a citar a Rosell y curiosamente, a Diego Rostriaga, que no es más que un instrumentista de objetos físico-matemáticos. Verdejo Páez corre una suerte parecida a la de su padre. No aparece en el *Diccionario*, y eso que si vamos al índice por disciplinas, en el apartado «Geografía» aparecen hasta un centenar de nombres. Y cuesta creer que en una nómina tan amplia de geógrafos no haya un hueco para una persona como él.

Un desencuentro más se produce en el trabajo de Santiago Garma Pons, gran desencuentro si se tiene en cuenta la época a la que se refiere según se deduce del título del mismo. *Los matemáticos españoles y la historia de la matemática del siglo xviii al xix*.[38] Después de encuadrar a la perfección el marco en el que va a desarrollarse su exposición, poniendo de relieve el favorable ambiente que la actitud de los Borbones reinantes, crea al estudio y desarrollo de las ciencias en el xviii en la aristocracia, en el Ejército y en los jesuitas. Como prueba de ello cita una larga lista de instituciones como la Sociedad Bascongada de Amigos del País, la Conferencia Físico Matemática Experimental de Barcelona, la Universidad de Cervera, los Reales Seminarios de Nobles de Madrid y Valencia, las Academias de Artillería de Ocaña y Segovia, la Real Casa de Caballeros Pajes, la Real Academia de Matemáticas en el Cuartel de Guardias de Corps, la Academia Militar de Matemáticas de Barcelona, las Escuelas de Guardias Marinas de Málaga y Cádiz y la Real Academia de Bellas Artes de San Fernando. Aparte del error de ubicar en Málaga una escuela de Guardias Marinas olvidando las del Ferrol y Cartagena, habría que añadir la no mención del Colegio Imperial y de la institución que vino a sustituirla, una vez expulsados los jesuitas. Bien es verdad que la lista es según su propio decir, «entre otras», pero cuando una de las otras es de las más importantes, habría que haberla mencionado.

---

38 Edición facsímil de la Consejería de Educación y Cultura de la Junta de Castilla y León, 1997.

A modo de resumen final, recordemos que los Reales Estudios de San Isidro, restablecidos en el Colegio Imperial tras la expulsión de España de la Compañía de Jesús, fueron durante el último tercio del XVIII y principios del XIX, como hemos tenido ocasión de comprobar, la institución de mayor prestigio en la corte para la enseñanza de las matemáticas. Ni el Seminario de Nobles, ni la Academia de Nobles Artes de San Fernando, ni la Casa de Caballeros Pajes, ni las academias de matemáticas establecidas en cuarteles militares, Guardias de Corps y de Infantería pueden equipararse a ella. Habría que irse al Real Colegio de Artillería de Segovia, a la Academia Militar de Matemáticas de Barcelona o a las Academias de Guardias Marinas de Cádiz, Cartagena y El Ferrol, para encontrar una formación de igual nivel. Durante una treintena larga de años, salieron de sus aulas alumnos que nutrieron a su vez las del Real Colegio de Medicina de San Carlos para hacerse excelentes médicos, las del Real Observatorio del Retiro para hacerse prácticos ingenieros cosmógrafos o las de la Academia de Matemáticas de Barcelona para hacerse eficaces ingenieros de S. M. Y un buen número de ellos llevaron su ciencia adquirida a la América hispana. Catedráticos de matemáticas de esta institución, todos ellos por oposición, fueron, recordémoslo una vez más, Antonio Gregorio Rosell Viciano, Joachin de León, Vicente Durán y Sacristán, Francisco Verdejo González y Joseph Ramón de Ybarra. Solamente el primero de ellos es relativamente recordado y hay unas mínimas referencias para Vicente Durán, aunque eso sí, no sea correctamente ubicado. Nuestro emocionado recuerdo para todos ellos.

No disponiendo de listas de matriculación ni de otras documentaciones similares, emplearemos los programas de las conclusiones públicas y la documentación existente de las oposiciones a cátedra para realizar un ejercicio de estimación. Joachin de León muere tres o cuatro años después de ganar la oposición y Rosell y Durán se ven obligados, antes o después por motivos de salud, a colocar sustitutos. Pero Verdejo, que empieza su actividad docente como sustituto en 1787, al menos está como catedrático hasta 1807. Es decir, ¡veinte años! Hagamos ahora una estimación del número de alumnos que pudo tener. Tomando como valor medio seis alumnos seleccionados para defender conclusiones públicas y considerando que este grupo de los mejores representara un diez por ciento del total de matriculados, da un total estimado de 60 alumnos por curso. Una cifra nada desdeñable situada en el entorno demográfico del Madrid de la época y que nos lleva a un total de 1.200 discípulos de Verdejo. Es cierto que venían alumnos de fuera de Madrid. También desconocemos la tirada de sus libros, pero a falta de otros mejores, podemos usar estimadores meramente orientativos y sin ninguna base científica. De su *Compendio de Matemáticas puras y mixtas*, obra en dos tomos y a pesar de las trabas que le puso el director de los Estudios para usarlos como libros de texto, sabemos que del primer tomo se realizaron dos ediciones. La primera en 1794, y la segunda, al imprimirse en 1802, el tomo segundo. En las bibliotecas públicas españolas y en algunas colecciones particulares[39] se conservan del primer tomo 25 ejemplares, mientras que del segundo tomo se conservan 13, lo que cuadra perfectamente con el hecho de dos a uno para las impresiones de ambos tomos. De la obra *Adiciones al primer tomo de matemáticas*, impresa en 1801,

---

39 Para la obtención de las cifras se ha empleado el buscador *Catálogo Colectivo del Patrimonio Bibliográfico* de la página web del Ministerio de Cultura.

se conservan 16 ejemplares. Una tirada sensiblemente menor debió tener su *Compendio de Aritmética teórica y práctica para comerciantes, artesanos y negociantes*, a la vista de que se conservan dos únicos ejemplares. Finalmente de su *Arte de medir tierras y aforar los líquidos y sólidos* se conservan siete ejemplares. Es evidente que estas cifras pueden ser ligeramente incrementadas con algunos ejemplares en otras bibliotecas particulares no catalogados, y aunque no es frecuente, en ocasiones puede aparecer algún ejemplar de Verdejo González disponible en los catálogos de librerías anticuarias. No conozco lo que sería una tirada normal de la época para obras que van a usarse como libros de texto, pero sí parece posible hacer una estimación de ellas, en función del número de ejemplares conservados. Hagamos el ejercicio para el tomo primero del *Compendio de Matemáticas*. De los 25 ejemplares que se conservan, tres están en bibliotecas particulares sin permiso de difusión. Supongamos que no catalogados hay el doble de esta última cifra, es decir, seis, lo que daría un total de 31 ejemplares conservados doscientos años después. Si hacemos una última hipótesis de que por cada 50 libros se conserva uno, concluimos una impresión total para el primer tomo ligeramente superior a los 1.500 ejemplares.

Como una variante más del olvido está la confusión con otra persona, o sea, el que atribuyan a un tercero, cosas que uno y solo uno ha hecho. Suponemos que resulta menos dolorosa al tratarse del hijo propio, porque Verdejo González ya hemos visto que en determinadas ocasiones fue confundido con Verdejo Páez, como consecuencia de compartir el nombre de pila, Francisco, y de compartir profesión. Ambos dedicados a la enseñanza, explicaron matemáticas en los Reales Estudios de San Isidro, si bien el hijo por un periodo de tiempo sensiblemente más corto. Incluso la confusión se produce en alguna ocasión con su hermano Nicolás Verdejo González. Entra dentro de lo asumible que esas confusiones puedan producirse a cien, a doscientos años vista, pero resulta más difícil de aceptar siendo casi contemporáneo en el tiempo el que confunde con los confundidos. Y es exactamente lo que le pasó a una autoridad como José Mariano Vallejo, profesor de matemáticas del Real Seminario de Nobles, autor de varios libros de esa misma facultad, que en su libro *Tratado sobre el movimiento y aplicaciones de las aguas*, atribuye a Verdejo Páez, profesor de matemáticas de los Reales Estudios de San Isidro, la invención de un molino para fabricar el aceite sin machacar el hueso. La Real Sociedad Económica Matritense lo ensayó en un modelo que se hizo, siempre según Vallejo, y como parece que dio buen resultado, se construyó en grande por el duque de Gor en el reino de Granada. Finalmente, después de que se hallaron varios inconvenientes, que no cita, se abandonó su explotación. El libro está impreso en 1833, esto es, habrán pasado solo veinte años más o menos desde que Verdejo padre murió y Verdejo hijo está en pleno desarrollo de su actividad profesional. Pero atención, en la *Gaceta* del día 20 de julio de 1798 ya se publica una nota en la que puede leerse que Francisco Verdejo, catedrático de Matemáticas de los Reales Estudios, ha inventado una máquina para moler y extraer el aceite de olivas sin romper el hueso. No cita el segundo apellido, pero Verdejo Páez tiene a esa fecha no más de 7 u 8 años. La *Gaceta* también menciona que la Real Sociedad Económica de esta corte probó un modelo y a la vista de los resultados se daba aviso a través de este anuncio a los cosecheros del reino para que pudieran aprovecharse del método del profesor. No es probable que Verdejo hijo tratara de sacar partido de algo que no era suyo, porque en ninguno de sus cuatro testamentos hace la más mínima mención del artefacto. Simplemente, parece un error de Vallejo, motivado como decíamos por las similitudes entre padre e hijo.

Por el contrario, y quizás como una excepción, Francisco Verdejo González es recordado en una ocasión cuando no debería serlo. René Andioc y Mireille Coulon, autores de las anotaciones a una edición del *Diario (Mayo 1780-Marzo 1808)* de Leandro Fernández de Moratín, lo hacen al encontrarse con los apuntes para el año 1780, día 26 de julio «Carta a Verdejo» y día 8 de agosto, «Respuesta de Verdejo», y para el año 1781, día 19 de marzo, «*Chez* Verdejo», hace para el primero de ellos la siguiente anotación: «Francisco Verdejo González, futuro catedrático de Matemáticas en los Reales Estudios». Resultaba difícil de aceptar a primera vista esa relación entre Leandro Fernández de Moratín y Francisco Verdejo, porque en esas fechas este último no es más que un desconocido guardia de Infantería española, que además hasta 1783 permanecerá con su unidad en el bloqueo de Gibraltar, alejado de la corte. Y todavía en los cursos 1783-1784 y 1784-1785 no será más que un alumno de matemáticas, eso sí, brillante, de los Estudios. Tiene todo el aspecto de tratarse de una confusión, y analizando la fuente en que se apoyaban los anotadores ya no queda duda. Completaban la anotación citada con «(J. Simón Díaz, Historia del C. Imperial de Madrid) D. Nicolás regentó durante varios años y hasta su muerte la cátedra del enfermizo López de Ayala».

Vamos a precisar los hechos. D. Nicolás es en efecto Nicolás Fernández de Moratín, padre de Leandro, y a finales del año 1773, habida cuenta de los problemas de salud de Ignacio López de Ayala, catedrático de Poética en los Estudios, le sustituye en la docencia de la cátedra, a la que hacía dos años ambos habían opositado, evidentemente, con diferente resultado. La sustitución tuvo efecto hasta que se produce el fallecimiento de Nicolás el 14 de mayo de 1780. Viene esto a cuenta de que está claro que su hijo Leandro tiene relación con los Estudios. De hecho, el mismo Leandro solicita la concesión de la plaza de bibliotecario segundo en el año 1785, y al no conseguirlo hará un posterior intento por conseguir bien la dirección de la Biblioteca Real, bien la de los Reales Estudios. Así que en principio no es mala la idea de buscar a las personas que aparecen en su diario entre las que conforman la historia de los Estudios de San Isidro. Así lo hacen los anotadores, y al encontrarse en la obra de José Simón Díaz con un Verdejo ampliamente citado y que ganará la cátedra de Matemáticas en 1794, no tienen duda. Éste es el Verdejo que cita Leandro en su diario. Eso sí, como lo cita en los años 1780 y 1781, es pues futuro catedrático de Matemáticas.

Además, sí que hay encaje temporal en la fuente de la que beben Andioc y Coulon, porque como apunta José Simón Díaz, y probablemente de ahí lo recogen los anotadores, Verdejo ya figura en 1771 como comisionado para juzgar los ejercicios de los aspirantes a la enseñanza de retórica.[40] Solo que este Verdejo, aquí está la causa del error, no es Francisco. Se llama Antonio, había nacido en 1738 en la villa de Brea, y después de haber defendido en conclusiones públicas la filosofía y la teología en la Universidad de Zaragoza, fue en 1771 cuando se le designó censor de la oposición, maestro de filosofía y retórica de la Casa de Caballeros Pajes de S. M. Precisamente aduciendo sus obligaciones en tal empleo, solicitó con éxito ser exonerado de su tarea como miembro

---

40 Simón Díaz, José: Opus cit., p. 331.

del tribunal. Nombrado en 1784 canónigo de la santa iglesia de Tarragona, probablemente permaneció hasta esa fecha en la corte, y éste es seguramente el Verdejo que aparece en el diario de Moratín. Un Verdejo, como se recordará, que ya conocíamos bien situado en el poder palaciego cuando Francisco llega a Madrid, pero que al no haber podido probar el más mínimo parentesco, no supuse que constituyera un punto de apoyo para el recién llegado de Montalbo.

Volviendo a Francisco, a Francisco Verdejo González, lo que a todas luces, y nunca mejor dicho, no parece muy justo, es el que, con esos años de dedicación a la enseñanza, oposición a cátedra incluida, con ese número considerable de alumnos que aprendieron con él las matemáticas, con esa cantidad de conclusiones públicas que presidió, con esos libros de texto que escribió, con los trabajos que le encargaron, Francisco Verdejo González no ocupe, al menos, un pequeño lugar en el edificio de la matemática española. Otros con muchos menos méritos lo tienen. No es por cierto el caso de Agustín de Pedrayes, maestro de matemáticas de la Real Casa de Caballeros Pajes, que después pasaría a serlo en el Real Seminario de Nobles, y del que para tratar de él en estas páginas, lo hacía apoyándome en un trabajo de Javier Rubio Vidal, y en cuyo título le calificaba como un matemático asturiano «casi olvidado». Parafraseando el título del citado trabajo, puedo decir que Francisco Verdejo, conquense de nacimiento y madrileño de adopción, es hoy por hoy un matemático olvidado. Sin el «casi».

APÉNDICE

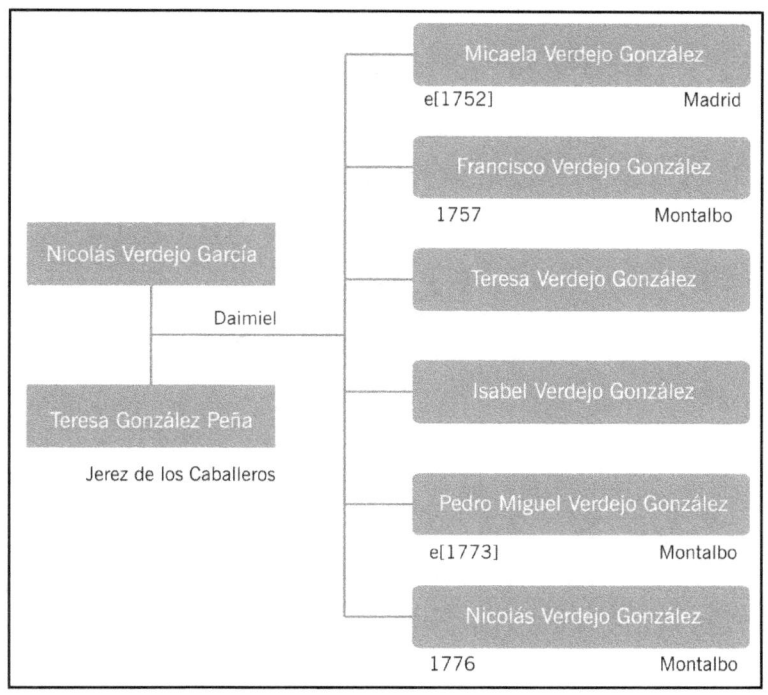

Figura 1

Árbol genealógico de un bloque en el que está incluido Francisco Verdejo González, construido a partir de las partidas de los Libros Quinto y Séptimo de Bautismos y Confirmaciones del propio Francisco y del hijo de Pedro Miguel, de la hoja de servicios de Nicolás hijo y de una solicitud de declaración de herederos abintestato por parte de Teresa hija, a la muerte sin haber testado de su hermana Micaela. El año y la localidad que figuran debajo del cuadro son el año y localidad de nacimiento. Con una «e» delante se trata de año estimado, en el caso de Micaela, por saber que nació en Madrid, y en el caso de Pedro Miguel, por suponer que tiene su primer hijo con 30 años. Para los hermanos que no ha sido posible una estimación, su posición en el árbol podría ser incorrecta.

Libros de los Bautismos y Confirmaciones de la Iglesia de S.ᵗᵒ Domingo de Silos de la Villa de Montalbo

	Libro 5º	1717	1758
	Libro 6º	1759	1784
2282	Libro 7º	1785	1833
2283	Libro 8º	1834	1851
2284	Libro 9º	1852	1866
2285	Libro de Índices		
2286	Libro 10º	1867	1886

Figura 2

Los libros Quinto y Sexto están perdidos. La información del Libro Quinto se obtiene de la partida de bautismo que Francisco Verdejo solicita el 19 de junio de 1802, para casarse en segundas nupcias con Francisca Herráiz. La del Libro Sexto se obtiene por diferencias de los años de los libros Quinto y Séptimo. Los números que aparecen a la izquierda de los libros Séptimo a Décimo corresponden a su signatura en el Archivo Diocesano de Cuenca.

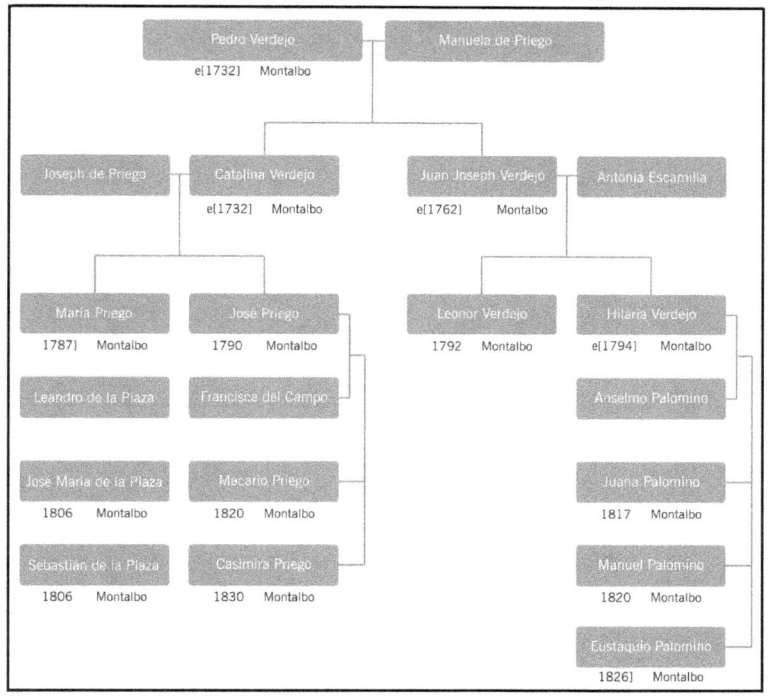

Figura 3

Árbol genealógico de un bloque Verdejo, construido sobre las partidas en el Libro Séptimo de Bautismos y Confirmaciones de los hermanos José y Sebastián de la Plaza, de su madre María Priego, de los hermanos Macario y Casimira Priego, de su padre José Priego, de Leonor Verdejo y de los hermanos Juana, Manuel y Eustaquio Palomino. Leonor Verdejo, que figura en este bloque, tiene una madre de pila nombrada como Micaela Verdejo. El año y la localidad que figuran debajo del cuadro son el año y localidad de nacimiento. Con una «e» delante se trata de año estimado sobre la suposición de que los hombres tienen su primer hijo con 30 años y las mujeres con 23.

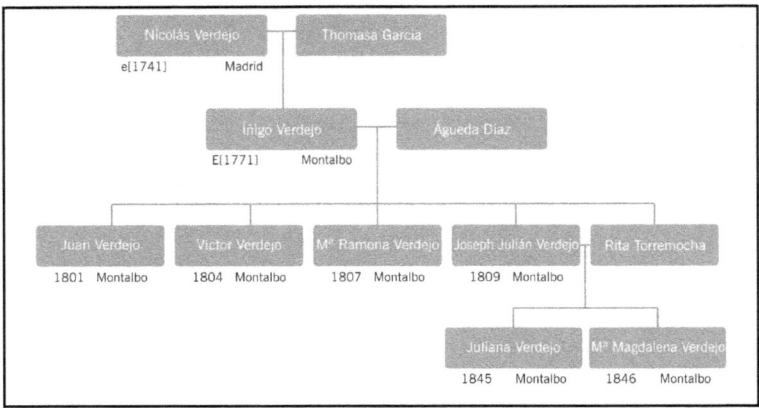

Figura 4

Árbol genealógico de otro bloque Verdejo, construido a partir de las partidas del Libro Séptimo de Bautismos y Confirmaciones de los hermanos Juan, Víctor, Ramona y Joseph Julián Verdejo y de las partidas del Libro Octavo de las hermanas Juliana y Magdalena Verdejo, hijas de Joseph Julián. La estimación de los años de nacimiento se hace con el mismo criterio que en la figura 3. Obsérvese que en este bloque hay un Nicolás, que nace en Madrid. Entre el bloque de esta figura y el de la figura 3, no fue posible establecer ningún tipo de relación familiar.

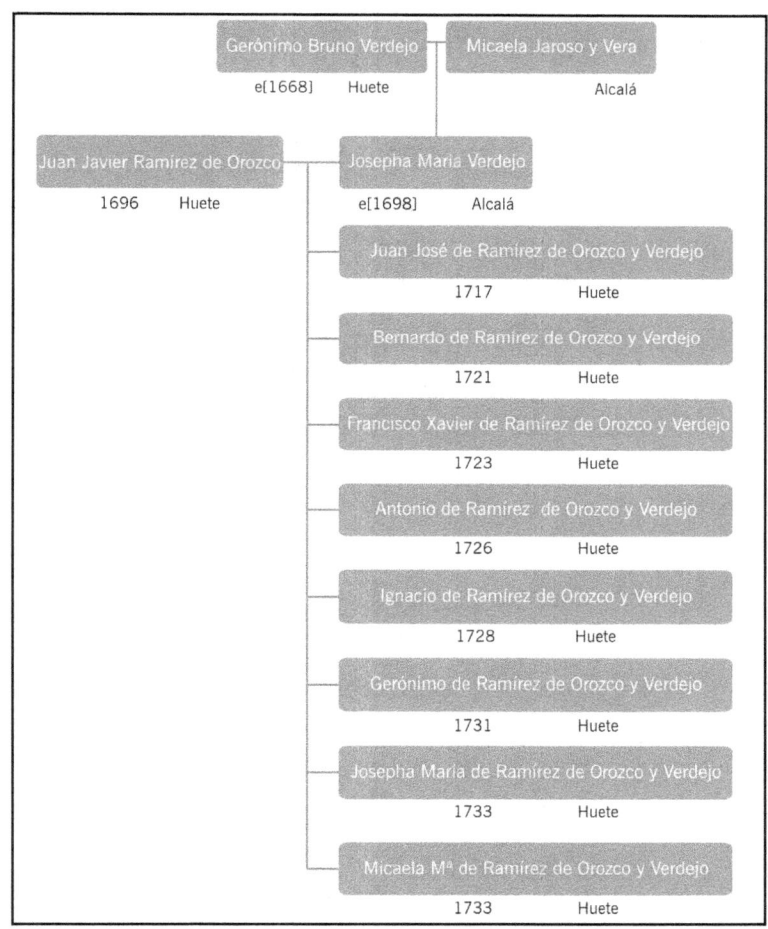

Figura 5

Descendientes de Gerónimo Bruno Verdejo de la ciudad de Huete, construido a partir de la documentación aportada en el expediente de la concesión del título de caballero de la Orden de Santiago a don Miguel de Oarrichena y Borda, esposo de Micaela, completado con las partidas de bautismo del Libro de Bautizados de la parroquial de San Miguel de la citada ciudad y estimados los años de nacimiento con el criterio de siempre.

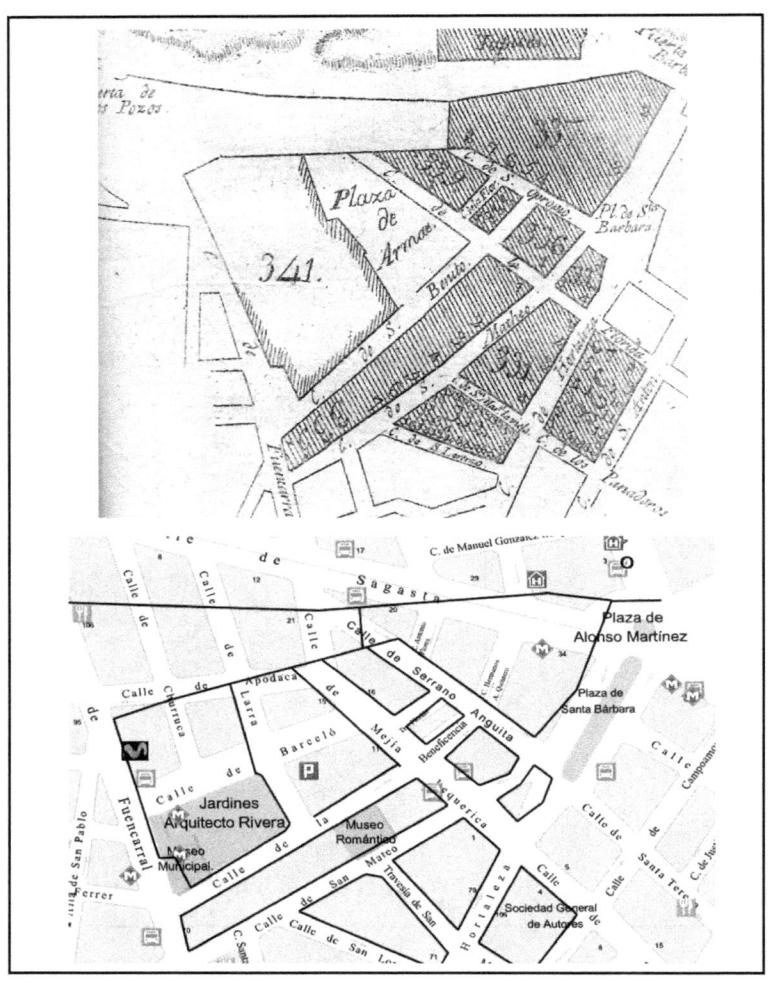

Figura 6

Cuartel de Reales Guardias de Infantería Española, manzana 341 en el plano superior de la figura. Lámina 34 del *Plano de la Villa y Corte de Madrid*, nueva edición por D. Fausto Martínez de la Torre y D. Joseph Asensio. En la imprenta de D. Joseph Doblado. Madrid: 1800. En el plano inferior de la figura, recuadradas las mismas manzanas correspondientes al barrio de Guardias Españolas, en la actualidad.

EXERCICIO PÚBLICO
DE MATEMÁTICAS,
QUE EN LOS REALES ESTUDIOS
DE S. ISIDRO DE ESTA CORTE

TENDRÁ EL EXCELENTÍSIMO SEÑOR
DON AGUSTIN DE SILVA, Y PALAFOX,
CONDE DUQUE DE ALIAGA, Y CASTELLOT,
GRANDE DE ESPAÑA DE PRIMERA CLASE,
Y PRIMOGÉNITO DEL EXCELENTÍSIMO SEÑOR
DUQUE DE HIJAR:

ASISTIDO DE SU MAESTRO

DON FRANCISCO VERDEJO,
Catedrático de Matemáticas de la Real Casa de Desamparados, y Substituto de la misma Facultad en dichos Reales Estudios:

El dia dos de Julio á las quatro, y media de la tarde de este presente año de 1788.

MADRID.
POR LA VIUDA DE IBARRA, HIJOS Y COMPAÑIA.

Figura 7

Portada del cuaderno con el programa de las conclusiones defendidas por Agustín de Silva el 2 de julio de 1788 en los Reales Estudios, asistido de su maestro Francisco Verdejo, catedrático de Matemáticas en la Real Casa de Desamparados y sustituto de la misma facultad en dichos Reales Estudios. Impreso por la Viuda de Ibarra, hijos y compañía, puede verse en la parte inferior la marca de la casa formada por las letras del apellido entrelazadas.

> XXXVI.
>
> Hallar una fórmula general, que exprese la suma de todos los términos de una progresión geométrica.
>
> XCII.
>
> Medir la superficie y solidez de los cinco cuerpos regulares.
>
> CXI.
>
> Nivelar dos puntos quando su distancia no permita hacer uso de la estación.

Figura 8

Algunas proposiciones del ejercicio de matemáticas que realiza Agustín de Silva. La solidez de un cuerpo es su volumen.

> II.
>
> Diferenciar cualquiera cantidad meramente Algebraica, sea Monomio ó polinomio, ya esté elevada a alguna potencia o debaxo de un radical.
>
> XII.
>
> Hallar unas formulas generales que determinen la longitud de las líneas curvas, la Area de las superficies curvilíneas, la solidez de los cuerpos de revolución y sus superficies.

Figura 9

Proposiciones del ejercicio de matemáticas que realiza Antonio Sangenís.

§. VV.

Del Calculo Integral

Siendo este Calculo el inverso del diferencial, las reglas para integrar las cantidades que provienen de una diferenciación exacta las deduciremos de los métodos establecidos para diferenciarlas.

§. XVVV.

Del plano inclinado

2. La Rosca, el Tornillo sin fin, y la Caña son maquinas que se refieren al plano inclinado. Y en cada una de ellas daremos razón del caso de equilibrio conformándonos, con el gusto de los que preguntaren.

Figura 10

Proposiciones del ejercicio de matemáticas que realiza
Joseph Veguer y Martiller.

D. VICENTE CHACÓN.	D. ANTONIO FERNÁNDEZ DEL CAMPO, guardia de Corps de la Compañía Flamenca.
D. AGUSTÍN DE ITURBIDE.	
D. NARCISO MALLOL.	
D. ETMUNDO O-RIAN.	D. JUAN BAUTISTA DE LA BODEGA, guardia de Corps de la Compañía Americana.
D. JOSEPH PALUA.	
D. JUAN DE PAGOLA.	D. JOAQUÍN ACEDO RICO Y OLAZÁVAL, cadete de Reales Guardias de Infantería Española.
D. JOSEPH MARÍA GARCÍA TAHONA.	
D. ANTONIO MARÍA GARCÍA TAHONA.	
	D. DOMINGO RIVES Y MAYOR.
D. JUAN LÓPEZ BARAÑANO.	D. PABLO EGEA.
D. JUAN DURANTE.	D. THOMAS JOSEPH PAMANES.
D. FRANCISCO CAMO.	D. ANTONIO FABRINI.
D. ANTONIO CELLES.	D. PRUDENCIO MEZQUÍA GARAYCOECHE.
D. FRANCISCO GARCÍA.	
	D. FELIPE GUTIÉRREZ HERREROS.
	D. THOMAS DÍAZ.

Figura 11

Cursantes de primer año de matemáticas que realizan *Exercicio Público* los días 7 y 8 de julio de 1794 en los Reales Estudios de San Isidro, dirigidos por su maestro Francisco Verdejo.

Para las monedas

1 doblón sencillo vale .... 4 pesos

1 peso .... 15 reales

1 real .... 34 maravedíes

1 ducado vale .... 11 reales

Figura 12

De la tabla de las unidades del *Compendio de Aritmética* de Verdejo.

V

Tiene obligación el Geómetra medidor á tener título para ejercer el dicho empleo, y á este fin ha de acudir al Consejo Real de Castilla, dando petición para que se le apruebe por el maestro de Matemáticas de los caballeros pages de S.M., ó maestro mayor de las obras reales, ó alguno de los ingenieros militares del Rey, para que hallandole idoneo le den su aprobación, y en vista de ella le mande el Consejo despachar título en forma, para que pueda exercer en qualquier parte el arte de Geometría con las preeminencias y exenciones que les estan concedidas á los profesores de artes liberales, y el tal título que tuviere sea privativo á los demas títulos de otras partes, aunque sean despachados por las ciudades capitales que tienen voto en Cortes.

XDD

Que todas las Justicias de las ciudades, villas y lugares de estos reynos y señoríos de España, no consientan que á los Geómetras que tuvieren título despachado por el Real Consejo en la forma referida en la ordenanza V, se les reparta adeala ninguna de pecho, repartimiento de alcabala, ni quintas de soldado, alojamientos ni otro tributo alguno de los que suelen repartir á los vecinos de las referidas poblaciones, sino que se les haga observar y guardar las preeminencias y exenciones que les estan concedidas de tiempo inmemorial á esta parte por los Señores Emperadores Romanos, y Reyes Católicos de España, como profesores de un arte tan noble y liberal como lo es la Geometría, una de las partes principales de las Matemáticas.

Figura 13

Ordenanzas quinta y duodécima de los geómetras agrimensores. En la primera de ellas se formaliza el ejercicio de la profesión, mientras que en la segunda se pone de manifiesto el prestigio que tiene en ese momento el conocimiento de las matemáticas y su aplicación práctica.

D. LIVORIO CAMARMAS.	D. NICOLÁS VERDEJO GONZÁLEZ.
D. ISIDRO TOMÉ Y CASTILLO.	D. FRANCISCO ANTONIO CANSECO, ayudante del Real Cuerpo de Artillería de Marina.
D. JUAN XIMÉNEZ.	
D. JOSEPH LUZURIAGA.	D. FRANCISCO SOLANO Y AGRAZ.
D. FRANCISCO ELÍAS DE PAZOS.	D. ANTONIO LORENTE Y GÁLVEZ.
D. JOAQUÍN LUMBRERAS.	D. FLORENTINO DE SARACHAGA Y IZARDUY.
D. MAURICIO BARADAT.	
D. BERNARDO DE BORJA Y TARRIUS.	JUAN MANUEL IGLESIAS.
	D. FRANCISCO OCINA Y ESCUDERO.
D. PEDRO MARCOLETA.	D. ANTONIO BERNALDO QUIRÓS.
D. JOSEPH MARTÍNEZ Y MARTÍNEZ.	D. JOSEPH MONTERO.
D. FERMÍN PILAR DÍEZ.	D. LUCIANO PERALTA.
D. JUAN ESTEBAN IGLESIAS.	

Figura 14

Cursantes de primer año de matemáticas que realizan *Exercicio Público* los días 7 y 8 de julio de 1796.

ARCHIVO DIOCESANO
Obispo Valero, n°. 1
Tlf. 969-230096. FAX. 969-241901.
16001-CUENCA.

Marcelino Angulo García, Archivero Diocesano de la Diócesis de Cuenca,

CERTIFICA: Que en el Libro de Matrimonios, que abarca el periodo 1.793 – 1.828, en el folio 48, de la Parroquia de La Asunción de Ntra. Sra., del lugar de Villar de Cañas, en esta Diócesis de Cuenca, se encuentra la inscripción de **D. Francisco Verdejo con Dª. Francisca Herraiz.**

El texto literal es del tenor siguiente:

"En la villa de Villar de Cañas a diez y seis de Agosto de mil ochocientos y dos, yo el Dr. D. Josef de Vergara, Cura – Propio de esta Parroquial desposé y casé, según Rito de nuestra Madre la Iglesia, por palabras de presente, con mutua expresión y aceptación, de sus consentimientos a **D. Francisco Verdejo**, natural de la villa de Montalvo y vecino de la Corte de Madrid, viudo de Dª. María Sáez, con **Dª. María Francisca Herraiz**, natural de esta villa, hija lexítima de D. Francisco – Antonio Herraiz y de Dª. Isabel – María Gutiérrez, ya difunta, vecinos de ella, habiendo precedido los consentimientos de sus respectivos allegados, según Reales Órdenes y tres moniciones, que fueron la primera el veinte y cinco de Julio, día del Sr. Santiago, el veinte y seis, día de Santa Ana [y] el Domingo primero de Agosto, de las que no resultó impedimento, como ni tampoco en la Corte de Madrid, según Despacho del Sr. Provisor, que queda en el Archivo; y habiendo también confesado y comulgado; siendo testigos Vicente Palencia, Josef Saiz y otras personas, vecinos de esta villa, y lo firmo.

D. Josef de Vergara".

Y para que conste y surta los efectos oportunos, donde proceda, firmo y sello la presente en la Sede del Archivo Diocesano de Cuenca, a once días del mes de Junio del año dos mil siete, en la memoria del Apóstol San Bernabé.

Figura 15

Certificado matrimonial de Francisco Verdejo con María Francisca Herráiz. Por gentileza del archivero diocesano, diócesis de Cuenca, don Marcelino Angulo García.

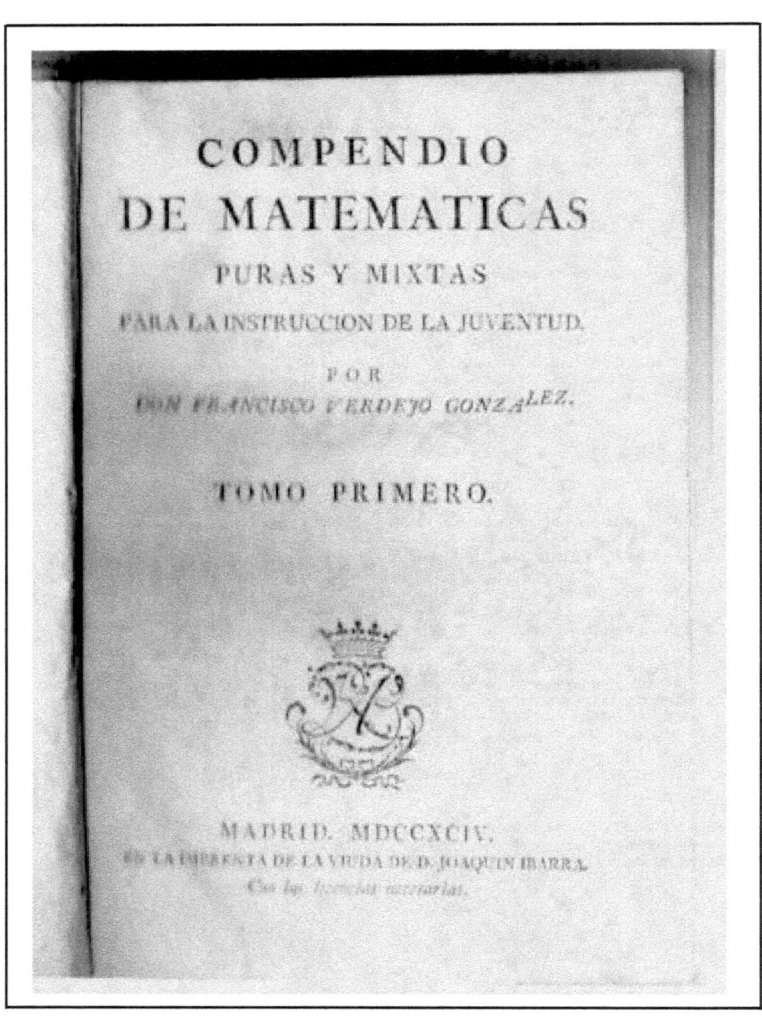

Figura 16

Portada del tomo primero cuyo año de impresión se corresponde con el que aparece. La diferencia fundamental con la portada de una posterior edición de dicho tomo (véase la figura 17), es que Verdejo no figura como catedrático de los Estudios porque todavía no lo es.

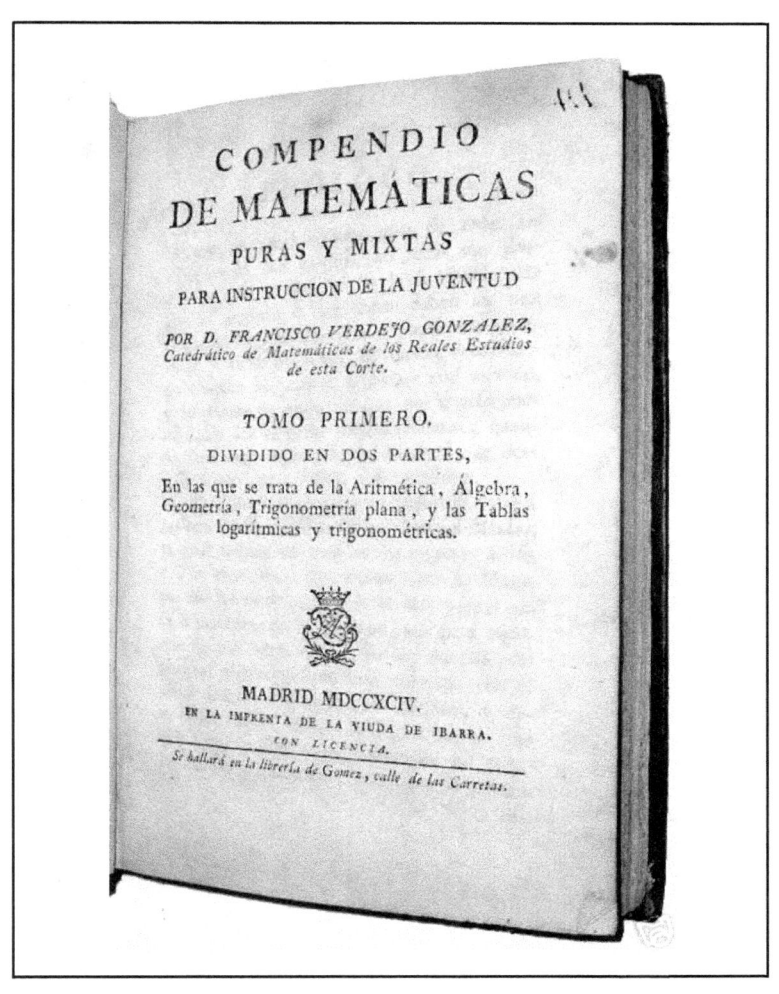

Figura 17

Portada del tomo primero en la que Verdejo ya aparece como catedrático
de los Estudios, de manera que el año real de impresión tiene que
ser posterior al que figura. Por su absoluta uniformidad con la
portada del tomo segundo (véase la figura 18), impreso
en 1802, debió ser impreso en ese mismo año.

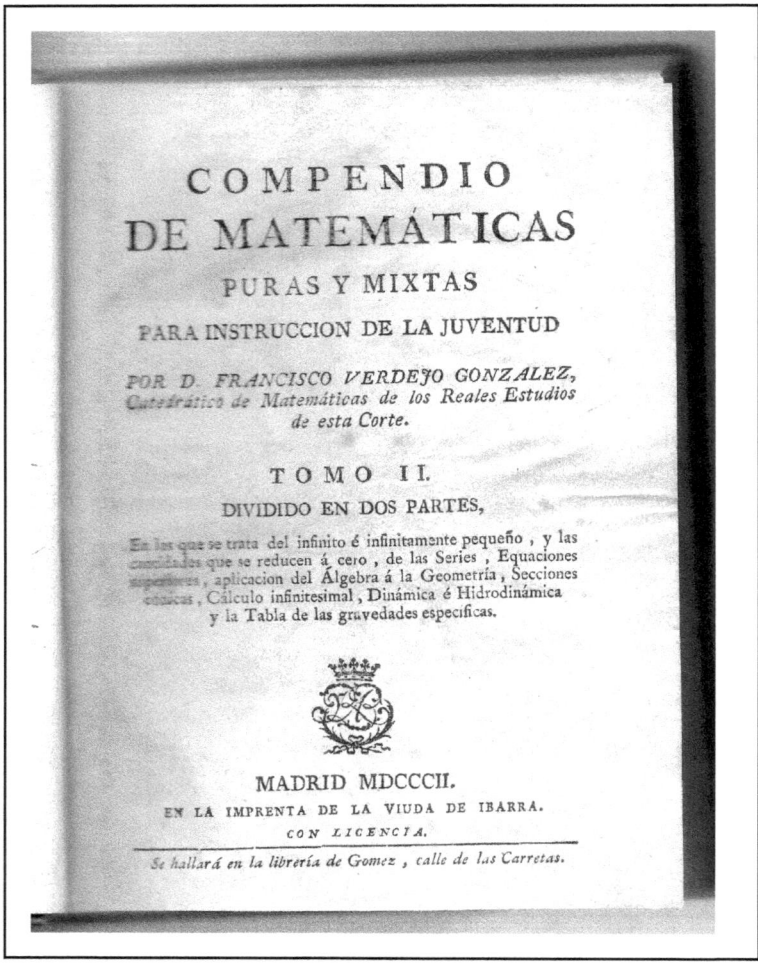

Figura 18

Portada del tomo segundo, impreso en 1802. Pese a la negativa inicial por parte del director, su posible utilización como texto en los Estudios de San Isidro más adelante permitiría a Verdejo la impresión.

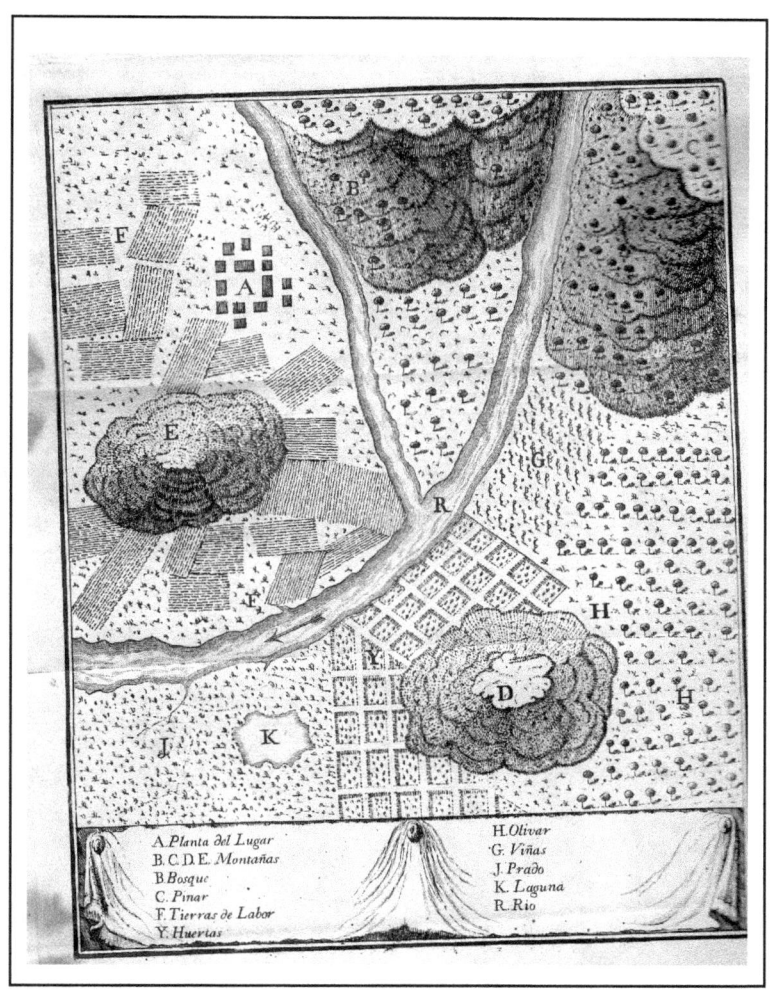

Figura 19

Compendio de Matemáticas puras y mixtas para la instrucción de la juventud. Francisco Verdejo González, tomo primero.
Lámina desplegable sin numerar.

Artículo I.- Todos los Empleados de cualquier ramo de la Administración Civil y judicial del Reyno, como igualmente los Militares, que no hubieran sido nombrados por Nos, o por nuestros Ministros a nombre nuestro, cesarán en sus funciones, sueldos, honores y distinciones.

Artículo II.- Estos Empleados podrán solicitar de nuestra persona por los Ministros respectivos su acomodo y colocación, y serán atendidos según su conducta, capacidad y moralidad.

Artículo III.- Los Empleados así separados están comprehendidos en las reglas señaladas en nuestro Real Decreto de 14 de julio último sobre pensiones y retiros, pero sólo podrán disfrutar este beneficio después de una solicitud formal por su parte, y de una aprobación especial por la nuestra.

Artículo IV.- Nuestros Ministros quedan encargados de la execución del presente Decreto.=Firmado.=YO EL REY.=Por S.M. su Ministro Secretario de Estado. Mariano Luis de Urquijo.

Figura 20

Artículos del Real Decreto de José Bonaparte con el cese de funcionarios civiles y militares.

SECCIONES	NOMBRES	OBSERVACIONES
Geometría	D. Agustín Monasterio	Ingeniero Civil; gran talento.
	D. Agustín Pedrayes	Está acreditado en este ramo.
	D. Nemesio Varas	Antiguo profesor, muy celoso y se le debe lo poco que se sabe en este ramo.
Astronomía	D. Joseph de Mazarredo	Conocido por astrónomo antes que por sus empleos.
	D. Salvador Ximénez	Director del Observatorio.

Figura 21

Lista de nombre ligados a las matemáticas en el informe atribuido al abate Marchena.

Figura 22

Litografía de Francisco Verdejo Páez. En la rotulación de los libros
quedan reflejados los diversos tratados sobre los que escribió,
incluso sus numerosas ediciones. Obsérvese que en uno
de los lomos aparece la palabra «DRAMAS». Hay una
excepción, a pesar del que aparece rotulado como
«MATEMATICAS», Verdejo Páez no es autor
de ningún libro de esta facultad.

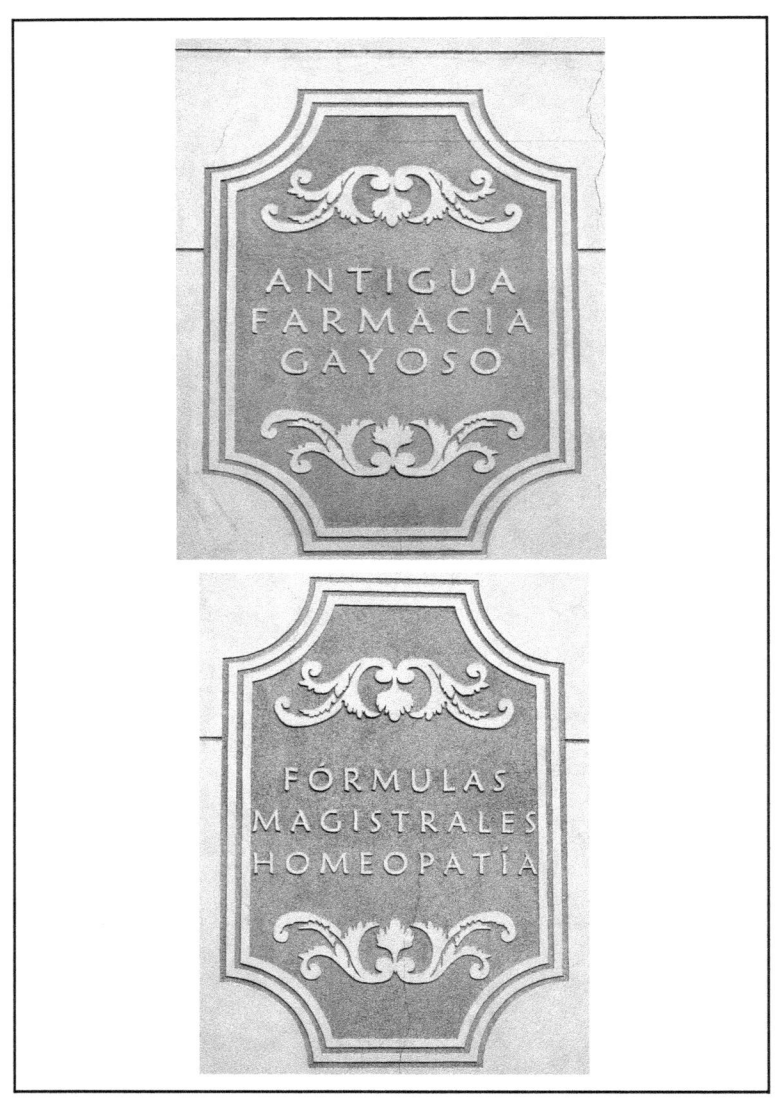

Figura 23

Detalles de la fachada de la Farmacia Gayoso que da
a la calle Tetuán.

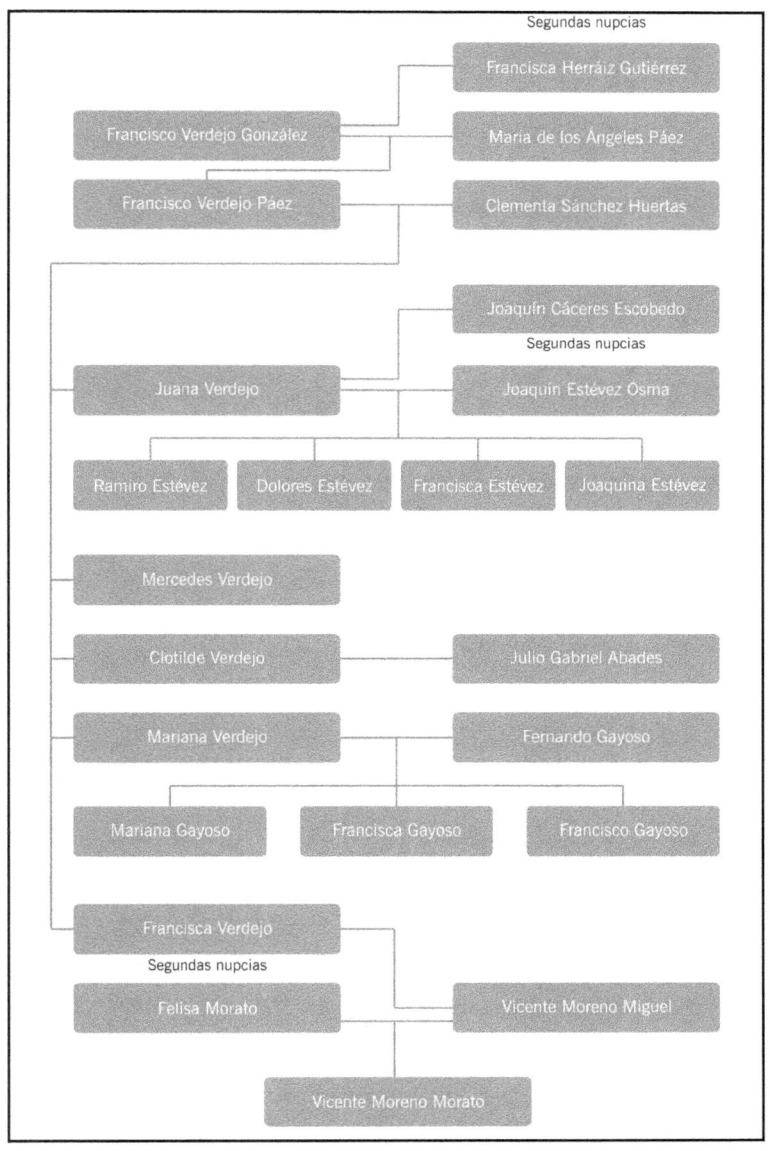

Figura 24

El hijo y las nietas de Francisco Verdejo González.

Adenda et corrigenda

Francisco Verdejo González

Muere en Madrid el día 29 de noviembre de 1817 y es enterrado en el cementerio extramuros de la puerta de Toledo, ya viudo de su segunda mujer, Francisca Herráiz. Vivía en el momento de su fallecimiento en el barrio de las Trinitarias, calle de Francos, hoy calle Cervantes en el barrio de las Letras. Feligrés de la parroquia de San Sebastián, su partida de defunción figura en el folio 154 del Libro de Difuntos número 41 de la citada parroquia, en la que se detalla que es de edad como de sesenta y dos años, lo que no parece del todo cierto, porque si nos atenemos a su partida de nacimiento, habría cumplido el 15 de febrero último 60 años. Muere sin testar y la fecha de su muerte viene a confirmar la hipótesis que establecimos de 1817 como año más probable del fallecimiento, a tenor del segundo testamento de su hijo.

Francisco Verdejo Páez

En la partida de bautismo de Francisco Verdejo Páez que aportaba su hija María Ana en el expediente en el que solicitaba cobrar la pensión de orfandad de su padre, la calle donde nacía Francisco, de difícil legibilidad, fue interpretada como calle de la Rosa. Consultada la partida original, en el Libro de Bautismos número 55 de la parroquia de San Sebastián, se identifica con total claridad el nombre de la calle donde viene al mundo Francisco. Se trata de la calle Zurita, que es asimismo una calle que sale de la de Santa Isabel.

El *Diario de Madrid* con fecha de 23 de octubre de 1809 inserta en sus páginas un decreto firmado por el rey, que considerando la fecha de que se trata no es otro que José Napoleón. En su artículo I nombra director, directores de sala y médico para el Real Colegio establecido en lugar de las extinguidas Escuelas Pías del Avapiés de esta capital. Y en el artículo II nombra profesor del mismo real establecimiento a don Francisco Verdejo y Páez de aritmética, álgebra, geometría y principios de geografía. Esta información adelanta ligeramente el inicio de la carrera de enseñante de Francisco Verdejo Páez, que habíamos supuesto entre los años 1810 y 1811.

Jacinto de Lago

Profesor sustituto de Verdejo González en la cátedra de matemáticas de los Reales Estudios de San Isidro durante el curso 1803-04. Por un decreto de José I similar al que nombraba a Verdejo Páez profesor, se nombra también a Jacinto de Lago profesor de esas mismas asignaturas, pero en el Real Colegio establecido en lugar de las extinguidas Escuelas Pías de San Antonio de la calle de Hortaleza. Años más tarde, concretamente en 1815, el Consejo de Castilla concede licencia a Jacinto de Lago para abrir una academia de matemáticas en su posada, que como bien conocemos se ubica en el Monte de Piedad. Puede verse el expediente en AHN (Consejos); L. 1405, exp. 193.

BENITO BAILS

Director de matemáticas de la Academia de Nobles Artes de San Fernando y censor en las oposiciones a cátedras de esa misma facultad en los Reales Estudios de San Isidro. Muere el día 12 de julio de 1797 y así figura en el Libro de Difuntos número 38 de la parroquia de San Sebastián, como feligrés que es de ella al vivir en la madrileña calle de la Magdalena. Había testado hacía poco más de dos años ante Gervasio Fernández Izquierdo, escribano de Su Majestad, instituyendo como heredera a su hija Josefa Bails.

MICAELA VERDEJO GONZÁLEZ

Hermana de Francisco Verdejo González que muere en Madrid sin testar. El deseo de sus familiares más próximos de ser declarados sus herederos legales nos permitió completar la nómina de los hermanos Verdejo González. Su partida de defunción está en el folio 247 vuelto del Libro de Difuntos número 41 de la parroquia de San Sebastián, dado que en el momento del fallecimiento vivía en la calle del Fúcar perteneciente a la mencionada parroquia, y muy próxima a la dirección donde había vivido su hermano Francisco. Según aparece en el Libro, Micaela es soltera, natural de esta corte, y muere sin testar el día 30 de abril de 1819. Datos todos estos ya conocidos del auto del teniente corregidor Manuel Joseph Rubio en el que se emplazaba a sus parientes que se considerasen con derecho a ser declarados herederos abintestato. La novedad que aporta la partida de defunción es que Micaela en el momento de su muerte es de edad como de cincuenta y cuatro años, o lo que es lo mismo, Micaela nace entre el 30 de abril de 1764 y el 30 de abril de 1765. De ser cierto tira por tierra varios de los supuestos del capítulo 1, lo que viene a poner de manifiesto una vez más la fragilidad de los hechos no estrictamente documentados. «¡Micaela!, ¿dónde está Micaela? Que alguien se ocupe de la niña». Era el bautizo de Francisco Verdejo González, y es evidente que nadie tendría que ocuparse de una niña que aún tardaría varios años en nacer.

En el *Diario Noticioso Universal* de fecha 19 de julio de 1762 se insertaba en el apartado «*AMOS y CRIADOS*» el anuncio que en su literalidad se expresa. «Un sugeto, de edad de 42 años, desea acomodarse en alguna casa de forma *para Escribiente, ó para seguir algunas dependencias*, por hallarse bien instruido en el manejo de papeles; darán razon en la calle de la Cruz, frente del Colisèo, quarto tercero, donde vive Don Nicolás Verdejo». En la hipótesis mantenida en el citado capítulo de Micaela hermana mayor nacida en Madrid, y cambio de residencia de la familia a Montalbo antes de 1757 donde nacerán el resto de los hijos, éste Nicolás Verdejo que vive en 1762 en Madrid no puede ser el Nicolás Verdejo padre de los hermanos Verdejo González. Ya se ha mencionado en varias ocasiones que Verdejo es un apellido frecuente, si bien el hecho de llamarse Nicolás incrementaba la posibilidad de errar al dejar de lado, como se hizo, la información del *Diario Noticioso Universal*. Empleándola, y con el año de nacimiento de Micaela, podía elaborarse una nueva teoría. El legítimo matrimonio formado por Nicolás Verdejo García y Teresa González Peña vive en Montalbo en 1757, año en que nace Francisco. Tiempo después, pero siempre antes de 1762, mudan su residencia a Madrid a la calle de la Cruz, frente al Coliseo. En 1764 o 1765 nace Micaela, puede que también Teresa e Isabel, y más adelante vuelven a Montalbo, donde, recuérdese, «Francisco estudio latinidad en los menores años de su hedad», y donde nacerán Pedro Miguel y Nicolás. Encontrar la partida de bautismo de Micaela era fundamental para poder soportar con rigor esta hipótesis. Si Nicolás Verdejo vivía en la calle de la Cruz había que ir a buscar la partida a la parroquia de la que era feligrés. ¿Y de que parroquia era feligrés Nicolás Verdejo? Pregunta no fácil de responder, porque curiosamente parte de la calle de la Cruz pertenecía a la parroquia de Santa Cruz y parte a la de San Sebastián. Por la precisión del anuncio, «frente del Colisèo», parecía a priori que debía ser Santa Cruz. Sin embargo, consultado el Libro de Bautismos número 28 de la parroquia, años 1757 a 1769, entre las no muy numerosas Micaelas que se bautizan ninguna de ellas es hija de Nicolás Verdejo. Consultado asimismo el Libro de Índices de Bautismos número 8 de la Parroquia de San Sebastián, años 1747 a 1770, se corrió igual suerte. Así que mientras no aparezca la partida de nacimiento de Micaela habrá que esperar, y no enmendar un error con otro error.

Clementa Sánchez Huerta

Mujer de Francisco Verdejo Páez, conocíamos su fallecimiento, ocurrido después del año 1829. Hace testamento conjunto con su marido, y antes de 1848, su marido hace un nuevo testamento ya viudo. Es exactamente el día 13 de abril de 1840 cuando Clementa Sánchez Huerta muere a causa de una apoplejía cerebral según certificación de facultativo. Así consta en el folio 72 del Libro de Difuntos número 44 de la parroquia de San Sebastián. En la partida de defunción no figura la calle donde vivía, pero al producirse el óbito solamente tres años después de la boda de su hija Clotilde, es posible que la familia continuara viviendo en la calle de la Visitación, perteneciente a la mencionada parroquia, y que en la calle de Alcalá, donde esos años imparte cursos Verdejo Páez, solamente estuviera ubicada la academia de geografía y matemáticas, y nunca su domicilio familiar.

María Ana Verdejo Sánchez

Cuarta hija de Francisco Verdejo Páez y Clementa Sánchez Huerta, y viuda del médico Fernando Gayoso, fallece a las cinco de la mañana del día 15 de marzo de 1879. Tenía 62 años y vivía en el número 34 de la calle Mayor, cuarto centro. Fue enterrada en sepultura en el cementerio de la sacramental de San Isidro, celebrándose en San Ginés funeral de lutos, y así consta en el folio 108 del Libro de Difuntos número 25 de la citada parroquia.

Francisca Verdejo Sánchez

Quinta hija de Francisco Verdejo Páez y Clementa Sánchez Huerta, y casada con el farmacéutico Vicente Moreno Miguel, fallece a las doce y media de la mañana del día 27 de diciembre de 1880. Tenía 61 años y vivía en el número 4 de la calle del Arenal, cuarto botica. Fue enterrada en nicho en el cementerio de la sacramental de San Isidro, celebrándose en San Ginés funeral de tercera, y así consta en el folio 115 del Libro de Difuntos número 25 de la citada parroquia.

Tan unida a su hermana María Ana en la muerte como lo estuvieron en vida, comparten Libro de Difuntos, separadas tan solo por 7 folios.

www.ingramcontent.com/pod-product-compliance
Lightning Source LLC
Chambersburg PA
CBHW071941220426
43662CB00009B/940